8° Le 1 85 8

Paris
1882

Gambetta, léon

Discours et plaidoyers politiques

11 vol

DISCOURS

ET

PLAIDOYERS POLITIQUES

DE

M. GAMBETTA

VIII

PARIS

TYPOGRAPHIE GEORGES CHAMEROT

19, RUE DES SAINTS-PÈRES, 19

DISCOURS

ET

PLAIDOYERS POLITIQUES

DE

M. GAMBETTA

PUBLIÉS PAR M. JOSEPH REINACH

1660

VIII

SIXIÈME PARTIE

(7 Janvier 1878 — 8 Janvier 1879)

ÉDITION COMPLÈTE

PARIS

G. CHARPENTIER, ÉDITEUR

13, RUE DE GRENELLE-SAINT-GERMAIN, 13

1883

AVANT-PROPOS

Lorsque M. Gambetta nous a demandé, il y a trois ans, de réunir et de publier dans une édition complète ses discours et plaidoyers politiques, nous n'avons vu dans la tâche qu'il nous confiait qu'une œuvre d'historien. Les commentaires dont nous avons accompagné le texte des discours ont été simplement explicatifs. Nous nous sommes borné, avec un soin jaloux, à présenter, sans aucune espèce d'appréciation personnelle, un récit succinct des circonstances où se place chacun des discours de M. Gambetta et des conséquences qu'ils ont eues.

C'est dans le même esprit que nous poursuivrons désormais l'œuvre commencée. Certes, notre travail représente pour nous, à cette heure, quelque chose de plus : il est comme une œuvre de piété envers la grande mémoire de celui que nous avons perdu. Mais le système adopté par nous, d'accord avec M. Gambetta, ne changera point. Nos commentaires resteront purement explicatifs. On ne trouvera d'appréciation que dans nos citations. Les discours de M. Gambetta parlent assez haut par eux-mêmes : ils n'ont pas besoin des apologies d'un éditeur.

Les volumes que nous avons publiés jusqu'à présent comprennent l'œuvre oratoire de M. Gambetta depuis le 14 novembre 1868 jusqu'au 4 décembre 1877. La sixième partie qui paraît aujourd'hui mène le lecteur jusqu'à l'élection de M. Grévy comme président de la République et de M. Gambetta comme président de la Chambre des députés. Les discours prononcés par M. Gambetta pendant les deux années de la présidence de la Chambre et la période électorale de 1881, formeront notre septième partie (deux volumes), et la huitième partie (un volume) sera consacrée tout entière au ministère du 14 novembre (discours parlementaires, projets de loi émanés du président du conseil et de ses collègues, notes et dépêches diplomatiques). Enfin notre douzième volume comprendra, avec les derniers discours prononcés par M. Gambetta, la collection des articles de journaux qui ont paru, avant 1869, sous sa signature. Cet appendice sera suivi d'une table analytique générale.

Les proclamations, circulaires, lettres et dépêches officielles de la défense nationale en province, formeront un volume dont la publication succédera immédiatement à celle des discours et plaidoyers politiques.

JOSEPH REINACH.

15 février 1883.

DISCOURS

Prononcé le 7 janvier 1878

A MARSEILLE

Affermir la République en l'entourant des institutions les plus libérales et les plus démocratiques et en donnant au pays une administration franchement républicaine ; assurer à l'Exposition universelle un succès incontestable pour montrer aux peuples étrangers quelle a été, depuis 1871, l'énergie de l'effort national dans l'œuvre du relèvement de la patrie : telle était la double tâche qui s'imposait, après le 14 décembre, au parti républicain et dont l'accomplissement exigeait, avec beaucoup de résolution et de fermeté, beaucoup de modération et de prudence. Si les coalisés du 16 mai avaient subi au 14 octobre une éclatante défaite, ils n'avaient pas désarmé ; ils comptaient que le parti républicain se diviserait et qu'en profitant de ses querelles intestines, ils pourraient prendre leur revanche aux élections sénatoriales du mois de janvier 1879. Ainsi, l'ère des périls n'était pas définitivement close, et l'ère des difficultés commençait déjà.

Le parti républicain, dans son grand ensemble, eut la sagesse de comprendre « quels écueils il lui restait encore à franchir et quels caps à doubler avant d'arriver au port[1] ». Le comité des Dix-Huit se sépara, mais l'union des gauches resta pleine et entière : dans toutes les fractions du parti, on décida de soutenir résolument le cabinet présidé par M. Dufaure. On se rendit un compte très exact des diffi-

---

[1]. Discours de M. Léon Renault, en prenant possession de la présidence du centre gauche, 8 janvier 1878.

cultés de la situation. On persuada à tous « qu'il y aurait
une véritable imprudence à ne pas ajourner certaines réformes jusqu'à l'heure prochaine où le pays aurait donné
au parti républicain la majorité dans le Sénat, comme il
la lui avait procurée dans la Chambre des députés, dans les
conseils généraux et dans les conseils municipaux ». On
resta fidèle à la *politique des résultats.*

Ce furent ces sentiments qui inspirèrent à M. Gambetta le
discours suivant, prononcé à Marseille, au cercle de l'Athénée méridional, au retour d'un court voyage en Italie
(7 janvier 1878).

Mes chers concitoyens,

Je n'ai pas voulu passer par Marseille sans m'y arrêter quelques heures au milieu de mes amis, et m'entretenir avec eux de notre situation politique.

Cette situation est des meilleures : nous avons con-
juré une crise dont les conséquences eussent été dé-
sastreuses pour notre pays; nous sommes aujourd'hui
en possession du pouvoir, régulièrement, librement,
avec des administrateurs républicains placés à tous
les services publics.

Et pourtant je ne suis pas tout à fait rassuré. Ceux
qui me connaissent savent qu'autant je suis optimiste
pendant la lutte, aux heures de péril, autant je de-
viens inquiet après la bataille, aux heures de trêve...
Pourquoi ? Parce que je redoute avant tout l'ivresse
du succès, une faute commise par notre parti, un
coup de tête de quelqu'un, une machination perfide
de quelque coterie d'intrigants. Soyons patients et
stratégistes, mes chers amis. Ne nous hâtons pas, une
fois les maîtres du terrain, de courir sus à l'ennemi,
sans nous inquiéter de ceux que nous laissons derrière nous et qui, au moment où nous nous y atten-
drions le moins, feraient feu sur nos troupes et profi-
teraient de nos imprudences. Au contraire, je demande
à mon parti de faire une halte, de se maintenir dans

les positions conquises, de les fortifier, de les palis-
sader, de les rendre inexpugnables.

Oh ! je ne me fais point d'illusions. La victoire n'est
pas décisive encore, et je comprends les impatiences
de cette vaillante démocratie à laquelle j'ai voué mon
existence ; mais, pour le salut même de la République
et de mon pays, je suivrai toujours cette politique de
raison, de méthode, de résultats certains et réels, qui
consiste à utiliser toutes les circonstances, à éviter
toutes les fausses alertes, à ne mettre le pied que sur
un terrain solide, reconnu, dont la propriété nous
demeure acquise pour jamais. (*Applaudissements.*)

En 1869, dans ce même cercle de l'Athénée, il fut
échangé entre mes amis politiques de Marseille et moi
des paroles que je n'ai pas oubliées. Nous jurâmes
tous de servir avec amour la cause républicaine. Nous
l'avons tous servie avec des fortunes diverses, sous
l'empire en combattant, le front haut, ce régime de
corruption, sous la République en éclairant le suffrage universel, en cherchant à rendre définitives les
institutions qui la régissent.

Dès cette époque, dont j'aime à me souvenir, je
vous dirais ici : « Je suis un homme de gouvernement, et non pas un homme d'opposition ; ce que je
veux, c'est l'avènement au pouvoir de la démocratie
française, car un an de pouvoir est plus fécond que
dix ans d'opposition héroïque. » Aujourd'hui, je
vous le répète, plus pénétré encore de ma conviction
d'alors : « Je veux le maintien du pouvoir entre les
mains des républicains, car le pouvoir avec ses difficultés est préférable à quelques jours d'opposition
dont l'éclat ne remplace pas la stérilité. »

Voilà pourquoi il faut que la majorité actuelle de la
Chambre, qui est républicaine, et républicaine d'une
manière sérieuse, irréprochable, croyez-moi, il faut
que la majorité de la Chambre soit ministérielle aussi,
afin que nous arrivions au mois de janvier 1880 sans

secousse, sans accident, et que nous doublions le cap
des élections sénatoriales. (*Assentiment unanime.*)

Mes chers concitoyens, mes amis, ne diminuons
pas les forces de la démocratie, ne nous séparons pas,
soyons les serviteurs unis de la démocratie nationale.
Par votre cohésion, par la convergence de vos efforts,
facilitez à vos mandataires l'œuvre de libération et de
consolidation qu'ils ont entreprise, qu'ils mèneront à
bonne fin, soyez-en sûrs, grâce à votre patriotisme,
grâce à votre sagesse. (*Applaudissements.*)

La Chambre des députés, les conseils généraux, les
conseils d'arrondissement, les conseils municipaux,
possèdent une majorité républicaine. Dans un an,
nous aurons également la majorité dans le Sénat, si
les élections sont faites sous un ministère républicain,
et je compte sur le bon sens du pays pour permettre
à ce ministère de rester au pouvoir, de même que le
ministère peut s'attendre au dévouement de la majorité parlementaire, dans le même but.

Quand on sera à l'abri des manœuvres réactionnaires d'un Sénat hostile au suffrage universel, quand
nous pourrons marcher avec confiance à de nouvelles
conquêtes, nous aurons bien mérité de la France et
de la République. Mais jusqu'à ce moment, je vous
le répète, pas de témérités, pas de dissidences, pas de
fautes ! Faisons une halte et restons campés sur les
positions conquises. (*Bravos.*)

Facilitez leur tâche aux administrateurs que la République vous a envoyés. Ils donneront justice à vos
légitimes revendications, à la condition que vous con-
tribuiez au maintien de l'ordre, au respect du gouvernement, à l'observation scrupuleuse des lois.

Je bois, en terminant, à la conservation du pouvoir
par les républicains. (*Applaudissements répétés. — Cris
enthousiastes de : Vive la République! Vive Gambetta!*)

DISCOURS

SUR

UNE PROPOSITION DU VICE-AMIRAL TOUCHARD

Prononcé le 21 janvier 1878

A LA CHAMBRE DES DÉPUTÉS

Le parlement avait repris sa session le 9 janvier 1878. La Chambre des députés aborda aussitôt la discussion ajournée du budget de 1878 (voir p. 104) et l'examen des divers projets de loi présentés par MM. Bardoux, Dufaure et de Marcère, sur la restriction des droits du pouvoir exécutif en matière d'état de siège, l'amnistie pour les délits de presse commis du 16 mai au 14 décembre 1877 et la liberté du colportage. Elle continua en même temps la vérification de ses pouvoirs.

Nous avons raconté dans le volume précédent quels avaient été, sous le ministère du 16 mai, les scandaleux abus de la candidature officielle. La majorité républicaine résolut de réagir avec énergie contre ce système corrupteur. Elle eût été dans son droit en invalidant en masse tous les candidats officiels qui avaient accepté l'affiche blanche. Dans un esprit de modération, elle préféra examiner pour chaque élection si la liberté des électeurs n'avait pas reçu de la pression administrative une coupable atteinte. Ce fut cet examen minutieux, plus pénible sans doute qu'un examen général, qui ne tarda pas à exaspérer les députés réactionnaires. Après avoir agité pendant quelques jours la question d'une démission et d'une retraite en masse, ils se décidèrent à formuler leur protestation dans une étrange proposition.

Le dépôt de cette proposition par le vice-amiral Touchard
donna lieu, dans la séance du 21 janvier, au débat suivant :

M. L'AMIRAL TOUCHARD. — J'ai l'honneur de déposer une
proposition signée par MM. de Durfort de Civrac [1], Jolibois [2]
et par moi [3] et qui a pour objet de modifier les articles 4, 5
et 6 du règlement relatifs à la vérification des pouvoirs.

Nous demandons à la Chambre de prononcer l'urgence.

Aucune résolution n'est plus grave que celle qui exclut de
cette enceinte un député de la France. L'invalidation des
pouvoirs ne doit être qu'une mesure exceptionnelle : elle
ne se justifie que si la nécessité s'en impose à la conscience
de tous. (*Applaudissements à droite.*) Nous sommes aujour-
d'hui en présence d'invalidations qui réveillent le souvenir
des assemblées de la Révolution. (*Exclamations à gauche.
— Applaudissements à droite.*)

Les ajournements dont nous sommes les témoins ne portent pas une moindre atteinte aux droits des électeurs, car
ils mettent en interdit pour un certain temps les circonscriptions dont ils paralysent les représentants. (*Applaudissements
à droite.*) Tantôt ils se produisent avec l'appui des bureaux,
tantôt contrairement à leurs conclusions, et surgissent de
propositions improvisées et inattendues. (*Bruit à gauche. —
Applaudissements à droite.*)

On frappe ici d'anciens députés en possession depuis
longues années de la confiance de leurs compatriotes, quand
aucune protestation sérieuse ne s'élevait, et quand leur
élection ne semblait pouvoir être contestée. (*Applaudissements à droite. — Bruit à gauche et cris : A l'ordre !*)

M. LE PRÉSIDENT. — Je ne puis pas laisser passer, — même
dans des considérants — des paroles qui sont une critique
et un blâme des résolutions de la Chambre. (*Très bien ! très
bien ! à gauche. — Bruit à droite.*) J'invite l'orateur à retirer
ses expressions. (*Très bien ! très bien ! à gauche.*)

M. L'AMIRAL TOUCHARD. — Tantôt on accorde des invalidations à d'anciens membres qui, ne pouvant se résigner à

1. Président de la droite légitimiste.
2. Président du groupe de l'appel au peuple.
3. Le vice-amiral Touchard était président de la droite orléaniste dite constitutionnelle.

leur défaite, viennent, jusque dans les couloirs, poursuivre les bureaux de leurs sollicitations. (*Applaudissements. — Protestations à gauche.*)

La majorité de la Chambre a trouvé bon de valider tous les siens en trois séances, et alors même que quelques-uns d'entre eux n'avaient obtenu qu'une très faible majorité. (*Bruit à gauche. — Cris : A l'ordre!*)

M. LE PRÉSIDENT. — Il m'est impossible de laisser apporter à cette tribune des paroles qui sont la censure, l'accusation des décisions de la Chambre. J'invite l'orateur à retirer ses expressions et celles qui, précédemment, ont motivé mes observations. (*Très bien! très bien! à gauche. — Bruit à droite.*)

M. L'AMIRAL TOUCHARD. — La majorité a décimé et plus que décimé la minorité. (*Exclamations à gauche et cris : A l'ordre! — Très bien! très bien! à droite.*)

M. LE PRÉSIDENT. — J'invite de nouveau l'orateur à retirer de telles expressions.

Voix à droite. — Continuez! continuez! (*Bruit à gauche.*)

M. L'AMIRAL TOUCHARD. — Je cède aux observations de M. le président et je retire les expressions relevées par lui, mais on ne m'empêchera pas de constater un fait, c'est que la minorité représente ici 3,500,000 suffrages. (*Applaudissements à droite.*)

M. GAMBETTA. — Et la majorité plus de 5 millions.

M. L'AMIRAL TOUCHARD. — Jamais atteinte plus profonde n'a été portée à la souveraineté nationale, au droit parlementaire; jamais le respect dû aux minorités n'a été plus complètement mis en oubli. (*Applaudissements à droite.*)

Sans doute la prérogative redoutable donnée à la Chambre des députés de valider les pouvoirs de ses membres n'est soumise à aucun contrôle, mais la Chambre doit à sa propre dignité (*Bruit à gauche*) de s'imposer des règles qui la défendent contre les entraînements politiques. (*Très bien! très bien! à droite.*)

La plupart des nations qui ont le régime parlementaire ont évité cet écueil en déléguant à une autorité revêtue d'un caractère judiciaire l'appréciation des élections contestées.

En Angleterre, c'est la cour du banc de la reine qui les juge; en Italie, si la Chambre des députés vérifie elle-même les pouvoirs de ses membres, elle a l'habitude de s'en rapporter à l'avis d'un comité de jurisconsultes désigné par son président.

Chez nous on avait tout récemment accordé aux Conseils généraux cette attribution de vérifier les pouvoirs de leurs membres ; elle a dû leur être retirée à la suite des abus commis.

Il serait sage de profiter de pareils enseignements, car si la minorité ne peut que protester, l'opinion publique, dont les arrêts finissent toujours par être obéis (*Vifs applaudissements à gauche*), n'hésitera pas à condamner cette prérogative elle-même. Pénétrés de cette vérité et voulant mettre un terme à des pratiques qui compromettent la dignité de la Chambre... (*Interruption à gauche.*)

M. LE PRÉSIDENT. — Je ne puis vous laisser qualifier de pratiques les décisions de la Chambre. (*Très bien! très bien! à gauche.*)

M. L'AMIRAL TOUCHARD. — Voulant mettre un terme à cette manière de procéder, nous déposons une proposition dont les termes ont été adoptés par tous les membres de la minorité, sans acception de nuances. Cette proposition n'est pas seulement une protestation contre les faits accomplis...

M. LE PRÉSIDENT. — Vos paroles sont un acte d'accusation perpétuelle contre la majorité. (*Applaudissements à gauche. — Réclamations à droite.*)

M. L'AMIRAL TOUCHARD — ... elle a pour but de donner désormais des garanties plus efficaces aux élus du suffrage universel, que la Constitution n'a pas entendu mettre à la merci de leurs adversaires politiques. (*Réclamations à gauche. — Très bien! très bien! à droite.*)

M. LE PRÉSIDENT. — Je vous invite encore une fois à retirer de telles expressions.

M. L'AMIRAL TOUCHARD. — Voici le texte de notre proposition :

« Les articles 4, 5 et 6 du règlement de la Chambre seront modifiés ainsi qu'il suit :

« ART. 4. — Maintenir l'article et ajouter : Aucune protestation ne sera reçue et discutée si elle n'a été produite dans les quinze jours qui suivent la proclamation du scrutin par la commission départementale de recensement des votes.

« La Chambre doit être saisie des conclusions du rapport dans le délai de quinze jours à partir de l'arrivée des procès-verbaux à la questure.

« ART. 5. — La Chambre prononce dans le délai de huit jours au plus sur la validité des élections, et le président proclame le nom des députés dont les pouvoirs ont été déclarés valides.

« Si le bureau conclut à l'invalidation, la discussion ne peut avoir lieu le jour même de la lecture du rapport à la tribune.

« Dans le cas où la Chambre ordonne une enquête, l'ajournement de la décision définitive ne peut se prolonger au delà de deux mois.

« Aucune invalidation et aucun ajournement ne peuvent être prononcés qu'à la majorité de plus des deux tiers des votants.

« ART. 6. — Les députés dont les pouvoirs n'ont pas encore été validés, et ceux dont l'admission définitive a été ajournée par suite d'une décision de la Chambre ordonnant une enquête, peuvent prendre part aux délibérations et aux votes.

« Ils ont et conservent les mêmes droits que les députés dont l'élection est validée. »

Voix à droite. — Nous demandons l'urgence.

M. GAMBETTA. — Messieurs, je viens demander à la Chambre de faire, à la proposition qui a été apportée ici par l'honorable amiral Touchard, la seule réponse qu'il convienne d'adresser à un factum... (*Oh ! oh ! à droite. — Oui ! oui ! à gauche.*)

M. SENS. — C'est de la grossièreté !

M. GAMBETTA. — ...que le président de la Chambre qualifiait tout à l'heure d'acte de prétendue accusation dirigée contre les décisions de la majorité légale de cette Assemblée. A cette proposition la seule réponse, dis-je, qu'il convienne de faire, c'est la question préalable. (*Applaudissements au centre et à gauche. — Rumeurs à droite.*)

M. BOURGEOIS. — Vous avez déjà fait cette réponse, en 1871, au suffrage universel.

M. GAMBETTA. — C'est déjà trop, c'est déjà beaucoup trop, qu'on ait pu apporter à cette tribune...

(*Exclamations à droite. — Applaudissements à gauche.*)

M. DE BAUDRY D'ASSON. — Maintenant, on n'aura pas le droit de parler au nom de la minorité conservatrice !

M. GAMBETTA. — C'est trop qu'on ait pu apporter à cette tribune l'expression des rancunes et du dépit d'une minorité qui ose se réclamer de l'opinion publique alors qu'elle n'a été que la créature d'un ministère d'arbitraire et de complot contre la volonté nationale. (*Applaudissements au centre et à gauche.*)

Si vous étiez réellement une minorité libre et indépendante... (*Vives interruptions à droite.*)

M. BOURGEOIS. — Allons ! fusillez-moi ces gens-là !

M. PAUL DE CASSAGNAC. — Voilà comment on traite la minorité !

M. GAMBETTA. — Si vous étiez réellement une minorité libre et indépendante... (*Nouvelles interruptions.*)

M. ESTIGNARD. — On injurie la minorité, et le président ne dit rien !

M. CUNEO D'ORNANO. — Comment laisse-t-on dire à cet homme-là que nous ne sommes pas indépendants ?

M. PAUL DE CASSAGNAC. — A l'ordre ! ou vous allez retirer ces paroles !

A droite. — A l'ordre ! à l'ordre !

M. LE PRÉSIDENT. — Monsieur Gambetta, je ne puis pas vous laisser dire à vos collègues qu'ils forment une minorité qui n'est ni libre ni indépendante ; les égards dus à nos collègues vous l'interdisent.

M. PAUL DE CASSAGNAC. — La politesse aussi ! (*Exclamations à gauche.*)

M. GAMBETTA. — Ce n'est pas vous qui pouvez nous rien apprendre à cet égard. (*Très-bien ! à gauche.*)

Messieurs, quand le ministre de l'intérieur d'alors....

M. LE DUC DE FELTRE. — Il n'a pas retiré les mots !

M. PAUL DE CASSAGNAC. — Oh ! bien...

M. LE PRÉSIDENT. — Monsieur Granier de Cassagnac, laissez-moi faire, cela ne vous regarde pas ; vous n'êtes pas le président de la Chambre et vous ne pouvez avoir la prétention de vous substituer à lui...

M. Paul de Cassagnac. — *Nous sommes insultés !*

M. le président. — Laissez le président exercer ses fonctions et n'intervenez pas. Encore une fois, vous n'êtes pas le président de la Chambre et vous n'avez pas la prétention de vous substituer à lui. J'invite M. Gambetta à expliquer ses paroles.

M. Gambetta. — J'étais en train de m'expliquer lorsque j'ai été interrompu.

Lorsque le ministre de l'intérieur, agent de la coalition hostile aux institutions établies et dont M. le maréchal avait juré la conservation, dressait la liste des candidatures officielles, plusieurs d'entre vous nous ont appris qu'ils n'étaient pas libres de décliner le patronage officiel...

A gauche. — C'est vrai !

M. Gambetta. — Voilà pour votre liberté. Et maintenant, en ce qui touche le mot d'indépendant, je me retournerai vers notre honorable et éminent président, et je lui demande si une majorité issue de la pression administrative ou de la candidature officielle — et ici je sors du temps actuel — je lui demande si jamais une pareille majorité a mérité le nom d'indépendante dans l'histoire ! Est-ce que les conséquences de la formation d'une telle majorité ne sont pas là pour dire que c'est la servilité des parlements... *(Applaudissements à gauche et au centre.)*

M. le duc de Feltre. — Ce sont de nouvelles insultes !

M. Gambetta. — Messieurs, je dis que, dans le temps, les Chambres issues de la candidature officielle ont soulevé contre elles ce juste reproche qu'elles n'étaient pas indépendantes dans l'exercice de leur mandat. C'est ce que personne ne peut contester après les cruelles épreuves que nous a values la candidature officielle. *(Très bien ! très bien ! et applaudissements à gauche.)*

Mais si votre susceptibilité de candidats officiels est
telle que vous ne puissiez pas supporter qu'on dise
que, créés par la candidature officielle, vous n'êtes ni
libres ni indépendants, à merveille : j'en fais juge,
comme le disait M. l'amiral Touchard, l'opinion publique. (*Applaudissements à gauche.*) Ces deux expressions ainsi expliquées, il ne m'en coûte absolument
rien de les retirer. (*Rumeurs à droite.*)

M. LE PRÉSIDENT. — Quelle que soit l'explication
donnée aux expressions, elles sont retirées (*Nouvelles
rumeurs à droite*), mais quelque opinion qu'on puisse
avoir sur l'indépendance des Chambres, quel que soit
le mode de leur origine, il n'est pas permis d'apporter à la tribune contre une partie de la Chambre une
inculpation de dépendance.

M. BOURGEOIS. — Et les électeurs!

M. LE PRÉSIDENT. — Par conséquent, je n'ai pu tolérer cette imputation. L'orateur a compris lui-même
qu'il était allé trop loin, et il l'a retirée... (*Très bien!
à gauche.*) Continuez, monsieur Gambetta.

M. GAMBETTA. — Messieurs, il me paraît que la question préalable opposée à la proposition de la minorité
ne suffit pas sans qu'un mot de nature à bien fixer la
position respective de la majorité et de la minorité
soit prononcé devant le pays.

Quelle est la minorité qui se plaint d'être décimée?
C'est celle qui siège sur ces bancs et qui, à l'heure
actuelle, a perdu dix-sept de ses membres.

Un membre à gauche. — Quinze seulement,

Un membre à droite. — Vous avez votre liste de proscription.

M. DE BAUDRY D'ASSON. — Et vous irez jusqu'au bout!

M. GAMBETTA. — Quinze, me dit-on, et on a vu,
pendant le même laps de temps, en valider plus de
cent. (*Bruit à droite.*) Eh bien, je dis, Messieurs, que
c'est le renversement de la vérité et de la justice ; je
dis que c'est le renversement de tout ce qu'il y a de

réel dans nos débats que d'oser venir dire que la
majorité n'a pas été impartiale jusqu'à l'indulgence.

M. DE BAUDRY D'ASSON. — Direz-vous qu'elle n'a pas
été partiale vis-à-vis de M. de La Rochefoucauld ?

M. LE PRÉSIDENT. — Permettez! Si vous vous plai-
gnez avec justice quand on vous accuse de dépendance,
vous ne pouvez pas protester contre ma déclaration
de l'impartialité de la majorité, sans l'insulter à son
tour. (*Rumeurs à droite.*) Permettez; il ne faut pas
croire que tout vous est permis d'un côté de la Chambre et rien de l'autre... (*Interruption*) et votre interruption était blessante pour la majorité. Continuez,
Monsieur Gambetta.

M. GAMBETTA. — Oh! Monsieur le président, je
continuerai jusqu'au bout.

M. LE PRÉSIDENT. — Je n'ai pas l'intention de vous
restreindre.

M. GAMBETTA. — Je sais ce que je dois à mes collègues, même de la minorité...

M. PAUL DE CASSAGNAC. — Nous ne vous demandons
rien !

M. GAMBETTA. — Mais ils ne feront illusion ni à la
Chambre, ni au pays. Et pourquoi craignez-vous donc
tant de paraître devant lui ? (*Très bien! et rires à gauche.*)

M. FOUROT. — C'est parce qu'ils n'auraient pas la
candidature officielle.

M. CUNEO D'ORNANO. — Pourquoi protestiez-vous
tant contre la dissolution ?

M. GAMBETTA. — Je crains la dissolution, savez-vous
pourquoi? Parce que la dissolution, c'est la préparation du coup d'État; la dissolution, ce n'est pas la
consultation du pays, c'est purement et simplement
une entreprise contre la volonté de la France pour
ramener je ne sais quelle dynastie criminelle au pouvoir.

M. PAUL DE CASSAGNAC. — C'est vous qui êtes le criminel !

M. GAMBETTA. — Mais il faut dire ici la vérité. (*Nouvelles interruptions à droite.*)

Quand les intéressés se seront tus, je continuerai.

M. PAUL DE CASSAGNAC. — Nous nous tairons quand vous serez convenable.

M. LE PRÉSIDENT. — Veuillez faire silence, Messieurs! Vous n'avez pas la police de la Chambre et vous la prenez trop souvent; je ne le permettrai pas.

M. PAUL DE CASSAGNAC. — Alors, faites-la pour nous.

M. GAMBETTA. — Je dis qu'il faut établir la vérité devant le pays. Eh bien, la vérité, la voici : c'est qu'au 16 mai, lorsqu'au mépris de toute espèce d'intérêt national, en révolte directe contre les vœux les plus légitimes et les plus manifestes du pays — cela a été solennellement reconnu depuis...

A droite. — Par qui? par qui?

M. GAMBETTA. — ...on est venu dans cette enceinte exiger de vous ou un acte d'abdication, de capitulation, ou bien un acte de résistance suprême, — vous inspirant de la volonté du pays, vous n'avez pas hésité, et vous avez déclaré que, gardiens vigilants de la souveraineté nationale, vous résisteriez par les armes légales; et c'est cette victoire légale que l'on vient aujourd'hui mettre en question. (*Protestations à droite.*) Oui, Messieurs, car si la minorité...

M. DE BAUDRY D'ASSON. — Nous représentons la France conservatrice.

M. GAMBETTA. — ...a pu pénétrer en force dans cette enceinte, c'est parce qu'on a fait violence à la volonté du pays. (*Très bien! très bien! — Applaudissements à gauche et au centre. — Nouvelle protestation à droite.*) Je m'en vais vous en donner une preuve. C'est parce qu'il s'est trouvé un ministère sans scrupule, méprisant toutes les lois (*Rumeurs à droite*), foulant aux pieds toutes les règles (*Applaudissements à gauche et au centre*), parce qu'il s'est trouvé un ministère qui, sans respect pour les services acquis, a brisé dans tout le pays et à tous les degrés de la hiérarchie administrative les fonctionnaires... (*Nouvelle approbation sur les mêmes bancs.*)

M. DE BAUDRY D'ASSON. — Et vous, qu'avez-vous fait des conseils généraux?

M. GAMBETTA. — ...qu'on a entrepris... (*Nouvelles interruptions à droite. — Bruit.*)

Si c'est un parti pris, j'attendrai. (*Le silence se rétablit.*)

C'est parce qu'on a pu, pendant une période de cinq mois, faire contre le parti républicain un emploi de la justice tel, qu'on a intenté 2,598 procès de tendances politiques. Pourquoi faire? Pour vous donner des électeurs et vous permettre de franchir les portes de cette enceinte. (*Applaudissements à gauche et au centre. — Allons donc! allons donc! à droite.*)

C'est parce qu'on a pris par la terreur, par la menace, par la corruption, par les promesses, par toute espèce de moyens et de manœuvres... (*Vives réclamations à droite.*)

M. CUNEO D'ORNANO. — Nous avons été librement élus, Monsieur.

M. LE PRÉSIDENT. — Veuillez ne pas interrompre.

M. CUNEO D'ORNANO. — Ce discours est un outrage à l'adresse de nos électeurs. Ils sont indépendants et n'ont peur de personne!

M. LE PRÉSIDENT. — Monsieur, puisque vous persistez à interrompre malgré les avertissements du président, je vous rappelle à l'ordre.

M. CUNEO D'ORNANO. — Je suis au-dessus des décisions...

A gauche. — La censure! la censure!

M. LE PRÉSIDENT. — Je n'ai pas entendu les paroles de M. Cuneo d'Ornano; mais, s'il ne se soumettait pas au rappel à l'ordre, je serais obligé de lui infliger une peine plus sévère.

M. CUNEO D'ORNANO. — J'ai dit, Monsieur le président, que j'étais au-dessus des décisions de cette majorité-là.

A gauche. — La censure! la censure!

M. Cuneo d'Ornano — Mes électeurs m'ont donné un mandat, et ils me le renouvelleront malgré vous!

M. le président. — Monsieur Cuneo d'Ornano, je vous rappelle à l'ordre avec inscription au procès-verbal, et je vous invite à vous y soumettre pour ne pas me forcer à prendre des mesures plus sévères. (*Bruit à droite.*)

M. Gambetta. — Je dis que, pendant cinq mois, un ministère de résistance à la volonté du pays...

Une voix à droite. — C'est toujours la même rengaine!

• M. Gambetta. —...a employé toutes les ressources dont dispose l'État en France pour se faire une majorité à son image. Messieurs de la minorité, je dis que vous êtes précisément en minorité parce que le pays a déployé autant d'héroïsme dans la résistance que le ministère avait déployé d'arbitraire dans la violence. (*Applaudissements prolongés à gauche et au centre. — Allons donc! à droite.*)

M. de Baudry d'Asson. — Après le 4 septembre, vous avez révoqué impitoyablement les conseils généraux!

M. le président. — Je vous en prie, Monsieur de Baudry d'Asson, abstenez-vous des interruptions.

M. Paul de Cassagnac. — Je demande la parole.

M. Gambetta. — Et aujourd'hui vous venez nous dire, vous qui alors étiez tous au même titre des candidats officiels, alors que vous étiez tous au même titre engagés dans cette politique de réaction... (*Exclamations à droite*) alors que vous étiez au même titre en sollicitation auprès des mille agents de l'administration centrale...

Plusieurs membres à droite. — C'est intolérable!

M. Gambetta. —...vous venez nous dire que vous

êtes soumis à des mesures de décimation, de persécution... de la part de la majorité!

A droite. — Oui! oui!

M. GAMBETTA. — Vous dites : « Oui! »

M. DE LA ROCHETTE. — Oui! il y a une liste de proscription!

M. GAMBETTA. — Vous pouvez répéter : « Oui! » tant que vous voudrez; mais ce que vous ne pouvez pas dire avec chance de rencontrer une adhésion dans le pays (*Exclamations ironiques à droite*), c'est que la décimation, c'est que la proscription soit allée jusqu'à présent à plus de dix-sept invalidations.

M. L'AMIRAL TOUCHARD. — C'est dix-sept de trop!

M. DE BAUDRY D'ASSON. — Sans compter les ajournements et les invalidations qui sont préparées!

M. GAMBETTA. — L'honorable amiral Touchard m'interrompt pour me dire : « C'est dix-sept de trop! » Cependant M. l'amiral Touchard a pu connaître par son expérience personnelle l'impartialité de cette Chambre... (*Exclamations et rires à droite.*) Dès le premier jour, à la première heure...

M. DE LA ROCHETTE. — Mais c'est une insulte, cela!

M. GAMBETTA. — Et précisément parce que l'honorable amiral Touchard n'avait pas eu l'estampille de l'affiche blanche, cette majorité a voulu marquer son esprit d'impartialité en validant son élection.

M. L'AMIRAL TOUCHARD. — C'était une question d'arithmétique.

M. GAMBETTA. — L'orateur était donc bien mal choisi pour venir à cette tribune apporter une protestation. (*Exclamations à droite.*)

M. DE BAUDRY D'ASSON. — Le dictateur est encore moins bien choisi!

M. GAMBETTA. — Ce qu'il faut retenir de ce débat, c'est précisément notre esprit de justice sur lequel vous ne comptiez pas... (*Bruyantes protestations à droite.*)

M. DE BAUDRY D'ASSON. — Elle est jolie, votre justice!

M. GAMBETTA — ...cet esprit de justice et de modération qui a inspiré les nombreux bills d'indemnité décernés par cette Chambre...

M. PAUL DE CASSAGNAC. — Votre pitié est une injure!

M. GAMBETTA — ...aux trop nombreux faits de pression administrative constatés dans les élections, et quand vous vous encouragez à ce point de venir aujourd'hui élever une protestation contre ses décisions...

M. DE BAUDRY D'ASSON. — Nous ne voulons pas de votre indulgence, vous le savez bien!

M. LE PRÉSIDENT. — Il faudrait au moins être sûr de bien comprendre l'orateur avant de l'interrompre. L'orateur a parlé de bills d'indemnité accordés, non pas à des personnes, mais à certains faits. Il n'y a là rien qui puisse blesser les membres de cette Chambre. Si vous voulez avoir la liberté de la tribune, laissez-la à vos adversaires.

M. GAMBETTA. — Il m'importe peu que vous vouliez ou que vous ne vouliez pas ratifier ce jugement.

Je sais bien la part que l'intérêt personnel peut prendre dans les réclamations des candidats, mais je suis loin de m'en émouvoir (*Bruit*); seulement, je dis ce que je dis, parce que ce sont des faits précis et indéniables. Je dis que nous avons validé parmi vous, sans nous arrêter aux personnes (*Vives réclamations à droite*), des députés dans l'élection desquels se rencontraient de nombreux faits de pression administrative qui, en d'autres temps, et pour ceux-là mêmes qui aujourd'hui en sont les bénéficiaires, étaient des causes d'annulation dans l'Assemblée nationale. (*Applaudissements à gauche et au centre. — Réclamations à droite.*)

M. PAUL DE CASSAGNAC. — Citez des noms. Est-ce M. Combes ou M. de la Rochefoucauld?

M. LE PRÉSIDENT. — N'interrompez donc pas! Vous avez demandé la parole, et vous l'aurez tout à l'heure pour répondre.

M. GAMBETTA. — Vous demandez des noms? Je pourrais vous en citer bon nombre d'invalidés, mais je vais vous donner un tout autre exemple.

L'honorable M. Baragnon, qui est parmi vous — quand il est présent — un des organes les plus autorisés de vos doctrines...

M. BARAGNON. — Je demande la parole.

M. GAMBETTA. —...dans l'Assemblée nationale de 1871, a fait casser, avec son bonheur habituel, l'élection d'un de nos amis, parce qu'il y avait une recommandation de l'honorable M. Barthélemy Saint-Hilaire et la signature, sur une affiche, d'un maire qui recommandait une candidature. (*Rires à gauche.*)

M. LEVERT. — Et vous avez protesté.

M. GAMBETTA. — La question n'est pas là.

Un membre à droite. — Mais si, elle est là!

M. GAMBETTA. — La question est de savoir si le rigorisme que professait un de vos plus éminents représentants (*Rires à gauche*) a été, oui ou non, appliqué dans la vérification actuelle des pouvoirs. La seconde question est de savoir combien d'entre vous, parmi les cent députés de la minorité qui ont été validés, siègeraient sur ces bancs si on avait fait preuve, à leur égard, d'un pareil rigorisme. (*C'est cela! très bien!* — *Applaudissements à gauche.*)

M. DE BAUDRY D'ASSON. — Mais c'est une insulte perpétuelle à la minorité! (*Oui! oui! à droite.*)

A gauche. — Allons donc!

M. DE LA ROCHETTE. — C'est une insulte à notre adresse!

M. LE PRÉSIDENT. — Non, Monsieur de la Rochette, il n'y a pas d'insulte dans les paroles qui viennent d'être prononcées.

M. DE LA ROCHETTE. — Pardon, Monsieur le prési-

dent, on semble dire que je ne siége sur mon banc
que par la grâce de M. Gambetta. C'est ce que je ne
saurais admettre. Je prends ces paroles pour une insulte personnelle. (*Vives protestations à gauche*.)

Un membre à gauche. — Le règlement interdit de
s'adresser personnellement à un de ses collègues.

M. LE PRÉSIDENT. — L'orateur a le droit de dire qu'on
a appliqué dans une autre Chambre une jurisprudence
plus rigoureuse que celle qui a été adoptée ici en matière de vérifications de pouvoirs, et quand il a ajouté
que si on avait été aussi rigoureux ici qu'on l'avait
été ailleurs à une autre époque, tous les députés qui
ont été validés ne seraient pas aujourd'hui dans cette
Chambre, l'orateur a émis...

M. DE LA ROCHETTE. — Il n'a pas dit cela!

M. LE PRÉSIDENT. —...une appréciation à laquelle
on peut opposer une appréciation contraire, mais
qu'il a parfaitement le droit d'apporter à la tribune.
Il faut la liberté pour tout le monde.

M. DE LA ROCHETTE. — Nous sommes juges de notre
dignité. Pour moi, je me sens insulté par les paroles
de M. Gambetta.

M. LE PRÉSIDENT. — Défendez les actes de l'administration si vous voulez, mais l'opinion exprimée par
M. Gambetta est dans son droit, et ce droit, vous devez
le respecter, ou il n'y a plus de liberté de la tribune.

M. DE LA ROCHETTE. — M. Gambetta a dit qu'il y
avait cent députés qui avaient été validés par indulgence et qui ne seraient pas là...

M. GAMBETTA. — J'ai dit: Sur cent députés qui ont été
validés, combien y en aurait-il qui ne seraient pas là?...

M. LE PRÉSIDENT. — Monsieur de la Rochette, je vous
invite à ne plus interrompre; autrement, je serais
obligé de vous rappeler à l'ordre.

M. DE LA ROCHETTE. — Je le regretterais, Monsieur
le président; je serais obligé de subir le rappel à l'ordre, mais je ne veux pas me laisser insulter.

M. LE PRÉSIDENT. — Vous n'êtes pas insulté.

M. DE LA ROCHETTE. — Je vous demande pardon.

M. LE PRÉSIDENT. — Je vous invite à garder le silence.

M. DE LA ROCHETTE. — Il serait juste d'inviter M. Gambetta à retirer son insulte.

M. LE PRÉSIDENT. — S'il y avait eu une insulte, je ne l'aurais pas laissé passer.

M. DE LA ROCHETTE. — Demandez la sténographie, Monsieur le président, et vous verrez que j'ai raison.

M. LE PRÉSIDENT. — Je viens de reproduire la pensée de M. Gambetta, je l'ai reproduite fidèlement.

M. DE LA ROCHETTE. — Pas les paroles !

M. LE PRÉSIDENT. — Vous pouvez en tirer une appréciation qui ne vous est pas agréable, mais il n'y a pas eu d'insulte.

M. DE LA ROCHETTE. — Je regarde les paroles de M. Gambetta comme une insulte.

M. LE PRÉSIDENT. — Monsieur de la Rochette, je vous invite une dernière fois à garder le silence.

A gauche. — Très bien ! très bien ! — Laissez parler !

M. GAMBETTA. — Je dis que la Chambre actuelle...

M. DE BAUDRY D'ASSON. — On nous proscrit !

M. GAMBETTA. — Oh! pour des gens proscrits, vous vous portez bien. (*Rires à gauche.*)

Je dis que la Chambre actuelle a été bien loin d'appliquer, en matière de candidature officielle, les principes rigoureux qu'avaient adoptés les Chambres qui l'ont précédée. Je dis qu'elle a renoncé à appliquer la jurisprudence spéciale dont M. Baragnon s'était fait l'organe devant l'Assemblée nationale. Je dis qu'elle a renoncé — et je l'ai beaucoup regretté — à appliquer la jurisprudence qui déclare nulle toute élection à la suite de l'emploi de l'affiche blanche. (*Marques d'approbation à gauche.*) Elle a donné par là une preuve de modération qui touche presque à la faiblesse. (*Interruptions à droite. — Applaudissements à gauche et au centre.*)

Voix à droite. — Vous avez eu aussi vos affiches blanches en 1870 !

M. GAMBETTA. — La Chambre est allée plus loin : elle a considéré que l'intervention des maires, des gardes champêtres, des agents des finances, n'avait pas *ipso facto* vicié une élection, et elle a rompu avec les précédents de toutes les Assemblées qui considéraient, quel que fût le nombre des suffrages obtenus, une élection comme devant être annulée par le fait seul de l'intervention des agents du pouvoir exécutif. (*Très bien! très bien! à gauche et au centre.*) La Chambre ne s'est même pas arrêtée là, elle s'est souvent contentée, lorsque dans une élection elle rencontrait des faits de la plus haute gravité, des faits même délictueux, de les renvoyer à sa commission d'enquête; et cependant, simultanément, elle validait l'élection dans laquelle on rencontrait ces faits délictueux. Enfin la Chambre est encore allée plus loin, alors qu'on l'accusait, dans le style déclamatoire qui est à la mode aujourd'hui... (*Exclamations et applaudissements ironiques à droite.*)

M. DE BAUDRY D'ASSON. — Vous n'êtes pas au bout, je vous en réponds !

M. PAUL DE CASSAGNAC. — Ce n'est pas nous qui avons inventé le balcon.

M. GAMBETTA. — On en est aujourd'hui, à propos de ces contestations, qui devraient rester dans le domaine purement parlementaire et électoral, à évoquer la Convention, à évoquer la décimation et la proscription, et on se livre, soit dans les journaux, soit dans les discussions, soit dans les rapports, soit même dans les déclarations solennelles qu'on porte, au nom de la minorité, à cette tribune, on se livre à l'évocation des jours les plus tragiques du commencement de ce siècle.

A droite. — C'est ainsi que cela commence !

M. GAMBETTA. — C'est ainsi que cela commence,

dites-vous? Mais vous savez très bien que tout cet appareil d'évocations historiques ne repose sur rien, et vous ne seriez pas si fringants en paroles si vous étiez en face de la réalité. (*Protestations à droite. — Applaudissements à gauche.*)

M. DE BAUDRY D'ASSON. — Où étiez-vous pendant la guerre?

M. GAMBETTA. — J'étais à mon poste; je ne sais pas si vous étiez au vôtre.

M. LE PRÉSIDENT. — Monsieur de Baudry d'Asson, je vous rappelle à l'ordre pour la première fois.

M. DE BAUDRY D'ASSON. — J'accepte volontiers le rappel à l'ordre, Monsieur le président.

M. LE PRÉSIDENT. — Veuillez vous y soumettre.

M. DE BAUDRY D'ASSON. — Je l'ai accepté.

M. GAMBETTA. — Je dis que des hommes politiques ayant quelque souci de ne pas se livrer à la raillerie publique se garderaient sévèrement, scrupuleusement, de faire de pareilles allusions, et il y aurait pour la minorité, dans cette enceinte, un rôle à la fois plus juste, plus courtois...

M. PAUL DE CASSAGNAC. — Plus plat!

M. GAMBETTA. — ...et plus profitable : ce serait de comprendre que dans une opération électorale comme celle qui a suivi le 16 mai...

Un membre à droite. — Dites une amputation.

M. GAMBETTA. — Oui, une opération césarienne qui a avorté! (*Rires et applaudissements à gauche.*)

M. DE BAUDRY D'ASSON. — Vous avez encore 90 élections à invalider!

M. LE PRÉSIDENT. — M. de Baudry d'Asson, vous ne vous soumettez pas au rappel à l'ordre en continuant à interrompre ainsi.

M. GAMBETTA. — Ce serait, dis-je, de comprendre que le retard apporté à la vérification des élections est un retard qui n'est pas imputable à la majorité. (*Exclamations et rires ironiques à droite. — Très bien! très*

bien! à gauche et au centre. — M. Levert prononce quel-
ques paroles que le bruit empêche d'entendre.)

M. GAMBETTA. — M. Levert m'interrompt. Est-ce
qu'il ignore qu'il y a un certain nombre de ses collègues de la minorité, de ceux peut-être dont le dossier
ne paraît pas le plus net, qui ont sollicité et obtenu
de cette majorité farouche des délais, des congés
même? (*Murmures à droite.*) Je pourrais, si vous y
tenez, citer tel député dont le rêve paraît être de ne
voir son élection discutée qu'après l'Exposition universelle. (*Rires à gauche.*) Nous savons tous que, lorsque les dossiers électoraux sont remis aux commissions, il y a, de la part des candidats évincés... (*Interruption à droite.*) On dirait que vous n'avez jamais eu
parmi vous de candidats évincés!

Un membre à droite. — Vous l'avez été à Avignon,
vous!

M. GAMBETTA. — Il y a, de la part de ces candidats,
des demandes de délais pour faire venir des pièces,
pour répondre à des allégations, pour rédiger des
mémoires, pour les imprimer, pour faire des contre-
enquêtes. Et il ne faut pas dire que ce ne sont pas les
intéressés, c'est-à-dire les membres de la minorité,
qui les réclament, puisque seuls ils y ont intérêt.
L'intérêt de la majorité est de ratifier le plus tôt possible le jugement que, dans leur étude impartiale, les
membres des bureaux ont porté sur vos origines et
sur vos droits. Voilà la vérité. (*Marques d'assentiment à
gauche et au centre.*) Nous sommes des adversaires
politiques, cela est vrai...

M. PAUL DE CASSAGNAC. — Des ennemis!

M. GAMBETTA. — Mais nous ne vous traitons pas
comme des adversaires politiques. (*Oh! oh! à droite.*)
Vous avez tort de dénaturer les actes de la majorité.
J'affirme, sans crainte d'être démenti, que sur le
nombre de deux cent et quelques élections qui étaient
incontestablement le produit de la candidature offi-

cielle... (*Réclamations à droite*), qui étaient incontestablement le produit de la pression administrative, la
France, le monde apprendra avec quelque étonnement que jusqu'ici il n'y a pas eu encore vingt invalidations prononcées. (*Très bien! très bien! à gauche et
au centre.*)

Il en est temps encore, Messieurs! Au lieu d'attaquer avec passion, sans justice, la décision de la majorité, il est temps de retirer votre proposition. (*Allons
donc! à droite.*)

M. DE BAUDRY D'ASSON. — Jamais!

M. GAMBETTA. — Messieurs, je n'ai aucun intérêt à
la proposition que je vous fais. Je sais que vous en
avez passé plusieurs en revue. Vous avez — ce n'est
un secret pour personne — examiné si vous vous reti-
reriez en masse, et les plus avisés d'entre vous, sachant l'accueil qui vous était réservé par le pays, ont
repoussé cette proposition. (*Très bien! très bien! —
Applaudissements et rires à gauche et au centre.*)

M. DE BAUDRY D'ASSON. — Mais c'est là encore une
insulte pour la minorité!

M. GAMBETTA. — Vous vous êtes réduits à proposer
ici une modification du règlement, sachant bien que
vous ne pouviez pas raisonnablement l'obtenir.

Un membre à droite. — Pourquoi?

M. GAMBETTA. — Pourquoi? Pour bien des raisons :
la première, parce que c'était la suspicion outrageante
et injurieuse des décisions préalables de la majorité;
la seconde, parce que vous n'avez le droit d'être vérifiés qu'à un titre égal, comme ont été vérifiés tous
vos collègues; la troisième, parce que vous savez très
bien que, dans l'impossibilité pour un certain nombre
d'entre vous de justifier les élections qui restent encore à examiner... (*Exclamations à droite.*) Oh! ré-
criez-vous d'avance! Vous vous récrierez aussi après,
comme l'a fait M. de la Rochefoucauld. Vous nous
direz, après avoir discuté, après avoir défendu vos

élections, après avoir renié le patronage officiel...
(*Dénégations à droite.*)

M. BARCILLON. — Qu'en savez-vous?

M. GAMBETTA. — Nous connaissons vos déclarations.

M. BARCILLON. — Vous ne nous avez pas entendus!

M. GAMBETTA. — Après avoir écarté autant que possible de vos têtes la responsabilité d'une complicité trop active et trop étroite avec les ministres du 16 mai, quand la décision sera intervenue, vous pourrez quitter cette enceinte en répétant ce que disait l'homme dont j'ai prononcé le nom tout à l'heure : « Je suis fier de sortir d'une pareille Chambre! » Eh bien! je le dis sans hésitation, certains d'entre vous sont entrés ici à l'aide de tels moyens qu'ils devraient bien avoir la même fierté avant que s'ouvre le débat sur leur élection. (*Applaudissements répétés à gauche et au centre. — L'orateur, en retournant à sa place, est félicité par ses collègues.*)

M. PAUL DE CASSAGNAC répond à M. Gambetta par une violente diatribe qui provoque, sur tous les bancs de la majorité, les protestations les plus indignées. Il traite M. Gambetta d'esclave de Belleville, et injurie à plusieurs reprises le président Jules Grévy.

M. L'AMIRAL TOUCHARD. — M. Gambetta m'a mis personnellement en cause : il a paru s'étonner que je fusse l'organe de la minorité. C'est à moi de m'étonner qu'il n'ait pas compris que, s'il m'appartenait d'apporter cette proposition à la tribune. c'est précisément parce que j'étais désintéressé, parce que je n'avais pas à bénéficier de cette disposition. (*Très bien! très bien! à droite.*)

M. GAMBETTA. — Je regrette que l'honorable amiral ait pu prendre pour un reproche ce qui n'avait pour moi que la valeur d'un exemple. Je comprends que la minorité ait jugé avantageux de faire porter la proposition à la tribune par un homme aussi indépendant que l'honorable amiral, mais sa présence à la tribune n'en était pas moins un témoignage de l'impartialité de la majorité. (*Bruit à droite.*)

Je sais bien tout ce que l'on peut dire quand on défend sa propre cause : un candidat a accepté la candidature officielle pour ne pas compromettre ses voisins, ou en a bénéficié aussi peu que possible.

Il en est qui disent même qu'elle leur a nui. Mais la meilleure réponse à faire à ceux qui parlent d'atteinte au suffrage universel, c'est de proclamer hautement que ce qui a été opprimé dans la dernière période électorale, c'est le suffrage universel. C'est au nom de ceux qui ont été terrorisés, victimés, que je réclame de vous un acte de justice, de probité, en vous demandant d'écarter par la question préalable une proposition qui n'aurait jamais dû se produire. (*Applaudissements.*)

M. LE PRÉSIDENT. — M. Baragnon a la parole pour un fait personnel.

M. BARAGNON. — Ce fait personnel se rattache un peu au débat, et je m'y renfermerai autant que possible, prêt d'ailleurs à me soumettre, comme toujours, à l'autorité de M. le président.

Voilà plusieurs fois que, dans vos rapports, dans vos journaux, vous me faites l'honneur de me prendre personnellement à partie et de citer mes paroles comme la condamnation écrasante de mes collègues et de moi-même.

Tant que je n'ai trouvé ces paroles que dans les rapports et les journaux, j'ai pu ajourner ma réponse. Mais tout ce qui tombe de la bouche du véritable chef de la majorité a une telle importance, que je ne puis m'abstenir aujourd'hui de répondre.

Je regrette que l'honorable M. Gambetta n'ait pas suivi mon exemple, car tout à l'heure, à propos du suffrage universel, on lui a, à lui aussi, rappelé son passé, qui mériterait peut-être quelques explications. (*Applaudissements à droite.*)

Il est vrai qu'un homme condamné par la justice de son pays, et qui l'est encore, — car il faudra, pour le relever, l'amnistie demandée à cette Chambre,—a dit à plus haut que nous : « Il faut se soumettre ou se démettre. » Comme on ne peut pas nous en dire autant, comme nous ne nous soumettons ni ne nous démettons, on veut nous chasser de nos sièges. (*Applaudissements à droite.*)

M. GAMBETTA. — Je ne veux pas parler sur le fond de la question ; mais M. Baragnon, en me répondant, a allégué que je me trouve encore sous le coup d'un jugement, après avoir été condamné par la justice de mon pays. Je demande à faire une observation sur ces paroles, parce que tout le monde sait que M. Baragnon a dirigé les sceaux, et qu'en cette qualité sa parole peut avoir une certaine valeur au point de vue judiciaire. (*Sourires à gauche.*)

Il n'est pas exact qu'à l'heure qu'il est je sois sous le coup d'une décision judiciaire ayant l'autorité de la chose jugée. (*Interruptions à droite.*)

Laissez-moi dire trois mots sur ce fait qui m'est personnel.

Il n'est pas exact que j'aie besoin à l'heure qu'il est d'une résolution que la Chambre sera appelée à voter un jour prochain pour me soustraire aux conséquences possibles d'une décision judiciaire antérieurement rendue. Je sais bien que j'ai été poursuivi pour avoir prononcé des paroles que je ne veux pas répéter et que l'honorable M. Baragnon rappelait tout à l'heure en disant que, quant à lui, il échappait à l'application de la règle politique indiquée dans mes paroles. (*Mouvements divers.*)

J'ai été poursuivi, j'ai été condamné — une première fois, une seconde fois, une troisième fois par défaut, — mais, Messieurs — et ce n'est pas là un des moindres exemples des pratiques auxquelles on avait abaissé l'exercice du pouvoir (*Approbation à gauche et au centre*), — une décision de cette gravité — non pas à cause de la personne qu'elle touchait, mais à cause

des droits qu'elle mettait en question — cette décision,
dis-je, a pu être prise au premier degré; mais on n'a
jamais oser vider le procès au fond, probablement
parce qu'on reconnaissait d'avance que l'objet de cette
poursuite, de ce jugement, ne pouvait être considéré
que comme ayant la valeur d'une appréciation politique. (*Très bien! très bien!* — *Applaudissements au centre
et à gauche.*)

Ce qui est vrai, Messieurs, — et je ne veux pas en
dire davantage, — c'est que, à l'heure où nous parlons, la condamnation est abolie par l'effet même de
l'écoulement du temps. C'est moi qui ai formé appel
et demandé à être assigné. Je ne l'ai pas été et je ne
le serai pas. Je n'ai donc pas besoin de la jurisprudence de M. Baragnon, ni de l'amnistie de M. le garde
des sceaux, pour éprouver une fois de plus qu'en matière politique on peut rendre des services, mais qu'on
n'établit pas des arrêts qui puissent obtenir l'adhésion
de la conscience publique. (*Adhésion à gauche et au
centre.*)

La question préalable est adoptée par 312 voix contre 186.

DISCOURS

SUR

L'ÉLECTION DE L'ARRONDISSEMENT D'ARLES

(VAUCLUSE)

Prononcé le 26 janvier 1878

A LA CHAMBRE DES DÉPUTÉS

La discussion du rapport de M. Martin-Feuillée sur l'élection de M. de Cadillan ramena M. Gambetta à la tribune. L'élection d'Arles était l'une des plus gravement viciées. Non seulement toutes les manœuvres de la candidature officielle avaient été employées par le préfet de Vaucluse et par le sous-préfet d'Arles: mais la liberté des opérations électorales elle-même avait été violée, et la fraude avait complété et parfait l'action de la corruption et de l'intimidation.

Nous reproduisons les parties essentielles du débat du 26 janvier :

M. MARTIN-FEUILLÉE, *rapporteur*. — Messieurs, au nom du 2e bureau, j'ai eu l'honneur de vous dire que nous ne pensions pas que l'élection de l'arrondissement d'Arles présentât, pour être validée, des garanties suffisantes d'indépendance et de sincérité. J'espère pouvoir très brièvement justifier devant vous cette double proposition.

Et tout d'abord, je puis dire qu'il n'est pas peut-être d'élection qui ait soulevé des protestations aussi nombreuses, et la vue seule du dossier vous le démontre!

Il est certain, tout d'abord, que M. de Cadillan a été candidat officiel. Il ne le méconnaît pas; il est certain qu'il a eu le bénéfice de cette candidature, manifestée par des procédés jusqu'alors inusités, notamment par l'affiche blanche,

et il y a eu ceci de spécial à l'élection d'Arles que le bénéfice de l'affiche blanche et de la dispense de timbre a été
étendu aux manifestes mêmes des comités qui soutenaient
sa candidature.

Je n'insiste pas davantage sur ce fait, que vous retiendrez
cependant, et je passe.

M. Tardieu, député sortant, était maire de la ville d'Arles;
il se représentait aux suffrages de ses concitoyens. Pour
l'amoindrir, il est révoqué à la date du mois d'août; il est
révoqué sans phrase, il est révoqué sans motif, parce qu'il
n'y en avait pas à donner. Le conseil municipal est dissous;
cette mesure est étendue à différentes communes, notamment à celles que j'ai énumérées dans le rapport dont j'ai
eu l'honneur de vous donner lecture.

Cette mesure est étendue à toutes les municipalités de
l'arrondissement d'Arles, qui étaient considérées comme
ayant un attachement pour nos institutions républicaines.

Eh bien, je dis que, quand on voit prendre de semblables
mesures contre des municipalités sans qu'on puisse leur
adresser aucune espèce de reproche au point de vue administratif, lorsqu'on vient ainsi, pour faire triompher ce qu'on
appelait, il y a quelques jours avec autant d'autorité, une
entreprise électorale, lorsqu'on vient ainsi, dis-je, substituer
les élus du pouvoir à ceux du pays, on n'a évidemment
d'autre but que de violenter le suffrage universel, que de
l'intimider, et on porte assurément atteinte à son indépendance.

En même temps, le gouvernement, de son côté, atteignait
dans une large mesure les fonctionnaires qui relevaient de
lui, ce que M. de Cadillan n'a pas méconnu; il a dit, au
contraire, que ces fonctionnaires ainsi destitués et déplacés
étaient des hommes parfaitement honorables. « Je regrette
profondément, a-t-il ajouté les mesures qui les ont frappés;
mais que voulez-vous? j'y étais absolument étranger. »

Mais, en même temps, Messieurs, nous avons vu les entraves de toutes sortes apportées à la distribution des bulletins de M. Tardieu. Je n'en finirais pas si j'entrais dans tous
les détails des protestations; ils ont tous passé sous les yeux
de M. de Cadillan, il les a tous examinés, il n'a essayé d'en
réfuter aucun. Ici on dresse procès verbal contre des distri-
buteurs; là, on les emprisonne. Et notamment, messieurs,

dans la commune de Fonvielle, où il y avait un commissaire de police qui paraît avoir été animé d'un zèle véritablement remarquable; dans cette commune, il y a eu, le jour
du vote, jusqu'à trois arrestations. Parmi ces arrestations,
je citerai celle de M. Dufaux, ancien maire. Ces arrestations
étaient d'ailleurs absolument arbitraires, et la meilleure
preuve que je puisse en fournir, c'est qu'il n'y a été donné
aucune espèce de suite: elles n'ont eu d'autre résultat que
d'empêcher ces citoyens de voter et surtout de frapper de
terreur les populations. (*Assentiment à gauche.*)

Dans cette commune de Fonvielle, Messieurs, il s'est
même passé un incident que je dois vous signaler.

Il paraît que la population y est assez pacifique, assez
honnête pour que la prison communale reste habituellement
inhabitée: de telle sorte qu'elle était dans l'état où se trouve
d'ordinaire un local inoccupé. La veille de l'élection, M. le
commissaire de police, accompagné des deux gardes champêtres, faisait avec une sorte d'apparat procéder au net-
toyage de la prison, exprimant à haute voix la crainte
qu'elle fût trop petite pour contenir les républicains qu'il
comptait y enfermer le lendemain. (*Exclamations à gauche.*)

Enfin, nous avons, bien entendu, dans l'élection d'Arles
la manœuvre de la dernière heure. Cette manœuvre, qui
est également signalée dans notre rapport, est très grave.
C'est un pamphlet calomnieux, intitulé : « Le citoyen Tardieu et les finances de la ville d'Arles. » Ce pamphlet arrive
le 13 octobre, de telle sorte qu'il est absolument impossible
à M. Tardieu d'y répondre et de se défendre. Il est imprimé
dans l'arrondissement d'Arles, mais il arrive de Paris. Nous
en avons des exemplaires dans le dossier : ils portent le
timbre de Paris, et l'on peut constater que les bandes ont la
même largeur, la même couleur que celles qui renfermaient
les manifestes du Gouvernement distribués également aux
électeurs. C'est aussi la même écriture sur les adresses.
Cela arrive donc de Paris le 13 octobre et est distribué avec
un soin religieux par la poste à tous les électeurs. Il est
impossible, je le répète, à M. Tardieu de répondre à ce
pamphlet.

Voilà la manœuvre de la dernière heure. Elle est assurément des plus graves.

Je ne crois pas devoir, Messieurs, insister davantage sur

des faits de cette nature. Est-ce que, en supposant que nous n'en eussions pas d'autres à relever, ils ne seraient pas déjà suffisants pour faire invalider cette élection? Ne rencontrons-nous pas là les faits de pression, d'intimidation, de violence et de calomnie les plus décisifs?

Mais je veux aller plus loin, et j'ajoute que ce qui caractérise tout particulièrement cette élection, ce sont, d'une part, les entraves qui ont été apportées à la liberté des opérations électorales elles-mêmes, et, d'autre part, les mesures prises pour rendre impossible toute espèce de contrôle.

Dans cet ordre d'idées, je signale tout d'abord le sectionnement de la commune d'Arles.

(M. Martin-Feuillée fait l'historique de ce sectionnement et aborde le chapitre de la distribution irrégulière des cartes électorales.)

Messieurs, il s'est produit un fait qui est affirmé par toutes les protestations : c'est que beaucoup d'électeurs républicains des communes d'Arles n'ont pas reçu leurs cartes électorales. Les bureaux sont cependant très exigeants, dans les communes d'Arles, car lorsqu'un électeur n'est pas porteur de sa carte électorale, il est repoussé sous prétexte qu'il ne justifie pas suffisamment de son identité.

Or, on a trouvé un fragment de liste qui avait été dressée par le garde champêtre Tribert et qui a été égarée par lui.

Sur cette liste sont inscrits d'assez nombreux électeurs; après le nom des uns figure un B, qui veut dire « bon »; d'autres ont un R, ce qui veut dire « républicain », d'autres, ont à la suite de leurs noms l'épithète de « protestants », d'autres celle de « communard », d'autres enfin, celle de « gens de rien ». Or il arrive que c'est précisément parmi ceux qui sont marqués d'un R, parmi ceux qui sont qualifiés de protestants, de communards ou de gens de rien, que se sont produites les omissions dans la distribution des cartes électorales. (*Exclamations à gauche.*)

Mais ce n'est pas tout. J'ai dit que, à Arles, il était difficile de voter. J'ai indiqué dans mon rapport que, pour deux sections surtout, le nombre d'électeurs inscrits s'élevait à 3,000 pour chacune d'elles. Or il est fort difficile, je crois même qu'il est matériellement impossible, quelque activité qu'on y mette, de recevoir dans un seul bureau 3,000 votes depuis huit heures du matin jusqu'à six heures du soir. M. le sous-préfet lui-même l'avait pensé puisqu'il avait engagé à ouvrir le bureau, exceptionnellement, à sept heures. Dans tous les cas, Messieurs, vous comprenez qu'il y avait un grand encombrement, une grande foule. Or, pendant qu'on se pressait, ainsi que cela a lieu en pareil cas, que le commissaire de police, assisté de la force publique, maintenait l'ordre avec des procédés assez violents, — c'était le commissaire de police dont j'ai déjà parlé, et il avait le revolver à la main, — beaucoup d'électeurs se fatiguaient, d'autres s'effrayaient et s'en allaient.

Or, tandis que ces choses se passaient, les électeurs bien pensants pénétraient par une porte particulière (*Ah! ah! à gauche et au centre*), et ils y pénétraient munis d'un laissez-passer dont je tiens à la main dix-huit échantillons. (*Exclamations et rires à gauche.*) Les uns, Messieurs, sont sur un papier cartonné et portent ceci : « Laissez-passer », avec le timbre de la mairie et la signature de M. Carrier, maire imposé ; ils étaient délivrés par les soins du comité conservateur aux électeurs dont on était sûr. Et puis, comme il y en avait d'autres de cette catégorie qui n'avaient pas été prévenus ou qui n'étaient pas allés chercher cette pièce au comité conservateur, leurs amis, en allant voter, demandaient pour eux au maire une entrée de faveur, et ils recevaient de ce magistrat un petit billet sur lequel était écrit : « M. le maire fait demander le porteur du présent. » (*Rires ironiques et murmures à gauche. — Aux voix! aux voix!*)

Un membre à gauche. — C'est digne de l'ordre moral!

M. ESCARGUEL. — C'est odieux!

M. LE RAPPORTEUR. — Les électeurs bien pensants avaient une entrée privilégiée. (*Ah! ah!*)

M. GAMBETTA. — L'entrée des artistes! (*On rit.*)

M. LE RAPPORTEUR. — Il y a encore un autre point sur lequel je dois appeler votre attention, et qui n'a pas été nié par M. de Cadillan. Vous remarquerez, Messieurs, que je m'attache exclusivement aux faits qui ne sont pas contestés et qui ne sont pas susceptibles de contestation. Si j'avais pris tous les autres faits, très nombreux, et dont plusieurs ont paru très répréhensibles à votre bureau, j'aurais été conduit à de longs développements; je n'en ai pas dit un mot dans mon rapport, je ne veux pas vous en entretenir, je m'attache purement et simplement aux faits qui ne sont pas contestés par M. de Cadillan.

Voici donc le point sur lequel je veux encore appeler votre attention.

A Arles, on a demandé communication des listes d'émargement; un premier examen a permis de constater que 69 électeurs avaient été émargés, bien qu'ils fussent les uns décédés, les autres retenus chez eux par la maladie. (Exclamations à gauche et au centre.)

D'autres enfin n'avaient pas pu pénétrer dans la salle et ils ont rapporté leur carte non écornée. soixante-neuf émargements inexacts, cela était grave.

Mais le travail s'est continué; on a relevé de nouveaux et nombreux actes de décès. Le parquet d'Arles est saisi, et, à l'heure qu'il est, on est arrivé au chiffre de 200. (Bruyantes exclamations à gauche et au centre.)

Deux cents électeurs qui sont émargés et qui n'ont pas pu voter.

Or, votre bureau a pensé qu'il n'était pas impossible que ces votes, qui ne devraient pas exister, eussent été exprimés en faveur de M. de Cadillan. (Rires à gauche.)

Il est écrit dans la loi que, pour dépouiller le scrutin, un scrutateur doit prendre un bulletin, le lire à haute voix, et le passer à son voisin.

De cette manière, toutes les garanties sont données. Mais ce n'est pas ainsi qu'on opère dans l'arrondissement d'Arles. Les paquets de bulletins tirés de l'urne sont remis aux scrutateurs, qui ont tous été soigneusement choisis à l'avance; et là, en silence, à la muette, alors que le public ne peut pas circuler et est tenu à distance dans les conditions que j'ai indiquées, on compte les bulletins, sans contrôle; et puis on écrit, sur les listes préparées à l'avance, le chiffre de voix qu'on attribue à chaque candidat.

On renvoie le tout au bureau, qui additionne les résultats, et puis on s'empresse de brûler les bulletins.

M. GAMBETTA. — Le feu purifie tout! (On rit.)

M. LE RAPPORTEUR. — Dans ces conditions, il est certain qu'il y a une violation manifeste de la loi, qui prescrit d'une façon positive de laisser circuler librement autour des tables, qui prescrit en outre un mode particulier de dépouillement.

Mais à Barbantane on a perfectionné le système. Barbantane est une commune importante, car il y a eu, je crois, 792 votants, et M. de Cadillan y a obtenu une très grosse majorité.

Eh bien, voici ce qui s'est fait. A Barbantane, quoique la commune comprenne plus de 300 électeurs, c'est le maire qui, contrairement à la loi, a commencé par faire le partage des bulletins, en les plaçant sur son bureau à une distance où les électeurs ne pouvaient exercer aucun contrôle. Il en faisait deux parts : les bulletins de M. de Cadillan et les bulletins de M. Tardieu.

Puis, sans les compter, il passait un des paquets, par exemple, le paquet de bulletins qu'il avait attribués à M. de Cadillan, à MM. les scrutateurs, et qui étaient, eux, chargés de faire le compte; les scrutateurs formaient alors des paquets de 50, et c'est par le verso qu'ils comptaient, étant entendu que c'était bien des bulletins de Cadillan, puisque M. le maire l'avait constaté. (*Exclamations à gauche.*)

Mais voilà les républicains qui étaient dans la salle qui protestent contre cette manière de faire. On s'indigne de leurs soupçons, on menace de faire évacuer la salle. Et là, un gendarme est présent. Cet honnête représentant de la force publique, qui est parfaitement convaincu que tout se passe honnêtement, que les républicains ont tort de protester, saisit le sixième paquet et, pour les confondre, il l'examine. Eh bien, dans ce paquet de 50 bulletins attribués à M. de Cadillan, il en trouve 8 au nom de M. Tardieu. (*Exclamations et rires à gauche.*)

M. GAMBETTA. — Et ce n'est pas le vol et la fraude?

M. LE RAPPORTEUR. — Le gendarme, Messieurs, n'en a pas vérifié d'autres.

A Paradoux, voici encore ce qui s'est passé : Au moment du dépouillement du scrutin, une bande de gens très bruyants se précipite dans la salle. On affirme, dans une protestation, que c'étaient des partisans de M. de Cadillan; ils troublent l'ordre; on les fait sortir, et on a raison; mais on fait sortir en même temps les autres, qui se tenaient tranquilles et ne disaient rien.

Et alors à Paradoux, qui est aussi une commune assez importante, le dépouillement se fait absolument en famille, sans témoins; le bureau est tout seul : il n'y a pas de scrutateurs, il n'y a personne.....

Je terminerai en mettant sous vos yeux, pour répondre aux articles de journaux que M. de Cadillan a invoqués tout à l'heure, le passage d'un journal qui a soutenu sa candidature, journal bien connu dans le Midi, c'est le *Citoyen*.

Ce journal, qui est légitimiste, entamait au lendemain du 16 mai une polémique dans laquelle il déclarait qu'il ne reconnaissait ni la souveraineté nationale, ni le suffrage universel.

M. GAMBETTA. — Cela se voit bien!

M. LE RAPPORTEUR. — Jusque-là, c'est de la discussion permise. Mais il ajoutait ceci, et je prends textuellement ses expressions dans la protestation même de M. Tardieu; M. de Cadillan en a pris connaissance, et il ne les a pas démenties :

« Pour combattre la révolution, disait le *Citoyen*, tous les moyens sont bons; il faut violenter le suffrage universel, le sophistiquer, le frauder; en un mot, déshonorer cet instrument de désordre pour qu'il devienne un objet de mépris et de dégoût. » (*Vives exclamations à gauche et au centre.*)

M. GAMBETTA. — C'est un citoyen conservateur, celui-là! (*Rires à gauche.*)

M. LE RAPPORTEUR. — Eh bien, Messieurs, quand on voit que de semblables conseils, des conseils aussi criminels, ont pu être donnés impunément... (*Très bien! très bien! à gauche*) ...quand ensuite on rapproche ces conseils des faits qui se sont passés et que je viens de soumettre à l'appréciation de la Chambre, on est autorisé à dire qu'il faut que la lumière se fasse complète, et qu'elle se fasse de deux manières : par un appel au suffrage universel en invalidant cette élection, et par une enquête en renvoyant le dossier à la commission spéciale que vous avez nommée. (*Très bien! très bien! et applaudissements répétés à gauche et au centre.*)

(Après une courte réplique de M. de Cadillan, M. Numa Baragnon demande la parole.)

M. BARAGNON. — Je viens soumettre à la Chambre un amendement qui doit rallier, je n'en doute pas... (*Marques d'incrédulité à gauche et au centre*), — je l'espère moins, — qui doit rallier tous ceux qui veulent juger avec une conviction éclairée, et éclairée par les meilleurs moyens.

Tout à l'heure j'avais l'honneur d'approcher M. le rapporteur, et je lui ai demandé si un certain nombre de faits sur lesquels il a basé sa demande d'invalidation étaient l'objet de poursuites judiciaires. Il m'a répondu affirmativement.

Et, en effet, non content de s'adresser à votre commission d'enquête et à votre bureau, le concurrent de M. de Cadillan a saisi la justice de certaines de ces contestations. Je l'approuve et je suis tenté de l'en remercier... car il vous donne ainsi, Messieurs, si, comme je n'en doute pas, vous êtes sincères, un moyen de juger cette élection, d'apprécier les faits sur lesquels vous vous basez avec une lumière qui, d'habitude, n'existe pas dans les questions de cette nature.

Il y a donc des enquêtes judiciaires! Eh bien, je dis que vous ne pouvez plus vous prononcer sur la validation d'une élection en vous basant sur des faits dénoncés comme délictueux; vous ne le pouvez plus sans attendre les conclusions de ces enquêtes et de ces procès.

M. GAMBETTA. — Je demande la parole.

M. BARAGNON. — Si vous le faisiez, Messieurs, vous porteriez une véritable atteinte aux droits des citoyens et vous fermeriez volontairement les yeux à la lumière.

Pour ma part, je n'hésite pas à vous déclarer que je considère comme un principe qui ne doit jamais être abandonné, comme un principe supérieur même à l'honneur de se défendre devant vous, celui qu'on ne doit pas, qu'on ne peut pas répondre, à cette tribune, sur des faits dont la justice ordinaire est saisie! En y consentant, on abandonne des garanties qui appartiennent à tous, qui sont la garantie de ceux mêmes que vos amis font poursuivre. Non! je ne comprendrais pas un instant qu'une Chambre, vérifiant les pouvoirs d'un de ses membres, pût avoir une opinion sur des faits qui, demain, devant la justice correctionnelle, pourront être démontrés faux... (*Applaudissements à droite*), sur des faits qui pourront, malgré votre vote d'amnistie, amener des poursuites contre les dénonciateurs. Car vous avez bien prononcé une amnistie, mais elle s'arrête au 14 décembre, et beaucoup de dénonciations datent d'hier seulement!

Il y a devant la justice, entre M. de Cadillan et ses adversaires, un grand débat; des membres de bureaux électoraux ont été dénoncés comme ayant commis des fraudes et cités devant les tribunaux; eux, de leur côté, traitent de calomniateur celui qui les attaque; et vous oseriez vous prononcer sur des faits qui sont déférés à la justice! (*Bravos à droite.* — *Exclamations à gauche.*)

Et savez-vous à quoi vous vous exposez? à ce que demain, quand vous aurez invalidé cette élection — sur le rapport d'un de nous, qui serait alors le premier à le regretter, — en face de votre décision, se dresse une décision contradictoire, rendue après l'audition de témoins ayant prêté serment, et qui réforme votre propre jugement! (*Applaudissements à droite.* — *Allons donc! à gauche.*)

Vous dites : Allons donc! vous êtes décidés; eh bien, soit! vous le voulez, Messieurs (*l'orateur se tourne vers la gauche*); ce sera pour ceux que vous aurez frappés la vengeance la plus cruelle et la plus éclatante. En refusant la lumière, vous aurez invalidé moralement vos décisions! (*Bravos et applaudissements à droite.*)

A gauche. — Aux voix! aux voix!

M. LE PRÉSIDENT. — Je prie M. Baragnon de me remettre par écrit sa proposition.

M. BARAGNON. — C'est ce que je vais faire, Monsieur le président.

M. GAMBETTA. — Messieurs, l'honorable orateur qui descend de cette tribune s'est laissé aller jusqu'à dire qu'il s'applaudissait d'une décision que vous pourriez prendre et qui serait en contradiction avec les principes généraux de la justice. (*Dénégations à droite.*)

M. BARAGNON. — Je n'ai pas dit cela!

M. GAMBETTA. — L'orateur a dit, si je ne me trompe : « Tant mieux! ce serait notre vengeance. »

Ce n'est pas sur ce ton-là que j'entends répondre à la question posée par l'honorable M. Baragnon. Il ne s'agit pas ici de vengeance, il ne s'agit pas non plus de confusion de pouvoirs.

Et puisque l'honorable M. Baragnon, dédaignant de parler pour cette Chambre, comme il le disait dans ses observations, s'est adressé à l'opinion, je crois qu'il est bon de répondre à un homme aussi considérable que M. Baragnon. (*Rires à gauche.*)

M. LE COMTE DE MAILLÉ. — Ces rires ne sont pas convenables !

M. BARAGNON, *s'adressant à la gauche.* — Je me sens assez honoré par ce fait : que votre chef vient me répondre en personne, à la tribune.

M. GAMBETTA. — Pourquoi protestez-vous alors?

M. BARAGNON. — Parce qu'on rit.

M. GAMBETTA. — On a tort de rire : je dis les choses comme je les pense.

M. LAROCHE-JOUBERT. — On proteste contre les rires de vos amis, qui ne sont pas convenables.

M. GAMBETTA. — Monsieur Laroche-Joubert, je vous prierai de bien vouloir me laisser continuer, si c'est un effet de votre clémence. (*On rit.*)

M. LE COMTE DE MAILLÉ. — Il est facétieux !

M. GAMBETTA. — Oh! vous avez ce monopole, Monsieur de Maillé.

M. LE PRÉSIDENT. — Monsieur de Maillé, je vous rappellerai à l'ordre si vous continuez à interrompre.

M. LE COMTE DE MAILLÉ. — Alors, il faut empêcher l'orateur de nous dire des choses désagréables !

M. LE PRÉSIDENT. — Il ne vous a rien dit de désagréable, Monsieur... (*Réclamations à droite*), et vous prenez bien malheureusement l'habitude d'interpeller constamment vos collègues. Je ne peux pas le tolérer : le règlement ne le permet pas. Ne me mettez donc pas dans la nécessité de sévir contre vous.

M. GAMBETTA. — Il est étrange que vous ne vouliez pas me laisser parler, car vraiment je ne vois pas, quelle que soit l'animation que vous y mettiez, quelle est celle de mes paroles qui a pu vous blesser.

M. LE MARQUIS D'HAVRINCOURT. — On vous a dit, au contraire que ce n'est pas contre vos paroles qu'on proteste, mais contre les rires qu'elles ont provoqués.

M. GAMBETTA. — Alors, qu'on ne m'interrompe pas davantage.

M. LAROCHE-JOUBERT. — Vous m'avez mal compris,

mon cher collègue! J'ai trop de satisfaction à vous entendre pour vouloir le moins du monde vous empêcher de parler.

M. GAMBETTA. — Je dis que M. Baragnon a apporté ici une thèse qu'il est nécessaire de réfuter.

M. Baragnon, en effet, après cette lumineuse discussion sur les vices inhérents à l'élection de l'honorable M. de Cadillan, voyant que la cause était singulièrement compromise...

Un membre à droite. — Perdue d'avance!

M. GAMBETTA. — ...est venu faire une dernière tentative qui était de nature, je le reconnais, à jeter quelque trouble dans vos esprits. Il vous a dit en effet : Prenez garde, les faits sur lesquels vous entendez motiver l'annulation de l'élection de l'honorable M. de Cadillan, ces faits sont déférés à la justice du pays, et, tant que la justice du pays n'aura pas statué, vous devez suspendre votre propre arrêt. Autrement vous risqueriez de vous mettre en contradiction avec les décisions judiciaires à intervenir!

Messieurs, je dis que, ni en fait ni en droit, il n'y a lieu de tenir compte de cette objection.

En fait, vous ne statuez nullement sur le caractère délictueux ou non délictueux des faits portés devant vous. (*Très bien! très bien! au centre et à gauche.*) Vous statuez sur la légitimité d'une élection; vous jugez comme des jurés... (*C'est cela!*); vous appréciez la légitimité, la loyauté politique des opérations électorales... (*Exclamations à droite.*)

Je crois, Messieurs, que je dis des choses élémentaires.

M. BARAGNON. — Mais en dehors de la question!

M. GAMBETTA. — ...la loyauté politique des opérations électorales qui ont envoyé siéger parmi nous l'honorable M. de Cadillan.

Par conséquent, quelle que soit l'issue de vos délibérations, elles ne peuvent en rien entraver l'œuvre de la justice. Les tribunaux restent compétents, s'ils ont été saisis dans les délais voulus, et quelle que soit la décision des tribunaux, aucun des faits qui sont déférés à la justice ne pourra être ni infirmé ni confirmé par la décision que la Chambre aura rendue. Elle n'en est pas saisie à ce point de vue, mais uniquement au point de vue de la manœuvre électorale. (*Exclamations et réclamations à droite.*)

M. DE LA BASSETIÈRE. — Et s'il est démontré qu'ils n'existent pas?

M. GAMBETTA. — Messieurs, vous pourrez monter à la tribune après moi, mais je vous demande de ne pas m'interrompre tous à la fois, car évidemment je ne peux pas répondre à chacun de vous...

Il est bien entendu que je suis ici pour exprimer, non pas votre opinion, mais la mienne.

Au point de vue du droit, il en est de même : on ne peut pas soutenir que la juridiction parlementaire, que le droit qui appartient aux Assemblées de se constituer, d'examiner la validité du mandat de leurs membres de valider ou d'invalider leur élection, doivent être tenus en suspens et en échec par la prérogative judiciaire. C'est en cela précisément que consisterait la confusion des pouvoirs, l'empiètement du pouvoir judiciaire sur le pouvoir parlementaire... (*Très bien! très bien! à gauche et au centre*); et s'il y a une théorie qui soit le renversement de notre législation et de notre droit public, c'est celle-là même derrière laquelle l'honorable M. Baragnon voudrait abriter l'élection de M. de Cadillan. (*Vives marques d'approbation au centre.*)

Mais, Messieurs, si, en droit, cela me paraît élémentaire, en fait, l'argument est encore plus décisif contre la prétention, tout à fait désintéressée d'ailleurs, de M. Baragnon.

M. BARAGNON. — Quand mon tour sera venu, nous verrons bien! Vous croirez alors peut-être devoir monter à la tribune pour me répondre!

M. GAMBETTA. — Je ne comprends pas vos interruptions. Je constate votre désintéressement, et je crois qu'il y a intérêt à le constater, puisque évidemment vous ne pouvez pas être soupçonné d'intérêt personnel dans l'élection de M. de Cadillan, étant M. Baragnon.

Un membre à droite. — Mais vous n'êtes pas désintéressé !

M. GAMBETTA. — Messieurs, je vous le demande, quel intérêt autre que celui de notre droit parlementaire et de notre droit public puis-je avoir dans cette discussion ?

M. BARAGNON. — Et moi je n'ai pas d'autre intérêt non plus que cet intérêt supérieur !

M. GAMBETTA. — Nous avons eu, M. de Cadillan et moi, des rapports de confrères que les dissentiments politiques n'ont jamais altérés, et il sait très bien que je ne suis guidé par aucun sentiment d'antipathie personnelle à son égard.

Revenant à la thèse soutenue par M. Baragnon, je dis qu'elle est absolument étrangère à la question dont vous êtes saisis... (*Mais non ! mais non ! à droite*), et, pour ne pas laisser créer une espèce de confusion et peut-être une sorte de précédent que d'autres auraient intérêt à invoquer plus tard, je dis que cette thèse doit être réfutée immédiatement en droit et en fait.

Je crois avoir établi le point de droit ; pour ce qui est du fait, une élection repose, comme vous venez de le voir, sur une série d'actes. Parmi ces actes, quel est celui qui détermine votre conviction et votre vote ? Ce n'est pas le même pour tous. Tel d'entre vous trouvera que tel acte est imputable, reprochable au candidat et constitue un vice qui doit entraîner l'invalidation de l'élection de M. de Cadillan ; tel autre, au contraire, jugera ce même acte parfaitement innocent et attachera une importance décisive à un autre acte qui n'aura pas frappé l'esprit de son voisin. Et la liberté de vos décisions précisément est engagée à ce que le

vote porte indistinctement sur la partie de l'élection
qui paraît viciée à chacun de vous, qui devient le mobile de votre décision. Par là même je démontre qu'il
est impossible de dire que l'examen judiciaire des faits
peut établir une certaine contradiction avec l'examen
parlementaire des mêmes faits; je démontre que le
tribunal ou le parquet ne peut pas savoir et ne saura
jamais — et nul de nous ne saura jamais — quels
seront, dans l'esprit de la majorité ou de la minorité
qui aura voté, les faits spéciaux, particuliers, isolés,
qui auront déterminé la décision de chacun.

M. BARAGNON. — Je demande la parole.

M. GAMBETTA. — Mais il y a mieux! C'est que, dans
l'espèce — puisque c'est une question de droit, nous
pouvons bien prendre le langage du palais — dans
l'espèce, la plainte qui a été formulée par le concurrent malheureux de l'honorable M. de Cadillan ne porte
que sur les listes d'émargement. De telle sorte que
vous pouvez écarter ce point de vue et casser l'élection,
ou la valider, en le retenant.

Il y a une indivisibilité absolue dans votre verdict.
Personne ne peut en rechercher les motifs spéciaux,
et la justice, qu'elle soit saisie sur la plainte d'un particulier, ou que l'action publique se soit mise en mouvement, ne pourra rien inférer de la décision que vous
aurez rendue.

C'est donc en vain qu'on nous menace d'une contradiction possible sur tel ou tel point, sur tel ou tel
fait, à la suite d'un procès, à la suite d'un jugement
prononcé par la Chambre. Cette contradiction ne pourra
jamais éclater. Car en quoi peut-on trouver une assimilation quelconque dans le fait du juge qui déclare
que telle liste d'émargement est irrégulière ou que tel
homme poursuivi pour avoir émargé à faux est ou n'est
pas coupable, et la décision d'ensemble rendue par la
Chambre?

Évidemment, il n'y a aucun point de contact, aucun

rapport entre les deux, et dès lors il ne saurait y avoir contradiction. (*Réclamations à droite.*)

Par conséquent, il est bien établi que la justice se meut libre et respectée dans sa sphère; qu'elle peut, dans la plénitude de son impartialité, acquitter ou condamner tous les délinquants qui lui seront déférés, et que l'autorité de votre verdict ne sera pas plus mise en question que celle de la décision judiciaire. Les deux pouvoirs seront restés dans les limites de leurs attributions.

Maintenant, s'il se trouve des esprits chagrins, égarés par la passion, qui veuillent retourner une décision judiciaire contre la Chambre, quelles que soient leurs prétentions, nous les laisserons tomber, comme d'habitude. (*Applaudissements à gauche et au centre. — Aux voix! aux voix!*)

La proposition d'ajournement, présentée par M. Baragnon, est mise aux voix et rejetée.

L'élection de M. de Cadillan est invalidée par 296 voix contre 181.

DISCOURS

Prononcé le 27 janvier 1878

A PARIS

(XX⁰ ARRONDISSEMENT)

———————

Nous empruntons à la *République française* du 28 janvier
le compte-rendu suivant :

« Le banquet démocratique offert par le comité électoral
du XX⁰ arrondissement à M. Gambetta et aux conseillers
municipaux nouvellement élus a eu lieu hier au restaurant
des Tilleuls, rue de Ménilmontant. Dans l'immense salon,
plus de cinq cents électeurs se trouvaient réunis. Au fond,
à la table d'honneur, sur laquelle on remarquait un magnifique bouquet de fleurs apporté par M. Delmas au nom de
la ville de Saint-Omer, avaient pris place M. Garnier, orga-
nisateur et président du banquet, M. Gambetta, MM. Herold,
Métivier, Nadaud, Charles Quentin, Véran, Sandrique, Gérard, etc.

« A l'entrée de M. Gambetta, d'unanimes acclamations
ont retenti de toutes parts : Vive Gambetta! Vive la République! Tout le monde était debout; toutes les mains étaient
tendues vers le député du XX⁰ arrondissement. L'arrivée des
anciens et nouveaux conseillers municipaux a également été
saluée par des bravos répétés.

« Commencé à deux heures, le banquet s'est prolongé
jusqu'à six heures. La plus franche gaieté n'a cessé d'animer le repas; on s'entretenait de la grande victoire du suffrage universel au 14 octobre; on fraternisait, le verre en
main. Mais les cinq cents électeurs attendaient avec impatience le moment d'applaudir leur député.

« M. Garnier annonce qu'un délégué de la démocratie de

Saint-Omer apporte un bouquet au député Gambetta. Il remercie la démocratie de Saint-Omer.

« M. Gambetta répond en ces termes :

Messieurs, je ne peux pas vous exprimer suffisamment l'émotion que me cause la démarche de nos amis de Saint-Omer. Je sais par expérience, pour avoir visité ce pays, combien les Audomarois, tout l'arrondissement, le conseil municipal, les conseillers généraux, le député M. Devaux, ont eu de fermeté, d'autorité pour maintenir le drapeau républicain dans cet arrondissement de Saint-Omer qui était cerné de tous côtés par la propagande bonapartiste. Heureusement, leurs efforts ont été couronnés de succès, et on peut dire aujourd'hui que c'est de Saint-Omer qu'on repartira pour ressaisir ce département qui est à nous par ses aspirations démocratiques, et qui n'a pu nous être enlevé, comme je l'ai dit ailleurs, que par la fraude, la violence et la terreur. (*Applaudissements.*)

J'accepte ces fleurs que vous m'apportez, à la fois comme une récompense et aussi, permettez-moi de vous le dire, comme une espérance.

Vous direz à vos concitoyens, à vos amis du conseil municipal, au maire, au chef de cette cité si vaillante et si ferme, qu'en venant ici, à Belleville, au milieu de nous, vous n'avez rencontré que la sympathie la plus vive et que la gratitude la plus sincère pour les efforts que vous avez faits et pour la solidarité qui nous unit. (*Vive adhésion et applaudissements unanimes.*)

Le président du banquet, M. Garnier, reprend ensuite la parole pour remercier les membres du comité électoral. En quelques mots il a rappelé la brillante victoire remportée par M. Gambetta; M. Garnier a terminé en disant que le comité électoral du XXᵉ arrondissement l'avait chargé de déclarer publiquement que M. Gambetta avait bien mérité de la République et de la patrie.

« Un tonnerre d'applaudissements a accueilli ces dernières paroles.

« M. Gérard a porté un toast aux anciens conseillers municipaux de l'arrondissement, MM. Topart, Nadaud, Herold.

« M. Henri Passé a bu aux nouveaux conseillers.

« M. Martin Nadaud : « Si nous pouvons arriver, à force de conduite irréprochable, à faire comprendre à la société qui vit en dehors de nous que le peuple français ne demande rien que par le travail, notre époque sera une des plus bienfaisantes de l'humanité. Pour arriver aux meilleures conditions possibles, il faut la liberté du travail. Depuis 1815, nous n'avons pas eu un gouvernement qui s'occupe autant du travail que celui que nous avons. Je dis que la France n'a pas à désespérer de son avenir. Nous voulons vous outiller pour travailler. Alors ce n'est ni l'Anglais ni l'Allemand qui vaincront l'ouvrier français... »

« M. Herold dit qu'il se considère comme le sénateur du XX° arrondissement avant d'être sénateur de la Seine. Il rappelle que des élections sénatoriales auront lieu au mois de janvier 1879. Il y aura à remplacer soixante-quinze sénateurs, dont cinquante-deux appartenant aux groupes de la Droite et vingt-deux aux groupes de la Gauche. Nous aurons évidemment la majorité, et ce qui le prouve, c'est l'élection dernière des conseillers municipaux. Oui, dans l'avenir le Sénat sera ce que Gambetta disait il y a deux ans : le grand conseil des communes de France, et, comme Gambetta voit les choses avant les autres, on dit qu'il se trompe. (*Rires et applaudissements prolongés.*) L'orateur termine en portant un toast à l'union des communes de France en 1879.

« M. Charles Quentin, un des nouveaux élus, se lève au milieu d'applaudissements prolongés. En son nom personnel et au nom de ses collègues, il remercie les électeurs. « Nous sommes, dit-il, de la famille du XX° arrondissement. Nous ne voyons pas en vous des électeurs, mais des collaborateurs. » Parlant de la bibliothèque, qui a été fermée dès le lendemain du 16 Mai — « on commence toujours dit l'orateur, par casser les réverbères » — il annonce sa réouverture prochaine.

« M. Garnier a ensuite donné la parole à M. Gambetta, qui s'est exprimé en ces termes :

M. Gambetta. — Mon tour est venu de porter aussi
une santé dans cette réunion fraternelle, où vous avez
déjà entendu l'expression des sentiments de bonheur,
de contentement, de joie patriotique, d'espérance
nationale, que mes amis, à quelques conseils électifs
qu'ils appartiennent, sont venus porter devant nous.
Le toast que je veux porter est le résumé de toutes
ces bonnes et fortes paroles. Je porte un toast à la
fermeté d'âme du parti républicain français. (Oui! —
Très bien! — Bravos.)

Oui, c'est à lui, Messieurs, mes amis, que nous
devons de pouvoir nous réunir aujourd'hui librement,
de pouvoir presque oublier les douleurs et les angoisses du passé, frapper en maîtres le sol parisien et
regarder, l'œil tout plein d'espérance, les perspectives
de l'avenir. C'est à la fermeté d'âme, à l'héroïsme
déployés par la France pendant ces sept mois de désordre, de turbulence administrative et de complots
non encore fouillés et châtiés, c'est à cette fermeté
d'âme que nous devons de pouvoir saluer enfin la
victoire du suffrage universel. (Vive adhésion.)

C'est donc vers ce suffrage universel lui-même que
nos cœurs doivent se retourner pour lui adresser
notre premier sentiment de reconnaissance et de foi.
Oui, c'est par lui que nous avons vaincu. Il avait bien
senti, comme je le disais dans notre dernière entrevue, qu'il était en jeu et que c'était de son existence
qu'il était question. On ne voulait pas l'avouer, mais
on a accumulé toutes les entreprises, toutes les pratiques, toutes les compressions, toutes les sophistica-
tions pour arriver à le surprendre, se réservant, le
lendemain de sa défaillance, de le détruire. Il a résisté
et, au contraire, nous pouvons, dans cette Assemblée
restaurée, dans cette Assemblée qui a reçu l'acte
d'allégeance des pouvoirs publics de la République,
nous pouvons, avec cette majorité revenue victorieuse
mais plus disciplinée, plus calme et plus froide encore

qu'elle n'était partie, nous pouvons instruire le procès des ennemis du suffrage universel. (*Vive approbation.*)

J'entends quelquefois des gens qui se plaignent de la longueur de cette vérification de pouvoirs. Ah! ils ne savent pas ce qu'il en a coûté à nos amis, à nos frères de la province! Ils ignorent, ceux qui font entendre ces plaintes, ce qu'on a accumulé de ruines privées, ce qu'on a accompli de vengeances odieuses, ce qu'on a entassé de persécutions misérables, abjectes. Ils ignorent à quel degré on a fait descendre les principaux agents de la force et de l'autorité publiques, que le soin d'un bon gouvernement est de redresser en les honorant, mais en les maintenant dans la sphère où les a placés la loi.

Il est bon que ces choses soient révélées et connues. Il est bon qu'il en soit fait justice. Non pas pour un stérile plaisir de représailles; j'ai horreur des représailles en politique : c'est une perte de temps, au lendemain de la victoire, et je ne les veux pas plus chez nous que je ne les supporte chez les autres. (*Adhésion unanime et applaudissements.*)

Ce n'est pas par esprit de représailles que nous agissons; non! non! c'est par esprit de vérité, c'est par esprit d'enseignement, c'est parce qu'il faut que, jusque dans le dernier hameau de France, on sache à quels attentats on avait osé se porter contre la souveraineté nationale. Il faut que le suffrage universel connaisse l'étendue de ses droits et l'étendue des insultes qu'il a failli subir. C'est là l'éducation publique et politique et, dans un pays qui n'existe, qui n'a d'ordre, de stabilité et de puissance que par l'examen du suffrage universel, instruire, moraliser le suffrage universel, c'est instruire, c'est moraliser la nation, c'est assurer le présent, c'est fonder l'avenir. (*Longs applaudissements. — Bravos répétés.*)

Et le temps que vos députés passent à cet examen, à ce redressement, à cette enquête, ah! nos ennemis

seuls peuvent s'en plaindre, parce que c'est le temps
qui sera le plus précieusement employé pour l'éducation politique de tous.

Il faut prévenir à jamais, en effet, le retour dans
ce noble pays, ou des surprises hypocrites de ce
qu'on a appelé, par une sorte d'ironie, l'ordre moral,
ou des surprises brutales de la violence et de la force
que l'on se réserve de faire ratifier, au lendemain, par
des légions d'électeurs que la panique et la terreur
courbent et poussent au scrutin. Il ne faut plus que de
pareilles aventures puissent être tentées, et, pour cela,
il faut donner par cet exemple, par cette démonstration publique, par ce châtiment de la publicité portée
à la tribune, il faut donner à tous et à chacun le sentiment de sa dignité et le respect de sa volonté.
(Très bien! très bien! — Applaudissements prolongés.)

Donc, nous continuerons cette enquête, cet examen,
sans nous laisser émouvoir par les gémissements intéressés des uns et par les violences calculées des autres.
Mais, soyez-en bien convaincus, nous ne laisserons
pas pour cela chômer les véritables questions, les
questions d'affaires, l'achèvement de cet outillage
national dont vous parlait avec tant de chaleur mon
ami Nadaud. Non! non! il y a temps pour tout quand
on donne son temps. (Applaudissements.) Il y a temps
pour frapper les coupables au nom de la loi. Il y a
temps pour faire des réformes qui, dans l'école, dans
l'impôt, dans les travaux publics, dans l'administration intérieure, dans l'armée, dans tous les services publics, donneront aux forces naturelles, sociales,
politiques du pays toute leur énergie, sans affaiblir,
sans énerver l'État ; qui feront, au contraire, converger
toutes les activités vers le but suprême : la grandeur
de la France. Il faut que la Chambre donne au ministère, dont on vous a parlé tout à l'heure dans un langage que je ne saurais trop applaudir, l'appui éclairé,
sympathique, dévoué, qui vient d'une conscience

véritablement judicieuse, l'appui avec le contrôle, l'appui avec la discussion, non pas cet appui servile que nous avons connu dans des majorités précisément issues de la candidature officielle.

Du reste, nos amis qui sont au pouvoir sont, comme on le disait tout à l'heure, les collaborateurs de la majorité. Ils y sont venus au nom des principes du gouvernement parlementaire, et ils ne demandent à y rester qu'en vertu de la pratique de ces mêmes principes. Ils ont cru et ils ont eu raison de croire, et ils ont exprimé le vœu public à cet égard, que la République ne devait pas être un mot, une étiquette, une théorie, mais une réalité efficace, vivante et agissante, qu'elle devait assurer le développement des forces nationales dans toutes les directions, dans tous les ordres, et formulant avec précision ce principe, ils ont dit : Pour l'enfant, l'école : pour l'homme mûr, le travail : pour la France, la paix, et pour le citoyen, la liberté. (*Salve d'applaudissements et bravos prolongés.*)

Et cela nous suffit : d'autres viendront plus tard qui feront leur œuvre. C'est ce programme que la France a salué dans les dernières élections : c'est ce programme dont elle poursuit actuellement la réalisation sous la conduite d'hommes absolument sincères, confiants dans leur droit, dans la justice de leur cause, et qui pourront bien peut-être rencontrer dans l'Assemblée dont on parlait tout à l'heure des contradictions et des obstacles, — oui, je le crois, — mais ils sauront les surmonter, parce que j'ai peine à penser que le Sénat lui-même, — mais j'ai tort de dire le Sénat, mon ami Hérold ne veut pas que l'on parle ainsi, — j'ai peine à penser, dis-je, qu'une portion du Sénat puisse réagir contre la pression de l'opinion publique. Elle marquera sa mauvaise volonté ; mais, si elle pousse trop loin sa résistance, elle ne fera qu'accuser son impuissance.

En effet, Messieurs, après les élections du 14 octo-

bre, après cette manifestation d'autant plus signifi-
cative qu'elle avait été plus entravée, après les élections des conseils généraux, après les élections des
conseils d'arrondissement, après cette impulsion
presque unanime qui a entraîné toute la France aux
élections des conseils municipaux, je vous le demande,
qui donc oserait résister à la France? (*Vifs applaudissements.*)

Est-ce que vous pensez que le résidu des trois ou
quatre partis qui conspirent contre la volonté nationale soit, à l'heure qu'il est, véritablement redoutable?
J'entends bien qu'on en parle beaucoup; permettez-
moi de vous dire qu'ils ressemblent aux peureux qui
sifflent dans l'obscurité pour se donner du courage.
(*Approbation et rires.*)

Je ne crois pas à la résistance; je ne crois pas à
l'efficacité de leur coalition, parce qu'il y a la France
tout entière d'un côté, et que, franchement, le combat serait inégal.

Savez-vous à quoi je crois, Messieurs? Je crois que
si nous continuons, si nous persévérons à obéir aux
volontés du pays, à pratiquer une politique d'ordre,
de réflexion, de sagesse, de concorde et de progrès,
ce n'est pas la résistance du Sénat qui se prépare, c'est
au contraire la capitulation du Sénat. (*Très bien! très
bien!*)

Oh! je sais bien qu'on me reprochera peut-être
d'avoir employé un mot blessant, parce qu'il y a des
gens qui veulent capituler sans le dire. (*Hilarité.*)
Mais je ne sais qu'une chose : c'est que quand on
cède à la France, quand on se rend entre les mains
du pays, tout le profit est pour la France et tout l'honneur est pour celui qui sait céder. (*Vifs applaudissements.*)

Le Sénat fera ce que d'autres ont fait. Il comprendra qu'il faut obéir à la France, à la France dirigée par
des hommes véritablement imbus de l'esprit de gou-

vernement, et un gouvernement doit être, avant tout,
un moteur de progrès, un organe de l'opinion publique, un protecteur de tous les droits légitimes et un
initiateur de toutes les énergies qui constituent le
génie national. (*Marques d'adhésion.*)

Un gouvernement tel que nous le comprenons ne
peut véritablement exercer l'action légitime à laquelle
il a droit au dedans et au dehors qu'en n'étant au dedans
que l'expression de la loi, et au dehors que l'expression de la justice... (*Vifs applaudissements*), de la justice — car il y a une justice entre les peuples comme
il y a une justice à l'intérieur des nations.

Mais ces considérations pourraient nous entraîner
un peu loin. L'heure n'est pas venue pour la France
de jeter les yeux ni trop loin ni trop haut. Vouée à la
réparation de sa fortune, elle ne connaît que deux
moyens d'y parvenir : le développement de l'intelligence et de la conscience de tous ses enfants, et en
même temps le développement de sa prospérité matérielle. (*Adhésion.*)

Le jour où elle aura atteint véritablement la réalisation de ce double progrès, d'être la nation la plus
instruite, en ayant su rester la plus libre, comme d'ailleurs on ne peut pas contester qu'elle est la plus riche,
je vous demande si, dans le choc des forces sociales
qui se heurtent dans le monde, il y aura quelque part
personne qui puisse regarder la France, je ne dis pas
sans jalousie, — je dis sans respect ! (*Salve d'applaudissements.*)

Mais toutes ces choses : la stabilité, l'ordre, la
liberté, le développement progressif et incessant de
la grandeur française, tout cela, à l'heure actuelle,
dépend de la sagesse persévérante, de l'union pratiquée du parti républicain dans toutes ses nuances du
Nord au Midi, de l'Est à l'Ouest. Partout où une dis-
sidence s'élèverait, partout où une discorde serait
entretenue, on aurait le droit d'y aller, de chercher à

rapprocher les esprits, et, si on ne pouvait pas les
vaincre, de se détourner d'eux, car là on ne comprendrait pas, je ne dis pas l'intérêt de la République,
mais l'intérêt suprême de la patrie ! (*Assentiment
général.*)

Oui, je le dis, je le dis ici sur ce plateau de Belleville dont je m'honore d'être resté, sous les risées
d'une réaction qui, à mon tour, ne me prête qu'à rire...
(*Hilarité*), dont je m'honore d'être resté le représentant fidèle, — je le dis ici, parce que je l'ai répété
partout ailleurs : oui, j'ai tenu à planter mon drapeau
au milieu de vous, savez-vous pourquoi? parce que
j'étais sûr que, le jour où l'on serait obligé de saluer
et d'admettre votre bon sens, votre esprit politique,
comme vous étiez à l'avant-garde de la démocratie,
on pourrait se retourner vers la France, vers le monde,
et lui dire : Est-elle donc bien ingouvernable, cette
démocratie, quand on voit les plus vaillants, les plus
ardents, les plus chauds, comprendre et pratiquer
l'ordre, la sagesse, dans la fermeté et le patriotisme?
(*Acclamations et applaudissements. — Cris répétés de :
Vive Gambetta! vive la République!*)

Mes amis, avant de nous séparer, je vous demanderai de vouloir bien avoir une pensée pour votre
bibliothèque, et aussi pour votre école, puisqu'on en
a parlé, en faisant une petite quête qui serait, dans la
mesure où chacun voudrait y contribuer, une sorte
d'engagement et de lien, de telle façon que nous ne
nous serions pas assemblés sans avoir donné une
marque touchante, frappante de notre dévouement à
la première de toutes nos œuvres : la régénération
par l'esprit laïque! (*Assentiment unanime et applaudissements.*)

Le discours prononcé par M. Gambetta, le 27 janvier, fut
commenté dans les termes suivants par la *Critique philosophique* :

« Dans le discours qu'il vient de prononcer à Belleville,
M. Gambetta a donné une très belle définition du gouvernement. « Un gouvernement, a-t-il dit, doit être, avant tout,
un moteur de progrès, un organe de l'opinion publique, un
protecteur de tous les droits légitimes et un initiateur de
toutes les énergies qui constituent le génie national. Un
gouvernement, tel que nous le comprenons, ne peut véritablement exercer l'action légitime à laquelle il a droit, au
dedans et au dehors, qu'en n'étant au dedans que l'expression
de la loi et au dehors que l'expression de la justice : — de la
justice, — car il y a une justice entre les peuples comme
il y a une justice à l'intérieur des nations.

« Cette définition du gouvernement, de l'État, ne peut s'appliquer qu'au gouvernement d'une démocratie, qu'à un État
républicain. Il est clair qu'un gouvernement qui représente surtout l'intérêt d'une dynastie et l'intérêt d'une classe
privilégiée, ne peut se donner pour mission de susciter, de
développer et d'élever au *maximum* de valeur toutes les
forces nationales.

« Il y a, dans ces quelques mots de M. Gambetta, un but
nouveau assigné à l'activité gouvernementale, et tout un
programme politique auquel nous sommes heureux d'applaudir et dont nous appelons de nos vœux la réalisation.

« Ce programme, notons-le, ne s'accorde ni avec les vues
pratiques et la tradition de l'école doctrinaire, ni avec les
principes de l'école économiste, ni avec le socialisme *anarchique* des disciples de Proudhon, ni avec le nihilisme administratif de l'école évolutionniste anglaise.

« Les hommes d'État de l'école doctrinaire n'ont jamais
vu dans le gouvernement un moteur du progrès, un organe
de l'opinion, un initiateur des énergies nationales. Ils le
considéraient surtout comme un instrument d'ordre matériel et comme une force de résistance. Ils s'en servaient,
non pour donner satisfaction, dans la mesure du possible,
mais pour ôter toute espérance aux promoteurs de réformes.
Gouverner, pour eux, c'était lutter sans cesse contre l'ennemi
intérieur, c'était réfréner. Ils ne comprenaient pas qu'un
progrès accompli en temps opportun est le meilleur et le
plus sûr moyen de l'ordre. L'opinion publique n'était, à
leurs yeux, quand elle venait contredire leur orgueilleuse
sagesse, qu'erreur dangereuse et folie perverse. Si la mo

narchie constitutionnelle n'a pu vivre en France, il faut en
accuser, croyons-nous, en premier lieu, la conception doctrinaire du gouvernement.

« C'est la tendance de l'école économiste et l'esprit de sa
politique de réduire le gouvernement, comme une sorte de
mal nécessaire, à un *minimum* d'attributions, de borner son
rôle au maintien de la liberté générale des échanges et des
contrats. Proudhon n'a fait que pousser, pour ainsi dire, à
l'absolu cette conception négative de l'État qu'on trouve
exposée dans tous les écrits des économistes, lorsqu'il a
présenté l'idée du gouvernement comme une pure idée de
parasitisme, et lorsqu'il a soutenu ce paradoxe : que l'État,
quelle qu'en soit la forme, quelque destination qu'on lui
assigne, ne saurait jamais être qu'un organe d'oppression
et d'exploitation, un obstacle au progrès, un mal à détruire.
Quant aux disciples de M. Herbert Spencer, la défiance que
leur inspire l'État est fondée sur leur foi au mouvement
naturel de l'évolution sociale. Ils estiment que ce mouvement est nécessairement d'une très grande lenteur, mais
qu'on ne gagne rien à vouloir l'accélérer; que le gouvernement, quand il agit, est incapable de prévoir toutes les conséquences de son action; qu'il n'a rien de mieux à faire que
de laisser la société *andare da se*, parce que la violence
aveugle des coercitions qu'il exerce ne peut que troubler,
au détriment de tous, la marche générale du progrès.

« M. Gambetta nous paraît avoir compris mieux que toutes
ces écoles la nature et la destination de l'État et du gouvernement. L'État, comme il l'a dit avec toute raison, doit être
un organe de justice et de progrès. Le gouvernement représente une association de consciences; il doit se considérer comme le mandataire de ces consciences associées,
c'est-à-dire comme le serviteur de l'opinion publique. Il doit
intervenir, directement ou indirectement, partout où son
intervention est commandée par la justice, et, dans les limites de la justice, partout où il croit qu'elle peut être efficace pour le progrès. »

DISCOURS

SUR

L'ÉLECTION DE L'ARRONDISSEMENT DE LOUDÉAC

(CÔTES-DU-NORD)

Prononcé le 1ᵉʳ février 1878

À LA CHAMBRE DES DÉPUTÉS

Nous avons raconté plus haut à quels incidents les élections contestées de MM. de la Rochefoucauld-Bisaccia et de Cadillan avaient donné lieu dans les séances du 24 et du 26 janvier. La vérification des pouvoirs de M. Veillet, élu député à Loudéac, provoqua un incident dont le retentissement fut encore plus considérable. Il amena à la tribune, dans la séance de nuit du 1ᵉʳ février, M. Gambetta et M. Rouher.

M. Daniel Wilson, rapporteur du 2ᵉ bureau, avait demandé à la Chambre de prononcer l'invalidation de M. Veillet dont la candidature officielle, dans l'arrondissement de Loudéac, avait été accompagnée des abus les plus graves, tentatives de corruption et d'intimidation, prédications passionnées du clergé, intervention personnelle du candidat, sous les formes les plus abusives, contre un concurrent républicain, M. de Janzé, et contre les fonctionnaires soupçonnés d'être favorables à l'ancien député des Côtes-du-Nord.

M. Wilson, *rapporteur.* — Messieurs, je viens soutenir les conclusions du 3ᵉ bureau, qui tendent à l'invalidation de l'élection de M. Veillet.

L'honorable M. de Kerjégu a défendu en 1876 l'élection de M. Veillet, et, dans son discours à la date du 11 avril 1876,

il nous disait, en parlant de l'arrondissement de Loudéac,
ce qu'il nous a répété aujourd'hui :

« Le susdit arrondissement, en donnant à M. Veillet,
son candidat catholique et conservateur, une majorité de
1,182 voix, a confirmé la prédominance du courant catholique et conservateur; 200 voix se sont prononcées pour
M. Veillet, et j'affirme hautement qu'on les retrouvera. »

Eh bien, qu'est-ce qui s'est passé en 1876? L'élection de
M. Veillet a été invalidée. A-t-il retrouvé au second tour de
scrutin les 1,100 voix de majorité qui établissaient la prédominance du courant catholique et conservateur? Vous
allez en juger.

Les élections étaient libres au second tour de scrutin...
(*Dénégations à droite.*)

LE PROVOST DE LAUNAY FILS. — Non! non!

M. ROUHER. — Quand vous invalidez, vous préjugez, vous
dominez!

M. LE RAPPORTEUR. — Je m'attendais, Messieurs, à vos
protestations. Je vous invite à les réserver pour le jour où
la Chambre aura à vérifier les pouvoirs de M. de Janzé.
(*Vives exclamations à droite.*)

Un membre à droite. — Vous préjugez la question.

M. LE PROVOST DE LAUNAY FILS. — Il ne reviendra jamais
ici, je vous le promets.

M. ROUHER. — Est-ce là une recommandation officielle
qu'on veut faire?

M. VEILLET, *de sa place.* — Le rapporteur ne devrait pas
se faire uniquement accusateur!...

M. LE PRÉSIDENT. — Vous n'avez pas le droit d'interrompre.

M. VEILLET, *s'avançant vers la tribune.* — Je dis que le
rapporteur ne devrait pas se faire uniquement accusateur.

M. LE PRÉSIDENT RAMEAU. — Puisque vous persistez à interrompre, je vous rappelle à l'ordre. (*Exclamations à droite.*)
Veuillez, Messieurs, écouter M. le rapporteur; vous pourrez avoir la parole pour répondre.

M. LE RAPPORTEUR. — Je ne m'explique pas votre émotion,
messieurs... (*Interruptions diverses et agitation sur les bancs
de la droite.*)

Je répète, Messieurs, que je ne m'explique pas votre
émotion... (*Nouvelles exclamations à droite.*)

Plusieurs membres à droite. — Expliquez vos paroles!

M. LE RAPPORTEUR. — Si je propose l'invalidation de l'élection de l'honorable M. Veillet...

M. LE PROVOST DE LAUNAY FILS. — Vous avez constaté quel était votre vrai rôle! Je demande la parole.

M. LE RAPPORTEUR. —...c'est que je suis persuadé que, dans l'arrondissement de Loudéac, les opérations électorales ont été absolument faussées par la pression administrative et cléricale.

A droite. — Allons donc!

M. LE RAPPORTEUR. — Je suis convaincu, — et j'attends les protestations, — que l'honorable M. de Janzé, s'il se présente contre M. Veillet, sera élu... (*Vives réclamations à droite.*)

M. D'ARISTE. — Vous pouvez le penser, mais vous n'avez pas le droit de le dire!

Plusieurs membres à droite. — La Chambre n'a pas encore prononcé! — M. Veillet n'est pas invalidé!

(Des interruptions diverses se produisent à gauche et à droite. — Le bruit interrompt la discussion.)

A ce moment, M. Fauré quitte son banc, traverse l'hémicycle et interpelle avec vivacité plusieurs de ses collègues siégeant à gauche. — Des membres des deux côtés de la Chambre se lèvent. — Une grande agitation se manifeste.

M. LE PRÉSIDENT. — Je vous invite, Messieurs, à regagner vos places, et à cesser ces interpellations défendues par le règlement.

M. LE VICOMTE DE BÉLIZAL. — C'est la faute de l'orateur!

M. VILLIERS. — Oui, c'est de lui qu'est venue la provocation.

Voix nombreuses à gauche. — A l'ordre! — La censure! la censure!

M. NOEL PARFAIT. — Monsieur le président, appliquez l'article 123 du règlement!

M. ERNEST DRÉOLLE, *au milieu du bruit.* — Ce n'est pas une séance!

(L'agitation continue, malgré les efforts que fait M. le président pour obtenir le rétablissement du silence.)

M. FAURÉ. — Nous n'avons plus qu'à nous en aller!

(La plupart des membres siégeant à droite se dirigent vers les portes de sortie de la salle. — (*Applaudissements ironiques à gauche et au centre.*)

M. GAMBETTA, *à la tribune.* — Un membre de la
droite vient de donner à ses collègues le signal d'un
départ. Cela constitue une manifestation absolument
factieuse contre laquelle je demande l'application des
peines du règlement.

A gauche et au centre. — Oui! oui! La censure! la
censure!

M. LE PRÉSIDENT. — Au milieu d'une discussion, un
membre a cru devoir quitter sa place, traverser l'hémicycle, s'adresser à un de ses collègues, l'interpeller
avec des apparences de provocation. Ce membre de la
Chambre devra s'expliquer. J'invite M. Fauré à venir
donner les raisons de cette action.

Plusieurs membres. — Il n'est plus là! Il est sorti!

M. LE PRÉSIDENT. — Si M. Fauré ne se présentait
pas, je proposerais à la Chambre d'appliquer le règlement.

M. LE PROVOST DE LAUNAY FILS. — La Chambre n'est
pas en nombre, il ne peut y avoir de vote!

M. GAMBETTA. — Je demande la parole sur l'application du règlement.

M. LE PRÉSIDENT. — M. Gambetta a la parole.

M. GAMBETTA. — On fait observer avec raison qu'il
ne peut y avoir lieu en ce moment à un vote sur l'application des peines prévues par le règlement, et cela
me donne l'occasion de réclamer de la Chambre et de
son président une autre mesure.

Il s'est produit un incident, ou plutôt une scène sur
laquelle nous devons prononcer en recherchant,
comme des hommes sérieux, ayant la dignité et le
souci des séances parlementaires, de quel côté était
la responsabilité.

(La plupart des membres qui étaient sortis de la
salle y rentrent successivement et reprennent leurs
places.)

M. GAMBETTA. — Eh bien, au lieu d'attendre que la
question ait été traitée... (*Interruption à droite.*)

Plusieurs membres. — M. Fauré est rentré, Monsieur le président. Il peut s'expliquer.

M. Fauré. — Je demande la parole.

M. Gambetta. — Ce n'est pas à M. Fauré que mes paroles s'adressent.

Je dis qu'au lieu d'attendre, comme c'est notre devoir, — que ce soit la majorité ou la minorité qui eût donné lieu à l'incident, — que la question soit traitée, élucidée, conformément au règlement qui est également la protection des minorités, comme il est le guide des majorités...

Voix à droite. — Nous sommes des condamnés !

M. Gambetta. — ...au lieu de procéder à ce jugement parlementaire que toutes les Chambres qui se respectent ont subi, qu'elles fussent ou qu'elles ne fussent pas sous un régime libre, je dis que la minorité est sortie précipitamment, a quitté ses bancs et qu'elle a obéi à un mot d'ordre. (*Assentiment à gauche.*)

Voix à gauche. — C'est M. Rouher.

M. Rouher. — Je demande la parole.

M. Gambetta. — Je dis qu'on a obéi à un mot d'ordre, que le règlement prévoit que ces mots d'ordre peuvent se produire et qu'il a édicté des peines pour ceux qui s'en font les propagateurs et les éditeurs responsables. (*Très bien! très-bien! à gauche.* — *Réclamations à droite.*)

Je ne viens pas demander l'application du règlement.

Je viens au contraire demander à la Chambre de jeter un voile sur cet incident. (*Très bien ! très bien! à gauche.*)

M. Le Provost de Launay fils. — Faites ce que vous voudrez. Nous n'avons pas besoin de votre pitié!

M. Gambetta. — Messieurs, il m'importe peu de savoir quel accueil vous réservez à ma parole ; mais ce que je dis me paraît l'expression d'une dignité commune. (*Approbation à gauche.*)

Oui, il me semble absolument contraire à la dignité
de l'Assemblée qu'à un incident qui se produit on
réponde, sur les bancs de la minorité, par une retraite
en masse.

Si vous croyez que ce soit là une conduite parlementaire, correcte et légale, vous viendrez le dire à
la tribune ; mais le pays qui nous écoute et qui observe
saura de quel côté est la violence et de quel côté la
dignité et le bon droit. (*Bravos et applaudissements à
gauche.*)

M. Rouher. — Messieurs, j'ai demandé la parole sur l'incident qui vient de se produire.

Je veux d'abord en expliquer le caractère.

On discutait la validation ou l'invalidation de l'élection
d'un homme qui a obtenu 3,000 voix de majorité. A cette
tribune des observations calmes, sages, venaient d'être présentées par le défenseur de M. Veillet. Le rapporteur s'est
présenté à la tribune, et, d'un air triomphant... (*Légères rumeurs à gauche*), il nous a déclaré qu'on ferait toutes protestations qu'on voudrait le jour où M. de Janzé validé prendrait sa place sur les bancs de cette Chambre.

Voix diverses à droite.—Ce n'était pas le langage d'un juge !
—C'était une indignité ! — C'était une insulte à la minorité !

M. Rouher. — Voilà la formule qui a été employée ! C'était
une formule incompatible avec la vérité, avec la justice,
avec le droit, avec le devoir du rapporteur.

A droite. — Très bien ! très bien ! — Bravo ! bravo !

M. Rouher. — Je ne vous envie pas M. de Janzé ; vous
pouvez patronner sa candidature et la faire recommander
par M. Wilson. Moi, je suis à l'état de repentir... (*Bruyante
hilarité et vive approbation à droite.*) Moi, je suis à l'état de
repentir : j'ai recommandé M. de Janzé comme candidat
officiel de l'empire... (*Bravos et applaudissements à droite*),
et je vois avec tristesse, douleur, écœurement, ce que cet
homme est devenu. (*Nouveaux applaudissements à droite. —
Rumeurs à gauche.*)

L'incident que je rappelle s'étant produit, il a amené je
ne sais quel conflit entre l'un des membres de la droite et
quelques membres de la gauche...

M. GAMBETTA.—Il fallait juger l'incident et non pas s'en aller !

M. ROUHER. — Attendez, Monsieur Gambetta ! Je vais vous répondre !

M. GAMBETTA. — Il fallait juger !

M. ROUHER. — Je suis intervenu personnellement dans l'incident et j'ai cherché à l'apaiser.

M. Wilson a repris la parole ; il a répété la formule que je viens d'indiquer. Je ne me suis plus senti libre ; j'ai trouvé que le débat était brisé, que vous, qu'on appelle des juges depuis si longtemps, en matière d'invalidation, vous n'étiez que des hommes de parti. (Vives rumeurs et cris : À l'ordre ! à l'ordre ! à gauche. — Applaudissements à droite.)

M. MARION. — Vous ne pouvez pas dire cela à la tribune !

M. ROUHER. — Taisez-vous, Monsieur Marion, je vous connais depuis longtemps !

M. LE PRÉSIDENT. — Je prie M. Rouher de s'expliquer sur l'expression dont il vient de se servir et de dire si elle s'applique à ses collègues ici présents.

M. ROUHER. — J'accepte volontiers la réquisition de M. le président. Il me dit de m'expliquer sur l'expression « hommes de parti ».

Messieurs, je vais dire franchement mon opinion.

Qu'est-ce que je vois, depuis deux mois que ces questions de vérifications de pouvoirs sont entamées ? Comment les choses se passent-elles ? Êtes-vous des juges, sommes-nous des juges impassibles, cherchant la lumière, entendant le débat, calmes, sévères, et prononçant dans notre âme et conscience un verdict juridique sur la validité ou la non-validité d'une élection ?

Voyons comment les choses se passent...

M. LE PRÉSIDENT. — Monsieur Rouher, vous n'expliquez pas l'expression dont vous vous êtes servi.

M. ROUHER. — Vous voulez une explication, Monsieur le président, je vais vous la donner.

M. LE PRÉSIDENT. — Ce que je vous demande, c'est l'explication de l'expression de « hommes de parti » que vous avez employée tout à l'heure.

À droite. — Mais laissez donc parler !

M. LE PROVOST DE LAUNAY FILS. — Si vous aviez présidé comme vous auriez dû le faire, l'incident ne se serait pas produit.

M. le président. — Monsieur Le Provost de Launay, vous m'interpellez directement. Non pour moi, mais pour la Chambre, je vous rappelle à l'ordre; et ne m'obligez pas à aller plus loin.

Monsieur Rouher, veuillez continuer.

M. Rouher. — L'explication de l'expression, je vais la donner, et je déclare, dès à présent, que, minorité et majorité, vous êtes des hommes de parti.

A droite. — C'est vrai! c'est trop vrai!

M. Rouher. — Permettez-moi de m'expliquer.

Vous avez à rendre, comme juges, un verdict sur une question de validation ou d'invalidation; dans cette question les hommes sont peu de chose; le suffrage universel est tout; le respect qu'on lui porte est la garantie de l'avenir. (*Interruptions à gauche.*)

M. Barodet. — Mais vous ne le respectez pas, le suffrage universel, vous!

M. Rouher. — Oh! vous avez beau m'interrompre: le temps s'y perdra, mais l'indépendance de ma parole n'y perdra rien.

Un membre à gauche. — Revenez à l'incident.

M. Rouher. — Je n'ai pas entendu l'interruption.

De divers côtés. — Continuez! continuez!

M. Rouher. — L'attribution constitutionnelle vous est donnée: vous avez le droit de vérifier les pouvoirs de vos membres. Au début, vous prenez des précautions infinies; les dossiers d'élections sont distribués dans les bureaux par la voie du sort.

Un membre à gauche. — Ce n'est pas la question!

M. Rouher. — Ce n'est pas la question?... Je veux vous prouver que vous êtes des hommes de parti, laissez-moi le démontrer.

M. le président. — Je n'admets pas que vous puissiez le démontrer...

A droite. — Mais laissez donc parler l'orateur!

M. Rouher. — Je vais changer la thèse.

M. le président. — Permettez-moi de vous dire que, il y a un instant, vous avez laissé échapper une expression blessante pour un côté de cette Assemblée; il m'appartenait de vous demander de vous expliquer. Je crois que vous le faisiez tout à l'heure en disant que, des deux côtés, la

majorité comme la minorité, il y avait œuvre de parti, ce
qui, dans ma pensée, voulait dire qu'il y avait entraîne-
ment et passion des deux côtés, et que, des deux côtés, il
pouvait y avoir des torts. Expliquée ainsi, l'expression n'a-
vait plus rien d'offensant pour une partie des membres de
la Chambre.

M. ROUHER. — Je reconnais la justesse de l'observation
de M. le président. En effet, en accusant la majorité, je
n'ai pas exempté la minorité de reproches; l'une et l'autre
font œuvre de parti. Je le reconnais; mais cette explication
ne me suffit pas, et je veux démontrer que vous n'êtes pas
des juges.

M. GAMBETTA. — Vous n'en avez pas le droit!

M. HENRI BRISSON. — Cette discussion est inconstitutionnelle; nous demandons qu'elle ne soit pas continuée!

M. GAMBETTA. — Vous n'avez pas le droit de discuter la
juridiction de la Chambre!

M. TIERSOT. — Pourquoi avez-vous quitté vos places?
Voilà toute la question!

M. ROUHER. — Messieurs, ce que vous voulez faire est
très grave. Vous me déniez le droit de discuter ma proposition...

M. GAMBETTA. — Je vous dénie le droit de discuter la
juridiction de la Chambre! (Approbation à gauche et au
centre.)

M. LE COMTE DE COLBERT-LAPLACE. — C'est cependant un
droit absolu!

M. ROUHER. — L'honorable M. Gambetta me dénie le
droit de discuter la juridiction de la Chambre...

A gauche. — Oui! oui!

M. ROUHER. — Un autre des membres de cette assemblée
vient de me dire que j'attaquais la Constitution, — je crois
que c'est l'honorable M. Brisson...

M. HENRI BRISSON. — Parfaitement!

M. ROUHER. — J'ai le droit de répondre...

M. LE PRÉSIDENT. — Je ne peux admettre que le débat
continue sur ce point... (Exclamations à droite. — Applaudissements à gauche et au centre.)

Je vais consulter la Chambre sur la clôture de l'incident.

M. ROUHER. — Je ne conteste pas la juridiction de la
Chambre...

Un membre à gauche. — Excusez-vous de votre escapade!
(*Rumeurs à droite.*)

M. ROCHER. — Je n'ai point la prétention de porter atteinte
au droit constitutionnel de la Chambre. Il y a dans la Constitution qui nous régit un article portant que les Chambres
ont le droit de vérifier les pouvoirs de leurs membres...

A gauche. — A la question! — Parlez de l'incident!

M. ROCHER. — Je respecte pleinement cette attribution.

M. DETHOU. — C'est fini, alors!

M. ROCHER. — Je la reconnais dans sa plénitude, — et
j'ajoute que ce n'est pas fini, pour répondre à l'interruption
d'un honorable membre; — mais du droit à l'exercice du
droit, à la manière dont il s'exerce, il y a une distance, et
j'ai le droit de la marquer. (*Assentiment à droite.*)

M. LE PRÉSIDENT. — Ce n'est pas le moment du moins.
Revenez à la question.

Voix diverses à droite. — Laissez parler! — Respectez la
liberté de la tribune!

M. LE PRÉSIDENT. — Je serai obligé de consulter la
Chambre...

A droite. — Pourquoi la consulter?

M. LE PRÉSIDENT. — Je serai obligé de consulter la Chambre
pour retirer la parole à l'orateur, s'il continue la discussion
dans laquelle il s'est engagé, en dehors de l'incident.

M. ROCHER. — Je me permettrai de vous faire observer,
tout en respectant votre autorité, Monsieur le président,
que l'honorable M. Gambetta est monté à la tribune...

M. GAMBETTA. — Pour un rappel au règlement!

M. ROCHER. — Pour signaler une infraction au règlement
sans en demander la répression...

M. GAMBETTA. — Sans en demander la répression, c'est
vrai!

M. ROCHER. — ...et pour faire en sorte, en priant la
Chambre de ne pas s'y arrêter, qu'il ne se produisît plus.

Ai-je bien interprété votre pensée, Monsieur Gambetta?

M. GAMBETTA. — C'est bien cela.

M. ROCHER. — J'avais déjà quitté cette enceinte. L'honorable M. Fauré était, me dit-on, menacé de la censure. Je suis
rentré avec lui, parce que je n'ai point voulu déserter le débat.

J'étais sorti, disais-je; mais je n'étais pas sorti sous l'influence d'un mot d'ordre.

A gauche. — Oh! oh! C'est la question!

Voix à droite. — Mais c'est la vérité! — Nous n'obéissons pas à des mots d'ordre! Nous sommes indépendants!

M. ROUHER. — En vérité, Messieurs, si vous avez une telle partialité à l'égard de mon opinion, dites-le-moi; je descendrai de la tribune.

A gauche. — Parlez! parlez!

M. ROUHER. — Si vous voulez bien que je parle, écoutez-moi sans m'interrompre.

Un membre à gauche. — Ce sont vos amis qui interrompent!

M. ROUHER. — Vous me répondrez si vous voulez et, soyez-en certains, je vous répondrai aussi, s'il y a lieu.

J'étais sorti, je le répète, et sorti seulement sous l'empression d'un sentiment pénible, non point sur l'injonction d'un mot d'ordre. J'ai combattu, il y a peu de jours, une tentative qui a été faite par quelques-uns de nous de se retirer en masse devant les invalidations multipliées dont la minorité était frappée; je l'ai combattue parce que je n'aime pas à déserter et parce que j'aime à combattre jusqu'à la dernière heure; je n'obéis donc pas à un mot d'ordre, et si je me suis retiré, c'était, encore une fois, uniquement sous l'impression du sentiment pénible que me faisait éprouver un rapporteur annonçant à l'avance, par une certaine formule dont il se servait, l'invalidation d'un des membres de cette Chambre et le succès d'un candidat adverse. Mais lorsqu'on m'a dit qu'on incriminait la conduite de M. Fauré, il m'a semblé qu'on m'incriminait moi-même; je suis rentré et j'ai demandé la parole pour répondre à M. Gambetta.

Je dis que nous avons exercé notre droit en nous retirant spontanément, sans concert préalable, sans mot d'ordre, devant une position devenue intenable...

A droite. — Oui! oui! — Bravo!

M. ROUHER. — ...devant une solution préméditée qui nous paraissait intolérable et incompatible avec notre dignité de députés.

A droite. — Très bien! — Bravo! bravo!

M. ROUHER. — Messieurs, vous êtes la majorité; vous vivez dans la sphère de votre triomphe; vous vous laissez dominer par les entraînements naturels de la victoire; vous croyez qu'il est juste, raisonnable, de briser dans la minorité tous ceux qui vous paraissent plus ou moins entachés ou d'une candidature officielle ou de je ne sais quelles maximes qu'on expose dans un langage brillant, — toujours le même, — mais enfin qui a la prétention de tout dominer.

Eh bien, moi, je suis profondément convaincu que l'œuvre à laquelle vous vous livrez depuis quelque temps est une œuvre mauvaise (*Très bien! à droite*), non pas pour cette minorité que vous décimez, mais pour les intérêts généraux de ce pays (*Très bien! à droite*); non pas pour telle ou telle individualité brisée, — nous ne serons ni plus ni moins la minorité, — mais pour ce qui est notre règle à tous, pour ce qui est notre garantie à chacun, pour ce qui est le salut de ce pays dans les crises et les tourmentes qu'il peut encore traverser... (*Rires ironiques à gauche*), le respect du suffrage universel. (*Très bien! à droite. — Exclamations ironiques à gauche.*)

A gauche. — Vous l'arrangiez bien sous l'empire!

M. ROCHER. — Oui, le respect du suffrage universel! Et ne croyez pas que vous l'honorez, que vous le fortifiez en détruisant à loisir ces majorités ou minimes ou très considérables.

A gauche. — Les fausses majorités!

M. ROCHER. — Tout cela dépose dans le pays et dans l'opinion publique des germes dont les plus forts ne sauraient se relever. Tout cela ne tend à rien moins qu'à détruire le programme du ministère que vous soutenez et à détruire le sens moral de l'opinion publique. (*Allons donc! à gauche. — Très bien! à droite.*)

M. BAMBERGER. — Ce sont des provocations qui succèdent à des provocations!

M. CLÉMENCEAU. — Qu'importe!

M. ROCHER. — Si ce sont des provocations sur des provocations, avouez qu'elles partent de gens bien faibles vis-à-vis de gens bien forts, car vous nous décimez tous les jours; tous les jours notre nombre diminue, et, par conséquent, la puissance des provocations s'en va chaque jour en s'inclinant et en s'affaiblissant. (*Très bien! très bien! à droite.*)

Je dis que ce système est contraire au programme du gouvernement que vous appuyez. Ce programme a été un programme d'apaisement et de concorde. (*Exclamations ironiques à droite.*)

On a dit : la victoire est remportée; un maréchal qui résistait s'est résigné, et ce système parlementaire, que vous croyez être le vrai, a triomphé. Je n'ai rien à dire à toutes ces choses ; je ne veux point discuter, dans un incident, ces problèmes constitutionnels; ils ont été agités par d'autres, et je n'ai pas été assez engagé dans cette politique pour en prendre la défense aujourd'hui. Eh bien qu'arrive-t-il?

Voix à gauche. — A la question!

M. ROUHER. — Il m'a semblé, Messieurs...

A gauche. — A la question! à la question!

M. ROUHER. — Très bien !... Je vais indiquer le sentiment qui me dirige. Si mon explication n'est point acceptée par la Chambre, je m'inclinerai.

Le sentiment qui me dirige est celui-ci :

L'honorable M. Gambetta est monté à cette tribune pour marquer une situation regrettable de la part de la minorité; il a voulu en induire des considérations et une portée politiques. C'était son droit, mais reconnaît-il à celui qui lui répond en ce moment le droit de rechercher aussi la portée politique de la situation qu'il a prise à la tribune ?

M. GAMBETTA. — La preuve, c'est que je demande qu'on vous écoute. (*Très bien! très bien! à gauche.*)

M. ROUHER. — Je vous en remercie; mais je vous serais bien plus reconnaissant si vous vouliez prier vos amis de ne pas m'interrompre...

A gauche. — Il l'a fait vingt fois!

M. ROUHER. — Eh bien, Messieurs, c'est parce que j'ai cru apercevoir dans la parole de M. Gambetta une portée politique, qu'écartant, que développant le cercle dans lequel s'était placé l'incident, je me suis permis d'aborder cette question. Vous ne le voulez pas?...

A gauche. — Si! si! parlez!

M. ROUHER. — Vous le voulez? Eh bien, écoutez-moi !

M. GIRAULT (Cher). — Finissons-en!

M. ROUHER. — Je dis que le programme de votre ministère est encore... (*Vives exclamations à gauche.*)

Sur divers bancs. — Mais enfin ce n'est pas la question!

M. LE PRÉSIDENT. — Je vous engage à rentrer dans la question et à n'en pas sortir. Voici la seconde fois que je vous en prie. (*Rumeurs à droite.*)

J'invite M. Rouher à mettre fin à cet incident et à ne pas l'étendre à des questions qui ne sont pas à l'ordre du jour: autrement, je serai obligé de consulter la Chambre sur le point de savoir si la parole doit lui être conservée.

M. Ernest Dréolle. — Et la Chambre décidera qu'on doit se taire ! (Bruits divers.)

M. Rouher. — Messieurs, je suis très embarrassé et je vous en demande bien humblement pardon. J'interroge le chef reconnu de la majorité; il accepte le débat sur le terrain où je le place...

Un membre au centre. — La majorité n'a pas de chef!

M. le président. — Ce débat n'est pas à l'ordre du jour, je ne puis pas l'accepter.

M. Rouher. — ...et M. le président me dit : Ce débat n'étant pas à l'ordre du jour, je ne puis l'accepter.

Eh bien, soit! ce n'est pas la première fois que la parole humaine a des ressources qui suffisent pour éviter les obstacles et les ambages qu'on veut opposer à un orateur. Je vais essayer.

Je ne parle plus du ministère, je me garde même bien de faire une question générale...

M. Gambetta. — Mais si, parlez!

M. Rouher. — Mais non, Monsieur Gambetta! Protégez-moi alors! (Rires et applaudissements à droite.)

Eh bien, je n'ai pas le droit d'invoquer cette protection, et je reste en dehors du ministère.

J'ai dit, Messieurs, que nous désirions tous l'apaisement et la concorde. Je ne pense pas que vous vouliez me contredire sur ce point-là. Vous pensez qu'il faut marcher en avant, aller dans le progrès, développer vos institutions, améliorer le mouvement industriel, etc.

Eh bien, je vous demande, comme prolégomènes à ces désirs, à ces desseins, à ces espérances, d'être plus calmes, d'être plus indulgents, d'avoir plus de bienveillance pour la minorité dans l'appréciation des vérifications des pouvoirs. Je suis bien dans le sujet. (Oui! oui! à droite.)

Eh bien, je le dis, tout cela n'est pas bon. Que vous ayez attaqué la candidature officielle, puisque telle est votre conviction, par un exemple, par une annulation, par deux annulations, par dix annulations, je le comprends, non pas que je sois de votre avis, — car je suis implacable sur cette question, — je crois que tous vous faites de la candidature officielle (*Interruptions et dénégations à gauche*); je crois que tous vous en faites depuis l'aurore jusqu'au crépuscule, si vous n'y pensez pas la nuit; je crois que, dans la manutention qui se fait aujourd'hui dans chaque département des fonctions publiques, des emplois divers, de la direction des préfets et des sous-préfets, vous n'avez qu'une préoccupation parlementaire, celle d'assurer par la candidature et par la nomination de vos amis le retour électoral de vos personnes. (*Très bien! très bien à droite. — Bruit à gauche.*) Mais enfin ne discutons pas cette question, soyons humbles puisque nous sommes faibles.

Eh bien, je vous dis ce qui est vrai, dans l'intérêt de la conciliation, c'est de déserter ce système des hécatombes qui se produit depuis quelques jours. Vous ferez ainsi de l'apaisement, vous serez respectueux du suffrage universel. Permettez-moi d'ajouter une autre considération, vous hâterez le moment où vous vous occuperez des affaires sérieuses du pays au lieu de vous épuiser en séances de jour et de nuit dans des réunions stériles que l'opinion publique répudie.

Maintenant, un dernier mot. (*Exclamations à gauche.*) Je suis heureux de hâter votre délivrance, et je vais terminer d'une manière rapide.

Eh bien, un seul et dernier mot, et je m'adresserai à M. Gambetta puisqu'il me l'a permis.

Un membre à gauche. — Le règlement défend les interpellations de collègue à collègue.

M. ROUHER. — Je ne m'adresserai pas à M. Gambetta, puisque le règlement ne me le permet pas... Je me contente de dire à la Chambre : Est-ce que les circonstances ne sont pas graves, graves et sérieuses? Est-ce que nous n'avons pas au delà de nous de grands problèmes qui préoccupent tous les hommes sérieux? Je dis que c'est le temps de la concorde et du patriotisme pour tous, j'espère que vous me comprendrez. (*Applaudissements à droite.*)

M. GAMBETTA. — Messieurs, l'orateur qui descend de cette tribune a très habilement profité d'un incident pour aborder ou plutôt pour esquisser un plan de critique de la politique générale. Il n'a oublié qu'un point, qui était celui-là même qui était en discussion, et non la question de savoir si nous sommes les fidèles exécuteurs de la pensée ministérielle, si nous mettons plus de temps qu'il ne conviendrait à la vérification des pouvoirs, si l'exercice de notre droit de juridiction parlementaire est en conformité avec les vœux du pays.

Ce ne sont pas là les questions qui étaient soulevées; il n'avait été dit qu'un mot par moi à cette tribune. Je n'avais pas dessein de toucher à la politique générale; m'adressant à ce côté de la Chambre (la droite), et au moment où on réclamait la censure contre l'honorable M. Fauré, j'avais dit qu'il n'y avait même pas moyen de la prononcer parce que la minorité avait déserté ses siéges. Je regrettais pour le Parlement et pour elle cet acte tout à fait irrégulier.

Il est vrai que M. Rouher s'est empressé de rentrer, et il a eu cette bonne fortune que, de même que tout le monde était sorti à sa suite, tout le monde est rentré derrière lui. (*Applaudissements et rires à gauche et au centre. — C'est la vérité!*)

Un membre à droite. — C'est très joli; mais ce n'est pas exact !

M. GAMBETTA. — Vous pourriez le répéter : c'est très joli!

Le même membre. — Oui! c'est très joli!

M. GAMBETTA. — Il y a un mot à retenir dans les observations de l'honorable M. Rouher, c'est qu'il a protesté avec énergie qu'il y eût eu un mot d'ordre pour cette retraite, et il a considéré que si ce mot d'ordre avait été donné, il eût été coupable. Il a ajouté que la conduite de la minorité eût été très regrettable.

Il n'en faut pas davantage pour donner raison à l'avis que j'avais émis à cette tribune et qui consistait à dire que, du moment où l'on avait reconnu qu'on avait eu tort... (*Réclamations à droite.*)

Vous êtes sortis, vous êtes rentrés, c'est la seule constatation que je voulais faire. (*Interruptions à droite.*)

Mais, Messieurs, c'est au moment où vous êtes sortis que se vidait l'incident; car l'honorable M. Rouher a très bien établi que l'incident auquel M. Fauré avait pris part et qui lui avait attiré la proposition de la censure était antérieur à la seconde apparition de M. Wilson à cette tribune.

Par conséquent, ce qu'il y avait de fâcheux, c'est qu'avant qu'on eût réglé parlementairement le conflit, vous aviez quitté la séance.

Mais le profit à en tirer, c'est que l'incident serve d'enseignement à tout le monde; et j'espère que la minorité résistera à cette tendance de sécession contre laquelle j'ai été très heureux d'apprendre que M. Rouher luttait depuis deux mois avec un succès que vous avez pu constater.

Et pour finir par un simple mot en réponse aux paroles qui ont terminé les observations de M. Rouher, qu'on me permette de dire que cette accusation portée constamment contre la juridiction de la Chambre et la pratique partiale qu'elle en fait... (*Oui! oui! à droite.* — *Applaudissements à gauche.*)

M. VEILLET. — Trois journaux ont annoncé mon invalidation...

M. LE PRÉSIDENT. — N'interrompez pas !

M. VEILLET, *se levant.* — Trois journaux et le télégraphe ont annoncé à l'avance mon invalidation.

M. LE PRÉSIDENT. — Je vous invite à vous asseoir, Monsieur Veillet, et à garder le silence.

M. GAMBETTA. — Je dis que ce langage que la minorité tient sans cesse contre les décisions de la majorité est un premier manquement à ce besoin d'apaisement et de concorde auquel on nous conviait tout à l'heure. (*Interruptions et rires à droite.* — *C'est très joli!*)

C'est très joli!... Je n'ai pas la prétention de dire des choses qui puissent vous dérider ; j'essaye autant que possible d'introduire dans cette discussion une très grande bonne foi, je voudrais que nos discussions fussent absolument privées de passion.

Seulement, je dis que je n'ai jamais encore entendu un orateur de la minorité parler à cette tribune de la vérification des pouvoirs sans parler d'hécatombes, de proscriptions, de passions. Je ne crois pas que personne y gagne. (*Réclamations à droite. — Très bien! et applaudissements à gauche.*)

Eh bien, je vous répéterai ce que je vous disais dans une précédente séance : Vous savez d'où vous êtes venus, et par quelles pratiques vous avez été amenés ici... (*Interruptions à droite.*) Comptez-vous, et dites franchement devant le pays si beaucoup d'entre vous sont plus coupables, plus responsables les uns que les autres de la candidature officielle. (*Protestations à droite.*)

M. VEILLET. — Il n'y a pas de loi qui défende la candidature officielle !

M. GAMBETTA. — Évidemment, au premier jour, à la première heure, dès le début de cette campagne électorale pendant laquelle on a cherché à opprimer le pays, lorsque l'on vit la candidature officielle s'étaler avec un cynisme que nous n'avons jamais connu... (*Vives protestations à droite.*)

M. SENS. — Vous en avez fait en 1871, de la candidature officielle, de la façon la plus scandaleuse !

M. VEILLET descend dans l'hémicycle, et du pied de la tribune interpelle vivement l'orateur.

Voix nombreuses à gauche. — A l'ordre ! à l'ordre !

M. LE PRÉSIDENT. — Monsieur Veillet, je vous rappelle à l'ordre pour la seconde fois avec inscription au procès-verbal.

M. GAMBETTA. — Vos amis avisés, aussitôt qu'ils ont vu l'apparition des affiches blanches se sont émus ; et je me rappelle encore les cris de détresse que poussait un des organes les plus autorisés de la réaction, qui accusait M. de Fourtou de donner aux candidats

qu'il voulait soutenir ce stigmate de la candidature
officielle. Il leur disait : « Mais vous êtes des insensés
de livrer ainsi l'avenir des élections à la majorité, si
par malheur les candidats républicains viennent à
réussir. malgré l'affiche blanche! »

Tout le monde prévoyait ce qui pourrait arriver, et
pendant la longue, pendant la douloureuse période
électorale, il n'y a eu qu'un cri d'un côté comme de
l'autre, c'est que les candidats officiels n'étaient pas
librement élus! (*Applaudissements à gauche. — Vives
réclamations et interpellations diverses à droite.*)

M. Sens. — Vos préfets du 4 septembre affichaient
les candidatures officielles sur papier blanc.

> Quis tulerit Gracchos de seditione querentes?

M. Gambetta. — Je sais bien ce que répond l'honorable M. Rouher; il nous dit : « Moi, je suis partisan
de la candidature officielle; je l'ai toujours profes-
sée... » Ah! nous le savons bien, et si vous parlez aujourd'hui d'orages qui s'accumulent dans l'air, du côté
de la frontière, voulez-vous en savoir l'origine? C'est
vous, c'est la candidature officielle qui a amené l'étranger! (*Vifs applaudissements et bravos à gauche.*)

M. le Marquis de Colbert-Laplace. — D'où est venue
l'interpellation qui a amené la guerre?

M. le Provost de Launay fils. — C'est de M. Cochery!

M. Gambetta. — Vous avez fait appel à l'opinion
publique! Vous avez osé invoquer le jugement de la
France! La France?... Elle a répondu; elle a répondu
encore il y a huit jours; et elle répondra jusqu'à ce
que le châtiment ait été complet, jusqu'à ce qu'il ait
été définitif!

Vous avez parlé de l'Europe! L'Europe?... C'est vous
qui avez fait qu'il n'y a plus d'Europe, car vous avez
abîmé la France! (*Acclamations et applaudissements répétés à gauche et au centre. — Bruyantes réclamations à
droite.*)

M. Rouher monte à la tribune.

Voix à gauche. — Assez! — La clôture!

M. Le Provost de Launay fils. — Monsieur le président, est-ce que c'était la question, cela? Tous les rappels à l'ordre sont pour nous! Vous êtes un président partial! (*Vifs murmures à gauche et au centre.*)

Sur divers bancs. — A l'ordre! — La censure! la censure!

M. LE PRÉSIDENT. — Messieurs, je vous demande de faire un instant silence!

M. Le Provost de Launay vient de dire, debout, en me montrant du doigt et de façon à être entendu de tout le monde, que je suis un président partial!

Je laisse tomber l'injure qui m'est personnelle; mais je ne peux laisser tomber celle qui touche le président de la Chambre.

Je rappelle M. Le Provost de Launay à l'ordre pour la seconde fois... et avec inscription au procès verbal.

Je demande maintenant à la Chambre si elle veut que l'incident continue.

Plusieurs membres à gauche. — Non! non! — La clôture! la clôture!

M. ROUHER. — Je demande la parole contre la clôture.

M. CAZEAUX. — Je la demande pour un rappel au règlement.

M. LE PRÉSIDENT. — Vous avez la parole.

M. CAZEAUX. — Messieurs, nous marchons d'étonnements en étonnements.

Je constate que le président de la Chambre a provoqué la mise aux voix de la clôture. Cette procédure est absolument nouvelle : aucun membre n'avait demandé la clôture. C'est le président qui en a provoqué la mise aux voix. (*C'est vrai! à droite.*)

Plusieurs membres à gauche. — Nous avons demandé la clôture.

M. CAZEAUX. — Personne ne l'avait demandée.

A gauche. — Si! si! nous l'avons demandée.

M. LE PRÉSIDENT. — A plusieurs reprises pendant le premier discours de M. Rouher, on a demandé la clôture, et j'ai invité M. Rouher à rentrer dans la question.

Il y avait une élection à examiner. La Chambre avait décidé qu'elle tiendrait pour cela une séance de nuit. Un incident regrettable s'est produit, mais le président a rappelé à la Chambre qu'il y avait un ordre du jour dans lequel il serait désirable de se renfermer.

Si la Chambre décide qu'il y a lieu de clore le débat sur ce point, l'incident sera terminé ; si, au contraire, elle admet que l'incident continue, il est évident que le président n'empêchera pas M. Rouher de répondre.

M. Rouher a la parole contre la clôture.

M. ROUHER. — Messieurs, j'avais espéré, je dois le dire à la Chambre, en montant les degrés de la tribune, que la lice était décidément ouverte. Vous venez d'entendre le chef de la majorité, vous l'avez vivement applaudi, et il me paraissait que c'était un acte de justice que de permettre à un membre de la minorité de répondre. Si vous pensez autrement, je n'insisterai nullement pour prendre la parole. Si vous pensez qu'une réponse brève est permise aux dernières paroles prononcées par l'honorable M. Gambetta, vous me permettrez de la prononcer. Il n'entre nullement dans mes habitudes, dans mes désirs, de me heurter contre la volonté d'une majorité. J'ai les résignations de la minorité, en même temps que j'en conserve fidèlement toutes les convictions. (*Très bien !* à droite.)

De divers côtés. — Parlez ! parlez !

M. ROUHER. — L'honorable M. Gambetta a reproché à la minorité de s'insurger avec vivacité.

Quelques voix à gauche. — La clôture ! la clôture !

M. LE PRÉSIDENT. — Si on insiste sur la clôture, je consulterai la Chambre. (*Non ! non !* à droite. — *Bruit prolongé.*)

Vous faites assez de bruit de ce côté (*le président indique la droite*) pour qu'on n'entende pas. Je vous réponds par l'article 108 du règlement, qui dit qu'avant de prononcer la clôture de la discussion, le président consulte la Chambre.

M. CAZEAUX. — C'est vous qui la provoquez, la clôture !

Plusieurs membres. — On n'insiste pas sur la clôture !

Autres membres. — Si ! si ! la clôture !

M. LE PRÉSIDENT. — Je vais consulter la Chambre. Tout à l'heure, la demande de clôture paraissait n'être pas appuyée, mais elle me paraît en ce moment plus générale, et je dois dès lors la soumettre à la Chambre.

(La Chambre, consultée, ne prononce pas la clôture de l'incident.)

M. LE PRÉSIDENT. — M. Rouher a la parole.

M. ROUHER. — Messieurs, j'ai le devoir de remercier d'abord la Chambre de ce qu'elle veut bien m'accorder encore pour un instant la parole; je n'abuserai point de la permission.

Je disais, au moment du vote, que l'honorable M. Gambetta avait reproché à la minorité quelques accès d'irritation et de colère à propos de l'œuvre de la vérification des pouvoirs. Il me semble qu'il a tort de s'en étonner. C'est le droit du justiciable de maudire ses juges pendant un espace de temps déterminé. (Interruptions.)

Mais ai-je borné là mon indication? Non. J'ai dit que votre attribution constitutionnelle était pleine d'entraînements, de périls pour les intérêts généraux. Je ne veux point développer cette thèse aujourd'hui; mais, si vous voulez fixer un jour, une heure pour ce débat, pour savoir si je suis ou non dans la vérité, je suis prêt à l'accepter et à vous démontrer la proposition que je ne fais qu'indiquer.

A gauche. — Tout de suite! tout de suite!

M. ROUHER. — Si l'honorable M. Gambetta est prêt à discuter cette question et à nous faire entendre, — ce qu'il n'a pas fait jusqu'ici, — ses indignations contre la candidature officielle et en même temps les félicitations auxquelles il croit avoir droit pour son décret de 1871 qui mutilait le suffrage universel, je suis prêt à examiner et ma conviction et la sienne.

A gauche. — Oui! Parlez! parlez!

M. MARION. — Nous sommes curieux de vous entendre!

M. ROUHER. — Oh! Messieurs, je ne reculerai pas devant la proposition que vous me faites.

Un membre. — C'est vous qui la faites!

M. ROUHER. — Mais je veux auparavant aborder les considérations que vient de formuler M. Gambetta.

Il nous a dit que l'œuvre d'apaisement et de concorde serait plus facile si les irritations de la minorité étaient moins vives. Je lui en demande pardon, mais cela n'est ni politique, ni généreux. La minorité a, dans sa situation de minorité, le privilège de la douleur et de l'irritation. (Très bien! à droite.)

A la majorité victorieuse, il appartient de faire preuve de calme et de modération. (Très bien! très bien! à droite.)

Ce n'est pas notre conduite qui doit déterminer la vôtre.
Vous êtes les maîtres, vous nous le faites sentir! (*Oui! oui! à
droite.*) Vous êtes les maîtres; eh bien, examinez, avec cette
modération que vous invoquez, toutes ces mesures d'invalidation qui viennent nous décimer chaque jour et qui, détruisant en nous le sentiment de l'indépendance, ne nous permettent pas de prendre part à vos travaux. (*Très bien! très
bien! à droite.*)

Croyez-vous donc que nous soyons à court d'arguments
pour discuter votre budget? Vous nous reprochez d'avoir
gardé le silence pendant que vous votiez ce défilé de chapitres représentant des millions et des milliards; vous de-
vriez comprendre que nous ne pouvons pas... (*Rumeurs à
gauche*) engagés dans cette situation fausse, équivoque, de
gens dont on discutera le lendemain la validation, exposer
avec indépendance notre sentiment sur des questions financières et budgétaires. (*Vive approbation à droite.*)

Un membre à gauche. — Mais ceux qui sont validés peuvent parler!

M. ROUHER. — Ah! vous faites le triage de ceux qui sont
validés et de ceux qui ne le sont pas! C'est ainsi que vous
entendez l'indépendance du député! Permettez-moi de vous
dire que ce n'est pas à vous à faire cette sélection, c'est
l'affaire de nos consciences. Et je vous déclare, moi qui suis
validé, que je ne me sens pas la liberté nécessaire pour discuter les affaires publiques, parce que je ne sais pas si de
l'ardeur ou de la réserve avec laquelle je parlerai ne dépen-
dra pas la validation ou l'invalidation de tel ou tel de mes
collègues. (*Applaudissements à droite.*)

M. LAVOIS. — On nous l'a fait sentir plus d'une fois!

M. ROUHER. — Vous pouvez dire que vous n'éprouvez pas
cette impression; vous pouvez dire que, dans le calme, dans
la quiétude que la majorité s'est faite, en deux jours et demi
de séance, par la validation de la totalité de ses membres...
(*Rires approbatifs à droite*, vous ne comprenez pas ce sentiment. Mais laissez à la minorité le soin d'être juge dans
cette question délicate, qui ne relève que d'elle-même. (*Très
bien! à droite.*)

L'honorable M. Gambetta a été plus loin; abordant de
front, avec le talent et le caractère qui lui sont propres, une
des dernières observations que j'avais présentées, il nous a dit

que la candidature officielle était une des principales causes des émotions de l'Europe! (*Exclamations ironiques à droite.*)

Oh! Messieurs, ne vous payez pas de telles naïvetés!

M. GAMBETTA. — Je n'ai pas dit cela!

A droite. — Si! si!

M. ROUHER. — Non, ne venez pas nous dire que, parce qu'un gouvernement, à une date quelconque, a cru devoir prononcer la dissolution d'une Chambre et provoquer une manifestation nouvelle du suffrage universel, l'Europe s'est émue et a pris parti dans tel ou tel sens.

Messieurs, soyons plus sincères entre nous!

Sur ce point, il n'y a point de divergence entre nous; nous partageons vos préoccupations et vos douleurs. Votre patriotisme et le nôtre nous rendent tous solidaires dans une cause qui nous est commune. (*Très bien! très bien! à droite.*) Les intérêts de parti, les passions des gauches, les passions des droites, tout cela disparaît quand l'intérêt de la patrie peut être menacé de loin. (*Applaudissements à droite.*)

Ne venez donc pas poser un mesquin jalon et faire une misérable opposition entre les sentiments qui doivent unir tous les cœurs des fils d'une même patrie!

Il y a de grands problèmes qui s'agitent au delà de nos frontières. Tout nous fait espérer qu'ils se résoudront pacifiquement; tout nous fait espérer qu'après tant de douleurs, nous n'aurons point à subir de nouvelles douleurs; mais, lorsque j'exprime ici cette impression, c'est un appel au patriotisme et à la concorde que je fais entendre, et je ne me laisse point aller à une médiocre pensée d'opposition.

Cette question, je la réserve: je ne veux point l'approfondir aujourd'hui. Le jour où elle se poserait dans des termes ardus et difficiles, je serais avec vous, je me ferais votre très humble serviteur... (*Rumeurs à gauche.* — *Très bien! très bien! à droite*); je ne serais préoccupé que de seconder les efforts que vous pourriez faire pour conjurer les périls, et, soldat docile, je ne connaîtrais plus le mot d'opposition!

Mais, je vous en prie, n'abusez pas de la situation en faisant intervenir l'étranger dans la politique intérieure, en mêlant les questions de candidatures officielles qui se débattent ici et les questions européennes qui s'agitent dans le lointain et qui paraissent graduellement se rapprocher de nos frontières.

A droite. — Très bien! très bien!

M. Rouher. — Et maintenant que reste-t-il de ce débat? Rien qu'un fait des plus simples.

Nous nous sommes retirés de l'enceinte sous le coup d'une émotion vive, soudaine, et nullement par suite d'un concert préalable. Puis, peu après, nous sommes rentrés presque tous ensemble, tout naturellement, quand on nous a dit que notre sortie avait provoqué un incident à la tribune. La curiosité et le devoir nous rappelaient à la fois. Voilà tout.

Quelle morale tirer de cet incident qui est désormais vidé? C'est qu'il ne faut pas, Messieurs, continuer les erreaments qui l'ont provoqué. Il reste encore 70 à 80 élections à examiner; apportons dans cet examen la mesure, la modération, l'esprit de conciliation qui conviennent, en vue de l'apaisement présent et des éventualités de l'avenir.

Quant à la candidature officielle, s'il me fallait la discuter dans son principe, dans sa portée et dans ses conséquences, discuter vos candidatures à vous, je l'ai dit et je le répète, je serai prêt à le faire. Mais c'est une question qui gagnerait à être traitée dans des circonstances de calme que la surexcitation actuelle ne comporte pas. Demain, après-demain, si vous voulez ouvrir le débat sur cette grande thèse de la candidature officielle, de vos candidatures officielles, de vos candidatures à vous, qui ont été bien plus officielles et bien plus terribles... (*Rires ironiques à gauche et au centre*) que celles de ces administrations improvisées qui ont exercé sur le pays un pouvoir apparent, mais en réalité sans racines, nous pourrons examiner et juger. Quant à présent, je me borne aux explications que je viens de vous donner. (*Applaudissements à droite.*)

M. Gambetta. — Messieurs, l'honorable M. Rouher paraît croire qu'un débat est nécessaire sur la candidature officielle : on l'invite à l'ouvrir, et il déclare qu'il ne se croit pas assez maître de ses émotions aujourd'hui, et il demande à remettre plus tard. Qu'il soit fait selon sa volonté. Mais quant à la candidature officielle, nous la voyons tous les jours et, quoi qu'on en dise, nous la jugeons sans emportement. (*Exclamations à droite.* — *Oui! oui! à gauche.*)

Je sais bien, Messieurs, que je vais directement
contre le sentiment de la minorité ; elle défend son
berceau, elle lutte pour ses origines... (*Rires à gauche*),
et je ne suis pas très étonné d'entendre des désaveux
plus ou moins cachés, plus ou moins formels.

L'honorable orateur qui, lui, sait ce que c'est que
la vraie candidature officielle...

M. LE PROVOST DE LAUNAY fils. — Et vous aussi !

M. GAMBETTA. — On me dit : Et vous aussi ! Eh bien,
j'accepte le duel que me propose M. Rouher ; je suis
prêt à m'expliquer ; et vous verrez que je ne suis encore
qu'un écolier pour un si grand maître. (*Applaudissements et rires à gauche et au centre.*)

Mais, Messieurs, il ne s'agit ici ni de l'opinion de
M. Rouher, ni de la mienne : il s'agit des actes accomplis du 16 mai au 14 octobre. Toutes les fois qu'on
examine les dossiers d'une élection, la personne de
celui qui a porté les couleurs de l'ordre moral peut
parfaitement être écartée du débat : mais ce que la
Chambre ne peut pas écarter, ce qu'elle a reçu le mandat de condamner, de flétrir, de châtier, ce sont les
délits, les contraventions, les manœuvres frauduleuses,
les attentats à la liberté des citoyens, la corruption du
suffrage universel ; et je m'étonne qu'un dialecticien
aussi subtil que M. Rouher puisse ne pas voir, — lui,
qui ose défendre ici le suffrage universel, — que la
vraie défense du suffrage universel, sa vraie moralisation, c'est de le débarrasser pour l'avenir des entreprises criminelles, hypocrites ou violentes que l'on a
dirigées contre la majesté de ses décisions. (*Vifs applaudissements à gauche et au centre. — Protestation à
droite.*)

Je m'étonne surtout que M. Rouher, qui connaît
fort bien jusqu'à quel degré le suffrage universel peut
être perverti et trompé, qui, pendant vingt ans, a vécu,
lui et l'édifice dont il était le vice-empereur et le
maître irresponsable, — qui connaît, dis-je, par le

menu, toutes les maladies et toutes les gangrènes
qu'on peut déterminer dans cet organisme social, en
soit venu à ce point d'ignorance électorale, qu'il ne
puisse pas comprendre la sévérité de vos jugements
et l'autorité de vos décisions. (*Applaudissements répétés
à gauche et au centre.*)

Il y a une surprise qui s'impose à mon esprit et qui
est autrement cruelle encore : c'est que l'honorable
M. Rouher ait pu se tromper à ce point sur le sens de
ma parole, lorsque je faisais allusion à cet état de
l'Europe, qu'il indiquait du doigt au delà de nos frontières, sans dire heureusement lesquelles, car les
frontières, il sait bien qui nous les a enlevées... (*Très
bien! très bien! à gauche.*)

A droite. — Oui! oui!

M. GAMBETTA. — Il se trompait lorsque, croyant me
répondre alors que j'avais fait allusion aux funestes
effets de la candidature officielle, il supposait que
c'était le 16 mai et ce Gouvernement vacillant et
d'aventure qui n'était pas fait, je le reconnais, pour
satisfaire ses ambitions césariennes, que c'était ce
Gouvernement à qui j'avais pensé comme pouvant
être un écueil possible, un danger et une barrière
entre l'Europe et nous.

Non; je ne parlais pas de cette candidature officielle;
je parlais de la candidature officielle qui se produisait
au bruit du canon après le 2 décembre; qui se produisait au lendemain de la guerre d'Italie, de la guerre
du Mexique; de cette candidature officielle dont j'ai
vu les fruits, car il y avait dans cette majorité asservie
du Palais-Bourbon, de braves gens qui, nommés sous
l'influence des préfets et des agents de M. Rouher,
osaient avoir un sentiment patriotique quand ils étaient
sur les canapés de la salle des Conférences, mais qui,
sur leurs sièges, en séance, votaient, la mort dans
l'âme, la guerre du Mexique et s'associaient à la politique des trois tronçons. (*Vifs applaudissements à gauche*

et au centre.) Voilà la candidature officielle à laquelle je faisais allusion.

Je disais : Voyez, Messieurs, il ne s'agit ici ni de M. Veillet, ni de M. La Rochefoucauld-Bisaccia; il s'agit d'un système qui corrompt jusqu'aux sources de l'énergie nationale et de la liberté des gouvernements; il s'agit d'un système dont vous avez expérimenté les fruits amers. Et quand je vous entendais parler de l'Europe, je me disais que c'était ce système qui avait perdu la France et isolé mon pays. (*Acclamations et bravos répétés à gauche et au centre. — Un grand nombre de membres se lèvent en applaudissant et quittent leurs places pour venir féliciter l'orateur de retour à son banc.*)

M. Rocher. — Ah! vous venez maintenant, après avoir formulé des paroles qui circonscrivaient les deux points d'arrêt, de remonter jusqu'au passé et à l'Empire!

A gauche. — Oui! oui!

M. Rocher. — Et vous revendiquez les responsabilités contre lui!

A gauche. — Oui! oui!

M. Rocher. — Est-ce que vous croyez que vous me ferez reculer devant sa défense? (*Exclamations à gauche.*)

M. le président. — N'interrompez pas, Messieurs.

M. Rocher. — Appelez-moi vice-empereur! rendez-moi responsable de tous les événements, discutez-les avec passion et acrimonie, je suis prêt à vous répondre.

M. Gambetta. — Ce n'est pas la passion qui m'a fait parler; c'est la douleur que me causait l'écrasement de la France.

M. Rocher. — Vous êtes encore un enfant du barreau, et vous ne connaissez aucune des questions que vous venez de discuter. (*Exclamations à gauche. — Très bien! très bien! à droite.*)

Sous l'Empire, le Corps législatif avait son indépendance et son droit de juger. (*Vives protestations à gauche.*)

Plusieurs membres à gauche. — Ah! par exemple! C'est de l'impudence!

M. Rocher. — Vous pouvez nier, vous pouvez vous livrer à ces critiques faciles auxquelles on s'exerce dans les couloirs ou aux tribunes de journalistes... (*Murmures à gauche*), mais moi j'étais sur les lieux, j'étais sur le théâtre, j'écoutais, je discutais...

M. BERLET. — Expliquez-nous la théorie des trois tronçons. (*Exclamations à droite. — Laissez parler!*)

M. ROCHER. — Je combattais : je ne rencontrais pas au Corps législatif des oppositions bruyantes et passionnées...

M. BAMBERGER. — Pour de bons motifs!

M. ROCHER. — ...mais je rencontrais le contrôle et la surveillance continuelle... (*Rires ironiques à gauche et au centre*) et il ne s'écoulait pas de jour que je n'eusse à plaider, à transiger, à chercher à convaincre des hommes loyaux et indépendants, que le suffrage universel avait nommés. (*Exclamations à gauche. — Très bien! à droite.*)

Ah! vous me parlez des actes de l'empire!

Est-ce que vous ignorez que la guerre de 1870 a été l'œuvre des oppositions? (*Bruyantes réclamations et rires à gauche et au centre.*)

M. BERLET. — C'est sans doute l'opposition qui a déclaré la guerre?

M. LE PRÉSIDENT. — Veuillez écouter!

M. ROCHER. — Est-ce que vous ignorez que la guerre a été causée et par les oppositions et par le journalisme? (*Rires à gauche et au centre.*)

Vous avez nommé récemment un de vos héros, l'honorable M. Émile de Girardin : lisez les colonnes de son journal ; il a été le grand promoteur de la guerre de 1870, qui nous causait à nous une désolation profonde. (*Exclamations et nouveaux rires à gauche. — Applaudissements à droite.*)

Oui, j'y étais; j'ai pu dire : *Quorum pars minima fui.*

Eh bien, que disions-nous alors, en face de ce qui était une incontestable atteinte à l'indépendance de la France, alors qu'on plaçait sur la frontière d'Espagne un adversaire ou un rival?

M. BERLET. — Vous disiez que vous étiez prêts!

M. ROCHER. — Je n'hésite pas à vous dire que vous vous trompez du tout au tout.

Un membre. — C'est au *Journal officiel!*

M. ROCHER. — Je suis prêt à suspendre mes explications et à vous permettre toutes les recherches que vous désirez faire dans les colonnes du *Journal officiel.*

Quand j'étais président du Sénat, à cette époque, on m'a dit : Oui, c'est la guerre. Et j'ai répondu : C'est déplorable! — On a ajouté : Nous sommes prêts, nous sommes absolument prêts! — Et j'ai répondu encore : Cela ne me console point!

Mais ces paroles ne m'ont point empêché, le jour où la guerre a été déclarée, de m'associer au sentiment de patriotisme, aux espérances de victoire qui agitaient tous les cœurs, parce que, à ce moment, il ne s'agissait pas de regarder en arrière, mais d'aller en avant. (*Très bien! très bien! et applaudissements à droite.*)

Oui, je me souvenais à ce moment de ce qui s'était passé en 1867, lorsque la question du Luxembourg s'est posée, et que nous l'avons conférée et éteinte par un congrès européen. Je me souvenais, à propos de la guerre d'Espagne, que c'était une tentative vaine que de vouloir imposer à un pays un souverain étranger et que le prince de Hohenzollern pouvait aller en Espagne...

M. Gambetta. — Je demande la parole.

M. Rouher. — ...mais qu'à un jour donné il serait obligé de la quitter. Les choses se sont vérifiées, lorsque le roi Amédée a dû quitter le trône et rentrer en Italie.

Et maintenant vous vous croyez le droit d'attaquer avec tant de vivacité le passé de l'Empire que vous connaissez peu...

Plusieurs membres à gauche. — Nous ne le connaissons que trop!

M. Rouher. — ...dont vous déniez la puissance, la grandeur. Laissez-moi dire ce que vous avez fait!

Oui, il y a eu un moment désastreux dans ce pays; il y a eu un moment où la victoire a déserté nos drapeaux, où la résignation a été un devoir patriotique, où il fallait faire comme on avait fait à Solférino, après la victoire de nos armes contre l'Autriche, comme on avait fait précédemment à Sébastopol, lorsque la Russie vaincue traitait, attendant des temps meilleurs et la fortune que nous voyons se développer aujourd'hui! (*Vives marques d'assentiment à droite et applaudissements.*)

Et vous, qu'avez-vous fait? Sans armées, sans puissance, sans troupes... (*Interruptions à gauche*), pour faire ce que vous avez appelé « sauver l'honneur de la France! »... (*Ru-*

meurs sur les mêmes bancs)... vous avez livré votre patrie...

M. Bamberger, *avec vivacité.* — Je demande la parole.

M. Rocher. — Oh! vous êtes dans votre droit!

Vous avez livré votre nation, à Orléans, dans l'Ouest, dans l'Est, dans le Nord...

Voix à gauche. — Et Bazaine?

M. Rocher. — ...dans des combats inégaux dans lesquels les forces du pays devaient s'éteindre et qui devaient se traduire, à un moment donné, par la perte de deux provinces et de cinq milliards. (*Vives et nombreuses protestations à gauche et au centre.*)

M. Latrade. — Et Sedan, vous en êtes responsable!

M. Galpin. — C'est le comble de l'impudence!

M. Berlet. — L'Assemblée nationale vous a rendu responsable de la ruine et du démembrement de la France, et le pays a ratifié ce jugement!

M. le président. — Veuillez ne pas interrompre, vous répondrez.

M. Rocher. — Je n'ai pas entendu l'interruption du représentant qui siège au haut de la salle, j'ai entendu celle de M. Latrade.

M. Latrade. — J'ai dit que vous étiez responsable de Sedan, *du moins en partie.*

M. le président. — Veuillez ne pas interpeller un de vos collègues, Monsieur Latrade; vous n'avez pas le droit de le faire.

M. Rocher. — Je ne partage pas les sévérités de M. le président; je ne trouve pas mauvais que vous vous soyez adressé à moi, mais à la condition de pouvoir vous répondre dans le silence de la Chambre.

J'ai été responsable personnellement, dites-vous? Pourquoi?

M. Latrade. — Oui, vous avez été responsable, en partie, de Sedan.

M. Rocher. — Il y a un jour où les hommes de la République, ou plutôt de la Commune, — je ne veux pas attaquer les hommes honnêtes de la République, — ont crocheté des serrures, ont violé des secrétaires, ont visité des portefeuilles.

Toutes les choses qu'ils ont découvertes ont été publiées par les fascicules de la République.

Un membre. — Pas toutes!

M. ROUHER. — On y a trouvé un décret écrit de ma main, qui mentionnait le retour de toutes les troupes du camp de Châlons sous les murs de Paris; on y a trouvé un décret qui nommait le maréchal de Mac Mahon généralissime des armées au dedans et au dehors de Paris, qui est écrit de ma main, signé par l'empereur et contre-signé par le ministre de la guerre; on y a trouvé une proclamation de M. le maréchal de Mac Mahon, s'adressant à ses troupes et leur expliquant pourquoi il n'allait pas au secours du maréchal Bazaine, et cette proclamation était écrite de ma main. Tout cela a été inséré dans les fascicules que la République a publiés pendant le siège; tout cela a été authentiqué par cette usurpation, par ce crime ou ce délit qui consiste à crocheter les serrures et à violer les secrétaires. (Approbation à droite.)

Il a été ainsi authentiquement constaté qu'après l'entrevue que j'avais eue à Châlons, l'armée de Châlons, revenue sous les murs de Paris, avait pour généralissime le maréchal de Mac Mahon et concentrait ses forces autour de la capitale pour faire une résistance désespérée à l'ennemi. Ce n'est pas moi qui vous l'apprends; prenez vos fascicules et ne m'interrompez plus. (Nouvelle approbation à droite.)

Oui, la situation a été celle que je rappelle, et comme toutes les responsabilités dans cette explication imprévue mais suprême doivent être définies, la vérité est que M. le maréchal de Mac Mahon s'est dirigé spontanément de Châlons et de Reims sur Metz à la réception d'un télégramme parti de Metz et signé par le maréchal Bazaine.

M. GAMBETTA. — Lisez la lettre de Napoléon au major Burgoyne!

M. ROUHER. — C'est la déposition du maréchal de Mac Mahon que j'ai eu l'honneur de soumettre à la commission d'enquête.

Mais il y a plus encore, il y a les pièces saisies au Sénat, le 4 septembre au soir, par M. Pelletan et par M. Glais-Bizoin, vos collègues au gouvernement de la Défense nationale.

Voilà cet incident vidé.

Mais il reste un incident plus grand.

Je dis que, quand une nation a subi les douleurs de la défaite, le devoir de ceux qui la gouvernent n'est pas de continuer la résistance désespérée, impuissante, n'est pas de laisser immoler sur le territoire ses enfants et ses défenseurs désarmés: je dis que, au 2, au 3, au 4 septembre, au 10 septembre, au lieu de lancer dans le pays cette forfanterie stérile et impuissante : « Pas un pouce de territoire, pas une pierre de nos forteresses .. »

M. Berlet. — Metz n'avait pas encore capitulé quand on a dit ces paroles!

M. Édouard Lockroy. — Laissez faire la théorie de la capitulation ! (*Approbation à gauche.*)

M. Berlet. — Ne falsifiez donc pas l'histoire!

M. le président. — Veuillez ne pas interrompre!

M. Berlet. — Je dis que Bazaine n'avait pas encore trahi, et que ceux qui engageaient à la capitulation de la France étaient des lâches. (*Vive approbation à gauche.*)

M. Le Provost de Launay fils. — Il y en avait à l'armée de l'Est, si bien oubliée, qui n'avaient pas capitulé !

M. Rouher. — Je n'ai point retenu l'interruption produite par la parole précipitée de l'honorable M. Berlet, mais j'ai entendu celle de M. Lockroy; il dit que je fais l'historique de la capitulation...

M. Édouard Lockroy. — La théorie!

M. Rouher. — Théorie ou historique, je vais répondre!

M. Édouard Lockroy. — Ce n'est pas la même chose !

M. Berlet. — J'ai dit que Bazaine n'avait pas encore capitulé quand ont été prononcées les paroles que vous venez de rappeler !

M. Rouher. — L'historique de la capitulation...

M. Édouard Lockroy. — La théorie !

M. Rouher. — Je vais répondre à la théorie, je commence par l'historique.

L'historique de la capitulation, il faut le demander au gouvernement de la Défense nationale.

A droite. — Très-bien ! très-bien !

M. Rouher. — Il faut le demander à cette ruse misérable par laquelle le président du gouvernement de la Défense nationale donnait sa démission pour ne pas forfaire à sa parole et ne pas signer la capitulation, et par laquelle, en même temps, ce même président de gouvernement conservait le rôle de général en chef et de gouverneur de Paris.

J'ai vu ces choses. Voilà l'historique qu'il faut flétrir,

voilà l'historique qu'il faut au moins rappeler, car, dans
ces grandes douleurs, dans ces grands événements, il faut
moins critiquer que beaucoup plaindre. (*Assentiment à
droite.*)

Quant à la théorie de la capitulation, oui, je vous le dis,
la vérité est celle-ci :

Un homme atteint dans sa dignité, atteint dans son honneur; un homme auquel l'existence est devenue indifférente
par la grandeur de l'outrage qui l'a flétri, peut livrer sa
vie et pousser le duel jusqu'au bout ; mais une nation n'a
pas ce droit: une nation qui a la pérennité pour elle, qui
a la revanche pour ses contemporains, ou au moins pour
ses enfants, ne doit pas se livrer à un inutile et stérile sui-
cide... (*Rumeur à gauche*) ; et lorsque la défense est devenue
impossible... (*Vives exclamations à gauche.*)

Un membre à gauche. — C'est la théorie de la lâcheté !

M. ROUHER. — Écoutez, Messieurs! vous avez, pendant
six mois, répandu dans ce pays, au profit des élections, le
ferment de la guerre ; permettez-moi au moins de discuter
la question de la paix.

A droite. — Très-bien ! Parlez ! parlez !

M. ROUHER. — Eh bien, Messieurs, je vous le dis, c'est ma
conviction profonde : la Russie n'a pas perdu sa grandeur
en faisant la paix après Sébastopol; l'Autriche n'a pas perdu
sa grandeur non plus en faisant la paix après Solférino.

Les nations que la victoire abandonne doivent se recueillir et attendre le jour de la revanche. Si on les excite à des
passions désespérées, si nobles qu'elles puissent être, je ne
veux pas marchander ici sur les tendances et les motifs qui
ont déterminé la continuation de la guerre. — on les épuise,
et, mutilées, réduites qu'elles sont dans leurs frontières, on
leur enlève les ressources nécessaires pour prendre un jour
leur revanche.

A droite. — Très-bien ! très-bien !

M. ROUHER. — Et maintenant je n'ai plus qu'un mot à
ajouter.

Ces questions — et ce n'est pas ma faute — ont un caractère absolument rétrospectif; elles appartiennent, non
pas à vous, mais à l'histoire. L'histoire jugera M. Gambetta,
et l'histoire jugera les hommes qui l'ont précédé. (*Applaudissements à droite.*)

M. Gambetta. — Messieurs, l'histoire jugera. On peut dire que l'histoire est faite...

A droite. — Non! non!

M. Gambetta. — Elle a siégé à Bordeaux, elle a siégé à Versailles, l'histoire; elle a siégé sous deux formes : sous forme d'Assemblée nationale, qui vous a rendus responsables des malheurs de la patrie, et sous forme de conseil de guerre, jugeant et condamnant le traître qui a mieux aimé servir une dynastie funeste que servir son pays, que sauver la patrie envahie par l'étranger! (*Applaudissements prolongés à gauche et au centre.*)

M. de Valon. — Vous l'avez appelé « le glorieux Bazaine! »

M. Gambetta. — Oui, je l'ai appelé « le glorieux Bazaine », savez-vous quand? Le jour où, pendant que vos amis étaient au pouvoir, l'impéritie impériale ayant éclaté à tous les yeux, une majorité se réveillait sur les bancs du Corps législatif, demandait à grands cris la dépossession du commandement en chef aux mains de Napoléon et cherchait un chef pour le donner à l'armée française. C'est alors qu'on prononçait le nom de Bazaine, et que, ce jour-là, on le présentait à la France comme une épée victorieuse! (*Interruptions.*) C'est alors que j'ai entendu de mes oreilles le comte de Palikao... (*Bruit.*)

M. de Valon, *descendant avec animation au pied de la tribune.* — Mais taisez-vous donc, malheureux que vous êtes! Vous avez perdu la France!

A gauche et au centre. — A l'ordre! — La censure! la censure!

M. le président. — Monsieur de Valon, je vous rappelle à l'ordre et je vous invite à regagner votre place.

M. Gambetta. — J'ai entendu le ministre de la guerre nous dire : Si je pouvais révéler ce que je sais des efforts et des succès de Bazaine sous Metz, Paris illuminerait! Eh bien, Messieurs, ce jour-là, il n'y avait pas un Français qui ne décernât l'épithète de « glorieux »

au général qui devait trahir tant d'espérances et déshonorer à jamais le nom qu'il porte ! (*Applaudissements
à gauche et au centre.*)

Ah ! je comprends que M. Rouher monte à cette
tribune, et, sentant qu'il faut bien expliquer la capitulation de Metz, et nos armées prisonnières en deux
mois... (*Vives interruptions à droite.*)

M. LE PROVOST DE LAUNAY FILS. — Parlez-nous donc
de l'armée de l'Est oubliée dans les neiges par M. Jules
Favre !

M. GAMBETTA. — ...je comprends qu'il vienne ici
plaider la lâcheté universelle du pays ! (*Bravos et applaudissements répétés à gauche et au centre.*)

M. ROUHER se lève et prononce quelques mots qui
se perdent dans le bruit...

A gauche. — Allons, taisez-vous, et écoutez la vé-
vérité qui parle !

M. GAMBETTA. — Ah ! vous avez dit qu'il n'a pas dé-
pendu de vous, — de vous, *pars minima,* — que la
guerre n'éclatât point ; qu'avant qu'elle fût votée vous
avez lutté dans les conseils de votre fatal empereur
contre les décisions tragiques et suprêmes.

Eh bien, Messieurs, écoutez le langage que, le jour
même de la déclaration de guerre, tenait l'homme qui
est venu porter cette affirmation à la tribune...

M. ROUHER. — Je l'ai tenue...

A gauche. — N'interrompez pas.

M. GAMBETTA. — Écoutez ce qu'il disait au nom des
grands corps de l'État ! Écoutez, et vous saurez ce que
pèse et ce que vaut la dénégation de ce coupable aux
abois. (*Applaudissements à gauche et au centre.*)

(A ce moment, on fait passer à l'orateur un volume
du *Journal officiel* de 1870.)

M. GAMBETTA. — Le 18 juillet 1870, à Saint-Cloud,
il a dit :

    « Sire,

« Le Sénat remercie l'Empereur de lui avoir permis

de venir porter aux pieds du trône l'expression des sentiments patriotiques avec lesquels il a accueilli les communications qui lui ont été faites à la séance d'hier.

« Une combinaison monarchique, nuisible au prestige et à la sécurité de la France, avait été mystérieusement favorisée par le roi de Prusse. . . . .

« N'avions-nous pas le droit de demander à cette puissance des garanties contre le retour possible de pareilles tentatives? »

Et lui qui vous disait tout à l'heure qu'il n'était pas pour placer un souverain en Espagne, qu'il n'était pas pour importer des souverains étrangers! Il a donc oublié que c'est lui qui a importé Maximilien au Mexique! (Applaudissements à gauche et au centre.) Il a donc oublié, sous le premier empire, le fossé de Vincennes, et, sous le second, le fossé de Queretaro! Il a donc oublié que ce sang qui a été versé a été versé précisément par lui, grâce aux mensonges dont on a abreuvé le Corps législatif et la France!

J'entends encore la grande voix de Berryer se levant à son banc, dans une séance de nuit, et disant avec un accent et une inspiration prophétiques qui illuminaient sa face : « Quoi! vous voulez mettre un archiduc d'Autriche au Mexique! Et quel sort lui réservez-vous, à cet enfant de vos victoires? La banqueroute ou la mort!» Et c'est la banqueroute et la mort qui sont venues; c'est d'ailleurs le cortège habituel des Bonaparte. (Bravos et applaudissements répétés à gauche et au centre.)

Il faut que vous écoutiez jusqu'à la fin cette allocution de M. Rouher, président du Sénat, au misérable vieillard dont la volonté fatiguée et épuisée allait obéissant à des conseillers néfastes pour faire une guerre dynastique, — sa guerre à l'Espagnole! — qui allait précipiter la France sous le couteau d'un ennemi qui s'organisait, lui, depuis cinquante ans.

Voici donc ce qu'il disait :

« Grâce à vos soins, la France est prête », — et il ajoutait : « Se refusant à des impatiences hâtives, animé de cette calme persévérance qui est la vraie force, l'empereur a su attendre.

« Mais depuis quatre années », — écoutez ceci — « mais depuis quatre années il (l'empereur) a porté à sa plus haute perfection l'armement de nos soldats, élevé à sa toute-puissance l'organisation de nos forces militaires. »

Qui a menti? Est-ce l'opposition ou M. Rouher? (*Acclamations et applaudissements redoublés à gauche et au centre.*)

Ce n'est pas tout :

« Que l'empereur reprenne, avec un juste orgueil et une noble confiance, le commandement de ses légions agrandies de Magenta et de Solférino... Si l'heure des périls est venue, l'heure de la victoire est proche. »

Vous n'étiez pas faits pour mener la fortune de la France à la victoire.

M. DE VALON. — Et vous, l'avez-vous menée à la victoire?

M. GAMBETTA. — On vous l'a dit, on vous l'a répété : Vous n'aviez pas pris le pouvoir pour gouverner la France. Vous n'étiez pas des gouvernants; vous avez commencé comme des jouisseurs et vous avez fini comme des traîtres. (*Applaudissements et acclamations prolongés à gauche et au centre. — L'orateur, en descendant de la tribune, reçoit les félicitations de ses collègues.*)

M. ROUHER monte à la tribune.

Voix nombreuses à gauche. — La clôture! la clôture!

M. ÉDOUARD LOCKROY. — Vous avez livré le pays à l'étranger, descendez de la tribune.

M. LE PRÉSIDENT. — Veuillez écouter, Messieurs!

Cris à gauche. — La clôture! La clôture!

M. ROUHER. — C'est impossible! vous êtes odieux en demandant la clôture!

M. Édouard Lockroy. — Vous nous avez livrés à la Prusse! Quittez la tribune! C'est une honte!

M. Rouher. — Allons donc !... (La voix de l'orateur est couverte par le bruit. — Un certain nombre de membres du côté gauche se lèvent de leurs places en criant : Assez! assez! — La clôture! — Une vive agitation règne dans l'Assemblée.)

M. le président. — Veuillez, Messieurs, garder vos places et rester assis.

On demande la clôture de l'incident. Déjà une première fois la clôture avait été réclamée, et la Chambre, consultée, après avoir entendu M. Rouher parler contre la clôture, a décidé que l'incident continuerait. On ne doit pas s'étonner que dans une pareille discussion des paroles passionnées aient été prononcées. Il semblait que de ce côté (la droite) on me faisait le reproche de ne pas réprimer certaines expressions de M. Gambetta : j'aurais pu également arrêter M. Rouher à l'occasion de certaines de ses paroles; mais dans un incident semblable, j'ai cru devoir laisser la plus grande liberté aux deux orateurs. (Très-bien!)

En ce moment, M. Rouher demande encore la parole contre la clôture.

A gauche. — Non! non! (Assez!)

M. le président. — La clôture étant demandée, M. Rouher réclame la parole contre la clôture. Je consulte d'abord la Chambre pour savoir si elle veut accorder une seconde fois la parole à M. Rouher contre la clôture.

Voix nombreuses à gauche. — Non! non!

M. Rouher. — Messieurs, laissez-moi...

M. Édouard Lockroy. — Vous nous avez livrés à la Prusse! Allez-vous-en! Votre présence à la tribune est une honte! Allez-vous-en! (Vive agitation.)

M. Rouher. — Messieurs, après ces agressions personnelles... (Bruit continu.)

M. le président. — Veuillez accorder une minute...

M. Rouher. — Messieurs...

A gauche. — Non! non! — La clôture! la clôture!

M. Rouher. — Je parle et contre la clôture et pour un rappel au règlement.

M. le président. — Si vous demandez la parole pour un rappel au règlement, vous en avez le droit; vous avez la parole.

M. ROUHER. — Je demande à la fois la parole contre la clôture et pour un rappel au règlement.

M. LE PRÉSIDENT. — Parlez d'abord sur le rappel au règlement.

M. ROUHER. — Comme vous voudrez, Monsieur le président.

Je demande la parole pour un rappel au règlement.

M. LE PRÉSIDENT. — Vous avez la parole pour un rappel au règlement.

M. ROUHER. — Est-il vrai, oui ou non, que j'aie été attaqué et outragé personnellement?... (Oui! oui! à droite. — Exclamations à gauche.) Ai-je le droit, oui ou non, de me justifier sur une question personnelle? (Oui! oui! à droite.)

M. HENRI BRISSON. — Nous ne sommes pas ici pour distinguer des questions de conseil de guerre.

Voix à droite. — A l'ordre! A l'ordre!

M. FAURÉ. — Vous laissez insulter l'orateur, Monsieur le président!

M. ROUHER. — Vous voyez bien que vous êtes des conventionnels déguisés.

A gauche. — A l'ordre! à l'ordre! — La clôture!

M. LE PRÉSIDENT. — Je consulterai la Chambre sur la clôture quand elle aura entendu M. Rouher sur le rappel au règlement.

Veuillez achever, Monsieur Rouher!

A gauche et au centre. — La clôture! la clôture!

M. ROUHER. — Mais c'est votre honte que la clôture!

Je dis...

M. ÉDOUARD LOCKROY. — Nous avons assez de votre discours de 1870. Nous ne voulons pas en entendre un second.

M. ROUHER. — Je dis que me refuser de répondre, c'est porter atteinte aux sentiments mêmes de l'orateur que vous avez applaudi.

Il n'est pas possible qu'il accepte qu'après avoir formulé de telles accusations, il ne permette pas à l'homme qui a été attaqué de se défendre. C'est à son impartialité que je fais appel.

A gauche et au centre. — La clôture! la clôture!

M. LE PRÉSIDENT. — La Chambre a entendu les observations de M. Rouher contre la clôture; je vais la consulter.

M. ROUHER. — Permettez-moi d'ajouter encore un mot.

Je dis, Messieurs, que si vous ne m'accordez pas la parole, vous êtes pires que la Convention, car la Convention... (*Le bruit couvre la voix de l'orateur.*)

A gauche et au centre. — La clôture ! Consultez la Chambre, Monsieur le président.

M. ROUHER. — Mais vous êtes des insensés !

M. ERNEST DRÉOLLE. — Et vous vous étonnez que nous voulions nous en aller !

M. ROUHER. — Je veux qu'on m'arrache la parole. Je veux qu'on décrète que je ne parlerai pas et que je ne pourrai pas me justifier à cette tribune.

Vous n'avez ni le sentiment de la justice, ni le sentiment de la vérité. Vous êtes des révolutionnaires, rien que des révolutionnaires. (La clôture ! la clôture !)

M. LE PRÉSIDENT. — Je consulte la Chambre sur la clôture de l'incident.

(La clôture est mise aux voix et prononcée.)

M. ROUHER, *descendant la tribune.* — Votre vote, c'est le silence.

M. LE COMTE DE COLBERT-LAPLACE. — Le règlement est violé. M. Rouher avait le droit de parler pour un fait personnel !

M. FAURÉ. — Je demande la parole pour un fait personnel ! (*Bruyantes exclamations à gauche.*)

M. GAMBETTA. — L'ordre du jour d'abord !

M. LE PRÉSIDENT. — On avait demandé la censure contre M. Fauré ; dans ce cas M. Fauré aurait eu à s'expliquer, et la Chambre aurait été appelée à se prononcer ; mais la demande de censure a été retirée.

Il n'y a donc plus qu'à consulter la Chambre sur les conclusions du rapport du 3e bureau sur l'élection de M. Veillet.

La Chambre des députés n'étant plus en nombre, le vote sur les conclusions du 3e bureau est remis à la séance prochaine.

Le 2 février, l'élection de M. Veillet, à Loudéac, est invalidée par 206 voix contre 161.

DISCOURS

SUR

LES AFFAIRES D'ALGÉRIE

(Commission extra-parlementaire pour l'étude de la défense
des intérêts des départements algériens.)

Prononcé le 10 février 1878

DANS UN DES BUREAUX DU PALAIS-BOURBON

———

Nous empruntons à la *République française* du 15 février
le compte rendu suivant :

La première réunion de la commission extra-parlementaire constituée pour l'étude et la défense des intérêts des
départements algériens a été tenue, le 6 février, à une heure,
au Palais-Bourbon.

M. Gastu, député d'Alger, a pris la parole pour remercier
les membres de la commission d'avoir apporté leur concours à la cause algérienne. Il s'est exprimé ainsi :

« Permettez-moi tout d'abord, Messieurs, de vous remercier, au nom de l'Algérie et de ses représentants, de l'empressement que vous avez mis à répondre à notre appel. Le
but de notre réunion, selon moi, est d'arriver à constituer
un parti national algérien. L'Algérie, et non sans raison, se
plaint de n'être pas suffisamment connue de la France, elle
se plaint d'avoir eu toujours à subir des administrations
sans principes fixes, qui ont été à l'aventure, au hasard.

« Nous voudrions constituer dans le Parlement un groupe
qui s'occuperait d'étudier, de propager et de vulgariser
toutes les questions qui intéressent ce pays. Ce groupe
prendrait à l'avance connaissance des divers projets de lois
soumis au vote des deux Chambres. En procédant de cette

manière, nous répondrions à un grand intérêt national. L'Algérie est inconnue encore, et la France ne peut que gagner beaucoup à la connaître et à la mettre à son véritable rang. Ainsi, faire connaître l'Algérie et rechercher les principes généraux qui doivent présider à la marche des affaires algériennes : voilà le but élevé que se propose notre commission. »

Il est procédé à la formation du bureau de la commission.

Sont nommés :

M. Crémieux, sénateur, président d'honneur ;

M. Gambetta, député, président :

M. Jules Favre, sénateur, vice-président ;

M. Albert Grévy, député, vice-président ;

M. Thomson, député, secrétaire,

M. Margaine, député, secrétaire.

Un comité actif de vingt-cinq membres est ainsi composé :

MM. Paul Bert, Léon Journault, Henri Brisson, Albert Joly, Pelletan, Mazeau, Lisbonne, Laisant, Cazot, Allègre, Bouchet, Foucher de Careil, Massot, Chiris, de Mahy, Bouquet, de La Porte, Balhaut, Bardy de Nalèche et les six représentants de l'Algérie.

M. Crémieux, appelé à la chancellerie, n'a pu prononcer que quelques paroles de remercîments à ses collègues de la commission.

M. Gambetta, en remplaçant au fauteuil de la présidence M. Crémieux, a prononcé le discours suivant :

Il est nécessaire, Messieurs, que vous précisiez entre vous les règles qui devront présider à la solution des nombreux et intéressants problèmes qui touchent à l'Algérie. Quant à moi, en vous remerciant d'abord de l'honneur que vous m'avez fait de me nommer votre président, je vous déclare, Messieurs, que j'ai le désir de pousser énergiquement à la réforme administrative de l'Algérie. (*Applaudissements.*)

J'ai le sentiment qu'il y a beaucoup trop longtemps qu'on discute, qu'on écrit, qu'on polémique sur l'Algérie et qu'on n'agit pas ; que l'heure est venue de démontrer que ce n'est pas en vain qu'on a donné à l'Algérie une constitution politique par la représentation élective ; que ce n'est pas en vain que les élus du suffrage universel, — qui s'est toujours maintenu libre en Algérie, plutôt grâce à l'énergie des bons citoyens qu'à la tenue administrative des agents de l'État, — ont rencontré au milieu de leurs collègues une sorte d'appétit de bien faire pour les départements algériens.

On disait avec justesse, tout à l'heure, qu'on ne connaissait pas assez l'Algérie. C'est pour la mieux faire connaître que le gouvernement de la Défense nationale avait écrit dans nos lois qu'elle aurait des mandataires élus dans le Parlement. Nous avons assisté avec peine à la réduction du nombre de ces mandataires, car, étant donné l'importance des intérêts algériens, six mandataires répartis entre le Sénat et la Chambre des députés sont évidemment insuffisants. Mais enfin vous suppléerez, par votre zèle, votre activité et votre union, à l'absence de ceux que nous avons perdus et qui auraient été certainement des nôtres si l'universalité du suffrage avait été maintenue en Algérie.

La réunion que vous venez de constituer, Messieurs, est appelée à porter des fruits prochains. Cette réunion est la meilleure preuve du zèle que vous mettez à assurer à l'Algérie des appuis, des défenseurs et des auxiliaires dont on ne peut se passer dans le mouvement des affaires publiques.

Nous entrons donc ici avec le désir d'en finir avec la variété des systèmes, avec la mobilité des combinaisons, avec, surtout, cette sorte de prétention que l'Algérie est un pays à part, qu'il faut mener et conduire par des procédés qui ont fait leur temps partout ailleurs et qui n'ont qu'un nom : l'arbitraire.

L'Algérie doit être conduite comme le reste de la France, parce qu'elle est une terre française par excellence. (*Vive adhésion et applaudissements.*) Quoique l'Algérie n'ait pas une population aussi nombreuse que nous désirerions la voir, on peut dire d'elle ce qu'on dit de nos départements : que, sur son sol il y a une population unie et éclairée, et qu'il serait impuissant, le régime qui voudrait tenter d'asservir la population algérienne. (*Applaudissements.*)

Nous avons donc devant nous une démocratie véritablement éclairée, laborieuse, ardente, intelligente, et qui ne demande, pour triompher, que les libres et féconds combats de la tribune française. Vous êtes parfaitement à même, Messieurs, de lui assurer ce concours et, je puis dire, ce triomphe.

Quant à nous, nous ne pouvons que nous associer à vos efforts, prendre connaissance par vous de tous les dossiers, de toutes les affaires — affaires des communes, des départements, travaux de vicinalité, grands travaux d'utilité publique, chemins de fer, ports, installation de maisons d'école, création de nouveaux centres, carrières, mines, aménagement des forêts, qu'on n'exploite pas ou qu'on n'exploite mal et qui, si l'on rencontrait un régime véritablement conforme aux intérêts des populations et du Trésor, deviendraient, pour notre budget, une source admirable de ressources. — Mais je n'ai pas à vous faire connaître ces questions puisque nous sommes réunis précisément pour faire notre éducation mutuelle et chercher les moyens de développer une prospérité trop longtemps tenue à l'état latent.

Je n'aurais pas complété ma pensée si je ne faisais pas connaître le principe qui doit primer nos travaux, régler nos décisions et s'imposer à toutes nos réflexions : c'est le principe de l'assimilation.

Il faut que le public, que nos collègues du Parlement, que le Gouvernement lui-même sachent bien que nous venons faire ici une œuvre absolument française et que nous rejetterons toute espèce de tendances et d'idées qui ne viseraient pas à rendre de

plus en plus étroite, identique et parfaite la physio-
nomie des trois nouveaux départements avec celle des
départements français. (*Vive approbation.*)

Vous avez parmi vous, Messieurs, et je le dis avec
bien du plaisir, l'homme qui, le premier en France,
a apporté à la tribune française vos revendications
légitimes ; le peu que nous savons des questions algériennes, nous l'avons appris de cette bouche éloquente
et trop souvent muette. Par conséquent, je ne puis que
vous engager à vous laisser souvent diriger par lui pour
la solution de toutes ces questions. (*Applaudissements.*)

M. Jules Favre a pris la parole dans ces termes :

« Messieurs, la réunion me fait un grand honneur en me
nommant son vice-président. Je ne puis accepter le témoignage beaucoup trop flatteur que vient de me rendre M. Gambetta, mais j'accepte le sentiment toujours précieux qu'il a
exprimé. J'espère qu'il ne s'affaiblira jamais entre nous. Il a
fait notre force dans le passé, il fait la mienne dans le présent.

« Je n'ai pas été seul, à coup sûr, à défendre les intérêts de
l'Algérie. Peu de personnes s'en occupaient, je le reconnais,
et je n'ai pas à dire la cause de cette indifférence beaucoup
trop prolongée, non pas qu'elle subsiste aujourd'hui, car,
grâce aux efforts des députés et des citoyens algériens, ces
dispositions ont beaucoup changé. Cependant il ne faut pas
vous abandonner vous-mêmes ; il faut surtout avoir confiance dans vos propres efforts et, puisque vous me faites
l'honneur de m'associer aux vôtres, de tout mon dévouement, de tout mon courage et de toute mon intelligence je
chercherai à vous servir. (*Applaudissements.*)

« Je ne puis pas oublier que je dois à l'Algérie de généreuses sympathies ; je chercherai toute ma vie — qui ne
sera plus bien longue — à lui en témoigner ma reconnaissance, et si je puis, dans les jours qui me sont réservés, vous
prouver ces sentiments, je le ferai du plus grand cœur.

« Vous pouvez le dire à vos concitoyens, nous n'avons
qu'une pensée : faire de l'Algérie une terre vraiment française ; par le cœur, elle l'est ; par le droit, c'est la conquête
qui nous reste à faire, et nous y travaillerons de toute notre
énergie. (*Applaudissements.*)

DISCOURS

LE BUDGET DES DÉPENSES ET DES RENTES
POUR L'EXERCICE 1878

Prononcés

Le 29 janvier 1878 (BUDGET DE LA GUERRE)
Le 7 février (BUDGET DES TRAVAUX PUBLICS)
Le 11 février (BUDGET DE L'INSTRUCTION PUBLIQUE)
Le 21 février (BUDGET DE L'ALGÉRIE)
Le 19 mars (BUDGET DES RECETTES)
Et le 28 mars (BUDGET DE LA MARINE)

A LA CHAMBRE DES DÉPUTÉS

Nous avons raconté dans le volume précédent (page 170) comment la dissolution de la Chambre des députés, au mois de juin 1877, et le refus de la Chambre élue le 16 octobre de discuter le budget avec le ministère présidé par le général de Rochebouët, n'avaient pas permis, en 1877, l'examen régulier du budget de 1878. Le jour même de la constitution du ministère parlementaire du 14 décembre, M. Gambetta, président de la commission du budget ((page 393) se déclara prêt à discuter la loi des finances de l'exercice 1878. Mais le temps matériel faisait défaut, et M. Léon Say se trouva dans la nécessité absolue de proposer à la Chambre des mesures provisoires : autorisation de percevoir les intérêts et revenus publics pendant les mois de janvier et février 1878 et vote des lois existantes; ouverture, sur l'exercice 1878, d'un crédit de 529,500,000 francs à répartir par décrets entre les divers services, en tenant compte le plus possible des rapports déposés au courant des mois de no-

vembre et de décembre par la commission du budget.
(15 décembre). Le ministre des finances réclama ce vote,
ainsi que celui du projet de loi relatif aux contributions directes à percevoir en 1878, comme l'expression de la confiance
de la Chambre des députés ; M. Cochery, rapporteur général
de la commission du budget, déposa séance tenante un
rapport conforme aux propositions de M. Léon Say, et les
deux projets furent aussitôt adoptés à l'unanimité de 498
votants.

La discussion du budget de 1878 commença le 28 janvier 1878 et se prolongea jusqu'au 27 mars. M. Gambetta,
président de la commission, intervint dans la discussion des
budgets de la guerre, des travaux publics, de l'instruction
publique, de l'Algérie, des recettes et de la marine.

MINISTÈRE DE LA GUERRE

Chap. 17. — Remonte générale et harnachement, 14,238,420 fr.
(Séance du 29 janvier.)

Le général Borel, ministre de la guerre, conteste les
chiffres d'achat présentés par le rapport de la commission
du budget. Le prix moyen adopté par les évaluations du
budget n'a point d'influence sur les prétentions des éleveurs.
Une réduction de 100 francs par cheval peut avoir d'autres
effets que de diminuer le nombre des chevaux pour pouvoir
acheter la remonte. Il est donc nécessaire d'augmenter de
934,000 francs le chiffre proposé par la commission.

M. de la Biliais et M. de Mackau déposent un amendement
tendant à maintenir au taux antérieur le prix des chevaux
à acheter en 1878.

M. Langlois, rapporteur du budget de la guerre, explique
que les prix portés au budget sont des prix de prévision,
non des prix d'achat.

M. Gambetta répond à M. de la Biliais et à M. de Mackau :

M. GAMBETTA. — Messieurs, je comprends très bien
l'intérêt que portent à la grave question qui nous
occupe en ce moment les honorables représentants
des populations qui, par leur industrie, assurent à la

France le recrutement d'une partie, — et peut-être de la partie la plus solide, — de notre cavalerie, et je trouve qu'on a bien tort d'échanger ici des propos sur l'intérêt local et l'intérêt général : il s'agit uniquement dans cette question, et pour tout le monde, de l'intérêt national. (*Très bien! très bien!*)

Dans la discussion actuelle, il y a trois points de vue parfaitement distincts les uns des autres. Ces trois points que, suivant moi, on tend à confondre sont : le point de vue de l'élevage; le point de vue du recrutement et du meilleur recrutement possible de notre cavalerie dans sa partie la plus forte, les dragons et les cuirassiers; le point de vue de l'intérêt du Trésor.

Ces trois points correspondent à trois intérêts considérables qui doivent rencontrer dans la solution que vous adopterez une sorte de protection égale, et de telle façon que le pas ne soit donné ni à une économie excessive, ni à une production antiéconomique au détriment du bon recrutement de la cavalerie française.

Je crois, Messieurs, que si l'on veut se placer au véritable point de vue, on s'apercevra qu'on peut donner une satisfaction à ces trois intérêts, tout en restant à peu près — et c'est une discussion qu'il faut mener jusqu'au bout, — dans les prévisions de la commission du budget et de l'administration de la guerre.

De quoi s'agit-il?

Le chiffre inscrit au budget paraît à plusieurs de nos honorables collègues insuffisant comme dotation d'ensemble du chapitre dans lequel les officiers de remonte doivent se mouvoir pour assurer le recrutement de la grosse cavalerie.

Eh bien, nous venons dire, nous , — non pas le moins du monde pour imposer une solution, mais pour indiquer une moyenne d'opinion, — nous venons dire : Les prix qui ont été payés, les justifications de prix qui ont été faites, nous permettent de croire que le prix moyen résultant de l'ensemble du crédit est suffisant pour assurer le recrutement.

On contredit notre affirmation en s'appuyant sur deux motifs : le premier, c'est que l'officier de remonte n'offre pas un prix rémunérateur aux éleveurs qui viennent lui présenter leurs chevaux ; le second, — et c'est celui qui me toucherait le plus — c'est que ces chevaux sont disputés aux officiers de remonte par le commerce, de sorte que l'on n'obtient pour notre armée que des animaux de qualité inférieure, alors qu'il serait facile d'en obtenir de qualité supérieure, si l'on pouvait y mettre un prix moyen plus élevé.

Voix diverses. — Oui! — C'est bien cela !

M. GAMBETTA. — Eh bien, c'est une simple justification à faire de la part de l'administration de la guerre; car, à coup sûr, il n'y a personne dans cette Chambre qui puisse vouloir, par le seul jeu d'un crédit plus ou moins fort, inscrit au budget, empêcher, ou seulement entraver le meilleur recrutement de la cavalerie française.

Mais il y a une réflexion préalable à faire : c'est qu'il serait dangereux peut-être d'inscrire dans le budget un chiffre qui deviendrait pour ainsi dire l'étalon à l'aide duquel se régleraient tous les marchés de la guerre en matière de chevaux. Aussi la préoccupation de votre commission des finances, indépendamment des diverses considérations que je viens d'effleurer, devait-elle être surtout de mettre l'État dans la meilleure position pour conclure les marchés de chevaux; et c'est pour satisfaire à cette préoccupation qu'elle n'a pas voulu que l'agent de l'État, que l'agent du ministère de la guerre arrivât sur le marché avec des prix en quelque sorte connus, c'est-à-dire dans des conditions qui lui fissent, comme acheteur, une situation inférieure à celle des vendeurs au point de vue du prix à débattre.

Le prix moyen d'achat résultant de la totalité du crédit alloué au budget de 1878 est-il suffisant?

On affirme qu'il n'est pas suffisant.

Avant de résoudre la question de savoir si ce prix est insuffisant ou s'il ne l'est pas, il ne faut pas se départir de cette considération très importante qui vous a été présentée; on nous a dit : Si l'allocation proposée était augmentée, il en résulterait un prix déterminé, une sorte de maximum fixé à l'avance, qui deviendrait la règle le jour où vous auriez à procéder à une mobilisation. De ce fait, il pourrait résulter une majoration, un relèvement artificiel des prix à payer, par conséquent une augmentation de dépenses, et c'est là, avant tout, un danger à éviter.

Il reste donc une seule question : est-il vrai, ou n'est-il pas vrai que le seul moyen par lequel on puisse exciter les éleveurs à produire un nombre de chevaux suffisants soit l'augmentation du crédit proposé?

Nous avons pris pour base de l'évaluation de ce prix moyen le prix des chevaux de gendarmes.

Je ne fais aucune difficulté pour confesser que cette base n'est pas absolument sûre, premièrement parce que le cheval de gendarme peut n'être pas exactement, au point de vue militaire, le cheval que vous voulez donner à nos dragons et à nos cuirassiers; secondement, parce qu'il est possible que l'acquisition que fait le gendarme de son cheval soit facilitée dans une certaine mesure par l'administration centrale, c'est-à-dire qu'elle ne lui fait payer son cheval jamais plus de 1,000 fr., qu'on connaît bien le prix réel, qu'on ne l'avantage pas, mais que ce prix est relevé sur les factures d'achat sans tenir compte des hausses et des prix d'acquisition supérieurs appliqués à d'autres chevaux. Par conséquent, de ce chef, nous pouvons rencontrer un élément d'erreur pour l'établissement de notre moyenne.

Mais je ne demande pas mieux, si on veut nous appor-

ter une justification établissant par des prix, par des
faits statistiques accomplis dans un dépôt de remonte
que, d'une part, des chevaux ont été réellement perdus
pour le recrutement, parce qu'on n'a pas pu les payer
au prix, non pas qui était demandé, mais qu'ils
valaient véritablement; que, d'autre part, dans les
achats qui ont été faits, les individualités achetées
étaient inférieures en qualité à celles qu'on a été obligé
de laisser aller faute de pouvoir y mettre le prix. Si on
établit ces deux points, eh bien, il est certain qu'il
faudra relever la moyenne. Seulement, tant que nous
n'aurons pas cette justification, je dis qu'il est impossible, sans imprudence, de sortir du chiffre qui est le
chiffre moyen établi pour l'acquisition des chevaux de
gendarmes, et que la commission du budget, pas plus
que la Chambre, n'a des éléments suffisants pour fixer
un chiffre maximum sans s'exposer à favoriser outre
mesure des intérêts parfaitement respectables, parfaitement légitimes, mais qui cherchent peut-être à se
faire une part plus grosse que l'intérêt public et celui
de vos finances ne le permettent.

Je crois avoir établi l'état de la question avec une
clarté et une impartialité suffisantes pour que tout le
monde soit ici d'accord. (*Très bien! très bien!*)

Eh bien, Messieurs, quelle est la conclusion pratique des observations que je viens de vous présenter?
C'est que, adoptant un relèvement qui, remarquez-le
bien, est assez considérable, sur les crédits antérieurs,
mais n'accordant pas tout le relèvement qui vous est
demandé dans le projet de budget de 1878 présenté
par le Gouvernement, nous prenions une moyenne;
et puis, au cours de l'exercice, et précisément pour
arriver à connaître les prix réels, s'il y a insuffisance,
M. le ministre de la guerre viendrait nous demander
un crédit supplémentaire dont la discussion, alors,
vous permettra parfaitement de descendre dans les
détails de la question et de vous faire une opinion

certaine aussi bien sur les prix des chevaux, sur la qualité qu'ils doivent avoir que sur les besoins de votre recrutement militaire. (*Très bien! très bien!*)

Donc je conclus en disant que, transitoirement, il n'y a aucune espèce de danger, sauf la réserve que je fais et la demande que j'adresse au ministre de la guerre, de voter les chiffres tels qu'ils vous sont présentés. (*Très-bien! très bien!*)

M. LE MINISTRE DE LA GUERRE. — Je m'empresserai de fournir la justification des prix qui m'est demandée. J'espère pouvoir la mettre à la disposition de la Chambre dès la prochaine séance. Le ministre de la guerre doit nécessairement être en mesure de produire un pareil document.

M. GAMBETTA. — Nous pouvons ajourner le vote sur ce chapitre.

M. LE BARON DE MACKAU.—Après les observations qui ont été présentées par M. le ministre de la guerre, je demande le renvoi de notre amendement à la commission du budget.

M. GAMBETTA. — Mais il ne faudra pas que M. le baron de Mackau nous demande une chose que j'ai proposée tout d'abord, à savoir la justification des chiffres. Il faut surseoir à la solution jusqu'après la production des documents annoncés par le ministre de la guerre.

M. LE BARON DE MACKAU. — J'ai demandé le renvoi à la commission. Par conséquent je crois que nous sommes d'accord.

J'aurais pu demander le vote sur notre amendement.

M. GAMBETTA. — Vous pouvez le demander!

M. LE BARON DE MACKAU. — En ce moment, je demande le renvoi à la commission, renvoi que vous demandez vous-même.

Je puis bien être d'accord avec vous, Monsieur le président de la commission du budget : il n'y a pas de crime à cela.

M. Gambetta. — D'accord depuis peu de temps!
(*On rit.*)

M. le président. — Le chapitre est réservé.

Après renvoi à la Commission du budget, le chapitre est
porté de 14,238,420 à 14,702,173 francs.

BUDGET DES TRAVAUX PUBLICS.

M. Léon Say, ministre des finances, dépose sur le bureau
de la Chambre un projet de loi portant 1° création de la
dette amortissable par annuités, 2° ouverture au ministre
des travaux publics d'un crédit de 331 millions de francs
pour le rachat de chemins de fer, 3° autorisation pour le
ministre des finances d'émettre pour la même somme des
rentes 3 p. 100 amortissables et de convertir les obligations
pour travaux publics. (*Séance du 7 février.*) M. Léon Say
demande le renvoi de ce projet de loi à la commission du
budget [1].

1. Voici les principaux passages de l'exposé des motifs du projet de loi déposé par M. Léon Say au nom de M. de Freycinet,
ministre des travaux publics, et au sien :

Messieurs, la loi que nous vous proposons aujourd'hui est à la
fois une loi de principe et une loi d'application.

Comme loi de principe, elle a pour objet de créer l'instrument
financier destiné à faire face aux grands travaux que le gouvernement projette d'exécuter pendant une dizaine d'années, et qu'il
soumettra successivement à votre approbation.

Comme loi d'application, elle emploie, dès maintenant, cet
instrument à procurer les ressources que rend nécessaires la loi
qui vous a été présentée, le 18 janvier dernier, relativement au
rachat de dix compagnies secondaires de chemins de fer. Elle est,
sous ce rapport, l'exécution pure et simple de l'article 3 de ladite
loi.

Nous vous parlerons tout d'abord de l'instrument financier.

Les conditions auxquelles le gouvernement avait à satisfaire
étaient : 1° demander au public les capitaux sous une forme à
laquelle il fût dès longtemps habitué et qui se rapprochât autant
que possible de celle qui a été en quelque sorte consacrée pour
les grands travaux de chemins de fer; 2° proportionner chaque
année cette création de ressources à l'importance des opérations
qu'on avait en vue, de telle façon que les Chambres fussent constamment maîtresses de ralentir ou d'activer, selon les circonstances, l'exécution du programme développé sur une certaine suite
d'années. D'où, comme conséquence, l'exclusion des grandes
émissions à époques fixes, engageant l'avenir et obligeant, pour

La proposition du ministre des finances est combattue par M. Rouher et soutenue par M. Gambetta, président de la commission du budget.

M. ROUHER. — Voici l'engrenage dans lequel on place la

ainsi dire, à poursuivre les travaux, quoi qu'il arrive, sous peine de grever le Trésor d'une charge énorme d'intérêts stériles.

Le titre de crédit auquel nous nous sommes arrêtés, après mûres délibérations, est calqué comme type et comme délai d'amortissement sur celui des obligations 3 p. 100 de chemins de fer. Comme elles, il sera émis, au fur et à mesure des besoins, par l'intermédiaire de nos nombreux guichets de receveurs généraux et particuliers et, au besoin, des percepteurs, à des cours déterminés et fixés de jour en jour, suivant le niveau du crédit public.

Nous avons adopté le délai d'amortissement de soixante-quinze ans. C'est là un terme rapproché de celui des obligations qui sont aujourd'hui en circulation. Il correspond à l'année 1953. La concession du chemin de fer du Nord finit en 1950, celle du chemin de fer de l'Est en 1954, celle du chemin de fer d'Orléans en 1956, celle du chemin de fer de l'Ouest en 1956, celle du chemin de Lyon en 1958, celle du chemin de fer du Midi en 1960.

Nous avons cru pouvoir fixer, en conséquence, comme dernière année, l'année 1953 et organiser un amortissement en soixante-quinze ans par tirages au sort annuels.

Quant au type, on sait que celui qui a été généralement adopté par toutes les compagnies de chemins de fer, est le type de 3 p. 100 avec des coupures minima de 15 fr. de revenu ; ce qui constitue des unités ou des obligations dont la négociation s'opère moyennant un prix qui oscille en ce moment, tout au moins pour les grandes compagnies de chemins de fer, entre 330 et 345 fr., représentant pour chaque 3 fr. de revenu un prix de 66 à 69 fr. Il est bon de faire observer que les porteurs ont à subir une retenue pour les impôts sur la transmission et sur le revenu. Notre futur 3 p. 100 amortissable en sera naturellement exempt, comme tous les titres de rente sur l'État, créés en France.

La seule différence qui pourra subsister entre cette rente nouvelle et les autres rentes émises par l'État, c'est que les rentes 3, 4. 1 1 2 et 5 p. 100 sont rachetables, remboursables et convertibles, mais ne sont pas amortissables par tirages annuels, tandis que la nouvelle rente sera amortissable, ainsi que nous l'avons dit, par tirages annuels, mais ne sera pas convertible. Elle jouira d'ailleurs de toutes les immunités qui appartiennent aux rentes inscrites.

Un amortissement en soixante-quinze ans ne comporte qu'une dotation très faible et, dans ces conditions, nous croyons être assurés que l'annuité totale, en intérêts et amortissement, ne dépassera pas en moyenne 5 p. 100 du capital effectif.

Nous devons, en conséquence, prévoir au budget une charge annuelle de 50 millions de francs par chaque milliard de francs de travaux exécutés.

En ce moment, nous n'avons à nous occuper que de celle qui

Chambre. On vous dit ceci : Puisque vous avez déjà renvoyé
à la commission du budget les deux projets relatifs, l'un
à certaines compagnies de chemins de fer, l'autre à la convention avec la Banque de France, vous devez lui renvoyer

résultera immédiatement du rachat des compagnies secondaires,
pour une somme totale de 500 millions, travaux d'achèvement
compris, ce qui nécessitera une rente annuelle de 25 millions.

Pour couvrir cette dépense, nous ferons entièrement abstraction du produit net éventuel des lignes à racheter. Ce produit net,
s'il se réalise, viendra diminuer d'autant la dépense.

La charge annuelle de 25 millions de francs trouve sa ressource
dans le budget même, par un remaniement de la dotation d'amortissement prévue au profit du compte de liquidation des arme-
ments militaires. Il suffira, pour dégager cette ressource, d'une
modification, peu importante d'ailleurs, dans le jeu des opérations
de trésorerie entamées et poursuivies depuis plusieurs années.
C'est ce que nous allons expliquer avec plus de détails.

Pour déterminer la nature et l'étendue de l'élasticité des ressources qui existent présentement dans le budget, tel qu'il a été
voté par la Chambre des députés pour l'exercice 1878, il faut se
rendre compte tout d'abord des changements qui pourront surve-
nir dans le montant de deux crédits qui figurent au budget du
ministère des finances, chapitres 16 et 17 de la dette publique et
des dotations.

Au chapitre 16 est inscrite une somme de 152,437,000 fr. pour
intérêts et amortissement des emprunts faits à la Banque de
France, et au chapitre 17 est inscrite une somme de 18,000,000
de francs pour intérêts des obligations à court terme du compte
de liquidation. Ces deux sommes réunies forment un total de
170,437,000 fr.

Dans un délai très rapproché, c'est-à-dire en 1880, la portion
de cette somme affectée aux intérêts et amortissement des emprunts faits à la Banque deviendra libre; au contraire, l'autre
portion, celle qui est affectée à l'intérêt du compte de liquidation,
deviendra insuffisante : d'une part, parce que les intérêts se seront accrus (le compte de liquidation devant atteindre un chiffre
plus élevé que celui auquel il est arrivé aujourd'hui), et, d'autre
part, parce qu'il faudra pourvoir à l'amortissement qui a été organisé en vue d'obtenir un remboursement après un nombre
d'années qui ne devait pas dépasser douze ans.

Dans la séance du 8 décembre 1876, le ministre des finances a
établi que la date extrême de l'amortissement du compte de liquidation devait être l'année 1889; le ministre pensait que si l'on dé-
passait, comme terme de remboursement, l'année 1889, on s'ex-
posait à entamer la réserve même du budget.

Mais, avant de revenir sur cette considération, il importe d'établir comment le budget devait fonctionner normalement de 1880 à
1889, en faisant face aux intérêts et à l'amortissement du compte
de liquidation.

Les crédits ouverts ou proposés sur le deuxième compte de

également l'immense projet qui vient d'être soumis à la Chambre.

Nous sommes dans un singulier embarras. Rien ne nous autorisait à penser que deux projets de loi nouveaux, ayant

liquidation s'élèvent à 900 millions de francs, et ceux qui restent à ouvrir s'élèvent à une somme beaucoup moins importante divisée en quatre exercices, à partir de 1879; de telle sorte que l'opération totale, quand elle aura été complétée, aura coûté une somme un peu inférieure à 1,420,000,000 de francs.

Si, au lieu d'examiner cette opération au point de vue des crédits ouverts et à ouvrir, on l'examine au point de vue des dépenses réellement faites ou à faire sur les crédits ouverts, on constate que l'accroissement du compte est bien moins rapide, c'est-à-dire qu'il procède par des augmentations annuelles beaucoup moins considérables pour les dépenses que pour les crédits.

La raison en est que les crédits doivent concorder avec l'engagement des dépenses et non pas avec leur payement effectif, et que les dépenses sont engagées très longtemps avant d'être payées. . . . .

On peut donc considérer comme absolument établi que nos budgets contiennent, pour une période de dix années, à partir de 1880, toutes les ressources nécessaires pour solder en capital et intérêts le compte de liquidation, et il est peut-être à propos de se reporter en passant à six années en arrière, pour voir avec quelle facilité le budget aura pu suffire à la liquidation successive de deux opérations temporaires de près de 1 milliard 500 millions chacune, soit ensemble près de 3 milliards de francs.

Si de tels résultats ont pu être obtenus, c'est, il faut le reconnaître, grâce aux réserves considérables qui ont été maintenues dans tous nos budgets avec une sorte d'obstination par les divers gouvernements qui se sont succédé: c'est grâce surtout à la décision et à la clairvoyance avec laquelle M. Thiers, dès le premier jour, a demandé qu'on opérât un prélèvement de 200 millions sur les ressources annuelles pour les remboursements à faire à la Banque de France.

Tout ce qui s'est passé depuis lors a confirmé la justesse du premier point de vue, et a montré combien les ministres des finances ont eu raison, quand ils ont affirmé à maintes reprises que la somme de 150 millions de francs était le minimum de ce qu'on devait inscrire, chaque année, au budget pour le remboursement ou la transformation de la dette contractée vis-à-vis de la Banque.

On doit aujourd'hui considérer comme un fait acquis qu'il existe dans nos budgets une réserve considérable; et la seule question qui se pose est celle de savoir si cette réserve peut être entamée sans inconvénient au profit du premier emprunt amortissable de 500 millions dont il est question dans la présente loi.

Rappelons ici quelques précédents.

Le ministre des finances déclarait, en 1876, au sujet de l'amortissement du compte de liquidation, que si on voulait allonger les

un rapport quelconque avec la question première, seraient présentés. Le projet de loi a été renvoyé à la commission du budget ; on a invoqué l'urgence. Je n'ai rien à dire à cela, et, je le répète, il n'y a aucune pensée d'élimination

délais qu'il prévoyait et dépasser le terme de 1889 pour le remboursement final, que si, par exemple, on voulait étendre le délai jusqu'en 1890, 1892 ou 1895, il ne s'agirait plus d'une opération de trésorerie proprement dite, mais bien d'un emprunt.

Or, il constatait, à ce même moment, que vous ne vouliez pas faire d'emprunt, et il concluait, en conséquence, que si vous retardiez l'amortissement du compte de liquidation pour donner au budget plus d'élasticité, vous donneriez au public l'occasion de dire, sans que cela fût vrai, qu'on ouvrait la porte à des opérations nouvelles et indéterminées.

Ce qui était vrai alors l'est encore aujourd'hui. Il ne faudrait pas sortir des opérations de trésorerie, si l'on ne voulait pas entreprendre des travaux. Mais voulant en entreprendre, il faut chercher la base financière de ces opérations nouvelles dans les réserves mêmes que nous voulions mettre en lumière.

Ces réserves, nous sommes incontestablement libres d'en faire l'emploi que nous croyons le meilleur. Le premier qui se présente est celui du rachat des compagnies secondaires, auquel se réfère ce projet.

Nous proposons, dès lors, de prélever la dotation annuelle de 25 millions de francs, qui nous est nécessaire, sur la dotation de 170,500,000 fr., dont nous avons parlé en commençant et qui figure aujourd'hui aux chapitres 16 et 17 de la dette.

Mais il est deux questions qui ont été laissées de côté et qu'il convient d'examiner.

La première est celle des changements qu'on pourrait être amené à introduire dans les opérations de trésorerie propres à assurer le règlement du compte de liquidation, par suite d'un retard dans le délai final du remboursement.

La seconde, celle de la méthode à employer pour traverser la période intermédiaire de 1878 et 1879.

Pour la première question, il n'y a pas de résolution à prendre en ce moment. Il ne sera nécessaire de s'en occuper que lorsqu'on préparera les demandes de crédits du compte de liquidation pour l'exercice 1879 ; or, on sait que la Chambre n'est jusqu'à présent saisie de demandes au compte de liquidation que pour l'exercice 1878.

Quant à la deuxième question, la solution a besoin d'en être cherchée immédiatement, et elle se trouve dans un projet de loi déposé simultanément, et qui a pour objet d'approuver une convention passée avec la Banque de France.

En effet, le compte de liquidation continuant à croître avant que le compte de la Banque ne soit totalement amorti, il faudrait porter la dotation des deux comptes réunis de 170 à 180 millions environ pour la fin de 1878, et de 180 à 200 millions environ pour l'année 1879 ; et il faut, en outre, observer que la troisième opé-

des forces et de l'intelligence de la commission du budget dans cette question. Il n'y a qu'une question d'association d'efforts et de concours de lumières.

Tirerez-vous des arguments de la connexité entre le nouveau projet et le projet relatif à la Banque?

Mais le projet relatif à la Banque est fort simple : il con-

ration dont nous nous occupons dans ce projet de loi, devant être en pleine exécution en 1879, il y aurait lieu d'ajouter à ces sommes les 25 millions nécessaires pour doter le nouvel emprunt de 500 millions.

Il faut remarquer qu'après avoir augmenté les 170,500,000 fr. d'une somme considérable pour deux années, on retomberait au chiffre primitif de 170,500,000 fr. à partir de 1880, puisque la dotation de 170,500,000 fr. suffit, comme nous l'avons vu, à tous les besoins pour 1880 et les années suivantes. C'est donc, en réalité, une dépense une fois faite à laquelle il faut pourvoir en deux ans.

C'est alors qu'intervient utilement la modification apportée par le deuxième projet de loi qui vous est soumis, au montant de l'avance permanente consentie par la Banque de France au Trésor. L'augmentation sur cette avance, qui est de 80 millions, permettra de faire face aux accroissements momentanés des comptes d'intérêt et d'amortissement, jusqu'au moment où le budget se retrouvera dans une situation normale, c'est-à-dire en 1880.

Une des conséquences nécessaires de l'ensemble des combinaisons qui trouvent place dans la présente loi, c'est le remaniement du mode adopté pour la création des ressources destinées à faire face à un ensemble de dépenses montant à 430 millions qui figure à la page 61 de l'état des engagements du Trésor. On sait, en effet, que le Trésor est autorisé à créer, pour un capital annuel d'environ 69 millions, des obligations dont le terme final a été fixé en 1907, c'est-à-dire des obligations trentenaires.

157,227 de ces obligations ont été émises dans le public : le reste soit 50,975, est dans le portefeuille du Trésor. Nous ne parlons bien entendu que des créations autorisées à ce jour, car il faut y ajouter, pour être complet, le contingent annuel des 69 millions.

On comprend que le Trésor ne puisse pas offrir en même temps au public des obligations de deux natures, les unes en 4 p. 100, les autres en 3 p. 100; les unes amortissables en 30 ans, les autres en 75 ans. C'est pourquoi un article de la présente loi autorise le Trésor à convertir les obligations trentenaires qui sont dans son portefeuille en obligations du nouveau type, et à émettre également dans le nouveau type les obligations nécessaires pour la réalisation du contingent de 69 millions pour 1878.

Quant aux 157,227 obligations amortissables, de ce jour à 1907, et qui sont en circulation, on pourra offrir aux porteurs de les remplacer dans leurs mains par des obligations du nouveau type, en tenant compte de la différence de valeur des primes au remboursement attribuées aux porteurs par les deux types de 4 et de 3 p. 100.

siste à augmenter le compte courant gratuit ouvert par la Banque à l'État, et, au lieu de 60 millions, de l'étendre jusqu'à 140 millions. L'État pourra prendre 140 millions à la Banque sans payer d'intérêts. L'État ayant une dette flottante, une négociation de bons du Trésor et une émission d'obligations qui créent à sa position financière une très-grande force, aura un compte créditeur et un compte débiteur presque toujours de 140 millions. Il y a là un mince intérêt que nous discuterons.

D'ailleurs, ce projet de loi est très simple. Que contient-il? Une clause d'exonération de 2,300,000 francs au profit de la Banque sur son timbre. Ce sont des questions simples; je ne dis pas qu'elles soient bien résolues ou mal résolues. Mais voyez cette immense opération de 3 milliards d'obligations pour travaux publics, — c'est l'expression employée, — d'obligations remboursables en soixante-quinze ans.

Les obligations! elles étaient autrefois de quinze ans; elles sont devenues trentenaires, et il n'y a pas longtemps qu'on vous a demandé l'autorisation d'en émettre à trente ans. On demande aujourd'hui le rappel de cette autorisation: on veut changer de système. On a certainement beaucoup réfléchi à la question, et je suis autorisé à penser que la solution proposée est bonne. Mais enfin il s'agit de 3 milliards, et il s'agit aussi — M. Léon Say ne le contestera pas — de convertir le 3 et le 5 dans les mêmes conditions, il s'agit peut-être même, à un moment donné, de faire un grand livre de la dette unique. On en pose les premières bases aujourd'hui.

Et vous venez demander qu'il n'y ait pas une commission nommée par vos bureaux! Les hommes spéciaux, érudits, qui ne peuvent apporter à la tribune leurs observations, mais qui pourraient les soumettre aux bureaux, vous ne voulez pas les entendre! vous ne voulez pas qu'une commission soit nommée pour nous éclairer de ses lumières, nous aider à la solution de cette grande affaire par des études approfondies! Je crois, permettez-moi de vous le dire, que le chemin que vous prenez vous conduira moins facilement au but vers lequel nous devons tendre.

M. GAMBETTA. — L'honorable M. Rouher présente à la Chambre une objection contre le renvoi à la commission du budget qui serait spécieuse, si le motif sur lequel il la fait reposer était véritablement exact.

M. Rouher dit à la Chambre qu'il s'agit ici d'une opération immense, que M. le ministre des finances estime à 3 ou 4 milliards ; que vous allez créer un nouveau titre, fonder dans le grand-livre de la dette publique une sorte d'instrument qui deviendra plus tard un instrument unique.

S'il s'agissait réellement de faire, pour l'ensemble des travaux publics, des entreprises de conversion, s'il s'agissait réellement dans le projet qui vous est soumis d'arbitrer une modification, une réforme aussi profonde, il y aurait lieu d'examiner, en effet, s'il ne faut pas procéder à la nomination directe d'une nouvelle commission. Mais que M. Rouher me permette de lui faire observer qu'il exagère la portée du projet ; et il vous en présente un qui y est peut-être impliqué en germe et qui se développera ultérieurement avec votre concours, mais qui n'est pas le projet même dont vous êtes saisis.

Le projet dont vous êtes saisis a pour but de donner au Gouvernement le moyen de procéder au rachat des petites compagnies de chemins de fer, dont vous connaissez, à l'heure qu'il est, la situation plus que critique, et auxquelles il faut venir rapidement en aide, si vous ne voulez pas ne plus trouver que des cadavres, — de donner, dis-je, au Gouvernement, les voies et moyens à l'aide desquels ce rachat ne restera pas lettre morte.

Vous avez décidé que la commission du budget serait saisie de l'examen de ce premier projet ; vous lui renvoyez aujourd'hui un projet à l'aide duquel on réalisera le premier projet.

Je comprends que l'honorable M. Rouher, étendant le cercle des attributions de la commission du budget, dise qu'elle va immédiatement envisager la constitution d'une sorte de nouvelle dette publique et d'emprunt de 3, 4, 5 milliards. Non, Messieurs, ce n'est pas cela que nous allons faire. Nous allons examiner la valeur du procédé proposé par M. le ministre des finances, pour le rachat des petites compagnies de chemins de fer proposé par le premier projet de loi. Nous ne dépasserons pas cette limite : nous ne sommes saisis de rien de plus.

Il n'y a pas, dans le projet qu'on a soumis à l'examen de la commission du budget, d'autres travaux que ceux qui sont prévus dans le projet qui a été déposé il y a quinze jours. Donc la commission du budget n'empiétera pas sur l'avenir. Quand on voudra faire fonctionner ce nouveau mode de crédit, ce nouveau mode de création et de ressources, et l'appliquer à d'autres travaux, il faudra que l'on vienne spécifier ces travaux. Et c'est vous qui les apprécierez, qui les arbitrerez. Et alors seulement vous verrez s'il convient de créer une nouvelle commission.

Voilà ce que j'ai à répondre sur le fond même des choses.

Maintenant, il y a intérêt à aller vite, et, s'il y a intérêt à aller vite, il n'y a pas vérité à exagérer, comme le faisait l'honorable M. Rouher, la portée du projet. Il y a enfin connexité absolue entre le projet de loi sur le rachat des petites compagnies et les voies et moyens qu'il s'agit de trouver et d'appliquer dans le plus bref délai.

Au point de vue de la bonne méthode de travail, au point de vue de ce concours qu'il faut demander aussi bien à la minorité qu'à la majorité, aussi bien aux hommes d'étude, aux hommes de travail discret, qu'aux hommes de tribune, est-ce que vous allez être démunis, est-ce que vous allez vous priver de ce concours si nécessaire et si efficace ? En aucune manière, Messieurs ! Qu'est-ce qui empêchera que les membres qui ont des amendements, des réflexions, des critiques, des avis à formuler sur ce projet, viennent les présenter à la commission du budget?

M. HAENTJENS. — On ne pourra pas discuter.

M. GAMBETTA. — Je ne crois pas qu'il y ait aucune espèce de mauvais vouloir, aucune espèce de retard...

M. HAENTJENS. — On ne discute pas dans la commission du budget!

M. GAMBETTA. — Je vous demande pardon, on discute très bien, et si l'honorable M. Haentjens veut y venir formuler ses critiques et apporter le concours de ses lumières, très réelles, je parle sérieusement, il peut être assuré que nous serons très heureux d'entrer en communication avec lui.

M. HAENTJENS. — Je vous demande pardon, Monsieur le président de la commission du budget; mais dans une commission comme celle du budget, on ne répond jamais à l'auteur d'un amendement qui s'y présente, et il n'y a pas de débat contradictoire.

M. GAMBETTA. — Tous les jours, au contraire, on répond à l'auteur d'un amendement; on discute avec lui les raisons qu'il donne pour le défendre, de même qu'il discute les raisons qu'on lui adresse pour l'engager à le retirer.

Donc, à ce point de vue très intéressant de la collaboration et de l'association des compétences de la Chambre, il me semble qu'il ne doit résulter aucun dommage de la méthode que nous vous proposons de suivre. Par conséquent, j'estime qu'il y aurait un véritable retard, sans profit pour personne, sans aucune espèce d'augmentation de lumière dans la discussion qui doit avoir lieu, à procéder par la formation d'une nouvelle commission à choisir dans le sein de la Chambre, au lieu de s'en tenir à celle que vous possédez déjà, laquelle, déjà saisie du fond même du débat, reste, permettez-moi de le dire, jusqu'à preuve du contraire, jusqu'à ce que vous l'ayez dessaisie du premier projet que vous lui avez renvoyé, reste, dis-je, complètement compétente pour traiter la question que soulève le second.

La Chambre consultée repousse la demande d'ajournement présentée par M. Rouher, et prononce le renvoi de projet de loi déposé par M. Léon Say à la commission du budget.

BUDGET DE L'INSTRUCTION PUBLIQUE.

Séance du 11 février.

M. BARDOUX, *ministre de l'instruction publique, des beaux-arts et des cultes.* — Je demande à la Chambre la permission de déposer sur son bureau un projet de loi pour lequel je réclame immédiatement la déclaration d'urgence.

« Messieurs, la France et la science viennent de faire la plus cruelle des pertes.

« Claude Bernard est mort [1].

« Il n'était pas seulement le plus grand physiologiste du siècle, il était aussi le plus haut exemple de désintéressement. Jamais attiré par les côtés vulgaires, il passa sa vie à poursuivre la vérité et à la rechercher dans toutes ses profondeurs. (*Nombreuses marques d'assentiment.*)

« Son œuvre est une de nos gloires. L'Europe savante, tributaire de son génie, porte avec nous le deuil. Un pays s'honore en vénérant ses grands hommes.

« Vous ne refuserez pas à Claude Bernard le témoignage public de vos regrets, et vous rendrez en même temps à la science un éclatant hommage en adoptant le projet que nous avons l'honneur de vous présenter.

« PROJET DE LOI

« Le Président de la République française,
  « Décrète :
  « Le projet de loi, dont la teneur suit, sera présenté à la Chambre des députés par le ministre de l'instruction

---

[1] M. Claude Bernard, membre de l'Académie de médecine, de l'Académie des sciences et de l'Académie française, professeur au Collège de France, président de la Société de biologie, né à Saint-Julien, le 12 juillet 1813, mort à Paris le 10 février 1878.

publique, des beaux-arts et des cultes et par le ministre des finances, qui sont chargés d'en exposer les motifs et d'en soutenir la discussion.

« ART. 1er. — Les funérailles de M. Claude Bernard auront lieu aux frais de l'État. (*Marques d'approbation et applaudissements sur tous les bancs.*)

« ART. 2. — Un crédit de dix mille francs (10,000 fr.) est ouvert à cet effet au ministre de l'instruction publique, des beaux-arts et des cultes.

« ART. 3. — Il sera pourvu à cette dépense sur les ressources générales du budget de 1878. »

Je demande la déclaration d'urgence et le renvoi du projet à la commission du budget.

M. LE PRÉSIDENT. — Je mets l'urgence aux voix.

(L'urgence est déclarée.)

De divers côtés. — Votons tout de suite!

M. LE PRÉSIDENT. — Je ne demanderais pas mieux que de répondre à la légitime impatience de la Chambre, mais le règlement s'y oppose.

Si la Chambre veut renvoyer le projet de loi à la commission du budget..., la commission pourra, dans quelques instants présenter son rapport.

Il n'y a pas d'opposition au renvoi demandé par M. le ministre? (*Non! non!*)

Le renvoi à la commission du budget est ordonné.

La commission du budget s'étant réunie immédiatement et ayant adopté sans débat le projet de loi présenté par M. Bardoux, M. Gambetta demande la parole :

M. LE PRÉSIDENT. — M. le président de la commission du budget a la parole.

M. GAMBETTA. — Messieurs, pour répondre au désir qui s'est fait jour dans la Chambre, la commission du budget vient de se réunir sur les bancs mêmes de la commission et a adopté le projet de loi présenté par le Gouvernement. La commission du budget, interprète de l'unanimité de cette Chambre... (*Très bien!*), n'a pas cru pouvoir différer l'expression du sentiment qui doit animer, à cette heure, tous les membres de l'Assemblée, en face d'une perte irréparable. (*Très bien! très bien!*)

Certes, la France scientifique peut montrer à l'univers bien des talents, bien des lumières, mais il est permis de dire que la lumière qui vient de s'éteindre ne sera pas remplacée. (*Nouvelles marques d'approbation.*)

M. Claude Bernard, en effet, était non-seulement pour le monde scientifique français, mais pour la science générale, universelle, l'inspirateur reconnu, le guide le plus assuré de la recherche scientifique, et, dans les luttes et dans les polémiques de la science, tout le monde lui décernait cet hommage, qu'il ne s'est jamais laissé aller ni à l'esprit de parti, ni à l'esprit de système, ni à la passion personnelle. (*Très bien! très bien!*)

Je n'ajouterai, Messieurs, aucune espèce d'éloge; ce n'est pas à moi qu'il appartient de dire sur cette grande tombe, encore ouverte, quelle traînée lumineuse laissera son passage dans le monde scientifique.

Des voix plus autorisées, celles de ses collègues, de ses amis, doivent seules préparer le jugement de l'histoire; nous saluons simplement l'entrée de Claude Bernard dans l'immortalité. (*Vifs applaudissements.*)

Le projet de loi est adopté à l'unanimité de 420 votants

BUDGET DE L'ALGÉRIE

Chapitre 1er. — *Traitement du gouverneur général civil et de l'administration centrale,* 542, 300 *fr.* (Séance du 21 février.)

M. Gambetta, au nom de la commission du budget, demande la parole sur ce chapitre.

M. LE PRÉSIDENT. — M. le président de la commission du budget a la parole.

M. GAMBETTA, *président de la commission du budget.* — Messieurs, je suis chargé par la commission du budget,

afin de donner au vote qui va être émis toute sa précision et toute sa portée, de fournir à la Chambre
quelques explications sur le refus qu'a fait la commission du budget d'allouer une somme de 53,000 fr.
représentant les traitements de nouveaux directeurs,
institués en vertu d'un décret du mois de juin 1876, et
les allocations nécessaires à l'extension de l'administration centrale.

La commission du budget a pensé que ces allocations devaient être rejetées par deux motifs principaux.

Le premier, c'est que la modification apportée dans
les services généraux de l'Algérie avait été faite par
un décret, alors cependant que la Chambre et les
commissions antérieures du budget, suivant en cela
une tradition constante des assemblées et des commissions qui les avaient précédées, avaient déclaré
que l'on ne pouvait pas procéder à une organisation
nouvelle aussi importante, mettant en question tant
d'intérêts et résoudre d'un trait de plume des problèmes aussi complexes et aussi délicats, sans faire
intervenir le pouvoir législatif, parce que, devant ce
pouvoir seulement, pouvaient se débattre la portée,
la valeur et les conséquences d'une pareille réorganisation.

Une loi était d'autant plus nécessaire, que, le même
jour, avait paru un autre décret rattachant tous les
services de l'Algérie aux divers ministères de la mé-
tropole, ce qui devait entrainer une dépense qu'il
serait impossible de fixer dès à présent.

Votre commission, ne faisant que confirmer les précédents, a refusé l'allocation demandée et a déclaré,
d'accord avec le Gouvernement, qu'il serait présenté
aux Chambres un projet de loi, où serait proposée,
d'après les vues du Gouvernement, une réorganisation
ou dissemblable ou pareille. Les deux Chambres déli-
béreront : si ce projet de loi est adopté, rien ne sera

plus régulier que de revenir devant vous et de vous demander les crédits qui devront être affectés aux nouveaux fonctionnaires, créés ainsi par une loi et non plus par un simple décret.

Messieurs, voilà la raison légale, le principe de doctrine, auxquels nous tenons profondément, et auxquels le Gouvernement lui-même paraît s'attacher de plus en plus, c'est de substituer en Algérie pour le règlement des questions le régime de la loi au régime des décrets. (*Marques d'assentiment.*)

Mais il y avait une autre considération qui s'imposait également à l'attention de la commission du budget : c'est que, à l'appui de cette réorganisation tentée par voie de décrets, il y a dix-huit mois, on avait affirmé dans des documents officiels, que ce simple décret de réforme n'entraînerait aucune dépense, aucun supplément de charge pour le budget général de l'État. Ces considérants étaient de nature à faciliter l'adoption de l'organisation nouvelle et à la faire glisser, pour ainsi dire, sans aucune résistance, dans le corps malheureusement nombreux déjà des tentatives de réforme en Algérie.

On a dit cela en 1875, en 1876 et en 1877 ; mais ce n'était là qu'une préface, et, comme beaucoup de préfaces, elle ne contenait que des illusions. En effet, aujourd'hui on vous demande une somme de 53,000 fr. qui n'est pas évidemment le dernier mot et qui ne sera pas le dernier mot, car les trois directions ainsi créées entraîneraient prochainement un supplément de personnel, et même, ajouterai-je, un supplément de matériel fort considérable. Au moment où la commission du budget prenait sa décision, elle n'avait pas connaissance d'une autre conséquence de cette réorganisation administrative ; on lui a distribué, depuis trois jours seulement, les procès-verbaux du conseil supérieur qui siège à Alger auprès du gouverneur général civil, et nous avons pu trouver, à la page 334 de ce

volume, un document qui prouve jusqu'à quel point
les appréhensions financières de la commission du
budget étaient fondées. Je demande à la Chambre la
permission de placer sous ses yeux le passage suivant :

« Note de l'inspecteur général des ponts et chaus-
sées.

« L'installation des grands services civils de l'Algérie comporte les constructions ci-après... »

On regarde la chose comme parfaitement accomplie
et parfaitement enregistrée, et alors on se met en présence des conséquences somptueuses que vous allez
voir :

« Le palais du gouverneur général civil, qui serait
construit dans le lot situé en façade du boulevard de
la République, entre le square et le bâtiment du Trésor et des postes.

« L'hôtel du directeur général des affaires civiles et
financières qui pourrait être construit sur le dernier
lot au sud, en façade du même boulevard.

« Le bâtiment des bureaux des trois directions et
la salle du conseil supérieur et de gouvernement avec
ses annexes, qui sera établi sur le lot immédiatement
au nord du précédent.

« Ainsi qu'il est dit dans l'exposé de la situation par
M. le gouverneur général du 15 novembre courant,
cette dernière construction est absolument urgente. »

Suit une longue énumération qui fait voir que le
détail estimatif, sommaire, des dépenses s'appliquant
uniquement au bâtiment des trois directions, qui servirait également au conseil supérieur, s'élèverait à
peu près à 690,000 fr.; et je suis convaincu que si l'on
s'engageait dans une voie aussi dispendieuse, ce n'est
pas avec cette somme, qui est déjà assez importante,
qu'on remplirait cette partie d'un programme aussi
ambitieux.

Et comme on était soucieux de savoir avec quelles
ressources on ferait face à cette entreprise, on propo-

sait deux moyens. L'un consistait à prendre les ressources nécessaires sur les biens domaniaux algériens.
Ces biens domaniaux sont la ressource constante, permanente qu'on a sous la main pour faire face à tous
les imprévus. L'autre moyen consistait à faire appel
encore une fois au budget de la France, en soumet-
tant à ses représentants l'appréciation des dépenses
et l'évaluation des ressources. Mais, comme la contradiction eût été trop forte de demander au Parlement
une somme aussi considérable pour une organisation
qui devait être à peu près gratuite, voici la réflexion
qui échappe au conseiller d'État, directeur général
des affaires civiles et financières; il dit : « Il serait
tout à fait inopportun de faire intervenir la Chambre
pour un emprunt de 350,000 francs. »

Ces 350,000 francs devaient donc être prélevés sur
le produit des biens domaniaux, et le solde de la dépense totale devait être amorti en trente années au
moyen d'économies qui seraient faites sur les loca-
tions actuelles et sur une diminution des concierges
et garçons de bureau.

C'est, en effet, la réflexion que nous avons faite,
qu'il serait tout à fait inopportun de vous proposer le
vote de crédits qui vous engagerait d'une façon définitive dans une voie que nous trouvons doublement
fâcheuse : fâcheuse au point de vue de la violation de
ce principe que nous tenons à proclamer et à établir
tous les jours plus étroitement : l'assimilation réelle
de l'Algérie à la France. (*Très bien! très bien!*)

C'est donc une diminution de crédit de 53,000 francs
que nous proposons sur le chapitre 1er. Ces 53.000 fr.
sont reportés, avec d'autres économies encore, sur le
chapitre 16; le chiffre total du budget de l'Algérie
n'est diminué ni augmenté d'un centime ; c'est seulement une répartition différente à faire dans les chapitres du budget.

Voilà, Messieurs, les motifs que j'avais charge

d'expliquer à la Chambre pour montrer que l'avenir était réservé, qu'un principe était établi, et que c'était sous le respect de ces considérations que nous avions cru ne pas devoir admettre la demande d'allocation qui nous était faite pour ces nouveaux services. (*Très bien! très bien!*)

M. DE MARCÈRE, *ministre de l'intérieur*. — L'honorable président de la commission du budget vient de faire connaître à la Chambre les raisons pour lesquelles la commission avait cru devoir retrancher, des crédits qui lui étaient demandés au chapitre 1er du budget de l'Algérie, une somme de 53,000 fr.

Il a fait valoir deux motifs : le premier, c'est que la dépense à laquelle il s'agissait de pourvoir était la conséquence de la création de trois directions nouvelles par un décret de 1876, et l'honorable président de la commission du budget dit à la Chambre : Nous voulons substituer le régime de la loi au régime des décrets pour tout ce qui concerne l'organisation de l'Algérie. Sous ce rapport, la commission du budget ne se trouve nullement en contradiction avec le Gouvernement; le gouvernement central et le gouvernement de l'Algérie également sont tout disposés, bien entendu, à substituer le régime de la loi au régime des décrets.

On avait cru que la création des trois directions ne tenait pas au fond des choses. On peut penser autrement, et c'est là la pensée de la commission du budget. Le Gouvernement ne met aucune espèce d'obstacle à ce qu'il soit présenté un projet de loi; et il s'engage à le présenter dans le plus bref délai possible, de manière à soumettre à la Chambre l'organisation nouvelle sur laquelle M. le président de la commission du budget n'a pas, d'ailleurs, donné une opinion définitive, car il a dit qu'on pourra examiner, amender, rejeter, il a dit que les Chambres décideront. Par conséquent, même sur ce point, il y a complet accord entre le Gouvernement et la commission du budget.

Quant à la seconde raison donnée par l'honorable président de la commission, elle consiste en ceci : par le décret d'organisation nouvelle, on induirait nécessairement la Chambre à voter des crédits, qui, réduits quant à présent à la demande minime de 53,000 francs, pourraient être augmentés ultérieurement d'une façon indéterminée.

Et on vous lisait un passage du rapport du conseil supérieur du gouvernement d'Algérie, qui laisse entrevoir l'intention d'élever des constructions nouvelles qui entraîneraient la Chambre dans des dépenses qu'elle ne pouvait pas prévoir au début.

Il y aurait là certainement un inconvénient. Mais la Chambre remarquera qu'elle est toujours maîtresse de voter ou de ne pas voter les crédits; et il n'entre certainement dans la pensée de personne que des dépenses plus ou moins fortes puissent être faites en Algérie ou ailleurs sans que la Chambre en ait voté les allocations. Il est bien entendu que cette matière ne peut jamais échapper aux appréciations et aux votes de la Chambre.

Quant aux 53,000 fr., ils étaient destinés au fonctionnement des trois directions instituées par un décret. La commission du budget les retranche des crédits demandés. Par conséquent, les directeurs vont disparaître par le fait de ce vote; mais l'un d'eux reprend sa situation d'inspecteur général des travaux publics et son traitement sera rétabli au chapitre 16 (Travaux publics).

Il y a là une situation transitoire qui reste à régler. Il est évident que le Gouvernement n'a pas l'intention ni la prétention de maintenir dans une forme quelconque des services qui n'auraient pas été dotés par la Chambre; cela n'entre pas dans la pensée du Gouvernement. Il est bien entendu que nous subordonnons toujours les dépenses, en Algérie comme en France, aux votes de la Chambre. Voilà l'engagement que prend le Gouvernement. (*Très bien! très bien! à gauche.*)

Nous aurions peut-être désiré que, transitoirement, on laissât subsister l'organisation fondée par le décret jusqu'au moment où une loi nouvelle aurait pu créer cette organisation.

M. GAMBETTA. — Ce maintien provisoire aurait préjugé le fond de la question, qui doit rester intact.

M. LE MINISTRE. — Je me borne à dire que je suis d'accord avec la commission du budget sur ce point, qu'il y a lieu de substituer pour cette organisation nouvelle le régime des lois au régime des décrets, et que le Gouvernement soumettra à la Chambre un projet de loi dans le plus bref délai possible. (*Marques d'approbation.*)

M. GAMBETTA. — Très bien!

M. LE PRÉSIDENT. — Je mets aux voix le chapitre 1er.

(Le chapitre 1er, mis aux voix, est adopté.)

BUDGET DES RECETTES

Séance du 18 *mars*. — M. Léon Say, ministre des finances, demande à la Chambre de commencer immédiatement, pour pouvoir la finir avant la fin du mois, la discussion du budget des recettes.

M. Madier de Montjau s'oppose à l'admission de la demande de M. Léon Say.

M. MADIER DE MONTJAU. — Je commence par déclarer qu'il n'est personne dans cette Assemblée qui, moins que mes amis et moi, songe à désobliger M. le ministre des finances ou à lui témoigner quelque défiance. Pas un de nous ne veut créer des embarras au ministère. Tous nous voulons le soutenir; tous nous voulons assurer, nous voulons garantir son existence. (*Très bien! sur un grand nombre de bancs.*)

Mais je dois immédiatement ajouter, au nom de ces amis et pour moi, — et sans être autorisé à parler pour d'autres, je crois pouvoir dire aussi, en exprimant le sentiment de membres nombreux de cette assemblée, étrangers au groupe dont je fais partie, — que je m'oppose avec énergie à l'admission de la demande de M. le ministre des finances.

M. GAMBETTA. — Je demande la parole.

M. MADIER DE MONTJAU. — Je m'y oppose, parce que je ne crois pas, en principe et d'une manière générale, qu'il y ait avantage et convenance pour une assemblée politique à transformer perpétuellement, au gré de l'un ou de l'autre, même sur la demande d'un membre du Gouvernement, son ordre du jour.

Je m'y oppose, parce que M. le ministre des finances vient de déclarer que ce sera dans un maximum de temps de huit ou dix jours que la Chambre des députés et le Sénat devront avoir réglé la question budgétaire, et que je considère comme d'un mauvais exemple, comme d'un exemple absolument détestable, de montrer au pays, même lorsqu'on s'est déjà prononcé comme nous l'avons fait sur une partie du budget, que ses représentants statuent avec une telle rapidité sur les énormes charges qu'ils peuvent avoir à lui imposer encore.

Non, je ne veux pas qu'en dix jours au plus, sans qu'il nous soit possible de dépasser d'une heure cette période, parqués dans les limites étroites qui nous sont marquées d'avance, nous soyons tenus, sous peine d'embarras plus grands encore peut-être, d'accorder ce qui nous a été demandé.

Jetez un coup d'œil, Messieurs, sur l'ordre du jour que l'on vous demande de bouleverser! qu'y verrez-vous? Au premier rang, vingt-cinq vérifications de pouvoirs au moins. Chaque jour, à leur sujet, nous entendons nos adversaires se plaindre des lenteurs qu'à plaisir, disent-ils, nous leur faisons subir, dire que leur situation est ici impossible, intolérable, qu'ils ont besoin de savoir enfin si, oui ou non, ils font partie de cette Chambre...

M. PAUL DE CASSAGNAC *et plusieurs autres membres à droite.* — Très bien!

M. MADIER DE MONTJAU. — ...et lorsque les rapports sont prêts, lorsque pour répondre à ces plaintes tous ceux qui doivent intervenir dans ces débats ne demandent qu'à les engager et à faire en sorte que la Chambre soit le plus promptement possible au complet, vous nous demandez de placer en tête de l'ordre du jour le budget, reculant ainsi de dix jours au moins les invalidations. C'est impossible. (*Rires et applaudissements ironiques à droite.*)

Une autre raison pour repousser la demande de M. le ministre des finances, c'est que tout à l'heure j'ai entendu applaudir à outrance cette demande de ce côté de la Chambre (la droite). (*Rires à droite.*)

M. LE MINISTRE DES FINANCES. — On n'a pas applaudi qu'à droite, et je suis très fier des applaudissements qui sont partis de ce côté (la gauche) à un autre moment!

M. MADIER DE MONTJAU. — Non! il ne faut point voter à la hâte toutes les contributions énormes que les nécessités du temps nous ont contraints d'imposer au pays; il ne faut pas les voter avec une Assemblée incomplète, quand vous avez encore à vous prononcer sur cinquante ou soixante vérifications.

Enfin, Messieurs, c'est mon dernier mot, il ne faut pas, je le répète, les voter quand le côté droit demande à outrance qu'on les vote. (*Très bien! sur quelques bancs à gauche.*)

M. LE PRÉSIDENT. — La parole est à M. Gambetta.

M. GAMBETTA. — Messieurs, je viens appuyer devant la Chambre, au nom de la commission du budget, la demande formulée par l'honorable ministre des finances. Non pas que je pense qu'il soit nécessaire de développer longuement les raisons si puissantes que chacun a présentes à l'esprit pour appuyer et motiver cette demande; mais parce qu'il me paraît nécessaire de faire à notre honorable collègue et à mon ami M. Madier de Montjau une réponse que comporte toujours dans le débat son intervention que je sais, moi, n'être inspirée que par des désirs extrèmements légitimes et patriotiques. (*Très bien! très bien! à gauche.*)

L'honorable M. Madier de Montjau, pour repousser la demande de M. le ministre des finances, a présenté deux arguments : le premier, tiré de l'état du dossier des invalidations; le second, tiré de la rapidité que l'on entendrait imposer à la Chambre, au sujet du vote des recettes.

Eh bien, Messieurs, il ne me paraît pas que ni l'une ni l'autre de ces raisons soit de nature à arrêter la décision de la Chambre.

En effet, s'il est vrai qu'il y a urgence pour tout le monde à hâter la vérification des pouvoirs, s'il est regrettable que, pour la première fois peut-être, on n'ait pas pu, dans le premier trimestre de la réunion d'une Assemblée, terminer promptement l'examen des titres de tous les membres qui la composent, c'est un malheur qui pèse sur nous, dont les causes sont multiples, mais qu'il faut savoir subir sans impatience et sans exagérer non plus les conséquences fâcheuses, au point de vue de la constitution de l'Assemblée, de ces longs délais.

A côté de l'intérêt qui s'attache au prompt achèvement de la vérification des pouvoirs, il y en a un autre qui n'est pas moins urgent, moins impérieux, c'est de donner à votre Gouvernement, à vos finances, à l'ordre financier et à l'ordre politique dans l'État, son rouage complet, son assiette complète. (*Très bien!*)

Ce sont là des intérêts que la Chambre a parfaitement compris depuis qu'elle est réunie, car on peut dire qu'elle a passé alternativement de l'un à l'autre : elle a voté le budget des dépenses en discutant tout profondément ; elle a voté toutes les contributions directes, et elles se perçoivent avec la régularité et les avances qu'heureusement, dans ce pays, on est habitué à trouver depuis tantôt un demi-siècle ; elle a, en même temps, voté de grandes lois d'affaires ; elle s'est livrée à des discussions qui ont honoré tous les partis, dont la majorité, dont la personnalité de cette Chambre a retiré bénéfice devant le pays ; elle a enfin expédié toutes ces affaires, mais en y mettant, autant que possible, une hiérarchie.

Eh bien, à l'heure où nous sommes arrivés, à la fin du mois de mars, au milieu presque de l'exercice 1878, je ne crois pas qu'on puisse soutenir, avec quelque apparence de raison, que l'intérêt le plus urgent n'est pas de voter le budget des recettes. (*Très bien! très bien!*)

Voilà pour la première raison.

Quant à la seconde, qui est tirée de la rapidité qu'on mettrait à la délibération et au vote du budget des recettes, permettez-moi de faire une courte réponse.

Si l'on ne veut pas écourter le débat, si l'on veut que la discussion soit éclairée et approfondie, si on ne veut pas placer la Chambre dans la nécessité de hâter trop précipitamment ses décisions, il faut commencer tout de suite. (*C'est évident!*) Plus on retardera, et plus on reculera ce vote du budget des recettes, moins on vous laissera de temps pour délibérer. (*Très bien! — C'est clair!*)

Je ne crois pas, d'ailleurs, que la Chambre puisse se faire une idée bien formidable de la discussion du budget des recettes. En effet, dans quel état se présente-t-il, ce budget des recettes?

Vous en avez déjà voté une grande moitié en votant le budget des contributions directes. Il y a dans le service des perceptions indirectes, comme les postes, les tabacs, les télégraphes, les douanes, véritablement des chapitres entiers sur lesquels il n'y a pas de discusion possible à avoir. On ne peut donc au fond discuter dans le budget des recettes que sur un seul point, permettez-moi de vous le dire.

La commission du budget et le Gouvernement ont été d'accord pour soumettre à la Chambre, sur l'exercice 1878, un certain nombre de dégrèvements qui portent sur la suppression des droits de la petite vitesse, ce qui forme un ensemble de 22 millions, et sur une suppression de 7 à 8 millions de droits sur les savons qui ont déjà été dégrevés par une loi que le Sénat a votée l'année dernière.

C'est donc sur un ensemble de 28 à 30 millions que la Chambre a à se prononcer. Ceux qui pensent qu'il y a d'autres dégrèvements à faire à la place de ceux-là, ceux qui sont partisans du dégrèvement sur le papier, sur la chicorée, sur les boissons, auront à discuter, à croiser le fer avec les partisans des dégrèvements déjà consentis par la commission et par le Gouvernement.

Je dis que la discussion porte sur cet ensemble de 30 millions; car évidemment, avec les entreprises dans lesquelles la Chambre a suivi le Gouvernement, il n'y a pas à penser à élever le chiffre du dégrèvement au delà de celui qui vous est présenté pour l'exercice 1878; par conséquent, c'est sur ce point de la nature des dégrèvements, de leur remplacement ou de leur substitution que le débat s'établira, vous y consacrerez tout le temps nécessaire; personne n'a la prétention de vous limiter la discussion; vous écouterez toutes les opinions, vous statuerez en pleine connaissance de cause. Quant à moi, je ne crois pas que le débat puisse être indéterminé.

M. le ministre des finances a fixé l'enceinte de ce champ clos; il vous a dit que cette discussion irait jusqu'à la fin du mois; la Chambre en décidera; mais ce que je veux établir, c'est qu'on a parfaitement respecté votre droit, votre dignité, et que vous avez tout le temps nécessaire.

Messieurs, je ne répondrais pas à la préoccupation générale des esprits, si je n'ajoutais pas un petit mot de politique à côté des raisons financières, à côté des motifs fiscaux, à côté de l'intérêt de ces ministres qu'on applaudit quand ils prononcent le mot de confiance et qui, évidemment, ont un moyen de vous provoquer à donner à cette confiance un témoignage palpable.

J'estime que, dans la situation où nous sommes aujourd'hui, au point de vue des partis, au point de vue du Gouvernement, au point de vue des forces dont vous disposez au sein des pouvoirs publics, dans la nation, en face de cette adhésion tous les jours plus pressante et plus accentuée du suffrage universel vers nos institutions, en face de cette confiance que vous témoigne aujourd'hui en dehors de quelques états-majors de partis, la grande majorité des Français, j'estime que si vous avez usé à une heure, qui était une heure sombre et tragique, de ce pouvoir de mettre la main sur le budget, l'heure est venue aujourd'hui de donner à votre gouvernement, à la France, à la République, la certitude qu'en hommes d'État, en hommes sûrs du lendemain, sûrs de pouvoir défier les factieux s'ils osaient relever la tête, sûrs par la présence des hommes qui sont au pouvoir, sûrs de quelque chose qui ne trahit pas l'intérêt national et les sympathies de la France, vous jugez que l'heure est venue de voter le budget. (*Applaudissements prolongés à gauche et au centre.*)

La Chambre décide que la discussion du budget des recettes sera placée en tête de l'ordre du jour de la prochaine
séance.

BUDGET DE LA MARINE.

Chapitre 4. — *États-majors et équipages à terre et à la*
mer. (Personnel naviguant.) — Le crédit voté par le Sénat
pour ce chapitre est de 42,048,816 fr. La commission propose de rétablir le chiffre de 42,015,816 fr. voté précédemment par la Chambre.

Le vice-amiral Pothuau, ministre de la marine, demande
à la Chambre de revenir sur son premier vote et d'adopter
le crédit voté par le Sénat par le chapitre 4 (*séance du*
28 *mars*).

M. Gambetta répond au ministre de la marine :

M. GAMBETTA. — En l'absence du rapporteur spécial
du budget de la marine, je demande à la Chambre de
maintenir sa première décision, et j'en indique les
motifs.

La décision qui a été prise en ce qui concerne le
grand aumônier de la marine, dont le traitement avait
été supprimé dans la dernière loi de finances, d'un
consentement unanime au Sénat et à la Chambre des
députés, n'a pas été exécutée pour l'exercice courant.
Malgré cette décision, qui était devenue une loi de
l'État, à l'heure qu'il est, l'aumônier ainsi supprimé
continue, au mépris flagrant d'un vote parlementaire,
à toucher son traitement comme si vous n'aviez pas
statué sur ce point. Il me semble, Messieurs, qu'à
moins de renoncer à considérer la loi de finances
comme une loi de l'État, vous vous devez à vous-
mêmes...

Voix à droite. — Ah! ah!

M. GAMBETTA. — Si vous croyez le contraire, vous
viendrez l'établir... Vous vous devez à vous-mêmes,
disais-je, de faire au moins exécuter une première fois
la loi de finances que vous avez rendue.

Maintenant, au fond, est-il vrai que la raison que l'on allègue pour rétablir la grande aumônerie de la marine soit de nature à vous faire revenir sur ce que vous avez décidé?

M. LE MINISTRE DE LA MARINE. — Ce n'est pas la grande aumônerie!

M. GAMBETTA. — Permettez, Monsieur le ministre, je prouverai tout à l'heure que c'est l'expression même dont s'est servi un ancien ministre.

La question, je le déclare, du reste, n'est pas de tout une querelle de parti. Nous n'avons pas considéré, dans les discussions antérieures sur le service de la flotte, qu'il y eût le moins du monde une question politique. Nous avons voulu assurer aux marins, comme au reste des citoyens sous les drapeaux, dans des conditions spéciales, les satisfactions que comporte la liberté de conscience pour tout le monde.

Et la preuve, Messieurs, c'est que vous avez très-largement doté le service des aumôniers de la flotte dans les conditions où il est véritablement nécessaire, comme à bord de tout bâtiment, par exemple, qui centralise un service, bâtiment amiral, bâtiment portant pavillon amiral, bâtiment portant le pavillon d'un commandant chargé d'une fonction spéciale, comme stationnaire, école, hôpital. Vous avez très largement doté et assuré le service de l'aumônerie; mais en ce qui concerne cette partie du service, il y a une chose à laquelle vous n'avez pas consenti; c'est que ce service fût hiérarchisé, centralisé, mis dans les mains d'un titulaire appelé aumônier en chef de la marine.

Vous ne l'avez pas voulu, Messieurs, parce que vous avez trouvé qu'il importait au ministre lui-même, aux états-majors naviguant, d'être parfaitement maîtres, à bord, du personnel, soit religieux, soit militaire, et qu'il fallait, s'ils avaient à se plaindre, s'ils avaient à agir, à un degré quelconque de la hiérarchie, que les aumôniers fussent placés dans la même situation que les autres agents du service de l'État, c'est-à-dire qu'il n'y eût pas à côté du ministre un homme supérieur à eux tous, supérieur probablement en influence au ministre lui-même, qui fût appelé à les choisir, à les défendre, à les inspirer, et, par conséquent, pouvant exercer, en dehors de l'action ministérielle, une influence dont la direction ne doit pas vous échapper. (*Très bien! très bien! à gauche.*)

C'est en se basant sur ce principe que, lorsqu'on rétablissait l'aumônerie militaire, par la loi de la Constituante, — et je vous fais observer que la hiérarchisation de l'aumônerie militaire n'a jamais eu d'autre sanction qu'un simple décret, — c'est en se fondant sur ce principe qu'on déclarait qu'il fallait se garder de rétablir un aumônier en chef de la marine et des aumôniers de corps d'armée en chef. J'ai recueilli à ce sujet la déclaration de l'honorable général de Cissey qui, à une interruption faite, je crois, par M. Langlois, répondait ceci à M. Wilson :

« Il n'y a plus de grand aumônier en France et il n'y en aura plus. Il n'y a plus d'aumôniers en chef ni d'aumôniers de corps d'armée, et si M. Langlois veut bien reporter ses souvenirs aux discussions qui eurent lieu à l'Assemblée d'où cette loi est émanée, il se rappellera que j'ai combattu énergiquement la création de toute hiérarchie parmi les aumôniers, qui doivent rester entièrement sous les ordres de l'autorité militaire. » (*Très bien! à gauche.*)

Je vous demande si ces excellentes raisons, données pour l'aumônerie militaire, ne sont pas applicables, à plus forte raison, à l'aumônerie de la marine?

Mais, objecte-t-on, vous allez vous priver de cet aumônier en chef et par conséquent relever des évêques?

Je ne vois pas où est le péril. Les évêques sont véritablement institués pour choisir les ecclésiastiques que vous devez mettre à bord de vos vaisseaux. Il y a mieux, l'article 4 de l'ordonnance de 1852, que vous

invoquez comme la charte de votre aumônerie militaire, exige impérieusement que l'aumônier en chef
ne choisisse, ne prenne des aumôniers, et que vous ne
donniez l'investiture, que sur la désignation de l'évêque du diocèse. Par conséquent, ce n'est pas le recrutement qui sera entravé en aucune manière, car de
deux choses l'une : ou les évêques font leur devoir et
choisissent eux-mêmes ; ou ils ne le font pas, et cela
tient à ce que vous avez constitué un rouage qui les
embarrasse.

Donc, la question de recrutement n'est pas en cause
ici. Vous vous adresserez, Monsieur le ministre, aux
évêques, vous leur demanderez de bons, d'excellents,
de charitables desservants, et ils vous les donneront,
vous les embarquerez, et vous en resterez le maître.

C'est là ce que l'ordonnance de 1845, antérieure
par conséquent à celle de 1852, avait formellement
spécifié : elle déclarait qu'il n'y aurait pas de hiérarchie dans les aumôniers de la flotte : et à cette époque,
vous le savez aussi bien que moi, les bâtiments étaient
plus nombreux, puisqu'ils étaient en bois.

Au point de vue du pouvoir parlementaire méconnu
dans cette question ; au point de vue de l'autorité
gouvernementale, qu'on ne défend pas suffisamment ;
au point de vue du recrutement, je dis qu'il n'y a aucune espèce de bonne raison à donner pour vous faire
abandonner vos décisions et les sacrifier à une opinion
qui est venue d'ailleurs. (*Applaudissements à gauche et
au centre.*)

Le chapitre 4 est mis aux voix et adopté avec le chiffre
de 42,015,816 francs.

Le budget des recettes fut promulgué le 17 mars et celui
des dépenses le 31.

Le 20 mars, le président de la commission du budget
avait adressé au ministre des finances la lettre suivante :

Monsieur le ministre,

A propos de l'Exposition universelle qui va s'ouvrir, la commission du budget vous a déjà demandé par mon intermédiaire de vouloir bien dresser le devis des frais que pourrait occasionner une allocation pendant six mois de 10 0/0 aux agents des divers ministères, en résidence à Paris, dont le traitement et les émoluments réunis ne dépasseraient pas 2,400 francs.

Cette mesure n'est pas la seule que lui paraisse devoir exiger le rendez-vous solennel que nous avons adressé pour le 1er mai aux autres nations du monde civilisé.

Il a paru à la commission qu'il était aussi de la plus haute importance que le chef de l'État, ainsi que les principaux fonctionnaires qui sont appelés, dans ces circonstances, à représenter la France aux yeux des délégués de toutes les autres puissances, fussent mis en mesure de recevoir avec dignité et honneur les hôtes que nous attendons.

Elle a pensé que, dans ce but, il y aurait lieu de présenter à la Chambre, avant sa séparation, un projet de loi allouant pour frais de représentation à propos de l'Exposition universelle :

500,000 francs au président de la République; 250,000 fr. au ministre des affaires étrangères ; 250,000 francs au ministre de l'agriculture et du commerce ; et 100,000 francs à chacun des autres ministres.

Il y aurait lieu, croit encore la commission, d'allouer une indemnité de 10 0/0 à tous les ouvriers de l'État, en résidence à Paris, ainsi qu'aux gens de service.

En vous communiquant ces intentions de la commission, je suis heureux, Monsieur le ministre, d'avoir à vous dire que ces décisions ont toutes été prises par elle à l'unanimité.

Agréez, Monsieur le ministre, l'assurance de ma parfaite considération.

Le président de la commission du budget,

L. GAMBETTA.

Le projet de loi relatif aux frais de représentation par le gouvernement pendant l'Exposition, fut voté dans la séance du 28 mars.

DISCOURS

SUR

LE BUDGET DES DÉPENSES ET DES RECETTES POUR L'EXERCICE 1879

Prononcés

Le 11 mai 1878 (RÉUNION DU 10° BUREAU)
Le 12 mai (SÉANCE D'OUVERTURE DE LA COMMISSION DU BUDGET)
Et le 26 novembre (BUDGET DE LA GUERRE)

A LA CHAMBRE DES DÉPUTÉS

La commission chargée d'examiner le projet de loi portant fixation du budget de l'exercice 1877 fut nommée le 4 mai dans les bureaux de la Chambre. — Nous reproduisons, d'après la *République française*, le compte-rendu de la réunion du 10° bureau :

10° bureau. — M. Gambetta fait partie de ce bureau. Il a dit qu'il serait regrettable de renoncer aux dégrèvements d'impôts et d'abandonner la voie dans laquelle on est entré cette année par l'abolition du droit sur la petite vitesse, de la surtaxe des savons et la réduction des taxes postales et télégraphiques. Malgré les chiffres du projet ministériel, il y a possibilité de faire une part aux dégrèvements en 1879 ; sinon on laisserait les adversaires de la République s'emparer de cette question et en faire leur programme. Les discours récents de MM. Buffet et de Ventavon, au Sénat, montrent que l'on y a déjà songé, et que l'on ne manquerait pas de tirer parti de ce fait dans le camp réactionnaire.

Pour justifier la possibilité de nouveaux dégrèvements, M. Gambetta a montré que le ministre des finances s'était attaché à grossir les dépenses et à masquer certains crédits

disponibles. M. Léon Say a eu sans doute la très honorable
et très sage préoccupation de mettre ainsi un frein aux projets irréfléchis de réduction d'impôts qui pourraient compromettre l'équilibre financier. Mais il ne faudrait pas qu'il
mit obstacle aux réductions prudentes et bien étudiées,
lorsque l'état de nos finances permet de les réaliser.

Or, M. Gambetta a fourni trois preuves que l'excédent réel
du budget de 1879 était bien supérieur à la somme d'un
million et demi que lui assigne le projet ministériel. En effet,
premièrement le ministre exagère le déficit devant résulter
de l'abaissement des taxes postales et télégraphiques. On a
prélevé sur les excédents de 1876 une somme de 16 millions
pour couvrir le déficit provenant de ce chef, et le ministre
persiste à faire figurer une insuffisance de ressources dans
son projet, pour ce chapitre. Deuxièmement, sur l'avance
permanente et sans intérêt de la Banque à l'État, qui vient
d'être portée par une nouvelle loi à 300 millions, le ministre
ne prélève que 65 millions pour l'exercice 1879. Il tient en
réserve 13 millions pour les nécessités imprévues de 1878,
alors qu'il est certain aujourd'hui qu'on aura de sérieuses
plus-values d'impôts indirects qui, à l'heure actuelle, sont
déjà suffisants pour couvrir les crédits supplémentaires probables. Enfin, le ministre créé 47 millions de dépenses pour
1879, et la moitié environ pourra être évitée.

En tenant compte de ces trois faits, M. Gambetta pense
qu'il y a des ressources suffisantes pour continuer à dé-
grever les impôts indirects en 1879, sans nuire aux services
publics. Il estime qu'on pourrait diminuer, peut-être même
supprimer totalement :

Le droit sur la chicorée.	5,339,000 fr.
Le droit sur les huiles.	5,843,000
Le droit sur les huiles minérales. . . .	150,000
Le droit sur la stéarine et les bougies.	7,209,000
Le droit sur les vinaigres.	2,033,000
Total.	20,574,000 fr.

M. Gambetta pense qu'on pourrait ensuite préparer pour
un exercice ultérieur la suppression de l'impôt du papier et
le remaniement du tarif sur les sucres.

M. Gambetta rappelle qu'il est absolument nécessaire de

voter les contributions directes dans la session actuelle, afin
de permettre à l'administration de confectionner les rôles
et aux conseils généraux de régler le budget des départements dans leur session du mois d'août prochain.

M. Gambetta est nommé par 27 voix; M. Bethmont par
24 voix et M. Horace de Choiseul par 15 voix.

La commission du budget pour l'exercice 1879 se constitua le 4 en choisissant pour président, à l'unanimité des
voix, M. Gambetta, pour vice-présidents MM. Jules Ferry
et Albert Grévy, pour secrétaires MM. de Mahy, Berlet, de
Choiseul et Fallières. Les sous-commissions furent ainsi
formées : 1° *Finances, travaux publics, agriculture et commerce* : MM. Germain, Wilson. Rouvier, Sadi Carnot, Martin
Nadaud, Jules Ferry, Waddington, Dréo, Parent, Guichard
et Tirard; 2° *Justice, intérieur, instruction publique, cultes,
beaux-arts, Algérie* : MM. Léon Renault, Millaud, Varambon,
Boysset, Goblet, Roux, Albert Grévy, Proust, Constans, Thomson et Fallières; 3° *Guerre, marine, missions étrangères* :
MM. Gambetta, Martin-Feuillée, Spuller, Bethmont, Lamy,
de Mahy, Farcy, Langlois, Choiseul et Berlet.

En prenant possession du fauteuil de la présidence,
M. Gambetta prononce l'allocution suivante :

Messieurs.

J'adresse d'abord à tous mes collègues de la commission l'expression des vifs sentiments de reconnaissance que j'éprouve pour le témoignage d'estime et,
laissez-moi le dire en présence de votre unanimité,
pour le témoignage de satisfaction qu'ils viennent de
me donner. J'y trouve le gage de l'accord et de la
parfaite solidarité qui se sont établis entre nous,
depuis que nous traitons ensemble des affaires financières de la France.

Nous avons parcouru une campagne qui, pour
n'être pas longue encore, n'en a pas moins produit
déjà des résultats féconds. Nous avons pu, grâce au
concours de tous, grâce au sang-froid, à la patience
du pays, à son ardeur au travail, traverser des temps

difficiles, heureusement déjà loin de nous, et il nous est permis aujourd'hui d'envisager avec calme la situation. Cette crise a fait ressortir l'admirable union de la France, sous l'égide d'une République tranquille, légale, forte, laborieuse et pacifique.

Continuant à nous inspirer des volontés du pays, nous allons reprendre la carrière dans laquelle nous nous sommes engagés depuis trois ans; nous nous appliquerons à notre tâche avec l'assiduité et le zèle que nous y avons apportés dans les sessions précédentes.

Deux idées principales nous soutiendront dans notre œuvre :

Nous aurons d'abord à cœur de ne rien négliger, pour aider à la grandeur, à la prospérité et au développement de notre chère patrie; ensuite, nous nous montrerons incessamment soucieux d'alléger autant qu'il sera possible les charges qui pèsent sur les contribuables et qui sont le legs des désastres de l'empire. Toutefois nous nous attacherons à concilier le développement des grands intérêts du pays avec le respect de ses ressources réelles.

La tâche qui nous est imposée est maintenant plus facile : la situation se présente sous des aspects plus consolants. Nous sommes en présence de ministres qui ont toute notre confiance et au milieu desquels on trouve des hommes d'une haute capacité, qui ont donné la mesure de leur compétence dans les services dont ils sont chargés.

Une autre pensée a toujours présidé à nos délibérations, et elle s'impose à nous avec une gravité nouvelle, aujourd'hui qu'il est question d'adjoindre le compte de liquidation à notre budget annuel : c'est la ferme intention que la Chambre a toujours eue de donner à la force défensive de la France tout ce qui est nécessaire pour la porter à son plein et entier développement. Mais c'est ici qu'il nous importe de ne pas dépasser la mesure, et, en donnant tout ce qu'il faut, de rester fidèles à ce grand principe sur lequel sont d'accord à la fois le gouvernement, les hommes politiques et le pays lui-même, à savoir que la France poursuit exclusivement une œuvre de paix et de civilisation.

C'est sous ces auspices que nous allons entrer dans l'examen de la situation budgétaire de la France.

Je déclare ouverts les travaux de la commission du budget de l'exercice 1879.

Les travaux de la commission du budget, commencés le 12 mai, furent terminés le 20 novembre. La discussion générale (rapport de M. Wilson) n'occupe qu'une seule séance. — Les différents chapitres du budget furent rapidement discutés. M. Gambetta, président de la commission du budget, intervint dans la discussion du budget de la guerre. (*Séance du 26 novembre.*)

MINISTÈRE DE LA GUERRE.

Chapitre 7. — Vivres, 92,841,016 francs. — M. Margaine appelle l'attention de la Chambre sur le mode de fourniture de la viande. Depuis plusieurs années la fourniture se fait par les voies de l'État, qui passe des contrats avec des fournisseurs. Le rapport affirme que l'expérience n'a pas réussi. L'intention du gouvernement est-elle de revenir au système des versements en argent et des achats directs dans chaque compagnie par les caporaux d'ordinaire ?

M. GAMBETTA. — Messieurs, notre honorable ami M. Margaine a parfaitement raison lorsqu'il dit qu'il s'agit en ce moment d'une question qui ne doit pas être altérée par l'esprit de parti ; et, en effet, elle doit, pour être bien traitée, n'être envisagée qu'à son unique point de vue, celui du meilleur procédé d'alimentation pour nos troupes et, en même temps, de la plus grande économie possible pour nos finances.

Le rapport que l'honorable M. Margaine a bien

voulu lire, — mais qui, probablement, n'était pas assez clairement rédigé, — me semble répondre à ce double point de vue.

Le système en vigueur aujourd'hui date de la guerre, et c'était encore d'après ce système qu'on avait réglé le budget de la guerre en 1871.

Avant la guerre, on nourrissait les troupes par le procédé suivant : on faisait un prélèvement de 26 centimes sur la solde de chaque homme, et on les versait à l'ordinaire ; puis, dans chaque régiment, soit par compagnie, soit par bataillon, — car cela variait selon la volonté du chef de corps, — les troupes s'approvisionnaient directement chez les bouchers de la localité où elles étaient en garnison. Il est arrivé, sous le régime du système ancien, — système longuement pratiqué, et je puis dire longuement éprouvé, — il est arrivé que, durant une période d'un demi-siècle, le prix de la viande a été plus bas et la qualité meilleure.

Depuis la guerre, — à la suite d'une innovation heureuse qui consistait à augmenter l'alimentation journalière du soldat, à la suite aussi d'incidents que je n'ai pas besoin de rappeler et qui ont été concomitants à la retraite sur Versailles et à la prise de Paris, — M. Thiers accorda aux troupes de l'armée de Paris une ration de viande de 300 grammes au lieu de 250 grammes. Alors, comme le prélèvement quotidien de 26 centimes sur la solde aurait été parfaitement insuffisant pour payer ces 300 grammes de viande, on passa du régime de l'approvisionnement en argent au régime de l'approvisionnement en nature. Ce système, appliqué à l'armée de Paris, fut justement généralisé par le Gouvernement et par l'Assemblée nationale à toute l'armée française ; c'est alors que, pour appliquer le nouveau régime, on est entré dans la voie des adjudications de fournitures de bétail à l'armée.

Eh bien, l'expérience et l'enquête à laquelle nous

nous sommes livrés en dehors du Gouvernement, —
je réserve la partie qui incombe au Gouvernement
dans cette discussion, — nous ont amenés à cette
constatation uniforme que la troupe, dans les endroits
où elle était en garnison, ne s'approvisionnait plus
directement sur place, à l'étal des bouchers de la
localité, mais était approvisionnée par l'entremise
de grands adjudicataires qui se réunissaient d'un bout
à l'autre de la France ; les petits fournisseurs ne se
présentaient pas aux adjudications, soit parce qu'ils
n'avaient pas assez de capitaux, soit parce qu'il ne
pouvait pas entrer dans leur esprit d'entreprendre
une fourniture aussi étendue.

Dans ces conditions, à quoi assiste-t-on ? A des
choses aussi mauvaises pour la moralité, dont a parlé
l'honorable M. Margaine, que pour l'alimentation
du soldat, que pour les finances de l'État. Et d'abord
il se forme une coalition tacite et constante entre les
adjudicataires, de sorte que, chaque année, le prix
moyen de la viande à livrer à l'armée croît dans une
proportion effrayante. (*C'est vrai ! c'est vrai !*) Ensuite,
le soldat n'étant plus admis, par la présence de son
protecteur naturel dans la famille régimentaire, à voir
la viande qui lui est livrée, à en discuter le prix, à en
surveiller, pour ainsi dire, la dissection, le soldat
reçoit une viande qui, par le fait de la spéculation de
certains industriels, n'est que le rebut de la viande
produite dans ce pays-ci. (*Assentiment sur un grand
nombre de bancs.*)

Il y a sur ces bancs plusieurs de nos honorables
collègues qui appartiennent à la culture grande et
moyenne : ils savent qu'il est malheureusement habituel dans certaines localités que, quand une bête est
tarée, quand elle ne vaut plus rien, elle est livrée aux
adjudicataires de l'armée. (*Nouvel assentiment sur les
mêmes bancs.*)

Ce n'est pas tout ! Les adjudicataires ainsi consti-

tués font la loi, — et une loi très rude, — à l'administration de la guerre, qui est bien obligée de nourrir
les troupes, et qui, par le fait, est contrainte de subir
cette loi, quelle qu'elle soit, puisqu'elle ne peut pas,
dans l'état actuel des choses, recourir à l'approvisionnement au petit étal du boucher. Voilà comme on
arrive tout à la fois à payer la viande plus chère, et à
l'avoir plus mauvaise.

Messieurs, nous ne nous sommes pas arrêtés dans
notre enquête; nous avons voulu tout savoir; nous
avons interrogé les syndics de la boucherie dans presque tous les chefs-lieux de garnison, dans les petits,
dans les moyens, et naturellement dans les grands. Je
pourrais vous faire entendre, par exemple, la protestation du syndicat de la boucherie de Paris, qui, tout
entière, s'élève contre le système de l'adjudication,
qui se fait fort de vous fournir de la viande de meilleure qualité, de vous révéler les fraudes dont quel-
ques-unes faisaient encore scandale devant nos tribunaux, il n'y a pas bien longtemps, et cependant
d'accepter des prix inférieurs à ceux des adjudicataires.

Dans cette enquête à laquelle nous nous sommes
livrés dans les départements, savez-vous ce que nous
avons constaté? C'est que les adjudicataires, après
avoir pris charge à un prix, venaient, au bout de
quelque temps, menacer de tomber en faillite, c'est-
à-dire de se dérober à la fourniture, et arracher ainsi
des prix supérieurs à ceux qui figuraient au cahier des
charges, alors cependant que dans les chambres syn-
dicales des petits bouchers, des petits commerçants,
on pouvait fournir de meilleure viande à meilleur
marché.

Qu'avons-nous dit, nous, commission du budget?
Est-ce que nous avons dit que nous tranchions la
question? En aucune manière. Est-ce que nous avons
fixé les prix d'une façon définitive? Nullement. Nous

avons dit à M. le ministre de la guerre, dans une conférence qui nous avait rapprochés : Et cette question de la viande, est-ce qu'elle ne vous tourmente pas? Est-ce que vous ne savez pas avec quelle convoitise et avec quelle âpreté au gain se précipitent les adjudicataires sur les fournitures de viandes à l'armée?

Parfaitement, nous a-t-il dit; moi aussi, je suis alarmé. je connais cet état de choses, je veux y remédier. nous serons vite d'accord; mais c'est une question délicate, difficile; il faut savoir si tel prix, excessif en Bretagne, sera suffisant à Paris ou ailleurs.

M. le ministre disait vrai. Mais, Messieurs, ce sont là des questions de règlementation; vous avez pour les trancher du mieux possible toute une année et la sollicitude de M. le ministre de la guerre. Tout ce que je sais, tout ce que je puis dire, c'est que le système actuel est condamné parce qu'il est contraire à toutes les conditions d'une bonne administration, parce qu'il a ce résultat déplorable que, tous les ans, le chiffre des crédits portés au budget de la guerre, pour les vivres de l'armée, vont en augmentant comme une marée montante, et que, à mesure que ces chiffres grossissent, l'alimentation de nos soldats est de plus en plus mauvaise. Une pareille situation ne saurait être tolérée plus longtemps; il faut, d'urgence, apporter une solution à la question qu'elle soulève. Je ne dis pas que la commission a trouvé la solution dernière et définitive, mais je dis que le système est condamné et que, à la fourniture en nature, il faut substituer l'approvisionnement par argent.

Par quelle règlementation, dans quelles conditions peut-on obtenir une substitution si désirable d'un système à un autre? C'est ici, Messieurs du Gouvernement, que la parole vous appartient. (*Applaudissements sur un grand nombre de bancs.*)

M. Rossignol, commissaire du Gouvernement, répond que

le ministre de la guerre a ordonné une enquête et que l'administration avisera dans le plus bref délai.

Le chapitre 7 est mis aux voix et adopté.

Le budget des recettes fut promulgué le 22 décembre en même temps que le budget des dépenses.

DISCOURS

Prononcé le 24 mai 1878

AU BANQUET DU CERCLE NATIONAL.

L'ouverture de l'Exposition universelle eut lieu le 1ᵉʳ mai au milieu d'une affluence considérable. Les puissances étrangères s'étaient fait représenter : l'Angleterre, par le prince de Galles; l'Espagne, par le roi François d'Assise; l'Autriche, par l'archiduc Léopold; l'Italie, par le duc d'Aoste; la Russie, par le grand-duc de Leuchtenberg; les Pays-Bas, par le prince d'Orange; le Danemark, par le prince héritier.

La fête du 1ᵉʳ mai eut un caractère extraordinaire : « Ce ne fut pas, dit le *Temps*, une fête publique ressemblant plus ou moins aux fêtes données à diverses époques et sous divers régimes; elle fut la manifestation la plus étonnante à laquelle se soit jamais livrée une grande population, et dont il fut impossible de méconnaître le caractère. C'est la République, c'est la paix, c'est le travail, c'est la liberté, que la population passionnée célébra dans cette fête avec un incomparable éclat. Jamais féerie n'offrit le spectacle véritablement merveilleux que présentaient dans la soirée tous les quartiers de Paris, les quartiers les plus riches comme les quartiers les plus pauvres.

« Sur tous les points de l'immense cité, il y eut une communauté de sentiments, d'efforts, d'enthousiasmes sincères.

« Dans les rues commerçantes, dans ce vaste périmètre qui va du Palais-Royal à Montmartre, de la Bourse à la Villette, à Ménilmontant, à Belleville, il n'est pas un habitant qui n'eût décoré sa maison et illuminé ses fenêtres. Patrons, commis, ouvriers, tous rivalisèrent d'ardeur. Le faubourg Saint-Denis offrait un coup d'œil magique. Oui, c'était vraiment la fête de tous, la fête de Paris, la fête de la France, de la France républicaine, pacifique, laborieuse et libre.

« A côté des splendeurs matérielles, sans égales dans l'histoire des fêtes publiques, il y eut cette autre splendeur d'un ordre véritablement admirable. Cette population, livrée à elle-même, n'étant ni surveillée, ni contrainte, eut la tenue la plus digne. La joie était partout, mais sous cette joie on sentait comme un sentiment de respect, on voyait que ces foules voulaient honorer par la parfaite convenance de leur attitude, par la modération dans les mouvements, dans les paroles, la liberté qui leur était laissée et les idées dont la fête était la manifestation.

« La population était émue ; nulle part elle ne fut bruyante, et ne fût-ce qu'au point de vue de l'ordre que sait observer le peuple de Paris, de la discipline qu'il sait s'imposer, cette fête laissera des souvenirs qui ne s'effaceront pas de longtemps.

« Nous n'avons point vu la fête de la Fédération, mais certainement, aussi loin que peuvent remonter les souvenirs personnels des vieillards, nulle fête de ce siècle ne se peut comparer à celle d'hier, tant par l'unanimité que par l'éclat des manifestations. En réalité, il n'y eut pas de dissidents ou du moins leur nombre fut si faible qu'on peut ne pas en tenir compte. Cette quasi-unanimité, cette spontanéité avec laquelle la population s'associa à l'action du Gouvernement et des municipalités, donnèrent à cette fête l'importance d'un événement politique dont personne ne put méconnaître la signification. »

Le 24 mai, les sénateurs et députés républicains, membres du Cercle National, offrirent un banquet de cent couverts aux délégués des sections étrangères.

M. Duclerc, vice-président du Sénat, président de la réunion, M. Teisserenc de Bort, ministre de l'agriculture et du commerce, sir Philipp Cunliffe-Owen, secrétaire de la commission anglaise, et M. Gambetta prononcèrent les discours suivants :

M. DUCLERC. — Messieurs, je vous propose de porter avec moi la santé de notre illustre et affectionné convive, M. Teisserenc de Bort, ministre de l'agriculture et du commerce.

A lui revient principalement l'honneur d'avoir accueilli sans hésitation cette grande idée, jugée d'abord téméraire, d'une Exposition universelle à Paris, en 1878; de l'avoir fait accepter par les pouvoirs publics; d'en avoir commencé l'exécution, et — après une interruption cruelle — d'en avoir repris la conduite jusqu'à ce grand jour où nous l'avons vue inaugurée, devant le monde entier, au nom de la République, par le premier magistrat de la République. (*Applaudissements.*) Certes, l'audace était grande. Mais l'opinion publique découvrit clairement, dès la première heure, le but, la portée, les conséquences immanquables de l'entreprise. Ce n'était pas seulement une preuve de sa vitalité, de sa confiance en elle-même, que la France donnerait au monde; ce n'était pas l'occasion cherchée d'effacer sous une victoire pacifique un deuil ineffaçable. Non! Exposée à un double danger, la France entière comprit d'instinct qu'il y avait là pour elle un instrument de sécurité contre lequel ne prévaudrait aucun dessein. De là cette adhésion instantanée, résolue, que suscita partout l'initiative du gouvernement. (*Nouveaux applaudissements.*)

Si cette vue était juste, l'expérience le montre avec éclat. Troublée un moment, je ne veux rien dire de plus (*Bruyants applaudissements*), la paix intérieure est rétablie. Au dehors, nous l'avons gardée; et, en ce qui nous concerne, on peut affirmer qu'elle offre aujourd'hui des garanties de durée qui nous manquaient peut-être il y a deux ans.

Conviée par nous, l'Europe est maintenant chez nous. Elle nous voit de près, et nous juge autrement que par l'impression lointaine des calomnies intestines. (*Bravos.*) Elle savait de nous nos aptitudes, notre prudence en affaires; l'ordre, l'économie, la probité de nos industriels. Mais ces qualités, elle nous les refusait dans l'ordre politique : elle nous jugeait incapables de patience, de sagesse, de sévérité contre les difficultés des choses. Par ses plus grands princes, par ses plus illustres personnages, elle apprendra, sans doute, que la contradiction a cessé; que, se gouvernant elle-même, ayant du moins un gouvernement fait à son image, la France républicaine apporte dans la gestion des affaires publiques les qualités qu'on ne lui conteste point ailleurs. (*Très bien!* — *Applaudissements.*) Et le jour où elle connaîtra bien cette vérité, l'Europe, Messieurs, aura pour nous les seuls sentiments dont nous soyons désormais soucieux : l'estime et le respect.

Monsieur le ministre, Messieurs, buvons à l'avenir de la France! (*Longs applaudissements.*)

M. TEISSERENC DE BORT, ministre de l'agriculture et du commerce. — Messieurs, j'accueille avec une vive reconnaissance, pour moi et pour mes collaborateurs de l'Exposition, les bonnes paroles que vient de prononcer notre honorable président. Pour moi, je les accepte comme un témoignage nouveau d'une extrême bienveillance et d'une profonde sympathie dont je me sens vivement touché.

Pour mes collaborateurs de l'Exposition, Messieurs, je vois dans ce que vient de dire mon honorable président la juste récompense du zèle, des efforts, de l'intelligence, j'oserai dire du génie (*Oui! oui!* — *Bravos*) qu'ils ont dépensés au service de cette grande entreprise qui honore la France et qui, je l'espère, laissera des traces dans le souvenir de toutes les personnes qui l'auront visitée.

C'est effectivement à ces collaborateurs et à eux seuls qu'est dû le grand spectacle que nous voyons se dérouler devant nous; il est dû à nos ingénieurs, à la tête desquels se place un homme éminent que je n'ai pas besoin de nommer, notre commissaire général. (*Salve d'applaudissements.*)

Il est dû à nos ingénieurs, à nos architectes, à nos exposants, mais il est dû aussi, Messieurs, et dans une très large part, à tous les gouvernements dont nous sommes heureux de voir, au milieu de nous, les représentants. (*Applaudissements répétés.*)

Ils ont largement contribué à l'éclat de notre Exposition. Ils ont apporté l'originalité de leurs produits; ils ont exécuté des travaux qui jettent sur notre Exposition une variété infinie, et je crois répondre à votre sentiment, Messieurs, et compléter le toast de notre honorable président en portant la santé des commissaires et des gouvernements étrangers. (*Salve d'applaudissements.* — *Bravos prolongés.*)

M. CUNLIFFE-OWEN, secrétaire de la commission anglaise. — Avant tout, Messieurs, je désire obéir aux ordres de M. le commissaire général de l'Espagne. J'invoque pour titre l'appui de mes autres collègues, et j'ai, d'ailleurs, l'honneur d'être secrétaire de la commission des sections étrangères, je dois obéir. (*Assentiment.*)

Je prends la parole au nom des commissaires étrangers
afin de vous témoigner, Messieurs, nos remercîments,
notre reconnaissance pour l'accueil que vous avez bien voulu
nous faire dans cette occasion solennelle. (*Très bien! très
bien! — Bravos.*)

Quand on m'a fait l'honneur de m'inviter à cette réunion,
je ne me doutais pas que peut-être il me serait nécessaire
d'essayer de bredouiller... (*Mais non! — Très bien! très
bien! — Applaudissements.*)

J'aurais voulu vous faire, Messieurs, une réponse digne
de cette assemblée, mais je suis obligé de réclamer toute
votre indulgence. Je vous remercie de l'honneur que vous
nous avez fait en nous conviant à cette fête, mais avant
tout, au nom de tous mes collègues, les commissaires étrangers, au nom de tous les étrangers qui sont venus concourir
à cette grande œuvre, je tiens à vous dire combien nous
nous sentons honorés d'avoir au moins une petite part dans
cette grande entreprise de la France en 1878. (*Applaudissements unanimes.*)

Notre auguste président, le prince de Galles, a déjà
exprimé toutes ses sympathies pour cette grande œuvre de
l'Exposition universelle. (*Applaudissements prolongés.*) Je ne
puis que me référer aux paroles si pleines de vérité conte-
nues dans son discours, et je ne crois pas qu'il me soit possible d'y rien ajouter. (*Très bien! très bien! — Applaudissements.*)

Le monde entier accueille avec sympathie et reconnaissance l'invitation qui lui a été faite d'assister à l'Exposition
universelle de 1878, qui, par sa beauté, son caractère, est
peut-être la dernière des Expositions, en ce sens qu'elle ne
pourra jamais être dépassée. (*Non! non! — Applaudissements prolongés.*)

M. GAMBETTA. — Messieurs, je suis très heureux
d'être appelé à répondre aux divers toasts que vous
venez d'entendre, et de lever mon verre au milieu de
vous pour porter la santé de nos hôtes, de ces représentants si actifs, si zélés, si ingénieux de l'industrie
universelle qui ont rassemblé dans ce Paris — qui
était bien, je peux le dire sans orgueil et sans tomber

dans le péché de vanité qui nous a été tant de fois,
et quelquefois si justement reproché — qui en était
bien le cadre naturel, tous ces trésors, toutes ces
incomparables merveilles que le monde entier a bien
voulu confier à la probité et à la loyauté de la France
républicaine. (Vive approbation.)

Oui, c'est du fond du cœur que je porte un toast, à
vous, mon cher monsieur Owen, à vous, monsieur
Torrès Caïcedo[1], et à vous tous, Messieurs, dont les
noms pourront ne pas être cités ici, mais qui resteront
entendez-le bien, gravés dans nos mémoires, entourés
du respect et de la gratitude de la nation française
tout entière, car vous avez été, en venant au milieu
de nous, les missionnaires de ce qu'il y a de plus
auguste parmi les hommes : vous avez été les missionnaires du travail. (Applaudissements prolongés.)

Mais, permettez-moi de vous le dire, Messieurs,
vous avez été aussi les garants de la France devant
l'univers. (Mouvement.)

Messieurs, dans une fête si complètement, si sincèrement inspirée du noble sentiment de la concorde,
de la justice et de la paix entre les hommes, on sait
si je voudrais laisser échapper un mot qui eût l'apparence d'une rancune ou d'une susceptibilité, mais je
manquerais à mes devoirs si je ne disais pas que ce
qui a le plus touché le cœur de tous les Français,
c'est de voir, le jour de l'ouverture de notre Exposition, non pas seulement les représentants les plus
nobles des grandes souches royales du monde, mais
encore les représentants de ce que les arts, la science,
l'industrie, le commerce, la banque, la diplomatie,
la politique, toutes les manifestations de l'esprit humain, ont produit de supérieur, de plus autorisé, de
plus illustre, présents à ce rendez-vous solennel. Mes-

1. M. Torrès Caïcedo, représentant de la république de San
Salvador, qui avait prononcé quelques paroles après sir Cunliffe
Owen.

sieurs, ce jour, ce grand jour a été pour nous le jour de la délivrance et du couronnement. Ce jour-là nous vous avons acclamés, nous vous avons remerciés tous avec les sentiments de reconnaissance, d'estime et de respect dus à ceux qui savent franchir les difficultés pour venir étreindre d'une main loyale la main d'une nation qui ne demande rien au monde que sa place. mais toute sa place parmi les nations. (*Longs applaudissements.*)

Laissez-moi ajouter que ce n'est pas ce jour-là que pour nous la reconnaissance a commencé, c'est le jour où vous avez, avec la persévérance, la patience et la ténacité qui sont le génie de la race anglaise, surmonté tous les obstacles, où vous avez aidé la volonté de celui qui a été salué tout à l'heure avec tant de justice comme l'initiateur et le patron de la collaboration de l'Angleterre à l'œuvre de l'Exposition universelle de la France. C'est ce jour-là que vous avez bien mérité de notre patrie, parce que vous nous avez fait confiance, parce que vous nous avez fait crédit, et parce que votre promesse, comme toujours, était la certitude du succès qui nous était réservé. (*Bravos et applaudissements unanimes.*)

Aussi, Messieurs, voyez de quel prix a été pour nous cette fixité dans les déclarations et les adhésions de la première heure. Elle a suffi pour triompher de tous les mauvais vouloirs, de toutes les résistances, de tous les refus de concours, de toutes les appréhensions, de toutes les calomnies. car ce mot n'est pas trop fort pour stigmatiser ceux qui, inspirés par la passion, ont été assez méchants et assez dépravés pour souhaiter l'insuccès de cette grande entreprise. (*Vifs applaudissements.*)

C'est à vous que nous devons d'avoir fait — non pas la dernière Exposition qu'il nous sera donné d'admirer, — mais d'avoir fait l'Exposition de Paris de 1878, et si nous y avons réussi, c'est grâce au concours de tous ; c'est pour cela que cette Exposition de 1878 a son caractère propre et très marqué ; c'est pour cela aussi qu'elle aura des conséquences. (*Mouvement et bravos.*)

Cette confiance dans la parole de la France, je la salue, et j'aime à la proclamer devant mon pays, parce que cette confiance est le gage et l'appui des relations appelées à relier les peuples entre eux. Messieurs, quand les nations poursuivent un but supérieur, un but idéal, un but d'apaisement, un but de progrès et de civilisation, il est bon de savoir que jamais on ne rompra, le long de la route à parcourir, l'union contractée avant le départ. (*Vive approbation.*) C'est pourquoi, Messieurs, nous avons pu saluer, je le dis avec plaisir, la réunion totale et complète des représentants de toutes les puissances du monde à notre Exposition.

Je tiens, Messieurs, à constater cet empressement unanime, surtout à l'honneur de ceux qui ont bien voulu, à la dernière minute, apporter ici le concours de leur intelligence et de leur activité. (*Applaudissements.*) Je le dis parce que je vois dans ce concours le gage, le symbole du sentiment aujourd'hui universel de la confiance en la parole de la France, sentiment qui est irrésistible et qui fait que, lorsqu'elle a déclaré que sa politique est une politique toute de paix, pour la paix et pour les fruits de la paix, personne, depuis le nord de l'Europe jusqu'aux dernières limites de l'extrême Orient, personne n'en doute dans l'univers. Et si quelque chose est de nature à donner à la fête que nous célébrons ici un caractère véritablement général, complet et décisif, c'est que nous pouvons dire, avec autorité, à la face du monde, que cette fête se résume en deux mots : Paix et travail. (*Double salve d'applaudissements.*)

Messieurs, ce toast à la paix et au travail, je le porte dans un cercle dont je suis membre, dans un

cercle qui a été fondé pour diriger de plus en plus les
préoccupations des hommes politiques, et aussi des
pouvoirs publics, vers les intérêts de cette agriculture
dont les ouvriers et les représentants sont la force
vivace de ce pays (*Bravos*), de cette agriculture qui,
comme le disait un des plus illustres hommes d'État
qui ont fait notre patrie, est une des deux mamelles
de la France. Mes chers concitoyens, j'éprouve une
satisfaction toute patriotique à le dire devant nos
hôtes, devant les délégués du monde entier, c'est
dans nos populations agricoles et rurales que se trouvent la réserve et la force de l'avenir. C'est parce que
nous sommes un peuple de paysans, un peuple de
travailleurs, un peuple de petits patrons et de petits
propriétaires, un peuple d'épargneurs ; c'est parce que
nous sommes appuyés sur le suffrage universel qui
est la loi de tous, par tous et pour tous, que notre
pays peut éprouver tous les accidents, traverser
toutes les tempêtes de la politique, sans jamais laisser
entamer ni sombrer le grand et fécond principe sur
lequel repose la société française, l'égalité. (*Salves
d'applaudissements. — Bravos prolongés.*)

Quelques jours avant le discours prononcé au banquet
du Cercle Nationale, M. Gambetta avait porté un toast analogue, sous une forme à la fois plus poétique et plus familière, dans une fête donnée par M. Henri Cernuschi. Ce
toast qui a laissé une profonde impression dans le souvenir
de tous ceux qui l'ont entendu, n'a pas été recueilli par la
sténographie. Nous n'en trouvons qu'une très brève analyse
dans une chronique publiée sous notre signature dans la
République française du 22 mai. Nous reproduisons cette
chronique :

« Nous nous faisons un plaisir de parler dans ces colonnes de la fête qu'a donnée samedi dernier dans son hôtel
du parc Monceaux notre excellent ami M. Henri Cernuschi.
Ce n'était pas un de ces bals ordinaires dont on a coutume
de dire qu'ils ont été d'autant plus brillants que la cohue

y a été plus grande et les toilettes plus tapageuses. C'était avant tout une fête artistique. On connaît l'hôtel de M. Cernuschi, ce musée où se trouve réunie une collection unique de bronzes et de porcelaines du Japon, collection que l'intelligent voyageur a lui-même ramenée de la contrée du Soleil levant. Ce soir-là, toutes les salles, illuminées à la nouvelle lumière électrique, présentaient un aspect merveilleux; on les eût dites éclairées par vingt lunes brillantes; il y avait tant de fleurs, qu'au milieu de leurs pittoresques corbeilles, les femmes faisaient songer à ces jolies figures qu'on voit sur les porcelaines japonaises sortant du calice ouvert des lotus. Presque tous les membres des gauches des deux Chambres étaient là, les ministres, de nombreux hommes de lettres, de nombreux artistes, et ce n'est pas pour la première fois que nous avons remarqué avec contentement que les plus justement illustres de ces derniers appartiennent à ce grand parti qui est le parti national. Dans la vaste salle du bal, un gigantesque Bouddha de bronze présidait à la fête, souriant avec une majestueuse bonne grâce; et plus d'un a pensé que dans quelque vingt ou trente siècles d'ici, « quand trois mille ans auront passé sur notre cendre », pour parler comme le poète, la juste réciprocité des choses fera peut-être présider par quelque Christ de Donatello quelque fête semblable donnée dans l'extrême Orient.

« A trois heures du matin on a soupé, et M. Gambetta, à la prière des convives, s'est levé pour porter un toast à l'heureux amphitryon. Il a rappelé cette vie tout entière consacrée à la défense de la liberté et au service de la démocratie; il a dit comme, au jour des désastres, à cette heure sombre où la France expiait cruellement des fautes et des crimes dont elle n'était pas l'auteur, le généreux Italien était venu s'enfermer dans Paris assiégé et réclamer comme un titre d'honneur la qualité de citoyen français. A ce moment de son discours le jour se levait et l'aurore apparaissait derrière les vitraux de la salle. M. Gambetta s'est alors tourné du côté du jour naissant et, dans un saisissant mouvement d'éloquence, il a montré cette aube radieuse, admirable symbole de cette autre aube qui se lève pour la France, aube de liberté, de travail, de prospérité publique. Profondément ému, M. Cernuschi a répondu en quelques paroles vraiment belles parce qu'elles sortaient du fond de son cœur de patriote et de républicain. A plusieurs reprises, de chaleureux applaudissements ont éclaté de tous les côtés et la musique des Tziganes partait d'elle-même. Ce n'est que deux heures après que les derniers invités se sont retirés, emportant le souvenir d'une fête véritablement artistique et des fières paroles de foi dans l'avenir qu'ils avaient entendues. »

DISCOURS

Prononcé le 24 mai 1878

A LA RÉUNION DU CIRQUE AMÉRICAIN[1]

PARIS

Nous empruntons à la *République française* du 21 mai le compte rendu suivant :

La réunion organisée par les conseillers municipaux du troisième arrondissement, au profit des victimes de la catastrophe de la rue Béranger[1], a eu lieu hier, à deux heures, au cirque Américain, que MM. Myers avaient bien voulu prêter gracieusement. L'immense salle était comble. L'ordre, pendant toute la séance, a été parfait ; les commissaires délégués par les conseillers de l'arrondissement, et qui portaient à leur boutonnière un ruban noir liseré de blanc, n'ont même pas eu à intervenir. Au moment où M. Gambetta, le président de la réunion, et M. Spuller, qui devait faire la conférence, ont pénétré dans la salle, des salves d'applaudissements ont éclaté et des cris répétés de : « *Vive Gambetta! vive la République!* » poussés par l'assemblée entière se sont fait entendre.

M. Gambetta a pris place au fauteuil de la présidence. Il a ouvert la séance par les paroles suivantes :

Mesdames et Messieurs,

Je ne veux pas commencer cette réunion sans adresser, à tous ceux qui sont venus à ce pieux rendez-vous de l'assistance commune, un remercîment inspiré par une reconnaissance sincère et profonde.

---

1. Le 11 mai, une explosion terrible avait détruit deux maisons situées rue Béranger et causé la mort de plusieurs personnes.

Vous avez bien voulu vous arracher, les uns à vos occupations, les autres à vos plaisirs, pour venir apporter ici, avec votre présence, le tribut de votre obole pour la réparation, — dans la mesure où il est possible de réparer de telles infortunes, — pour la réparation de l'effroyable sinistre qui a désolé ce quartier et qui a soulevé la pitié, non seulement de Paris, mais, on peut le dire, du pays tout entier. Car il n'arrive pas à Paris de souffrir dans ses intérêts particuliers, comme dans ses intérêts généraux, sans provoquer immédiatement sur tous les points de la France les mêmes sympathies, le même concours, le même esprit d'assistance et de sacrifice pour l'aider et le soulager dans le malheur qui le frappe. Cette réunion était donc véritablement nécessaire, elle a déterminé un concours que ses organisateurs étaient sûrs de rencontrer, car, quelles que soient les charges, quels que soient les sacrifices, les contributions, de tout ordre et de toute nature, pour les secours les plus divers — pourvu qu'ils soient légitimes — qu'on réclame de cette population parisienne, on la trouve toujours prête, et c'est d'elle qu'on peut dire qu'elle est inépuisable comme le génie même de la France. (Salves d'applaudissements.)

M. Spuller s'est alors avancé et a prononcé un discours remarquable, souvent interrompu par les bravos de l'auditoire.

L'orateur a tout d'abord expliqué le but de la réunion. Il a rappelé l'affreux événement qui a frappé Paris au milieu de l'allégresse où il se trouvait après la grande fête du 1er mai. Un immense cri de secours et d'assistance s'est fait aussitôt entendre. Tous ont fait leur devoir. On était anxieux, on voulait savoir le nombre des victimes, on courait au-devant du danger. Pendant quatre jours on travailla sans relâche, puis aussitôt on songea à secourir les malheureux. De tous côtés s'organisèrent des souscriptions, des représentations théâtrales. Deux sentiments se sont affirmés une fois de plus dans ces circonstances douloureuses : la solidarité et la fraternité. C'est à ces deux sentiments que l'on doit ces explosions du cœur de Paris tout entier quand un malheur frappe une partie, si faible qu'elle soit, de sa population.

C'est de ces deux sentiments que l'orateur s'est proposé d'entretenir l'assemblée. Il a déclaré que s'il avait pris la parole, ce n'était point pour exalter la population parisienne, pour la glorifier des admirables sentiments de solidarité dont elle a fait preuve dans cette cruelle circonstance ; la réunion a paru comme une occasion nouvelle de nous confirmer dans les habitudes plus modestes prises depuis nos malheurs. Cependant il n'était pas possible de parler du sentiment de fraternité dans les sociétés démocratiques sans rappeler que la France avait eu l'honneur de faire de ce grand sentiment humain un principe de gouvernement, que le principe de fraternité était inscrit dans la devise de la Révolution française, au même titre que la liberté et l'égalité. Le sentiment de fraternité est inséparable de ces deux autres principes, et il les complète. Qui a trouvé cette admirable devise ? Est-ce un homme de génie, est-ce un philosophe profond qui a réuni dans un même groupe ces trois mots inséparables qui ne peuvent être détachés les uns des autres ? Non, personne ne peut revendiquer l'honneur de cette grande création. Cette admirable devise sociale a été l'œuvre de la conscience populaire. Tous en profitent, sans qu'on puisse dire précisément qui l'a faite. Elle correspond aux sentiments les plus intimes, aux facultés les plus essentielles de la nature humaine : la liberté répond à l'activité, à la volonté ; l'égalité, à la plus haute notion à laquelle l'intelligence puisse s'élever, la notion de la justice ; la fraternité enfin correspond au sentiment qui dans la vie des individus comme des nations joue un rôle éminent, auquel il n'est pas possible de renoncer. Cependant cette notion de la vérité sociale et politique n'était pas exclusivement moderne. M. Spuller a montré qu'elle existait dans l'antiquité, et il a cité à ce propos cette sublime parole d'Aristote, qu'il a appelé le plus grand esprit de l'antiquité et peut-être de tous les temps : « Ce n'est pas seulement par les lois et par la force que les sociétés méritent de vivre, c'est surtout par l'amitié. » Ce mot si long-

temps incompris, l'instinct des foules l'a retrouvé au moyen
âge. Les premières associations, les premières communes
fondées s'appelèrent des « amitiés ». Il a inspiré toutes les
nations qui ont voulu conquérir leur indépendance. On le
retrouve à l'origine de la confédération des cantons suisses,
dans la guerre des Gueux de Hollande, qui se relièrent entre
eux par un serment fraternel. Les Pays-Bas ont été longtemps l'asile de la fraternité. Les toiles les plus célèbres des
maîtres flamands et hollandais, la *Ronde de nuit* de Rem-
brandt, le *Repos des gardes civiques* de Van der Helst, sont
l'image de la vie fraternelle et communale.

Chez nous, après un long sommeil, le sentiment de fraternité a reparu à l'époque où la patrie a été constituée. Le
14 juillet 1789, la France a conquis la liberté; le 4 août de
la même année, l'ancien régime s'est écroulé; la fin de
cette année mémorable s'est passée en fédérations locales
qui étaient autant de manifestations de l'esprit fraternel
qui animait à ce moment la société. Pendant ce temps,
l'Assemblée constituante accomplissait son œuvre : le rideau
de l'ancien régime étant tombé, la nouvelle France, la
France moderne apparaissait avec son admirable unité morale, et c'est pourquoi Paris, qui a toujours eu l'instinct des
grandes choses patriotiques, appelait le pays entier au
Champ de Mars, ce lieu de pèlerinage national, pour qu'il se
reconnût lui-même. A quatre-vingts ans de distance, on
devait voir le même sentiment parisien éclater de nouveau,
et les ouvriers, les boutiquiers parisiens se porter au
Champ de Mars pour célébrer la fête du travail international et montrer au monde entier notre nation ressuscitée
et glorieuse.

Poursuivant son discours, M. Spuller a montré que la
Convention, après l'Assemblée constituante, n'avait pas été
infidèle à ces grandes traditions. Elle a accompli de grandes
réformes, elle a fait de profondes modifications; elle s'est
occupée des pauvres, des vieillards, des enfants, des ma-
lades; elle a changé le régime des écoles, des hôpitaux, etc.
Tandis que ses armées battaient l'ennemi à la frontière et
repoussaient l'invasion, elle s'occupait dans ses séances de
ce que l'enthousiasme peut inspirer de plus généreux. Ces
traditions, d'ailleurs, ne se sont jamais perdues dans le
parti républicain. Les hommes qui tenaient le drapeau, qui

entretenaient pour ainsi dire le feu sacré, ont toujours été
reliés entre eux par le sentiment de la fraternité; ils en ont
conservé le tutoiement. Victorieux, ils ont établi le suffrage
universel, expression admirable de ce sentiment; c'est à
nous qu'il appartenait de faire de ce suffrage ainsi obtenu
un moyen de liberté politique et de gouvernement. Chez
ces hommes auxquels nous devons tant, tout procédait de
l'amour de la patrie; c'est ce culte que nous voulons entretenir, en instruisant nos enfants, en multipliant les réunions populaires. Nous voulons que la liberté, l'égalité et la
fraternité échauffent les cœurs. Nous voulons que la France
soit pour toutes les autres nations un objet d'envie, qu'elle
soit vraiment ce coin de terre privilégié, béni, où tout le
monde désire vivre, parce que tant de verdure la colore,
tant de moissons y murissent, et qu'un ciel si doux l'enve-
loppe. Nous voulons, dans cette République, l'abondance
et la sécurité; nous y voulons aussi la clémence, la concorde qu'on est en droit d'attendre d'une République démocratique. »

Toute la salle, après ce discours, a éclaté en applaudissements. On a ensuite demandé à M. Gambetta de vouloir
bien prendre la parole. M. Gambetta s'est exprimé dans ces
termes :

Mesdames et Messieurs, on me prie d'adresser à la
réunion quelques paroles qui permettent à la reconnaissance des organisateurs de cette fête de s'exprimer
par la bouche d'un de ceux qui la ressentent le plus
profondément.

Que vous dirai-je après les paroles de mon ami
Spuller? Est-ce que je peux reprendre, après lui, l'examen de cette épopée nationale? Est-ce que je peux
tenter, après un effort aussi heureux, aussi passionné,
aussi enthousiaste, et aussi légitimement applaudi,
de retracer les nobles qualités de l'âme de la patrie
française? Mais j'abuserais de votre patience... (*Non!
non! Parlez! — Applaudissements.*)

On vous a, dans un langage, qu'on me permette
de le dire, qui était, et par les beaux côtés, comme le

langage d'un véritable apostolat, on vous a prêché les vertus républicaines. Vous, Mesdames et Messieurs, vous faites mieux que de les entendre prêcher, vous les pratiquez. (*Bravos.*)

Votre présence ici est le meilleur, le plus éloquent, le plus décisif, et j'ajoute le plus fortifiant des plaidoyers en faveur des vertus républicaines. Et si j'ai une impression personnelle à traduire pour ceux qui m'écoutent et pour ceux qui sont au dehors, c'est que plus je vais, plus j'observe, plus je constate les actes et la marche de la nation française, et plus il me semble que devient irrésistible et invincible ce mouvement qui, rapprochant tous les Français les uns des autres, ne laisse plus d'espérance ni à la division, ni à l'anarchie, ni à l'outrage, ni à l'esprit de corruption, ni aux querelles civiles; plus il me semble que nous touchons au moment béni, trois fois béni, où il n'y aura plus qu'une opinion, qu'un parti, qu'un drapeau, qu'une France! (*Explosion d'applaudissements. — Bravos et acclamations. — Cris répétés de : Vive la République! Vive Gambetta!*)

Et c'est surtout, Mesdames et Messieurs, par ces vastes et populaires réunions que vous organisez spontanément, aussitôt qu'une émotion ou qu'une fête publique vous donne un rendez-vous anonyme auquel vous ne manquez jamais, c'est par là que vous êtes les ouvriers véritablement puissants et irrésistibles de ce travail de communion et de cohésion qui fait, laissez-moi vous le dire, que le monde nous a rendu son estime et son respect (*Applaudissements unanimes*), qui fait que les partis se lassent d'inquiéter, d'entraver. d'arrêter ce mouvement, qui fait que, toute la France étant d'un côté, les personnalités même les plus obstinées désertent l'autre côté et qu'elles désarment, car on ne lutte pas longtemps contre toute la France.

Eh bien, n'est-il pas temps, Mesdames, — vous surtout qui êtes parmi nous la représentation de ce qu'il y a de plus tendre, de plus délicat dans l'âme française, vous qui donnez à ces fêtes de la charité, à ces concours de la solidarité démocratique, leur grâce, leur attrait, leur véritable puissance, — est-ce qu'il n'est pas temps, exerçant votre légitime empire, que vous disiez, comme patriotes, comme Françaises : Assez de divisions politiques, le pays a parlé ; qui veut être patriote en France doit être aujourd'hui républicain. (*Salve d'applaudissements. — Bravos prolongés.*)

Oui, je ne crains pas de me servir de cette tribune improvisée pour m'adresser à toutes ces femmes qui m'écoutent et pour leur dire d'inviter, demain, toutes leurs sœurs du dehors à donner à ce langage et à ce discours sa véritable sanction, afin que l'on dise que la France a été, dans le passé, sauvée par une femme et refaite aujourd'hui par les femmes. (*Applaudissements et bravos prolongés.*)

Oui, je tiens à le dire : il faut en finir avec ces querelles historiques. On doit passionnément admirer la figure de la Lorraine qui apparut au XVᵉ siècle pour abaisser l'étranger et pour nous redonner la patrie, et en même temps, dans ce Paris tout imprégné du génie de celui qui fut le vrai roi de l'esprit et de la philosophie au dix-huitième siècle, on doit acclamer ce nom de Voltaire... (*Explosion d'applaudissements. — Acclamations et bravos*) — en dépit d'attaques dont son ombre ne peut pas plus s'émouvoir que ne s'émeut le dur diamant sous l'attaque de la lime ou de l'acier vulgaire — ce Voltaire, il faut le saluer, il faut le mettre à sa place au milieu de toutes nos gloires nationales et, quant à moi, je me sens l'esprit assez libre pour être le dévot de Jeanne la Lorraine et l'admirateur et le disciple de Voltaire. (*Salves d'applaudissements. — Assentiment unanime.*)

Messieurs, il y a une grande œuvre à faire, une œuvre à laquelle je vous convie : après cette œuvre particulière qui ne vous a jamais coûté, de donner une

partie de vos épargnes et de votre temps à l'assistance
et au secours des malheureux, après cette œuvre
grande elle-même, c'est cette autre, œuvre incessante,
à laquelle vous devez vous appliquer profondément,
femmes et hommes, de toutes les conditions et de
tous les rangs, et qui consiste à aimer, à faire aimer
la France pour elle-même, la France que nous devons
tous servir, d'un cœur commun et sous un même drapeau : le drapeau républicain. (*Applaudissements prolongés et acclamations.*)

Sur la demande des organisateurs de la réunion, M. Gambetta, avant de lever la séance, a dû prendre de nouveau
la parole pour annoncer qu'une quête allait être faite :

Messieurs, vous me pardonnerez de me montrer
exigeant envers vous et de retarder encore votre départ de quelques instants, mais les organisateurs de
la réunion ont pensé que vos ressources étaient aussi
inépuisables que votre sympathie. Ils ont chargé d'y
faire appel des personnes de bonne volonté, — il y en
a toujours, — mais cette bonne volonté ne peut pas
rester isolée, il faut qu'elle rencontre la vôtre. Ces
personnes vont donc passer au milieu de vous et vous
demander de compléter encore vos sacrifices. Donnez,
donnez toujours ; il vous sera rendu au centuple, je
ne dis pas dans l'autre monde, mais sur cette terre.
(*Applaudissements.*)

Je ne voudrais empiéter sur le terrain de personne,
je ne peux vous promettre que des consolations ter-
restres (*Sourires d'assentiment*), et j'ai la conviction
que le sacrifice et la récompense sont presque contemporains et simultanés ; je vous connais trop pour
ne pas savoir que c'est vous faire plaisir que de vous
demander de faire la charité. (*Marques d'adhésion générale et applaudissements.*)

DISCOURS

SUR

SUR LA PROPOSITION DE LOI

RELATIVE A L'AUGMENTATION DES PENSIONS DE RETRAITE
DES OFFICIERS DE L'ARMÉE

Prononcé le 7 juin 1878

A LA CHAMBRE DES DÉPUTÉS

Le 22 janvier 1878, la proposition de loi suivante avait été déposée sur la tribune de la Chambre par MM. Gambetta et Antonin Proust :

PROPOSITION DE LOI

SUR LES PENSIONS DE RETRAITE DES OFFICIERS DE L'ARMÉE

EXPOSÉ DES MOTIFS

Messieurs,

Le taux des pensions de retraite des officiers de l'armée est fixé par les lois du 11 avril 1831 et du 25 juin 1861.

Ces pensions se divisent en. . . .
- Pensions pour blessures ou infirmités.
- Pensions aux veuves.
- Secours aux orphelins.
- Pensions pour ancienneté de services.

Comme les trois premières catégories dépendent des chiffres déterminés pour la 4e, il n'y a lieu d'examiner ici que la question des pensions pour ancienneté de services.

Chaque officier ou assimilé reçoit, suivant son grade, une pension dont le minimum, après trente ans de services, est de. . . . .

- 840 fr. pour un sous-lieutenant.
- 1.560 fr. pour un capitaine.
- 1.950 fr. pour un chef de bataillon.

Ce minimum pour chaque année passée en campagne et pour chaque année passée au service après 30 ans (sans qu'on puisse décompter plus de 20 années, toute année en plus ne donnant droit à aucune augmentation), s'accroît de. . . . .

- 28 fr. pour le sous-lieutenant.
- 30 fr. pour le capitaine.
- 32 fr. pour le chef de bataillon.

Le minimum pour tout officier ayant douze années d'ancienneté dans le grade qu'il occupe au moment où il est rayé des contrôles. .

S'augmente encore de 1/5 de la retraite.

Il suit de là que la plus forte pension est celle de l'officier ayant. . .

50 années de service (campagnes comprises) et 12 ans d'ancienneté de grade.

Avec 50 années de services et 12 ans d'ancienneté de grade. . . . .

- Le sous-lieutenant a 2.016 fr.
- Le capitaine 2.544 fr.
- Le chef de bataillon 3.108 fr.

Un très petit nombre d'officiers atteint ce maximum, presque toutes les retraites se liquidant à 200 francs en moyenne au-dessus du minimum indiqué.

Telle est la situation de l'officier retraité, s'il n'a que sa retraite pour vivre, ce qui est fréquent.

CÉLIBATAIRES. . Les nécessités de la vie militaire leur ont interdit toute économie et leur ont même le plus souvent fait entamer leur fortune.

Mariés.	Les déplacements, l'éducation de leurs enfants, en rendant toute économie impossible, les ont souvent forcés d'emprunter à la dot de leur femme, et les officiers ne se marient pas d'ordinaire richement.

Le retraité, pour augmenter ses ressources et nourrir sa famille, est donc souvent contraint d'accepter une position subalterne, telle que celle de.	Employé aux écritures. Expéditionnaire. Surveillant. Petit commis, etc.

A moins qu'il n'obtienne un emploi du Gouvernement pouvant se cumuler avec la retraite.

Mais ces emplois sont *peu nombreux* et *très demandés.*

Éconduit, humilié, réduit à la dépendance la plus étroite ou à l'extrême pauvreté, le retraité songe avec amertume aux services rendus et aux privations endurées.

Comment le spectacle, la perspective d'un tel sort encourageraient-ils les jeunes gens animés du sentiment de leur valeur et du souci de leur avenir, à suivre une carrière qui ne promet, pour dernière récompense, qu'une vie de privations pour faire suite à une vie de fatigues et de sacrifices?

Cette situation indiquée, comment pourrait-on y remédier sans accroître les charges déjà si considérables de l'État.

On le pourrait en appliquant aux militaires les mêmes règles qu'aux fonctionnaires civils, en les plaçant ainsi dans le droit commun, et en exerçant une retenue de 5 p. 100 au lieu de 2 p. 100 sur leur traitement, pour apporter à la retraite une augmentation notable analogue à celle dont la solde vient de bénéficier.

L'intérêt de l'État en souffrirait-il? Non, car c'est à peine si le quart des officiers arrive à recevoir la pension de retraite pour ancienneté de services.

D'ailleurs le montant annuel de la retenue de 2 0 0 balance à peu près la somme des pensions données chaque année aux officiers arrivant à la retraite.

Ainsi, en 1876, la retenue de 2 0/0 a été inscrite au budget pour 1.783.663 fr. La dépense réelle ayant été de 1.305.024 fr., la différence est de 478.639 fr.

En prenant pour base la somme donnée en 1876 pour la retenue de 2 0/0, on aurait annuellement, à raison de 5 0/0, une somme de 4.200.000 fr. environ.

Pour être, au reste, fixé sur la nécessité de cette augmentation, il est bon de consulter le rapport du général Boissonnet (*Journal officiel* du 25 janvier 1877), qui a décidé la commission des pétitions du Sénat à renvoyer à M. le ministre de la guerre deux pétitions d'officiers en retraite.

Voici comment s'exprime le général Boissonnet :

« L'augmentation des prix de presque toutes les choses nécessaires à l'existence, et en particulier des logements et des vivres, est un fait généralement reconnu, ainsi que l'état de gêne toujours croissant, qui en résulte pour les militaires retraités et pour les veuves des militaires. Il serait très désirable de pouvoir arriver à améliorer la situation. »

La retenue de 5 0 0 opérée sur le traitement d'activité permettrait d'améliorer la situation des officiers retraités.

Et non seulement cette retenue n'augmenterait pas les charges de l'État, mais elle les allégerait.

Ainsi en donnant aux retraités une pension qui équivaudrait à la solde d'activité, et c'est à ce résultat que l'on arriverait par la présente proposition, on serait en droit d'exiger que chacun d'eux restât pendant cinq ans à la disposition du ministre, pour remplir les cadres de l'armée territoriale, que l'on recrute si difficilement.

Ces officiers, ayant les moyens de vivre, pourraient se rendre à l'appel du Gouvernement, sans autre traitement supplémentaire.

On pourrait encore ne plus admettre qu'au choix les officiers au grade de chef de bataillon et renvoyer après trente ans de service les officiers qui ne sont plus assez actifs pour le temps de guerre.

Ces officiers restent actuellement sous les drapeaux le plus longtemps possible. . . . } Soit pour voir leur retraite augmenter de 1/5 par douze ans d'ancienneté de grade, soit pour être promus au grade supérieur et augmenter d'autant leur retraite. . . . .

Bien que la loi autorise le ministre
à ne pas nommer d'une façon absolue les chefs de bataillon à l'ancienneté lorsqu'ils ne sont pas jugés
capables, il arrive souvent qu'on le
fait en raison . . . .

{ De la faible retraite qui leur serait donnée si on ne les avançait pas.

Il en serait autrement si les pensions de retraites étaient
plus fortes.

L'économie de cette proposition a soulevé de la part du
bureau des pensions et secours du ministère de la guerre des
critiques qui ne nous paraissent pas fondées. Sans dissi-
muler que la question est digne d'intérêt, le *bureau des pensions et secours* dit « que l'augmentation proposée pouvait
porter le taux des pensions à un chiffre presque égal à la
solde brute d'activité, et qu'outre qu'une semblable mesure
imposerait à l'État une lourde charge, elle détruirait le rapport normal et rationnel qui doit exister entre des positions différentes ». Le *bureau des pensions et secours* ajoute
« que le principe de cette proportionnalité a toujours été
maintenu dans les législations sur les pensions et que si
l'on s'en est écarté en 1861, c'est uniquement en vue de permettre aux pensionnaires de subvenir plus convenablement
aux nécessités de la vie ».

Il nous est facile de répondre que le but de la loi que
nous soumettons à l'approbation de la Chambre est semblable au but que se proposait la loi du 23 juin 1861 et que de
plus cette loi justifie l'augmentation des pensions de retraite
par les charges qu'elle impose aux retraités en réclamant
d'eux qu'ils demeurent pendant cinq ans à la disposition du
ministre pour remplir les cadres de l'armée territoriale.

Le *bureau des pensions et secours* dit encore « que si des
considérations personnelles engagent les officiers à se réserver pour l'avenir des ressources plus grandes que celles
dont l'État s'est fait garant, ils ont la possibilité de s'adresser
à des sociétés d'assurances dont les combinaisons varient
suivant les situations ».

Nous avons suffisamment démontré, croyons-nous, que
les charges sont tellement lourdes pour la plupart des officiers, qu'il leur est impossible de distraire de leur solde les
annuités exigées par les sociétés d'assurances.

Il résulte, d'ailleurs, de l'examen de notre budget, que la solde des officiers de notre armée n'est nullement en rapport avec les charges dont nous parlons. La commission de 1877 a relevé le taux de cette solde qui devra être nécessairement portée à un chiffre plus élevé encore. Mais en attendant, et nous avons le ferme espoir que l'attente ne sera pas longue, il importe d'assurer une existence honorable à ceux qui ont, au prix de fatigues et de privations sans nombre, utilement et souvent glorieusement servi la patrie.

Nous avons donc l'honneur de proposer à la Chambre la proposition de loi suivante :

PROPOSITION DE LOI

ARTICLE PREMIER.

Le minimum de la pension de retraite des officiers et des fonctionnaires assimilés de l'armée de terre, est fixé aux deux tiers de la solde brute d'activité, telle qu'elle est réglée pour chaque grade par les derniers tarifs en vigueur, au moment de la liquidation.

Le maximum est égal à cette même solde brute d'activité, au moment de la liquidation.

ART. 2.

Le minimum de la pension de retraite est acquis, par ancienneté, après que les officiers ont accompli le nombre d'années de service effectif déterminé par la loi.

Chaque année de service actif au delà du nombre fixé par la loi de chaque année de campagne simple, ajoute à la pension un vingtième de la différence du minimum au maximum et deux vingtièmes pour chaque année de campagne double.

ART. 3.

Tous les officiers de tous grades demeureront pendant cinq années à la disposition du ministre de la Guerre, pour occuper un emploi de leur grade ou d'un grade supérieur dans l'armée territoriale, s'ils veulent jouir du bénéfice de la présente loi.

Art. 4.

Pour l'amputation d'un membre ou la perte absolue de deux membres, les officiers ou assimilés reçoivent le maximum de la pension qui leur est attribuée par la présente loi.

En cas d'amputation de deux membres ou de la perte totale de la vue, ce maximum est augmenté pour les officiers et assimilés, de 20 p. 100 sans aucune autre augmentation.

Art. 5.

Les droits des veuves et des orphelins sont fixés ainsi qu'il suit :

La moitié du minimum affecté au grade dont le mari était titulaire, s'il meurt en activité sans avoir acquis de droits à la retraite.

La moitié de la pension de retraite dont jouirait le mari, si celui-ci meurt en activité, ayant acquis des droits à la retraite, ou s'il meurt en retraite.

La moitié du maximum, si le mari est tué sur le champ de bataille ou meurt des suites des blessures qu'il y aurait reçues.

Art. 6.

Pour satisfaire aux dépenses nouvelles nécessitées par la présente loi, le ministre de la guerre est autorisé à faire prélever une retenue qui pourra s'élever jusqu'à 3 p. 100 sur la solde des officiers ou assimilés de tous grades, en activité de service, en sus de la retenue de 2 p. 100 à laquelle la solde des officiers est actuellement astreinte, à partir du 1er juillet 1878. Cette retenue, confondue avec celle actuellement faite au bénéfice du Trésor, constituera un fonds dit fonds de retraite des officiers de l'armée. Il sera annuellement rendu compte aux Chambres de l'emploi et de la gestion de ce fonds de retraite.

Art. 7.

Les dispositions de la présente loi seront appliquées sans restriction ni réserve, sauf dans le cas prévu dans l'article 8, à toutes pensions non inscrites au livre de la Dette publique à la date du 1er juillet 1879.

ART. 8.

Les officiers actuellement liés au service, en vertu des lois des 11 avril 1831 et 25 juin 1861, sur les pensions de retraite, qui n'accepteraient pas les charges de la présente loi, devront en faire la déclaration par écrit au ministre de la guerre, dans les trente jours qui suivront la promulgation de la présente loi et leur retraite sera réglée d'après les tarifs des lois susvisées.

Renvoyée à une commission spéciale[1], la proposition de loi présentée par MM. Gambetta et Antonin Proust subit un certain nombre de modifications. (Rapport de M. Antonin Proust déposé dans la séance du 11 mars 1878), et la Chambre adopta, après une courte discussion le texte suivant du nouveau projet (6 mai).

PROJET DE LOI

ARTICLE PREMIER.

La retenue prélevée sur la solde des officiers ou assimilés de tout grade, en activité de service, est élevée de 2 p. 100 à 5 p. 100. Cette retenue aidera à la constitution du fonds, dit fonds de retraite des officiers de l'armée. Il sera annuellement rendu compte aux Chambres de l'emploi du fonds de retraite des officiers de l'armée, à l'aide d'un tableau qui indiquera les liquidations de pensions et les extinctions survenues dans les rangs des pensionnaires au cours de l'année précédente.

ART. 2.

Le tarif de la pension de retraite des officiers et des fonctionnaires assimilés de l'armée est fixé ainsi qu'il est dit au tableau annexé[2].

ART. 3.

En conséquence du tarif précédent, les dispositions de

1. Cette commission était composée de MM. Gambetta, *président*, de Lur-Saluces, Henri Brisson, Margaine, Proust, de Roys, Luisant, Langlois, général de Chanal, de Pontlevoy et Giraud. Voir à l'*Appendice* des extraits essentiels du rapport de la Commission.

2. Voir *Appendice*.

l'article 2 de la loi du 25 juin 1861, qui veulent que les pensions des généraux de division et généraux de brigade, ainsi que celles des intendants et inspecteurs du service de santé, ne puissent, en aucun cas, excéder la somme attribuée aux officiers généraux dans les cadres de réserve, sont abrogées.

ART. 4.

Tous les officiers de tous grades devront s'engager à demeurer pendant cinq années à la disposition du ministre de la guerre pour occuper un emploi de leur grade ou d'un grade supérieur dans l'armée territoriale, s'ils veulent jouir du bénéfice de la présente loi.

ART. 5.

Le nouveau tarif sera appliqué à tous les officiers et assimilés qui seront admis à faire valoir leurs droits à la retraite et qui prendront l'engagement ci-dessus indiqué, à dater de la promulgation de la présente loi.

ART. 6.

Il est institué un fonds de subvention pour venir en aide aux pensionnaires placés sous le régime de la loi de 1861.

Ce fonds sera formé à l'aide d'une somme annuelle d'un million inscrit au budget du ministre de la guerre et mise à la disposition du bureau des pensions de la guerre.

Un règlement ultérieur déterminera le chiffre des allocations à attribuer, selon le grade et la situation des pensionnaires.

Le Sénat, dans les séances du 3 et du 6 juin, modifia radicalement les articles 1 à 4 du projet, qui retourna, dès le 7 juin, à la Chambre.

M. Antonin Proust. — Je viens prier la Chambre d'intervertir son ordre du jour et de vouloir bien aborder immédiatement la discussion du projet de loi sur les pensions de retraite des officiers de l'armée. Il y a un intérêt considérable, vous le comprendrez aisément, à discuter immédiatement cette loi pour la renvoyer au Sénat qui nous l'a renvoyée hier profondément amendée.

M. LE PRÉSIDENT. — Il n'y a pas d'opposition à la proposition de M. Proust?...

La Chambre passe à la discussion de la proposition de loi sur les pensions de retraite des officiers de l'armée de terre.

M. GAMBETTA. — Je demande la parole sur la discussion générale.

M. LE PRÉSIDENT. — M. Gambetta a la parole.

M. GAMBETTA. — Messieurs, avant de passer à l'examen des articles de la proposition de loi que vous avez votée à l'unanimité, dans une de vos précédentes séances, la commission a désiré présenter à la Chambre quelques observations sur la persistance qu'elle a mise, — se faisant en cela l'interprète de vos votes, — à reproduire le projet primitif que vous avez sanctionné par votre adhésion.

Messieurs, la proposition de loi qui nous revient aujourd'hui du Sénat est modifiée sur deux points principaux. Le premier, c'est l'abrogation de la disposition en vertu de laquelle vous éleviez la retenue sur la solde de 2 à 5 p. 100. La seconde, c'est la suppression de la disposition de l'article 3, qui touchait à la position comparative de l'officier général placé dans le cadre de réserve et de l'officier général dans la situation de retraite.

Il y a encore une troisième modification, moins importante relativement aux conséquences budgétaires que les deux premières, mais fort importante au point de vue des principes engagés : c'est celle qui est relative à la rétroactivité, jusqu'au 1er janvier 1878, des dispositions de la présente loi, alors que votre commission avait cru devoir vous proposer de fixer la date à partir de la promulgation de la loi elle-même.

Je n'ai que de très courtes observations à faire pour défendre devant vous l'ancien projet de loi et pour, je crois, faire un appel, non seulement à la Chambre, mais au Sénat lui-même, qui, je pense, lorsque cette loi lui reviendra, voudra bien tenir compte des diverses raisons d'intérêt financier, de bon ordre politique, d'urgence dans la votation de ces dispositions et aussi de l'œuvre à laquelle vous avez voulu donner une prompte exécution.

Le caractère du projet qui nous revient du Sénat, Messieurs, est surtout frappant par ce que j'appellerai une extension démesurée des améliorations que vous aviez voulu introduire dans la situation des officiers retraités. (*Très bien! à gauche et au centre.*)

On a vu, ce qui n'était peut-être pas le rôle qu'on présumait devoir être celui d'une Chambre haute essentiellement soucieuse des intérêts des contribuables et de la rigueur dans les dépenses du budget de l'État... (*Marques d'assentiment*)... on a vu tout à coup le Sénat prendre les dispositions que vous avez votées, les étendre, supprimer toute retenue nouvelle des 3 p. 100, mais maintenir en même temps le relèvement, limite extrême à laquelle vous avez généreusement consenti tout d'abord à l'unanimité.

Je tiens à dire à l'unanimité, parce qu'on semble croire, dans certaines régions, que, quand on fait dans cette Chambre des lois sur l'armée, on est inspiré ou guidé par un esprit de particularisme, par un esprit de parti. Eh bien, non, toutes les innovations, toutes les améliorations qui sont nées de la sollicitude de la Chambre en faveur de l'armée n'appartiennent exclusivement ni à tel ou tel parti ni à tel ou tel ordre; elles sont, comme tout à l'heure l'occasion en était donnée lors de la lecture et des explications de la note officielle du ministre des affaires étrangères, elles sont le terrain commun, elle nous rallient sans jamais nous diviser, sans nous laisser aller à la recherche d'une popularité qui serait malsaine et qui, croyez-le bien, ne ferait pas son chemin dans les rangs de l'armée. (*Très bien! très bien!*)

Non, nous avons fait un projet de loi que nous avons discuté ensemble; nous avons entendu les diverses réclamations qui ont été soulevées, nous n'avons pas eu la prétention de faire une œuvre qui fût à l'abri de toute critique, mais, en hommes de Gouvernement, nous avons voulu faire une œuvre pondérée, réalisable, qui tînt compte des intérêts engagés et des ressources de l'État avec lesquelles il faut toujours compter, quelle que soit la richesse nationale. (*Très bien! très bien! à gauche et au centre.*)

Nous avons voulu aussi, en même temps, constituer une situation qui était réclamée depuis longtemps, et certes on peut regretter que ceux qui, aujourd'hui, se trouvent si généreusement portés à la prodigalité, n'y aient pas songé, et ici je parle pour tout le monde, avant comme depuis 1870, afin de ne soulever aucune espèce de réclamation, — alors qu'ils tenaient le pouvoir et les affaires. (*Vive approbation à gauche et au centre.*)

La loi que nous avons présentée, nous n'avons pas la prétention de dire que c'était une loi parfaite, qu'elle fût le dernier mot des réformes, des améliorations que vous apporterez, mais elle était une loi possible, exécutable, qui ne dérangeait pas l'équilibre de votre budget ni en 1877, ni en 1878, ni en 1879, ni en 1880; c'est seulement en 1881 qu'elle commençait à faire peser une charge réelle sur le Trésor. (*Nouvelles marques d'adhésion à gauche et au centre.*)

Est-ce que, pour faire une œuvre bonne, durable, une œuvre qu'on réalise, il n'est pas avantageux d'associer l'armée elle-même au bénéfice de la situation qu'on lui prépare? Est-ce que vous ne pensez pas, alors que d'un côté on relève de 700, de 800, de 900, même de 1,000 fr., la situation de l'officier retraité, est-ce que vous ne pensez pas qu'il soit juste et légitime en même temps de l'associer, comme tous les autres fonctionnaires, et au même titre, dans la même mesure, à la participation générale à cette retenue qui n'est pas un prélèvement, mais qui est un impôt? (*Applaudissements à gauche et au centre.*)

C'est un impôt, Messieurs, et si je prononce ce mot, ce n'est pas pour faire voir que vous étendez le cercle de la fiscalité, mais parce que l'impôt ici est la véritable manière d'établir la communion, la solidarité entre tous les citoyens d'un même pays, quel que soit le rang, quelle que soit la branche d'activité dans laquelle ils servent le génie national. (*Applaudissements à gauche et au centre.*)

Eh bien, quand nous avons élaboré cette loi, nous l'avons fait avec mesure, parce que nous tenions à en assurer le succès immédiat. Car, Messieurs, il y a plusieurs manières de faire que les réformes les mieux pondérées et les mieux mûries avortent souvent devant les controverses et les discussions politiques parmi les hommes; il y a d'abord celle qui consiste à nier toute valeur à l'amélioration proposée, à la critiquer, à l'entraver, à l'ajourner, à l'étouffer sous les réclamations et sous les protestations. Cette manière-là, elle n'était pas de mise, elle n'était pas commode en présence d'une mesure dont bénéficie l'armée.

Mais il y en a une seconde qui consiste à prendre la réforme proposée, à la dilater, à l'enfler de manière à la rendre irréalisable, et par conséquent à faire succomber le principe et échouer la meilleure volonté. (*Vifs applaudissements à gauche et au centre.*)

Ah! cette tactique, elle est vieille, Messieurs, elle a été pratiquée, pour ainsi dire, dès le commencement des sociétés politiques, elle remonte, — permettez-moi d'évoquer ce souvenir, il pourra jeter un certain intérêt dans la discussion en vous reportant au temps de vos études classiques.

Vous n'avez pas oublié, à coup sûr, qu'aux temps les plus florissants de la république romaine, il y avait un ami du peuple qui a laissé un certain nom, Tibe-

rius Gracchus, lequel, avec son frère, s'occupait des
améliorations à introduire dans les diverses classes
de la république romaine, et comme on ne pouvait
pas le combattre directement, le sénat de l'époque
trouva un certain Marcus Livius Drusus, lui aussi
tribun du peuple, qui agitait le Forum, et qui, lorsque
Gracchus proposait une distribution, proposait immédiatement le double; lorsque Gracchus proposait de
fonder une, deux ou trois colonies ou municipes, lui
proposait de fonder dix colonies ou municipes... (*Rires
et applaudissements*)... pensant que par là il enlèverait
non seulement le prestige, mais l'ascendant, l'autorité
légitime qui s'attache au travail, aux réformes pro-
gressives sagement mesurées et efficacement réali-
sées. Il n'en fut rien, les Gracques n'eurent pas le
bonheur de réussir, Livius Drusus ne tint pas ses promesses, et le peuple n'en recueillit aucun bénéfice.

Mais, assez de ces souvenirs rétrospectifs que je n'ai
évoqués que pour faire voir que la tactique des éter-
nels ennemis du progrès et des réformes est toujours
la même : nier ou exagérer. (*Protestations à droite.
— Applaudissements à gauche et au centre.*)

Revenant à la question, je dis qu'on a eu tort, qu'on
reviendra sur cette première impression; que lorsqu'on verra de plus près les choses, on s'apercevra
que vous avez fait la seule chose possible, pratique,
mettant d'un côté l'accroissement, de l'autre pondé-
rant les charges qui devaient en résulter pour le
budget.

Ce que je dis sur le chiffre de la pension de retraite
des officiers et sur le chiffre de la retenue, je pourrais
le dire également sur la solde des sous-lieutenants et
lieutenants.

A coup sûr, nous ne pensons pas que les officiers
inférieurs aient atteint sous la République la solde
qu'ils devraient avoir; non, nous l'avons relevée, il y
a seize mois, dans des proportions qui s'accordaient

avec le budget ; nous la relèverons encore je l'espère, prochainement. Le tarif que M. le ministre a dans les mains aujourd'hui, et qui est modifié par suite de l'élévation de 3 p. 100 de la retenue, devra influer sur la question de l'arrondissement du chiffre de la solde. Ce sera une occasion toute naturelle de relever cette solde pour les sous-lieutenants et les lieutenants, de façon que l'élévation de la retenue ne leur pèse pas ; mais je vous prierai de borner là la réforme, parce que aller au delà, ce serait écraser le budget, ce serait rendre impossible cette loi à la fois si patriotique, si juste et si impatiemment attendue que vous avez votée. (*Applaudissements répétés à gauche et au centre.*)

Après une courte intervention de MM. Lenglé et de la Rochefoucauld-Bisaccia qui soutiennent le projet voté par le Sénat, la Chambre repousse par 336 voix contre 132 les modifications apportées au projet et vote une seconde fois le projet primitif de la commission.

Le Sénat cède dans sa séance du 11 juin et vote à l'unanimité l'ensemble du projet adopté par la Chambre.

DISCOURS

SUR

LE PROJET DE LOI

AYANT POUR OBJET LA RÉORGANISATION DU CORPS
DES SOUS-OFFICIERS ET L'AMÉLIORATION DE LEUR CONDITION

Prononcé le 8 juin 1878

A LA CHAMBRE DES DÉPUTÉS

La question capitale de la réorganisation du corps des
sous-officiers avait été l'objet, dès les premières sessions de
la Chambre des députés, de trois propositions émanées, la
première du ministre de la guerre, les deux autres de l'initiative parlementaire. Renvoyées à une commission spéciale,
ces trois propositions avaient été fondues dans un projet
unique dont le rapport, rédigé par M. Tézenas, fut déposé
dans la séance du 12 mai. Le projet de loi présenté par la
commission subit à la Chambre (séance du 16 mai) et au
Sénat (séance du 27 mai) un certain nombre de modifications. Il revint à la Chambre dans la séance du 8 juin :

M. Tézenas, *rapporteur*. — Messieurs, le projet de loi
sur les sous-officiers, qui a été voté par la Chambre, a été
adopté par le Sénat avec quelques modifications qui rendent
nécessaire un nouveau vote de la Chambre des députés.
Les modifications apportées par le Sénat n'ont de l'importance que sur l'article 6, qui est relatif à la pension de
retraite accordée aux sous-officiers après quinze ans de service.

Le projet de loi déposé au nom du Gouvernement au
mois de novembre dernier par le ministre de la guerre,
l'honorable général Berthaut, n'attribuait aucun avantage

nouveau au second rengagement des sous officiers; les conditions de rengagement après dix ans de services étaient
réglées par la législation antérieure. Le projet ne se pré-
occupait que du premier rengagement des sous-officiers,
c'est-à-dire des sous-officiers de vingt-cinq à trente ans.

Votre commission, d'accord avec le Gouvernement a
pensé qu'il y avait un certain intérêt à garder les sous-officiers de trente à trente-cinq ans et à décourager le second
rengagement.

Dans ce but elle a accordé une seconde mise d'entretien
de 300 francs au sous-officier qui se rengageait après dix
ans de service, et, de plus, elle a augmenté très-notablement la retraite des sous-officiers après quinze ans de service; elle a augmenté la retraite prévue par les lois antérieures. Elle avait unifié cette retraite à 365 francs après
quinze ans de service. Nous avons tenu à ce que tous les
sous-officiers aient au moins 1 franc par jour.

Cette pension de retraite, que nous avions fixée à
365 francs, a été surélevée d'une manière très notable par
le Sénat; il a augmenté de 90 francs la pension de retraite
des adjudants et de 30 francs celle des sergents-majors, ce
qui entraînera, par la suite, dans le budget, une augmentation de 300,000 francs par an.

Nous avions cru avoir atteint la limite des libéralités per-
mises puisque les dispositions que nous avons proposées et
que vous avez acceptées entraînaient une dépense d'au
moins 10 millions. Nous n'envisagions pas sans une certaine appréhension la manière dont la commission du budget accueillerait les propositions que nous vous avions
faites; nous croyions avoir fait très largement les choses,
mais il paraît qu'il n'en était rien; du moins le Sénat ne l'a
pas jugé ainsi, puisqu'il a augmenté très-notablement ces
pensions de retraite.

Toutefois, la commission d'accord avec la commission du
budget, vous propose d'accepter l'article 6 du projet de loi
tel qu'il a été voté par le Sénat, parce qu'un retard quelconque dans la promulgation de cette loi, qui est très-
impatiemment attendue par l'armée, causerait un préjudice
très-considérable aux intérêts que nous voulons servir. (*Très-
bien! très-bien!*)

M. LE PRÉSIDENT. Je consulte la Chambre sur la question

de savoir si elle entend passer à la discussion des articles du projet de loi.

La Chambre, consultée, décide qu'elle passe à la discussion des articles et adopte sans débats les articles 1 à 15 dont le texte suit :

« ARTICLE PREMIER. — Il est alloué aux sous-officiers admis à contracter un premier rengagement de cinq ans une somme de 600 francs, à titre de première mise d'entretien, et une indemnité de rengagement de 2,000 francs. »

« ART. 2. — La première mise d'entretien est payée aux sous-officiers immédiatement après la signature de l'acte de rengagement.

« Si elle n'est réclamée que partiellement, le restant de la somme est placé à la caisse d'épargne et le livret est remis au sous-officier.

« L'indemnité de 2,000 francs est conservée par l'État tant que le sous-officier reste sous les drapeaux. L'intérêt à 5 p. 100, soit 100 francs par an, lui est payé à la fin de chaque trimestre, à partir du jour où commence le rengagement effectif.

« Cette indemnité est incessible et insaisissable pendant la durée du service du sous-officier rengagé. »

« ART. 3. — Le sous-officier rengagé, lorsqu'il est nommé officier, ou qu'il passe dans la gendarmerie, ou qu'il est appelé à l'un des emplois militaires prévus par les lois ou règlements, reçoit sur l'indemnité de 2,000 francs une part proportionnelle au temps de service qu'il a accompli depuis le jour où compte son rengagement effectif. »

« ART. 4. — Le sous-officier rengagé qui est retraité ou réformé soit pour blessures reçues dans un service commandé, soit pour infirmités contractées dans l'armée (congé de réforme n° 1), à une époque quelconque du temps de service compris dans son rengagement, reçoit intégralement l'indemnité de 2,000 francs.

« En cas de décès sous les drapeaux, dans les circonstances indiquées à l'article 19 de la loi du 11 avril 1831, cette somme est attribuée à la veuve, et, à défaut de veuve, aux héritiers. »

« ART. 5. — Tout sous-officier rengagé qui est réformé soit pour blessures reçues hors du service, soit pour infirmités contractées hors de l'armée (congé de réforme n° 2), reçoit, en quittant le corps, une partie de l'indemnité de 2,000 francs, proportionnelle au temps de service accompli depuis le jour où compte son rengagement effectif.

« Il en est de même pour le sous-officier rengagé qui renonce volontairement à son grade ou le perd par cassation, rétrogradation ou jugement.

« Dans le cas de décès dans les circonstances autres que celles prévues à l'article 4, la partie de l'indemnité de 2,000 francs correspondant au service accompli, est attribuée à la veuve et, à défaut de veuve, aux héritiers.

« Dans les cas prévus par les articles 4 et 5, la veuve séparée de corps sur la demande du mari, ou dont le mariage n'a pas été contracté suivant les prescriptions réglementaires, n'a pas droit à l'attribution de l'indemnité. »

« Art. 6. — Les sous-officiers, après un premier rengagement de cinq ans, peuvent être admis à en contracter un deuxième de la même durée.

« Ce deuxième rengagement leur donne droit, en outre des 2,000 francs déjà acquis : 1° à une deuxième mise d'entretien de 500 francs, qui leur sera payée comme la première, après la signature de l'acte de rengagement, soit en espèces, soit en un livret sur la caisse d'épargne; 2° à une pension de retraite dont le taux, calculé conformément aux lois et ordonnances actuellement en vigueur, sera augmenté pour tous les grades de 116 francs, de façon qu'après quinze ans de service, tout sous-officier rengagé, quel que soit son grade, a droit à une pension de 375 francs au moins.

« Cette pension s'augmentera pour chaque campagne ou année de service en plus de 1/25 de la pension du grade dont il sera titulaire.

« Elle se cumule avec les traitements afférents aux emplois civils et militaires qu'ils peuvent obtenir en vertu de la loi du 24 juillet 1873. »

« Art. 7. — Les sous-officiers non commissionnés ne peuvent rester au service par rengagement au delà des quinze années, qui prennent date du jour où commence le service de la classe à laquelle ils appartiennent par leur âge. »

« Art. 8. — Les sous-officiers ne sont admis à se rengager que pendant le cours de la dernière année de service, ou au moment de la libération par anticipation de la classe à laquelle ils appartiennent et pour le corps dans lequel ils servent.

« Toutefois, le ministre pourra exceptionnellement autoriser le rengagement pour un autre corps de la même arme, dans lequel le nombre des sous-officiers rengagés serait insuffisant. »

« Art. 9. — La demande de rengagement sera soumise à un conseil de régiment composé conformément au tableau annexé à la présente loi.

« La demande sera transmise hiérarchiquement au commandant de corps d'armée, qui autorisera le rengagement, s'il y a lieu.

« Le sous-officier rengagé sous le régime de la loi actuelle, ou sous le régime des lois antérieures, ne pourra perdre son grade que par renonciation volontaire, rétrogradation ou cassation.

« La cassation et la rétrogradation ne pourront être prononcées que par le commandant de corps d'armée, sur l'avis conforme du conseil indiqué ci-dessus.

« Si le sous-officier est décoré de la médaille militaire ou de la Légion d'honneur, la cassation ou la rétrogradation ne pourront être prononcées que par le ministre de la guerre. »

TITRE II

HAUTES PAYES. — EMPLOIS CIVILS ET MILITAIRES.

« Art. 10. — Les sous-officiers auront droit, à partir du jour où compte leur engagement effectif, à la haute paye journalière de 30 centimes stipulée à l'article 2 de la loi du 10 juillet 1874. Cette haute paye sera augmentée de 20 centimes après dix ans de service. »

« Art. 11. — Les sous-officiers ayant dix ans de service, dont quatre comme sous-officiers, participent, au point de vue des emplois civils et militaires déterminés par la loi du 24 juillet 1873, aux avantages stipulés par l'article 1er de cette loi. »

« Art. 12. — Les sous-officiers portés sur les listes de classement des emplois civils dressées en conformité de l'article 8 de la loi du 31 juillet 1873 pourront être pourvus, dans les six derniers mois de leur service, de l'emploi pour lequel ils ont été désignés.

« Dans ce cas ils seront mis en congé et remplacés dans leur grade.

« Ceux qui n'auraient pas été pourvus de cet emploi civil au jour de leur libération auront la faculté d'attendre au corps leur nomination pendant un an au plus.

« Dans ce cas, ils continueront à faire leur service et ne seront pas remplacés. Ils seront assimilés aux sous-officiers commissionnés.

« Ceux qui préféreront attendre dans leurs foyers leur nomination à un emploi civil ne recevront aucune allocation. »

« Art. 13. — La limite d'âge de trente-six ans fixée pour l'admission à certains emplois civils est portée à trente-sept ans. »

TITRE III

DISPOSITIONS SPÉCIALES

« Art. 14. — Le ministre détermine chaque année la proportion des sous-officiers admis à se rengager.

« Dans aucun cas, le nombre des sous-officiers rengagés ne peut dépasser, dans un corps de troupe, le tiers de l'effectif normal des sous-officiers. »

« Art. 15. — Il sera créé successivement, et suivant les ressources des corps, un emploi d'adjudant dans chaque compagnie des corps d'infanterie.

« Sur le pied de paix, les adjudants de bataillon sont supprimés; le service d'état-major est fait par des adjudants de compagnie désignés chaque année à l'inspection générale.

« Il est également supprimé un emploi de sergent dans les compagnies des corps d'infanterie qui en ont plus de quatre.»

Cet article 15 est combattu par MM. Favand et Margaine. Il est vivement défendu par le rapporteur de la commission, par le général Borel, ministre de la guerre, et par M. Gambetta.

M. Favand demande la suppression de l'article 15, qui a pour objet la création d'un emploi d'adjudant dans le bataillon sur le pied de paix et la suppression d'un emploi de sergent dans les compagnies d'infanterie qui en ont plus de quatre. Cet article aurait mieux trouvé sa place dans une loi de cadre ; il ne supprime pas la nécessité de procéder à certaines nominations en cas de mobilisation et portera préjudice au service intérieur des compagnies.

L'adjudant est l'intermédiaire entre le chef d'unité tactique et les troupes placées sous ses ordres. Jusqu'à présent il a toujours eu une situation spéciale, mais il est à craindre que le service de la caserne ne souffre de l'innovation qu'on veut introduire. Il y aura des complaisances peu compatibles avec la discipline; le sergent-major deviendra un simple scribe, et il pourra en résulter des rivalités fâcheuses.

L'élévation du sous-officier au grade d'officier deviendra plus lente et plus difficile; or, pour conserver des sous-officier dans l'armée, il vaut mieux leur offrir des chances de passer officiers que des primes en argent. (*Très bien! sur divers bancs.*)

M. Tezenas, *rapporteur,* dit que la commission a examiné les objections qui viennent d'être présentées, et ne s'y est pas arrêtée; le Sénat a accepté la création des adjudants, la question est tranchée par un double vote. (*Très bien! Aux voix!*)

M. Margaine dit qu'il ne peut s'associer aux motifs qui ont été donnés au Sénat à l'appui de la création des adjudants.

On a dit au Sénat que les sous-officiers du camp d'Avor avaient donné leur assentiment à cette création; mais ces sous-officiers ne savaient pas qu'ils ne seraient probablement jamais adjudants.

Le commissaire du gouvernement a déclaré au Sénat que l'adjudant serait un vieux sous-officier.

Ce sera le sergent et non le sergent-major qui passera adjudant. C'est là une situation fâcheuse au point de vue de la discipline. (*Très bien! sur divers bancs.*)

Il faut faire une situation acceptable aux sous-officiers, on ne la leur a pas faite encore. La création de l'adjudant va déplacer complétement le service intérieur; il faut donc faire au sous-officier, dans la caserne, une existence qui se distingue du soldat.

En dehors du service, il faut qu'il y ait plus de liberté

qu'aujourd'hui. Là est la solution du problème. (*Applaudissements à gauche.*)

M. LE MINISTRE DE LA GUERRE croit qu'il faut discuter les
principes avant d'entrer dans les détails. Le principe inspirateur de la loi a été de renforcer les cadres de l'infanterie, cadres qui ont subi une réduction considérable par la
diminution du nombre des compagnies.

Cette réduction est d'autant plus grave que dans l'organisation actuelle de l'armée il faut des cadres très forts.
(*Très bien!*) On avait pensé à nommer un nouvel officier, on
y a renoncé pour deux motifs, et on s'est arrêté à la création
d'un nouveau sous-officier. Si on adopte un adjudant, c'est
pour avoir un commandement plus solide de la 4e section.

Le sergent-major est trop absorbé par le travail de la
comptabilité, il n'a pas une science militaire suffisante.

L'adjudant aura une position supérieure au sergent-major.

Les cadres actuels de l'infanterie sont insuffisants pour
tous les services auxquels ils ont à faire face ; les adjudants
remplaceront les officiers en bien des cas et leur permettront de travailler davantage.

Il est vrai que l'on apporte une modification à la loi
des cadres, mais elle a beaucoup d'avantages et aucun inconvénient, il n'y a aucune raison de la repousser. On redoute de voir des adjudants et sergents-majors devenant
officiers, mais c'est là le sort commun. C'est l'avancement
au choix, et l'on ne peut pas le supprimer. (*Très bien!*)

Le ministre de la guerre se préoccupe de l'amélioration
matérielle des sous-officiers et prendra toutes les mesures
possibles dans ce sens, mais c'est là une considération secondaire, il ne faut pas oublier qu'il s'agit de renforcer les
cadres, c'est-à-dire d'un des intérêt les plus vitaux de
l'armée. (*Applaudissements sur plusieurs bancs*).

M. MARGAINE reconnaît qu'il faut renforcer les cadres de
l'infanterie, mais où il faut mettre un clou, on met une
cheville ; en réalité, on ne les renforce pas.

Aujourd'hui, l'adjudant est responsable de l'ordre de la
caserne. Cette responsabilité ne sera plus effective quand
elle roulera sur 22 ou 23 sous-officiers de ce grade. On en
choisira trois, dit-on, pour leur attribuer cette responsabilité, mais ils seront désarmés pour le maintien de la disci-

pline en présence d'un si grand nombre de sous-officiers du même grade. *(Très-bien! sur plusieurs bancs.)*

M. LE MINISTRE DE LA GUERRE répond que, lorsque tout le régiment est dans une caserne, il y a un adjudant-major qui a la responsabilité du service intérieur. *(Très bien! Aux voix!)*

M. GAMBETTA. — Messieurs, le projet de loi, tel qu'il est revenu du Sénat, comporte une disposition sur laquelle la discussion vient de s'engager, c'est-à-dire la création d'un adjudant par compagnie.

Il est peut-être regrettable que cette discussion ne se soit pas engagée lors de la première lecture et de l'adoption de la loi par la Chambre. Mais je crois que si elle n'a pas eu lieu, c'est que très réellement on n'avait pas aperçu à ce moment-là les prétendus inconvénients qu'on y a vus depuis. Que l'honorable M. Margaine me permette de le lui dire, dans l'argument qu'il a apporté à la tribune contre la création d'un adjudant par compagnie, il n'y a peut-être pas autre chose que le souvenir de ce qui se passait autrefois, alors que les conditions du service, la situation des sous-officiers, la fréquence et le long délai de leur rengagement, tendaient à en faire un corps particulier, ayant un caractère tout à fait spécial, de telle sorte qu'il y avait peut-être dans l'esprit de l'honorable M. Margaine la crainte de voir reparaître dans chaque compagnie un adjudant comme celui qu'il avait connu.

Je ne crois pas qu'il faille se placer, pour juger cette création nouvelle, au point de vue des anciens sous-officiers rengagés, ni même au point de vue de cet adjudant particulier chargé de la police intérieure de la caserne; car ce n'est là ni le but ni la portée de cette nouvelle création. On a employé le nom d'adjudant, on aurait peut-être mieux fait d'en prendre un autre *(Très bien! — C'est très vrai!)*, car ce n'est pas un adjudant, c'est le premier sous-officier de la compagnie... (*Très bien!*); c'est l'organe le plus élevé du commandement par compagnie, et il est nécessaire, puisque — et je n'en accuse personne. — on n'a pas conservé la constitution du bataillon à six compagnies, et puisqu'on n'a pas doté la compagnie d'un cadre d'officiers suffisant. Il faudra y revenir, et y revenir peut-être en conservant la création de l'adjudant par compagnie.

Ce premier sous-officier correspond à une nécessité tellement évidente que je ne comprends pas qu'on puisse la discuter.

Comment! vous avez porté notre compagnie, du pied de paix au pied de guerre, à 250 hommes... et vous ne frémissez pas en pensant que des compagnies qui aujourd'hui ont un maximum de représentation en effectif de 50, de 60, de 70, 80 et 90 hommes arriveront tout d'un coup, à l'époque de la mobilisation, à avoir leur plein — car il manquera fort peu de monde — de 250 hommes?

Et vous ne voulez pas avoir préparé d'avance un cadre inférieur capable de dominer, de donner de la cohésion aux hommes, de pouvoir être, dans cet ordre dispersé que vous avez adopté pour la guerre, sous la pression de la nécessité, l'âme du commandement au sein de la compagnie? (*Très bien! très bien!*)

Par conséquent, il ne me paraît pas discutable que le rôle de l'adjudant, concentré tout entier sur l'instruction et le service actif, dégageant le sergent-major des détails purement administratifs et de la comptabilité, ne soit une création et une amélioration véritablement utile et importante (*Applaudissements*), et j'ajoute que, du moment que vous faisiez une loi pour créer des facilités de rengagement pour les sous-officiers, c'était bien dans cette loi qu'il fallait pour ainsi dire accumuler toutes les améliorations de la situation militaire que vous voulez attribuer aux sous-officiers; de telle sorte que c'était dans cette loi et non pas par un amendement à la loi des cadres que la réforme devait se produire.

En effet, qu'est-ce que nos sous-officiers? Ils se décomposent en trois catégories.

Les uns tâtent, comme on dit, du métier : ils font un engagement, ils n'en font pas deux; ils se retirent; ce ne sont pas toujours les moins bien doués, mais enfin ils se retirent.

Les autres sont plus intelligents, ou plus tenaces, ou plus zélés, ou plus méritants, et ils se destinent à arriver au grade supérieur, à gagner l'épaulette; mais ce n'est pas pour ceux-là que nous avons fait la loi, — et je la trouve excellente; — cette loi est faite pour les sous-officiers qu'il faut retenir dans l'armée, car ils en sont pour ainsi dire la force intérieure, nécessaire et vitale. (*Applaudissements.*)

La loi est faite pour les sous-officiers qui restent au corps et qui ne peuvent pas, à raison de bien des circonstances qui tiennent au milieu, à l'éducation première, arriver au grade supérieur. C'est à ces sous-officiers qu'il faut assurer une situation qui en fasse quoi ? de petits officiers. (*C'est cela! très bien!*)

La création qu'on vous propose, c'est celle de ce petit officier, intermédiaire naturel, normal, utile de la tactique, de la composition, de l'ordonnance de vos manœuvres et de vos troupes. C'est ce petit officier que vous instaurez par le projet de loi, et sa multiplicité même, — puisque vous pouvez en avoir jusqu'à 21 par régiment, — démontre que vous êtes en présence d'un sous-ordre de commandement et non pas en face d'une constitution administrative ou de police militaire.

Donc, j'ai la conviction, comme les orateurs qui ont soutenu cette thèse avant moi, qu'au point de vue militaire, au point de vue de la cohésion de vos effectifs et de la force des compagnies, au point de vue de la mobilisation, au point de vue de la légitime récompense et de la situation morale et matérielle que vous devez assurer à cette formation de sous-officiers rengagés qui aiment le métier et qui cependant ne peuvent pas espérer monter au delà du grade de sous-officier, je dis qu'à ce triple point de vue, et pour retenir cet élément excellent que l'on appellait autrefois le sergent instructeur, vous ne devez pas hésiter à voter la disposition qui vous est proposée. (*Très bien! très bien!* — *Bravos et applaudissements prolongés.*)

(*M. le ministre de la guerre se lève et se dirige vers M. Gambetta, qui est venu s'asseoir à l'un des bancs du centre gauche, pour lui serrer la main. De vifs et nombreux applaudissements éclatent de nouveau dans l'Assemblée.*)

L'article 15 est adopté par 412 voix contre 46.

La Chambre adopte sans débat les articles 16 à 20 du projet :

« Art. 16. — Tout sous-officier qui jouira de la pension de retraite accordée après quinze ans de service sera tenu de servir dans l'armée territoriale jusqu'à quarante ans. »

« Art. 17. — Les anciens sous-officiers faisant partie des deux plus jeunes classes de la réserve de l'armée active au moment de la promulgation de la présente loi pourront être admis à contracter, pour leur ancien corps seulement, un engagement de cinq ans, donnant droit aux avantages stipulés aux articles 1, 2, 3, 4 et 5 de la présente loi.

« Les sous-officiers rengagés actuellement sous les drapeaux pourront, après la promulgation de la présente loi, être admis à contracter un rengagement de cinq ans donnant droit aux avantages stipulés aux articles 1, 2, 3, 4 et 5 de la présente loi.

« Le nouveau rengagement annulera celui précédemment contracté.

« Les rengagements mentionnés au présent article ne seront admis que si les sous-officiers ont encore au moins cinq ans à faire avant l'expiration des quinze années, datant du jour où a commencé le service de la classe à laquelle ils appartiennent par leur âge.

« La demande de rengagement devra être faite dans les six mois, à partir du jour de la promulgation de la présente loi. »

« Art. 18. — Le ministre de la guerre présentera au Sénat et à la Chambre des députés, dans le cours de l'année 1879, une loi spéciale révisant et complétant les tableaux des emplois réservés aux sous-officiers, annexés à la loi du 14 juillet 1873. »

TITRE V

DISPOSITIONS GÉNÉRALES.

« Art. 19. — Les dispositions qui précèdent sont applicables aux troupes de la marine. »

« Art. 20. — Sont abrogées toutes les dispositions contraires à la présente loi. »

L'ensemble du projet de loi est mis aux voix et adopté.

DISCOURS

Prononcé le 16 juin 1878

(Conférence de M. Charles Quentin sur l'*Histoire du Livre*, au profit
de la Bibliothèque populaire du XIIIe arrondissement)

SOUS LA PRÉSIDENCE DE M. GAMBETTA

AU THÉATRE DES GOBELINS

Messieurs,

Nous allons donner la parole à notre ami Quentin,
qui s'est chargé de développer devant vous une de ces
idées fondamentales dont le développement est comme
la préface obligée de ces fondations populaires de
plus en plus nécessaires dans notre démocratie, car
une démocratie qui veut rester véritablement maîtresse d'elle-même, sûre de ses destinées, en possession de sa conscience tout entière, pour accomplir non
pas passagèrement, mais d'une façon fixe et durable
les progrès qu'on n'arrache qu'à force de difficultés,
d'effort et de patience à la coalition de ses ennemis. —
cette démocratie, dis-je, doit se préoccuper avant
tout, par-dessus tout, de l'instruction, de l'éducation.
(*Applaudissements.*)

C'est pour cela que, quelles que soient les nombreuses obligations qui assaillent vos mandataires,
vos représentants, dans les conseils municipaux ou
dans les Chambres, vous les voyez toujours trouver
l'heure nécessaire de liberté et de loisir pour venir
au milieu de vous participer à la collaboration que
vous apportez tous par votre présence, par vos sacri-

fices pécuniaires et autres, à la diffusion des lumières
dans le peuple. (*Vive approbation.*)

Nous voici donc réunis, mes chers concitoyens.
C'est notre façon de célébrer le dimanche. Nous voici
réunis pour, d'un effort commun, d'une pensée également commune, chercher ensemble les moyens les
plus pratiques, les plus efficaces pour arriver à donner
à votre treizième arrondissement une bibliothèque
qui soit en état de rivaliser et de faire figure à côté de
celles que d'autres arrondissements ont déjà consti-
tuées sous la même inspiration et avec le même concours.

Je donne la parole à M. Charles Quentin. (*Applaudissements.*)

Après la conférence de M. Charles Quentin, M. Gambetta
prononça l'allocution suivante :

M. GAMBETTA. — Avant de nous séparer, il me semble nécessaire de vous adresser l'expression de la
reconnaissance des membres du bureau qui ont organisé cette fête de famille démocratique. Je crois aussi
ne traduire que vos impressions personnelles et unanimes en disant au brillant orateur qui vient de s'exprimer tout à l'heure devant vous, jusqu'à quel point
il a gagné nos esprits et nos cœurs, quelle émotion à
la fois joyeuse et patriotique il a fait vibrer dans nos
âmes. (*Très bien! très bien!* — *Bravos.*)

Oui, il faut le remercier, lui qui use si vaillamment
de la plume, qui, tous les jours, remplit cette tâche
de vulgarisateur rapide et qui, peu soucieux des difficultés, a bien voulu joindre à l'art de tenir la plume
politique et littéraire qu'il manie si bien, cet autre art
où il vient de se révéler un maître accompli. (*Oui!* —
Très bien! — *Applaudissements répétés.*)

Il a pu en effet, dans le court espace de quelques
minutes, et à propos de ce livre qui avait franchi le

seuil d'une modeste demeure, et qu'il a saisi entre les
mains d'un enfant, d'une femme et de son mari — il
a pu, sans efforts, et avec un naturel qui vous a tous
entraînés, vous ramener en arrière jusqu'aux premiers
jours de l'humanité, et, poursuivant cette longue et
douloureuse route de l'histoire qui est marquée, à
chaque détour, par une mort, une tragédie, un deuil
sinistre et lugubre, — il a pu vous instruire, vous inté-
resser, et donner à la création de votre bibliothèque
populaire son véritable caractère.

Car c'est bien ainsi qu'il faut comprendre la fondation des bibliothèques populaires. Il ne servirait de
rien d'y mettre des livres, d'y attirer des lecteurs qui
resteraient isolés, qui ne se communiqueraient pas
entre eux les résultats de leurs lectures, leurs recherches et leurs réflexions. Il faut qu'à côté de la bibliothèque il y ait, pour ainsi dire, un homme associé à son
développement et qui vienne, de temps à autre, faire
sortir des rayons de cette bibliothèque toutes ces
lumières qui y dorment ou y sommeillent, et en présenter devant vous le foyer lumineux. (*Vive adhésion
et applaudissements.*)

Il faut que la science se multiplie par l'exposition, à
l'aide de la parole. Et c'est ce qu'a excellemment fait
mon ami et mon collaborateur, un homme qui vous
est bien connu à d'autres titres encore, M. Charles
Quentin.

Il n'a pas eu besoin, pour gagner vos sympathies,
d'autre chose que sa sincérité naturelle, et, en vérité,
je suis très-heureux de pouvoir lui rendre — au milieu
de ses amis qui l'entourent, et pour le public qui lira
demain avec empressement et plaisir les paroles qu'il
a prononcées — cet hommage que nous avions un
polémiste et que nous avons maintenant un orateur.
(*Oui! Très bien! très bien! — Approbation unanime et
applaudissements.*)

Messieurs, nous allons nous quitter, vous allez pro-

céder à la fondation de votre bibliothèque. Je vous
recommande — si vous me permettez de vous donner
un conseil — de bien choisir vos livres. Je voudrais
que chaque bibliothèque fût composée de deux séries
de livres : les uns contenant, sous une forme facile,
accessible, claire, tangible pour ainsi dire, les résultats
généraux de la science humaine, de façon que l'on
vous donnât sous sa forme la plus assimilable le résultat, l'extrait de ces œuvres immenses qui demandent des siècles pour leur élaboration et qui ne réclament, sous l'effort de nos grands vulgarisateurs, qu'une
minute de clarté et une goutte d'encre pour être ex-
primées, répandues et comprises. (*Assentiment général
et bravos.*)

Je voudrais qu'à côté de cette partie générale, scientifique, élevée, supérieure, il y eût aussi une seconde
série de livres appropriés à la nature, permettez-moi
de le dire, de la région populaire à laquelle est destinée la bibliothèque. Je voudrais que, soucieux avant
tout de la nature des occupations, de la prédominance de telle industrie sur telle autre, de telle branche de l'activité industrielle sur telle autre, on meu-
blât la bibliothèque du quartier, de l'arrondissement,
de traités techniques, pratiques, vulgarisateurs, qui
seraient les plus propres à donner à la population qui
doit fréquenter cette bibliothèque les moyens de rendre son travail plus fécond et son activité plus fruc-
tueuse. (*Adhésion générale.*)

Je voudrais que l'on ne commît pas cette faute de
faire partout la même bibliothèque, d'y placer la
même série de livres, comme si, dans toutes les régions, pour ainsi dire, dans tous les étages du grand
corps industriel et commercial de la France, il n'y
avait qu'une production, qu'une occupation, qu'une
étude, qu'un procédé, qu'un régime.

Non, il faudrait, je le répète, qu'on se mît en présence des besoins spéciaux de chaque quartier, de

chaque région. Ici, ce sont des maçons, des construc-
teurs, des architectes, des ingénieurs; dans d'autres
quartiers, ce sont des hommes qui sont destinés à
l'industrie des transports, à la vente des produits chi-
miques ou pharmaceutiques ou des produits de nos
colonies; plus loin, dans un autre quartier, on trouve
l'industrie qui cherche à donner à la mode et au luxe
les satisfactions dont Paris a le secret. Vous pouvez,
dans votre esprit, multiplier à l'infini ces diversités de
conditions et d'aptitudes dont je voudrais qu'il fût
toujours tenu compte. C'est à vos édiles, à vos représentants, à les rechercher. Et alors vous auriez, dans
vos bibliothèques, pour les enfants, les adultes et les
hommes formés, à côté du délassement, l'enseignement pratique et utile, c'est-à-dire ces deux choses
qu'il ne faut jamais séparer : la culture de l'esprit et
l'augmentation de l'aisance. (*Très bien! très bien!* —
Applaudissements prolongés.)

Car il faut bien le dire, si nous apportons, — si
j'apporte personnellement — dans le développement
de l'éducation populaire, cette ardeur, cette passion,
— je veux faire connaître ici toute ma pensée, —
c'est, à coup sûr, pour donner à la raison plus de
fermeté, à la conscience plus d'énergie et de hauteur,
au cœur plus de courage; mais tout ne serait pas
rempli : il faut aussi que cette instruction devienne
un élément de production, il faut que l'ouvrier y
rencontre l'augmentation de sa force productive; il
faut que son capital manuel, doublé, suscité, agrandi
par son capital intellectuel, devienne la source de
l'aisance et de la richesse. (*Longs applaudissements et
bravos.*)

Je ne voudrais pas prononcer de mots chimériques,
—j'ai horreur des chimères, — mais, je le dis devant
mon pays, quand je demande que tous reçoivent
l'instruction à pleines mains, c'est d'abord pour élever
les esprits et les cœurs, mais aussi et ensuite pour

arriver à la satisfaction des besoins. (*Nouveaux applaudissements.*)

C'est donc sous l'empire de ces deux pensées que nous devons constamment associer nos efforts. Et ici, il sert beaucoup d'évoquer les enseignements du passé, de cette histoire — la maîtresse des hommes — qui est la véritable régulatrice des politiques qui ont quelque souci de l'humanité et non pas seulement de la satisfaction de leurs convoitises, de cette histoire qu'il faut faire descendre dans la conscience du dernier Français, parce que le jour où ce peuple connaîtrait son histoire, il serait supérieur à toutes les injures de la fortune, et il trouverait en lui-même les secrets pour ranimer le génie national. (*Salve d'applaudissements. — Bravos prolongés.*)

D'ailleurs, mes chers concitoyens, il est sensible que, depuis cette chute tragique que la France a faite dans les sentiers du despotisme, elle a réfléchi, elle s'est recueillie, elle s'est ramassée sur elle-même, et, grâce à ses persévérants efforts de réformation intérieure, elle est arrivée, avec la rapidité qui est le propre de cette race, avec cette vitalité qui se reconstitue à mesure qu'elle se dépense, en quelques années, à faire la paix au dedans et le respect au dehors. (*Mouvement. — Longs applaudissements.*)

Eh bien, nous nous réunissons aujourd'hui, dans une situation qui est bonne à ce double point de vue. Et ce n'est pas quand un pays, quand un peuple tout entier est préoccupé d'œuvres moralisatrices comme celle qui nous réunit, que vous pouvez encourager les mauvais desseins de vos adversaires. Non ! Fondez des écoles, associez-vous, lisez, instruisez-vous, aimez-vous surtout les uns les autres, faites la fusion des énergies, des volontés et des classes, et nous en aurons bientôt fini avec les débris impuissants du passé.

On nous a dit ces jours derniers, et mon cher camarade Quentin le répétait tout à l'heure, que « les

dents repoussaient à la réaction ». Messieurs, la réaction est immortelle; l'important, c'est de la réduire,
c'est de la resserrer de plus en plus dans un cercle
d'impuissance. Pour cette œuvre, comptez sur vos
mandataires : ils comptent sur vous.

Je n'ai plus qu'un mot à vous dire : la prospérité est
assurée, la République repose sur le sentiment général;
elle ne veut vivre que de paix à l'intérieur et d'ordre
général au dehors. Elle n'a d'autres adversaires que
ceux qui sont les adversaires de tout ordre et de tout
repos public. Ils ne sont pas à craindre parce que nous
faisons nos affaires au grand jour, en pleine lumière,
devant le pays tout entier qui nous juge et qui, nous
donnant son assentiment, nous donne la force contre
laquelle il n'y a pas de force. (*Salve d'applaudissements
et de bravos. — Cris répétés de : Vive la République!
Vive Gambetta!*)

Donc, confiance, persévérance, et soyez sûrs que,
progressivement, sûrement, tous les jours, la démocratie fera un progrès; et les progrès ainsi faits, qui
ne sont le fruit ni de la passion, ni de la colère, ni de
la surprise, sont seuls durables et se transmettent aux
générations futures. Messieurs, faisons de la politique
d'avenir; comme dit le poëte antique : Faisons de la
politique pour nos neveux! (*Nouveaux applaudissements
et bravos.*)

DISCOURS

Prononcé le 24 juin 1878

AU BANQUET COMMÉMORATIF DE LA NAISSANCE DU GÉNÉRAL HOCHE

A VERSAILLES

Nous empruntons à la *République française* du 25 juin le compte rendu suivant :

Hier a été célébré à Versailles le 110ᵉ anniversaire de la naissance du général Hoche. La salle du théâtre des Variétés était ornée de trophées portant les initiales R. F. Au fond, derrière la table du président, la statue de Hoche, entourée de drapeaux tricolores, se détachait de massifs de verdure et de camélias en fleur.

Au dessert, M. Feray, sénateur, président, a porté le toast au président de la République :

« Messieurs, je porte la santé de M. le maréchal de Mac-Mahon, duc de Magenta, président de la République française. (*Bravos.*)

« Messieurs, la sécurité et la joie qui règnent aujourd'hui parmi nous forment un heureux contraste avec l'anxiété et la tristesse dont nous étions pénétrés l'an dernier. (*Très bien ! très bien ! — Vive approbation.*) Alors, Messieurs, la France soutenait une lutte aussi glorieuse que pénible contre le ministère du 16 mai. Nos droits étaient méconnus, les lois étaient violées et les libertés foulées aux pieds.

« Plus tard, au mois d'octobre, battus dans les élections, ces ministres n'avaient plus qu'une ressource : un coup d'État dont la conséquence forcée était la guerre civile, lorsque le maréchal de Mac-Mahon, se débarrassant de conseillers funestes, appela auprès de lui des hommes résolus à maintenir les institutions républicaines en s'appuyant sur les lois constitutionnelles.

« Le ministère, présidé par le vénérable M. Dufaure (*Bravos*), qui puise chaque jour dans son patriotisme une nouvelle énergie et une nouvelle éloquence, ce ministère a notre confiance, et les derniers votes lui ont assuré dans les deux Chambres une éclatante majorité. (*Vive adhésion.* — *Applaudissements.*)

« La République est établie maintenant d'autant plus solidement que ses commencements ont été plus difficiles. Ce sont les épreuves qui ont cimenté l'union des républicains et qui l'ont rendue indissoluble. (*Applaudissements.*) Ce sont encore ces épreuves qui nous ont appris à tenir compte des faits et à vouloir non pas le mieux absolu, mais le mieux possible. Cette modération, qui n'exclut pas la fermeté, nous inspire les plus légitimes espérances pour l'avenir de notre patrie, et les nations étrangères ont admiré la manière dont nous avons défendu nos libertés; elles ont reconnu en nous l'esprit politique, et elles ont accepté l'hospitalité de la République à la fête de la paix, à l'Exposition universelle. Comme l'a si bien dit un rédacteur du *Times*, la République française est maintenant une réalité solide et elle fait une excellente besogne pratique.

« M. LE SECRÉTAIRE GÉNÉRAL. — Monsieur le président, je vous remercie, au nom du maréchal de Mac-Mahon, président de la République, des paroles que vous venez de prononcer. Une voix plus autorisée que la mienne devait y répondre, celle du premier magistrat de ce département, qu'un récent deuil de famille a seul empêché de se rendre à cette fête patriotique.

« En répondant à l'invitation qui nous était adressée par MM. les membres de la commission municipale de Versailles, nous avons voulu attester une fois de plus les rapports sympathiques et la cordiale et loyale intimité qui existent et doivent exister toujours entre les représentants du gouvernement républicain et les représentants des corps élus à tous les degrés. (*Très bien! très bien! — Applaudissements.*)

« Je vous propose, Messieurs, de porter la santé de la ville de Versailles et de la population tout entière! (*Bravos répétés.*)

« M. Feray, *président*. — Je donne la parole à M. Henri Martin, sénateur, qui vient d'être appelé par l'Académie française à succéder à l'illustre libérateur du territoire. (*Vifs applaudissements.*)

« M. Henri Martin. — Messieurs, notre cher et honoré président vient de porter la santé du chef de l'État ; je viens porter la santé de la Patrie elle-même, de l'indestructible Patrie, de cette Patrie qui a été si bien servie par le héros dont nous célébrons aujourd'hui la mémoire, et qui sera servie par nos derniers neveux ! (*Très bien ! très bien !*)

« Chers concitoyens, les héros de la Révolution, au milieu des horreurs de la guerre, conservaient le sentiment de l'humanité, de ce que j'appellerai la fraternité universelle. Ils aimaient la France, ils savaient que la France devait rester elle-même pour servir l'humanité.

« Et nous, aujourd'hui, nous sortons de l'abîme où nous semblions devoir à jamais rester engloutis ; nous nous relevons par notre travail et par nos efforts, et nous convions toutes les nations aux fêtes de la paix. Nous donnons au monde un grand spectacle, et ce sera une des belles époques de notre histoire.

« Aspirons idéalement au jour où le sort des nations ne se décidera plus par le glaive, mais attachons-nous toujours, en attendant, à la mémoire des héros dans lesquels s'est personnifiée la patrie. (*Nouvelle approbation.*)

« Qui garde l'honneur garde l'avenir. Celui dont nous fêtons la mémoire a été une des plus glorieuses, des plus fidèles personnifications de la France ; il a en quelque sorte résumé dans sa trop courte destinée les phases que traverse la France depuis quatre-vingts ans.

« A la mémoire de Hoche, à la mémoire aussi de celui que nous avons perdu récemment, et qui a tant fait pour la réalisation de ce que Hoche avait rêvé ! (*Bravo ! bravo !* — *Applaudissements prolongés.*)

« M. Gambetta. — Messieurs, je réclame votre attention pour une pièce de vers qui a été composée par un jeune poète dont vous pourrez apprécier tout à l'heure le talent ; seulement il a tenu à ce que ces vers composés dans cette circonstance fussent lus devant vous par un interprète qui lui fût tout à fait sympathique, par un des artistes, je peux bien le dire, des plus éminents, et, ce qui ne gâte rien, des plus sincèrement attachés à nos idées de culte patriotique, qui a bien voulu se charger de les dire devant vous, — c'est M. Coquelin aîné, de la Comédie-Française.

« Quand vous nous écoutez, nous autres, qui ne mettons dans ce que nous avons à vous dire aucune espèce de recherche artistique ou littéraire, nous pouvons entendre les interruptions ou le bruit, mais, quand on veut se donner le plaisir délicat d'entendre de beaux vers dits par un artiste consommé, le silence, celui que je vous demande, Messieurs, n'est plus qu'une première manifestation du goût et de la pensée. » (Vive adhésion. — Applaudissements.)

M. Coquelin aîné, de la Comédie-Française, récite une pièce de vers composée pour la circonstance par M. Paul Delair, sous ce titre : le Sergent Lazare.

M. le président donne la parole à M. Albert Joly, député de Seine-et-Oise, qui s'exprime en ces termes :

« Messieurs, je ne veux pas retarder l'instant où vous allez entendre l'orateur que vous attendez ; mais il m'est impossible de ne pas porter, avant qu'il prenne la parole, un toast à celui qui, depuis la création de ce banquet patriotique, a toujours considéré comme un devoir d'assister à cette fête et de lui donner, par l'éclat de sa parole, tout le succès qu'elle mérite.

« Je vous prie de porter avec moi un toast à Gambetta !... (Marques unanimes d'assentiment.) à celui qui, comme le disait tout à l'heure notre vénéré maître M. Henri Martin, n'a jamais désespéré de la patrie, qu'elle fût la proie des étrangers ou qu'elle fût la proie des intrigants. (Vifs applaudissements.)

« Et lorsque nous fêtons Hoche, j'ai le droit de dire qu'il a sa part bien large dans cette fête, puisque, comme Coquelin le disait dans ces vers que vous avez si fortement et si justement applaudis, la fête de Lazare, c'est la fête de la patrie et de ses défenseurs. (Très bien ! très bien !)

« D'ailleurs, Messieurs, c'est la fête de Hoche qui peut servir de mesure pour apprécier les hommes qui gouvernent la France. Lorsque nous avons un gouvernement qui marche vers la République, nous sommes sûrs de pouvoir nous réunir pour fêter les grands hommes ; mais sitôt qu'au 24 mai ou au 16 mai le pouvoir est aux mains de ceux que je ne veux pas qualifier en ce moment, les grandes figures leur font peur, ils craignent de se trouver trop petits à côté d'elles, et ils nous forcent à nous réfugier soit chez notre ami Jeandel, soit chez notre ami Lefebvre, pour fêter Hoche de telle sorte qu'il ne puisse pas y avoir d'écho au dehors.

« L'année dernière, Messieurs, Gambetta vous promettait qu'en 1878 ce ne serait plus dans la rue Jouvencel qu'aurait lieu ce banquet, et que tout le monde s'associerait à la fête de Hoche. Grâce aux efforts de tous, mais grâce à ses efforts à lui en particulier, à la lutte qu'il a soutenue pendant cette époque néfaste, comme il l'avait soutenue en 1870, — plus heureux cette fois, — il a permis à la France de se relever, et il était à ce point considéré comme le véritable objectif dans cette lutte que le président du conseil des ministres, le garde des sceaux, n'a pas craint de compromettre la justice pour essayer de l'abattre. (Oui! oui! — Très bien! — Salve d'applaudissements.)

« Je n'insiste pas, Messieurs, et je bois à Gambetta, le défenseur de la France quand elle est menacée au dehors, le défenseur de la France quand elle est menacée au dedans! » (Bravos prolongés. — Cris répétés de : Vive la République! Vive Gambetta!)

M. Gambetta se lève et prononce le discours suivant :

Mes chers Concitoyens,

En me levant au milieu de vous pour vous inviter, à mon tour, au toast annuel que depuis dix ans je viens porter dans cette ville de Versailles si patriotique et si républicaine, je suis sous l'empire de deux sentiments. J'en veux écarter un résolûment. Je ne peux pas accepter qu'on parle de moi comme on vient d'en parler tout à l'heure. Si l'homme devant la grande image duquel nous sommes réunis pouvait nous entendre, il dirait à ces républicains assemblés que la vertu par excellence des démocraties qui veulent rester libres, c'est de se défendre du vertige des personnalités, c'est de rappeler chacun, quel qu'il soit, — et ce n'est pas une vaine figure de langage dans ma bouche, — à la modestie et à l'humilité devant la France. (Applaudissements.)

Non, je n'ai été, aux jours du péril étranger et aux jours de la lutte intérieure, que le serviteur de mon parti; oui, je n'ai pas désespéré de la France, mais il n'y avait pas de mérite à cela : — est-ce qu'on peut désespérer de ce qu'il y a dans le monde de plus généreux, de plus vigoureux, de plus riche, de plus fécond? Est-ce que l'on peut désespérer de cet admirable génie qui, entre toutes les nations, a pu traverser l'histoire de la civilisation sans jamais ressentir, au sortir d'une éclipse passagère, que le besoin de grandir et de resplendir avec plus d'éclat? (*Salve d'applaudissements.*)

Donc, trêve — et j'en demande pardon à mon ami Albert Joly — trêve à ces louanges! Nous avons autre chose à faire et à dire dans nos réunions qu'à échanger entre nous des congratulations à l'adresse de celui que le hasard — le travail aussi peut-être (*Oui! oui! — Très bien! — Vifs applaudissements*) a mis en évidence, mais qui n'a jamais pensé, — quelles que soient les vilenies et les calomnies d'une réaction qu'il est habitué à mépriser, même lorsqu'elle est puissante, — qui n'a jamais pensé pendant une seule minute qu'il y eût rien qui dût compter plus pour un homme que les actes qu'il accomplit et non pas la réputation qu'on lui fait.

Mais, Messieurs, si je me lève au milieu de vous, c'est parce que je n'ai jamais cru que nos réunions pussent se terminer sans que nous disions, aussi bien pour le dedans que pour le dehors, quelle est la pensée dominante qui, à l'heure actuelle, agite et entraîne ce qu'on appelle encore un parti, mais ce qui est la nation : la démocratie française. (*Bravos et applaudissements.*)

Que sommes-nous, Messieurs? Nous sommes ce que nous avons annoncé que nous serions : les mandataires fidèles et respectueux du suffrage universel, les véritables conservateurs de l'ordre et du travail, les véritables protecteurs de la prospérité nationale ; et nous pouvons aujourd'hui, quand les uns ont abdiqué par impuissance, quand les autres n'exhalent que des récriminations, d'autant plus passionnées qu'elles se sentent plus impuissantes, nous pouvons, sans rancune, sans efforts, reporter à la France tout entière cette joie que vous célébriez tout à l'heure comme par un contraste inévitable avec les préoccupations qui nous accablaient le 24 juin 1877.

Oui, c'est la France qui a vaincu, et c'est pour cela que l'on doit à la fois s'enorgueillir de la victoire et se montrer clément au lendemain du succès. (*Vive adhésion.*) Cette clémence, à l'égard de ceux que nous combattions l'an passé, le gouvernement la pratique, et il répond ainsi au sentiment de la majorité ; mais qu'il n'oublie jamais qu'il n'y a de vraie clémence que celle qui s'appuie sur le sentiment de la force dont on dispose, et que savoir frapper peu, mais juste, est une manifestation nécessaire de cette force même. (*Approbation unanime. — Vifs applaudissements.*)

Mais je ne dirais pas le fond de ma pensée si je n'ajoutais pas que ce qui me plaît le plus dans notre fête, que ce qui en fait pour moi un rendez-vous nécessaire, que ce qui fait que jamais, quelles que soient les vicissitudes des temps, nous ne la déserterons, c'est qu'elle réunit, c'est qu'elle associe comme dans un faisceau l'esprit civil et l'esprit militaire (*Longs applaudissements et bravos répétés*), c'est qu'elle réunit, c'est qu'elle nous ramène à cette admirable figure de Hoche qui n'était pas seule, et autour de laquelle on pourrait placer celles de Kléber, de Desaix, de Marceau et de tant d'autres ; c'est qu'elle nous reporte à cette heure glorieuse où l'armée fut à la fois la plus dévouée aux sacrifices militaires, la plus durement traitée malgré son héroïsme, — car on ne fut pas toujours juste pour elle, — et c'est là ce qui fait la grandeur de notre légende, c'est que les chefs les plus illustres, les plus brillants capitaines, ceux dont le génie de la guerre illuminait le visage, étaient aussi les plus doux, les plus fraternels, les plus respectueux de la loi. Ainsi je me rappelle que ce Hoche, qui servait dans les gardes françaises, changeait, au lendemain du 14 juillet, la devise du guidon des gardes pour y substituer : *Pro patria, pro lege*, « pour la patrie et pour la loi », et c'est pourquoi, Messieurs, en dépit de toutes les insanités et de toutes les violences de langage, de toutes les sottises monstrueuses dont on a accablé le parti républicain, il n'a jamais été possible de creuser entre lui et l'armée le fossé dans lequel on voulait précipiter la République. (*Mouvement. — Applaudissements.*) On n'a jamais pu tromper l'armée pour longtemps, à plus forte raison l'égarer pour toujours ; il n'a jamais été possible de lui faire croire que le parti des patriotes était, pouvait être un parti ennemi de l'armée. (*Adhésion unanime.*)

S'il y a au contraire un parti — et je le revendique hautement, non dans un esprit particulier, non dans un esprit de combinaison spéciale à telle ou telle politique ; je le revendique parce que c'est la force et l'espérance de mon pays, — s'il y a un parti qui a les yeux incessamment tournés vers l'armée, qui se préoccupe de son origine, de son recrutement, de son amélioration matérielle et morale, de son instruction, de son développement, de la cohésion de ses cadres, de la discipline qui doit régner dans ses rangs sous peine de la réduire à l'état de cohue humaine, de la valeur et de la supériorité des chefs qui sont appelés à la commander, des sacrifices de tous ordres que la patrie peut réclamer des chefs et des soldats ; — si, dis-je, il y a un parti qui a toutes ces visées, toutes ces préoccupations — préoccupations exclusivement nationales, — ce parti, c'est le nôtre ! (*Salves d'applaudissements et bravos répétés.*)

Oui, ce parti, c'est le nôtre ! Et c'est en vain qu'on

lui conteste ses traditions. Notre tradition, Messieurs, se confond avec l'histoire même des progrès et des conquêtes de la démocratie dans l'armée.

Oui, si je résume l'histoire, depuis les vieilles bandes françaises, depuis les vieilles milices paroissiales, depuis Bouvines, en passant par Crécy, Poitiers et Azincourt, pour venir jusqu'au milieu du dix-huitième siècle, qu'est-ce que je vois? Je vois qu'à mesure que l'armée féodale et aristocratique se déprécie et diminue, l'infanterie augmente; je vois le paysan entrer de plus en plus dans la composition de l'armée française, et, toutes les fois que l'on constate un progrès de cette admirable infanterie, de ces régiments qui sont l'unité même de la France, on y voit correspondre un accroissement de grandeur extérieure, de telle sorte que faire l'histoire de la démocratie dans l'armée, c'est faire l'histoire même des progrès de l'unité et de la patrie française.

Et lorsque la Révolution arrive, brisant le vieux moule, débarrassant l'armée des privilèges héréditaires, des colonels de cinq ou de dix ans, des grades payés et achetés, lorsque cette Révolution, qui a été aussi une révolution dans le régime et dans l'esprit militaires, ne l'oublions jamais, — car si elle a fait la France trop grande, elle a légué au moins le sentiment du devoir avec lequel on la refait tout entière, — lorsque cette Révolution mémorable a été l'application, dans l'armée surtout, du principe d'égalité, du principe d'unité, du principe de centralisation, vous voulez que cette Révolution ne soit pas l'âme même de l'armée française! (*Vive adhésion.*)

Entendons-nous, et que personne ne s'y méprenne. Quand je parle de la Révolution française dans l'armée, je parle des conquêtes qui ont été faites au point de vue de la constitution même des droits du soldat et de l'officier, à quelque degré qu'il soit placé dans la hiérarchie militaire, mais je ne parle nullement

ment, comme on pourrait le croire sans bonne foi, de tout ce qui pourrait être indiscipline et discussion du commandement à tous les degrés et qui n'aboutirait qu'à la confusion et à l'anarchie. L'armée, en effet, est la représentation exacte et complète de la France ; moins que jamais, je comprendrais qu'elle délibérât sous les armes ; moins que jamais je comprendrais que la discipline ne fût pas immuable et inflexible. (*Très bien ! très bien !*)

Et l'armée le sait bien ; elle ne s'y trompe pas. Elle n'a qu'à se souvenir et à regarder. Quant à moi, ma conviction n'a pas varié, — et je le disais dans ces banquets restreints que nous faisions chez nos amis Lefebvre et Jeandel aux mauvais jours, au lendemain du 24 mai, au lendemain du 16 mai; je disais : Ils comptent sur l'armée? Ils ne la connaissent pas ! L'armée, c'est l'honneur ; l'armée, c'est le patriotisme... (*Bravo ! bravo !*) et ce qu'on lui demande, ce serait une souillure plus honteuse, plus vile, plus inexpiable que celle qu'imprimèrent au drapeau, sinon au front des soldats, l'homme de Brumaire... (*Vive adhésion*) et, après lui, l'homme de Décembre. (*Nouvelle adhésion.*)

Ah! oui, j'étais sans inquiétude; oui, je n'ai pas désespéré de mon pays. Et je n'en désespérerai jamais : il fait l'éblouissement du monde! Pourquoi voulez-vous qu'il n'ait pas toute ma piété? (*Explosion d'applau-dissements.*)

Élevée au-dessus des querelles et en dehors de l'arène des partis, uniquement préoccupée de son instruction et de son avancement moral et intellectuel, l'armée s'abstrait de la politique et compte sur ceux qui aiment le pays pour sauvegarder tous ses intérêts. Quant à nous, nous n'avons qu'un devoir, nous n'avons qu'une mission : supplier le pays de persévérer dans la voie où il est entré depuis dix ans, et de continuer avec patience, avec concorde, avec obstination, la politique qui l'a amené, de difficulté en difficulté, à se débar-

rasser tour à tour des partis hostiles pris isolément
et des partis hostiles pris collectivement, cette politique qui lui a permis de présenter au monde stupé-
fait, étonné d'une telle promptitude dans la réparation
et dans la régénérescence, une France désormais inviolable, désormais invulnérable, ramassée, sûre d'elle-
même pour défendre ses droits, ne visant à attaquer
personne, confiante dans le patriotisme de ses enfants.
(*Applaudissements.*)

Messieurs, résolue comme la France l'est à se montrer toujours sage, calme et prudente, à persévérer
dans la politique dont je vous parle, la France peut
attendre les évènements et défier bien des épreuves,
car, en vérité, ce serait la première fois que la fortune
aurait manqué au génie ! (*Bravos et applaudissements
prolongés.*)

Mes chers concitoyens, je vous prie de porter un
toast de toute votre âme à l'unité de tous les citoyens
sous le drapeau de l'armée française ! (*Assentiment unanime. — Longs applaudissements.*)

DISCOURS

Prononcés le 17 et 18 septembre 1878

A VALENCE ET A ROMANS

Nous empruntons à la *République française* le compte rendu télégraphique du voyage de M. Gambetta à Romans.

17 septembre.

M. Gambetta a passé à Lyon ce matin à sept heures; une foule considérable qui s'était portée à la gare et couvrait les quais, l'a acclamé et a fait entendre des cris unanimes de : « Vive la République! »

A la gare de Vienne, le conseil municipal au complet est présenté à M. Gambetta par le maire, M. Ronjat, qui lui souhaite cordialement la bienvenue.

M. Gambetta répond en félicitant les Viennois de leur attachement traditionnel à la République. (*Acclamations répétées.*)

Le train arrive à neuf heures à Saint-Rambert. La fanfare joue la *Marseillaise*. MM. Malens, sénateur, Christophle et Boissy d'Anglas, députés, reçoivent M. Gambetta. M. Malens lui adresse quelques mots pour le remercier de sa visite.

M. Gambetta prononce une courte allocution coupée fréquemment par les cris : « Vive Gambetta! Vive la République! »

Des délégués de Grenoble viennent l'inviter à se rendre dans leur ville à son retour de Romans.

Toutes les maisons sont pavoisées. Une foule immense garnit les rues où se dressent des arcs de triomphe aux inscriptions patriotiques, où flottent des milliers de drapeaux dont les faisceaux alternent avec des guirlandes de feuillage. La musique accompagne les voitures, qui ont peine à avancer. Sur toute la route, même affluence. Les démonstrations sympathiques succèdent aux acclamations réitérées.

On arrive à dix heures à Andancette. M. Fernand Baboin, maire d'Albon, prononce un discours auquel répond M. Gambetta. Au premier rang des assistants, on distingue MM. Madier de Montjau, Loubet, Richard, députés; Lamorte, sénateur; MM. Charles Thomson, préfet de la Drôme; le maire de Romans; le secrétaire général et les sous-préfets du département avec les conseillers généraux républicains.

La foule augmente encore. Les acclamations enthousiastes redoublent. Comme à Saint-Rambert, partout des arcs de triomphe où l'on lit : « Vive Gambetta! vive la République! » Les fanfares exécutent la *Marseillaise*.

Une table de cent couverts a été installée chez M. Christophle, sur une terrasse dominant le Rhône. A dix heures et demie, des coups de canon, tirés du haut de la montagne, signalent l'approche du bateau à vapeur *le Gladiateur*, qui est couvert d'une infinité de drapeaux et de banderoles flottant au vent, et qui portent cette inscription : « Paix, Travail, République. »

Depuis la propriété de M. Christophle jusqu'au pont d'Andance, les maisons disparaissent sous le feuillage et les fleurs. Le pont est orné de la même façon.

Plus de 1.200 personnes attendent sur le quai. M. Gambetta, qui marche en tête du cortège au bras de M. Madier de Montjau, est salué des plus vives acclamations. Il adresse à la population des paroles d'adieu.

Saint-Vallier, 3 heures, soir.

A Saint-Vallier, où nous faisons escale, le port est encombré de monde. Tout le village est là, maire en tête.

Le maire adresse un discours à M. Gambetta, qui le remercie et prononce une allocution couverte de bravos.

Il prie le député de Paris de se rendre à la mairie, où est préparé le vin d'honneur.

Enthousiasme universel. Partout des guirlandes et des inscriptions républicaines; partout de chaudes acclamations.

Partout on veut entendre M. Gambetta, le féliciter, lui répéter que les populations de la Drôme sont dévouées à la République.

Ce voyage, favorisé par un temps magnifique, n'est qu'une longue et touchante ovation.

Tain, 5 heures soir.

La promenade triomphale continue. Sur les deux rives du Rhône, les populations se massent pour saluer le bateau qui porte M. Gambetta.

A Serves, au pied d'un vieux château féodal, on tire des salves d'artillerie.

Nous approchons de Tain. Un train passe : le mécanicien salue, en sifflant, notre bateau qui lui répond ; les voyageurs, penchés aux portières, agitent leurs chapeaux, leurs mouchoirs, en criant : « Vive Gambetta ! Vive la République ! »

A Tain, où attendent les conseillers municipaux de Tain et de Tournon, nouvelles et retentissantes acclamations.

Valence, 6 heures.

A Valence, la foule est plus compacte que jamais. Le conseil municipal entier est au débarcadère.

Le maire de Valence, M. Bernard, souhaite la bienvenue à M. Gambetta, qui lui répond en ces termes :

« Je suis heureux de mettre le pied sur ce sol patriotique à côté d'un des plus grands défenseurs de la République militante[1]. C'est le témoignage de l'union féconde de tous les républicains, union qui permettra de réaliser les progrès et d'obtenir les réformes que la France est en droit d'attendre de la République.

« Je salue ces populations méridionales, si vaillantes, si généreuses. Je les remercie de l'accueil enthousiaste qu'elles font, non pas à un homme, mais à l'idée républicaine dont il est le représentant. »

Le cri de « Vive la République ! » sort de toutes les poitrines et l'ovation continue.

Valence, 10 heures.

La salle du banquet est comble. M. Madier de Montjau prononce le discours suivant :

Mes chers concitoyens,

Pendant le court mais émouvant voyage qui a rempli

1. M. Madier de Montjau, député de la Drôme.

notre journée, lorsque, sur nos pas, ces populations aimantes, généreuses, que vous connaissez tous comme moi, faisaient retentir des cris ardents, passionnés, à l'honneur exclusif de l'hôte éminent que nous fêtons, mon honorable collègue, tout en les remerciant, ne cessait de leur répéter d'une voix émue mais ferme : « Criez : *Vive la République!* Messieurs, criez : *Vive la République!* » Aussi serait-il le premier surpris, j'en suis persuadé, si les sympathies qui nous poussent vers lui, si les entraînements de l'hospitalité que nous lui offrons avec une joie si complète et si sincère, me faisaient porter ici d'abord un autre toast que celui qui est dans son cœur comme dans le mien, comme dans le vôtre avant tous : A la République! (*Très bien! très bien! — Applaudissements.*)

Que serions-nous en effet sans elle, nous tous qui sommes ici, Messieurs, et que serait devenu le pays? Le pays, à la fin du dernier siècle, il se fût abîmé dans les hontes et les misères de l'ancienne monarchie, et sous elle il eût disparu comme plus d'une fois il avait été près de le faire, morcelé par l'étranger. (*Vive adhésion.*)

Il se serait, sous une royauté nouvelle, plus rapprochée de nous, énervé, épuisé, dénaturé sans doute, corrompu qu'il était chaque jour par l'influence d'un gouvernement qui avait pour devise et pour maxime unique, non pas : « Soyons grands et moraux et faisons la France prospère! » mais seulement ce conseil jeté du haut de la tribune au pays par un ministre de l'orléanisme : « Enrichissez-vous! Enrichissons-nous! »

Et sous une autre monarchie, qui déjà l'avait conduit à Waterloo, il serait resté inerte et déshonoré, sans relèvement et sans espérance, dans la boue sanglante de Sedan! (*Applaudissements prolongés.*)

Nous... nous serions serfs et manants taillables et corvéables encore à merci; ou sous une monarchie soi-disant constitutionnelle, nous aurions le spectacle d'une comédie politique tendant à nous persuader que nous sommes les maîtres..., tandis que nous ne serions en réalité que des serviteurs, sinon encore des serfs.

De tout cela la République nous a préservés, nous a sauvés; mais elle a fait plus, elle fait plus chaque jour : non-seulement elle nous relève, mais elle nous élève. (*Très bien! très bien! — Applaudissements.*)

Si nous vivons de sa vie, en effet, si de plus en plus son souffle s'infiltre en nos poumons, elle, de son côté, elle vit de nos actes, elle vit de notre volonté, elle vit de nos votes. (*Bravos.*) De telle sorte que l'on peut dire qu'elle s'incarne en chacun de nous et que, du plus humble au plus considérable, chacun peut avec orgueil se dire, quand il la voit belle : « Je suis quelque chose de cette beauté » ; quand il la voit forte, grande : « Je suis quelque chose de cette force » ; quand il la voit pure : « Je suis quelque chose de cette pureté ! » (*Très bien! — Bravos et applaudissements.*)

Vous comprenez bien, mon cher collègue, que de ce point de vue, en parlant de la République, j'étais bien près de parler de vous (*Très bien! très bien! — Vive approbation*) et qu'en se fixant sur elle, ma pensée restait à côté de vous.

Nous savons, en effet, — et nous nous plaisons à le rappeler et vous souffrirez que nous le rappellions encore devant vous, parce que c'est notre plaisir, — nous savons ce que vous avez fait pour elle et ce que vous continuez à faire. (*Applaudissements et bravos.*)

Vous avez été dans son établissement pour une part considérable. Vous avez été, deux fois, dans son salut pour une part considérable aussi. Dans son établissement, lorsque, le premier, n'étant pas encore monté à la tribune parlementaire, mais posant en quelque sorte, ce jour-là, au palais de justice, votre pied sur son premier degré, vous avez parlé de ce gouvernement infâme que je nomme déjà en le qualifiant ainsi et pour lequel il ne faut pas chercher d'autre épithète parce qu'aucune autre ne vaudrait celle-là, vous avez parlé, dis-je, de l'Empire dans le seul langage où l'on eût dû jamais en parler. (*Applaudissements prolongés et bravos.*)

Lorsque, évoquant l'ombre de mon ami Baudin, — mort sur cette barricade que nous avions construite ensemble, (*Mouvement*) — du martyr vous avez fait le vengeur, et, du gouvernement qui avait tué, le gouvernement qui allait être tué !

Vous avez, par votre sanglante ironie, par vos invectives indignées, flétri sous leurs oripeaux toutes les ignominies, vous avez montré que l'on pouvait frapper au visage le Tibère idiot qui s'était nuitamment imposé par tous les crimes à la France, sans qu'à la clarté du jour, écrasé sous la vérité, il osât rendre coup pour coup. Vous avez fait voir où et comment il fallait le frapper, et la France l'a frappé! (*Salve d'applaudissements.*)

Sur ce que vous avez fait pendant la guerre, je n'insiste pas, je ne m'arrête pas. Chacun le sait. Ils auraient, disent-ils, les hommes de Sedan, traité eux-mêmes et mieux de la paix! Oui, comme quelque roi de Bourges, en donnant à l'ennemi la presque totalité de la France, pour en garder pour eux un lopin! Et, plus abaissés que le roi de Bourges, ils l'auraient fait en sacrifiant à jamais tout l'honneur de cette grande France, en faisant d'elle pour toujours la plus humble et la plus avilie des nations. (*Mouvement.*)

Oui, par la continuation de la guerre, hélas! plus de sang a coulé. Oui, comme cela était presque inévitable, nous avons fini par payer une dure rançon, rançon d'or et rançon d'hommes que nous pleurons chaque jour bien plus que l'autre; car qu'est-ce que l'or à côté des âmes humaines?

Mais nous sommes sortis des fanges bonapartistes de Sedan avec une âme encore et notre drapeau lavé!

En contribuant à cette œuvre, vous avez fait une bonne, une grande, une noble chose; au nom de mon pays, au nom de mes concitoyens, au nom de la patriotique Drôme, je vous en remercie. (*Vive approbation et applaudissements unanimes.*)

En terminant cette histoire de nos huit dernières années, sans trahir, n'est-ce pas, ce secret de nos délibérations que dix-huit hommes de cœur s'étaient juré de garder et qu'ils ont fidèlement gardé, je peux et je dois dire encore, moi, le contemporain de cette grande génération dont vous avez fait tout à l'heure un si bel éloge, que dans notre dernière et si redoutable crise je n'ai cessé de vous trouver, du commencement à la fin, de la première à la dernière heure, décidé, comme moi, comme tous nos amis, à aller jusqu'au bout plutôt que de laisser étouffer une fois encore la République et le droit, et je vous ai vu parmi les plus vigoureux; au nom de la justice, je le dis avec une joie profonde. (*Applaudissements répétés.*)

Entre ces deux pôles de votre carrière politique, — vous l'avez rappelé vous-même et c'est pour cela que j'en parle, — je souhaite et j'espère le faire, sinon avec le même talent, du moins avec le même tact, — il s'est trouvé plus d'un point sur lequel, entre moi et quelques-uns de mes amis d'une part, vous et vos amis, d'autre part, des dissentiments se sont élevés sur la ligne à suivre, sur les choses à faire, sur la conduite à tenir.

Que faut-il voir là? que fallait-il en conclure? Souvent j'ai entendu dire : « C'est la division, c'est la désunion, c'est la perte du parti républicain! » Mais quelle erreur! quelle injustice! Vous et moi, mon cher collègue, vous disiez : C'est la République! C'est la conscience et la pensée républicaines fonctionnant en liberté; c'est la manifestation franche et loyale, pour chacun, de ce qu'il croit être la vérité: c'est la conviction cherchant à se faire jour par toutes les issues, sans souci même des sympathies, même des amitiés. Au jour du péril, nous nous retrouvions tous serrés les uns contre les autres. (*Salve d'applaudissements et bravos prolongés.*)

Et c'est comme la consécration de ces vérités et de ce fait que cette réunion, que cette grande fête me réjouit plus encore que le plaisir de vous serrer la main plus tôt que je ne comptais le faire à Paris. Nous voyant en effet, ici, dans la situation où nous sommes, parlant, avec une sincérité républicaine, les uns des autres affectueusement, de la République avec amour, nous pouvons dire à nos amis : « Voyez le passé; qu'il ne vous effraie pas plus désormais que l'avenir, si de semblables mouvements d'opinion s'y produisaient »; et à nos ennemis : Regardez comme nos rangs se sont formés au premier danger, quelle ligne de bataille nous pouvons vous présenter si vous voulez combattre encore. Venez, si vous l'osez! Mais vous ne viendrez pas, car vous savez assez quel sort vous attendrait. »

A la République, à son vaillant champion, je n'ai pas besoin de dire éloquent. Vous allez l'entendre! (*Salve d'applaudissements. — Bravos prolongés.*)

(M. Madier de Montjau embrasse M. Gambetta, aux applaudissements répétés de toute la réunion.)

Lorsque l'émotion s'est un peu apaisée, M. Gambetta prononce le discours suivant :

Messieurs, je suis profondément touché de l'ac-

cueil sympathique que je reçois de vous et de mon
plus précieux collaborateur pendant la période du 16
mai. Je n'ai que des paroles d'effusion et de gratitude
à vous adresser; mais permettez-moi de vous rappeler
ce que je vous ai toujours dit : qu'il fallait se garder
du prestige des personnalités et qu'il n'y a rien de
plus dangereux que de se faire d'un homme une idole.
Vous me trouverez toujours l'ennemi des personnalités
excessives: j'ai réclamé mon rang dans la démocratie
pour la servir et non pour me placer au-dessus d'elle.

Je n'ai jamais voulu élargir le fossé qu'on a
essayé de creuser entre les diverses nuances du parti
républicain. Au contraire, tous mes efforts ont tendu
et tendront toujours à l'union, et ma force ici même,
c'est que personne ne peut douter de mon esprit de
concorde et de conciliation.

Oui, les temps héroïques sont finis, il faut remplacer la violence par la raison, car nous avons un
instrument qui manquait à nos pères : le suffrage
universel. Aujourd'hui, les violences seraient un
crime, quand nous avons au-dessus de nous l'autorité
de la souveraineté nationale, le suffrage universel,
qui a su déjouer les intrigues les mieux ourdies. C'est
lui qu'il faut consulter constamment.

Nous en avons fait l'expérience, et si aujourd'hui
nous pouvons envisager l'avenir avec une parfaite
tranquillité d'âme, c'est au suffrage universel que
nous le devons. Dans de telles conditions, l'union est
bien facile : comment serions-nous désunis alors que
tous nous ne reconnaissons qu'un seul maître : le
peuple? S'il y a entre nous des dissidences, elles ne
portent que sur des questions de forme et de mesure,
et là-dessus encore nous avons un arbitre qui nous
départage toujours et qui s'appelle l'opinion. Je connais la France, je la juge dans son ensemble, et je
crois que le véritable moyen de fonder quelque chose
de durable, c'est d'être de l'opinion de la France et

non de l'opinion d'une école. Bientôt la France, débarrassée des aristocrates sans noblesse, fera entrer dans le Sénat un contingent de républicains qui en fera un corps harmonique avec la Chambre. Tous alors seront animés d'une même passion, de la passion du bien public. Avant tout, il faut maintenant l'union, la concorde entre toutes les nuances du grand parti républicain, car il n'y a d'armées victorieuses que les armées disciplinées. Je bois à la République, qui conquerra dans la paix des institutions véritablement républicaines; je bois au bon sens national qui nous permettra d'introduire dans le monde l'image nouvelle d'une République sans exemple, sans précédent, d'une République qui sera l'épanouissement de l'élite de l'humanité. (*Applaudissements prolongés et enthousiastes.*)

Romans, 18 septembre, 2 heures soir.

Le départ de Valence a eu lieu au milieu d'une prodigieuse affluence. Un millier de personnes avaient pénétré sur le quai de la gare. Dans toutes les avenues voisines retentissaient les cris de : « *Vive Gambetta! Vive la République!* »

À Romans se presse toute la population des campagnes environnantes; toutes les maisons sont pavoisées. Le cortège se met en marche, ayant à sa tête MM. Malens et Lamorte, sénateurs; Christophle, Richard, Madier de Montjau et Loubet, députés; M. Rivoire, maire, et tout le conseil municipal, ainsi que tous les conseillers généraux du département. La musique joue la *Marseillaise*. Des fleurs sont lancées des fenêtres. Le cortège arrive à l'hôtel de ville au milieu de ces explosions d'allégresse.

9 heures, soir.

Un cirque en planches a été construit exprès pour la réunion, pouvant contenir plus de six mille personnes; un nombre à peu près égal reste en dehors. Après quelques instants de repos, M. Gambetta arrive à quatre heures dans

la salle et est accueilli par de longues acclamations. M. Malens, sénateur de la Drôme, président, prononce l'allocution
suivante :

Mes chers concitoyens,

Les organisateurs de cette belle, de cette magnifique
réunion ont bien voulu m'en confier la présidence; je les
en remercie, parce que ce m'est une nouvelle occasion d'entrer en communication avec ces populations de Romans, si
patriotiques, si républicaines. (*Vive adhésion.*)

Et, si notre éminent orateur, notre illustre homme d'État
qui, depuis si longtemps, lutte et combat pour défendre,
assurer et consolider la République, est venu parmi nous,
c'est qu'il a compris, mes chers concitoyens, qu'ici il se
trouverait en communion d'idées et de sentiments avec
vous, et qu'en vous parlant de la République, c'était à des
cœurs tout dévoués à la République qu'il s'adresserait.
(*Approbation unanime.*)

Déjà il a pu comprendre l'admiration que vous professiez
pour son talent, l'affection que vous éprouviez pour l'homme,
à la réception si belle que vous lui avez faite à son entrée
dans votre cité, et il en est profondément touché. C'est là,
pour lui, un encouragement à poursuivre dans la voie où il
est entré, où il a marché jusqu'à présent et où il marchera
encore tant que les forces le lui permettront, car les forces
humaines ont leur limite, et c'est un motif, mes chers concitoyens, pour vous demander, lorsque, dans un instant, je
vais donner la parole à M. Gambetta, de vouloir bien conserver une attitude calme, de ne pas vous livrer à des manifestations qui ne pourraient que vous empêcher de l'entendre.

Maintenant, je dois vous dire que les organisateurs de
cette réunion ont reçu d'un grand nombre de députés des
lettres leur annonçant l'impossibilité où ils se sont trouvés,
par suite de circonstances particulières, d'assister à cette
belle fête de famille, car c'est une fête de famille. (*Oui!
oui! Très bien! — Applaudissements.*)

Tous ont regretté de ne pouvoir venir. Je vous citerai les
noms de MM. Reymond et Marion, députés de l'Isère; Gent
et Naquet, députés de Vaucluse.

M. Naquet a joint à sa lettre des explications qui se résu-

ment en ceci, c'est qu'il aurait été heureux de venir affirmer ici — comme l'affirme la présence de M. Madier de
Montjau — l'union du parti républicain tout entier. (*Applaudissements unanimes et bravos.*)

L'un des plus sympathiques députés de la Drôme, M. Che-
vandier, se trouve retenu à Paris par ses occupations, et,
dans une lettre, il exprime les regrets les plus vifs de ne
pas se trouver parmi nous, et il vous envoie son salut fraternel. (*Bravos.*)

Mes chers concitoyens, je n'ai plus rien à ajouter; vous
connaissez vos devoirs; je suis convaincu que vous n'y fail-
lirez pas.

Maintenant, je donne la parole à M. Gambetta. (*Salve
d'applaudissements.*)

M. Gambetta se lève et prononce le discours suivant :

Mes chers concitoyens,

Avant d'entrer dans les explications que je me propose de dérouler devant vous sur la politique intérieure
de notre pays, je vous dois un mot de remerciement
pour l'accueil que vous m'avez fait à l'entrée dans
votre ville, mais aussi un mot d'excuse pour la longueur de l'attente qui vous a été imposée. J'ai été
très touché et, en même temps, très contrarié d'apprendre que vous m'attendiez dans cette salle, alors
que je ne pouvais pas me rendre immédiatement à
vos désirs; mais, comme on vous le disait tout à
l'heure, les forces humaines ont une limite, et cette
limite, je l'avais touchée. J'avais donc besoin de quelques instants de repos. J'espère qu'à force d'efforts
des deux côtés, vous par votre attention et moi par
la volonté énergique que j'ai de vous donner, à vous
comme à ceux qui liront mes paroles, des explications
absolument franches et complètes, il ne restera, sur
ce que j'appelle la seconde phase du parti républicain, ni un doute, ni une équivoque, ni une ambi-
guïté.

Messieurs, il y a sept ans, nous ouvrions dans ce

pays une campagne de propagande, une campagne
de démonstration; au lendemain de désastres sans
nom qu'avaient attirés sur nous — il ne faut jamais
l'oublier — le despotisme d'un seul, mais aussi la
défaillance de tous. (*Mouvement.*) La France, désem-
parée, sans guide, sans ressources, sans aucun de
ces leviers puissants qui, à un moment donné, permettent de soulever le monde, la France s'était livrée,
je ne dirai pas au désespoir, mais certainement à
l'abandon d'elle-même. Elle avait nommé, vous savez
dans quelles terribles épreuves, dans quelles angoisses, dans quelles incertitudes, au milieu de quel
trouble, une Assemblée qui ne ressemblait qu'à l'ancien régime, mais qui ne ressemblait pas à la France.
(*Vive adhésion.*)

Aussitôt réunie, cette Assemblée manifesta les sentiments qui l'agitaient. Elle fit part à la France, épou-
vantée, de conceptions politiques qui avaient la prétention de la ramener plus d'un siècle en arrière et de
rayer d'un trait toutes les conquêtes de notre immortelle Révolution. Ah! ce jour-là la France comprit la
faute qu'elle avait faite; elle se remit dans la vraie
ligne de la tradition; et, dès les mois de mai et de
juillet 1871, la France protestait, par ses élections
municipales et par les élections législatives partielles,
de son ferme dessein de mettre un terme au mandat
de l'Assemblée nationale. (*Applaudissements.*)

C'est alors, Messieurs, que, loin de nous attaquer
au principe du suffrage universel qui venait de nous
donner tort, nous nous retournâmes vers lui, nous
entreprimes de le ramener au sentiment de ses droits
et de ses devoirs, nous recueillîmes les paroles d'un
homme qui était déjà à la veille de cette conversion
que j'ose qualifier de sublime, qui lui faisait abjurer
toutes les idées d'un passé désormais condamné pour
ne voir que la France de l'avenir. — de M. Thiers,
qui, au nom du patriotisme et de la raison, lançait

non seulement son ancien parti, mais l'opinion générale dans la direction d'un gouvernement libre et républicain par la démocratie.

Ce jour-là, Messieurs, M. Thiers prononça un mot que nous recueillîmes; il dit à la France livrée aux partis déchaînés les uns contre les autres, aux partis inexorables et impitoyables : « Le parti qui finira par triompher et gouverner, ce sera le parti le plus juste et le plus sage. » Messieurs, l'épreuve est faite. Depuis sept ans, grâce à la sagesse, à l'esprit de prévoyance et de justice du parti républicain, la France et le parti républicain ne font plus qu'un, et la parole prononcée par M. Thiers s'est réalisée dans les faits, dans les lois et dans les aspirations de la conscience publique. (*Bravos et acclamations.*)

Eh bien, Messieurs, qu'avons-nous dit à cette époque? Nous avons dit qu'il y avait quelque chose que nous mettions au-dessus du pouvoir : c'était la défense des droits et l'exercice du contrôle de la souveraineté nationale. Il y a là, disions-nous, une tâche qui est supérieure à toutes les ambitions, que ce soient des ambitions personnelles ou des ambitions de partis : c'est de démontrer à la France qu'il est absolument nécessaire que la démocratie soit un parti de gouvernement, qu'elle soit un parti d'ordre et de consolidation, parce qu'elle est le seul parti en état de régénérer la France, de lui rendre son rang, de la faire prospère et puissante à l'intérieur et de lui redonner les sympathies du monde.

Alors nous avons essayé de tracer non pas un programme, — je me défie des programmes, — nous avons tracé une méthode à suivre, nous avons dit : On nous a condamnés à bien des difficultés et même à bien des dangers; nous affronterons les uns et nous résoudrons les autres; à quel prix? en nous astreignant à une ligne de conduite parfaitement nette et parfaitement suivie. On nous parle d'un septennat:

commençons notre épreuve, faisons une étape de sept ans. Nous garderons, pendant sept ans, tous les postes électifs que nous avons occupés et relevés depuis le mois de juillet 1871, et nous attendrons la fin de ce qu'on a appelé le septennat — septennat qui d'ailleurs n'existe plus aujourd'hui, car il s'est transformé par un acte de la volonté nationale. Et nous avons suivi la ligne de conduite que nous nous étions tracée, d'une façon graduelle, sériée, ainsi que l'attestent tous les actes du parti républicain aussi bien dans les Chambres qu'en dehors des Chambres. (*Vive approbation.*)

De cette conduite politique il est résulté ceci, qu'un jour les partis coalisés dans un suprême effort, et conduits par celui d'entre eux qui les conduit toujours, par celui qui est leur lien commun, qui est leur chef naturel, par celui qui est leur seule puissance, tous ces partis, sous le guidon et la bannière du cléricalisme, ont tenté un retour offensif contre les forces de la démocratie gouvernementale. Et il est arrivé que la France, éclairée sur ce qu'elle voulait, rassurée sur ses intérêts, connaissant son lendemain, confiante dans les hommes qu'elle avait chargés de ses affaires, frémissante sous son armure, mais invulnérable, a résisté — et pourquoi? Ne me le demandez pas, car c'est à vous qu'il faut reporter l'honneur de cette résistance ; c'est vous, populations du Midi, vous, populations du Nord, vous, populations du Centre, qui, par votre sentiment de générosité et de sacrifice, par votre fermeté d'âme, par votre esprit de solidarité civique, par la confiance que vous avez eue les uns dans les autres, avez donné à vos représentants le sentiment de leur force en même temps que vous leur avez fait connaître l'étendue de leurs devoirs; c'est donc à vous que revient tout l'honneur. Mais qui êtes-vous donc, si ce n'est la France éclairée et consciente, c'est-à-dire le pays tout entier qui sait que, désormais, ce n'est que sous la démocratie qu'on ne court pas d'aventures et qu'on a l'ordre et la liberté? (*Salves d'applaudissements et acclamations prolongées.*)

Eh bien, Messieurs, de cette victoire qui était due à la France, qui était le fruit de sa sagesse et des cruelles expériences qu'elle venait de faire sous le double coup de l'invasion extérieure et du joug intérieur de ses plus cruels ennemis, — de cette victoire, qu'a-t-on fait et que convient-il de faire?

Voilà la question que je voudrais examiner devant vous, pacifiquement, mais complétement.

Messieurs, la Constitution, telle qu'elle est sortie des débats des Chambres, des nécessités du moment, du besoin d'en finir avec une situation qui exaspérait la France, qui la condamnait à la plus cruelle des conditions, à la condition de ne jamais savoir ce qu'on ferait d'elle le lendemain, — cette Constitution que je n'ai pas à critiquer, que je n'ai pas non plus à protéger dans toutes ses parties, — cette Constitution est la loi de la France, elle s'impose au respect de tous ceux qui l'appliquent comme de tous ceux qui lui obéissent.

Dans cette Constitution, il est bon cependant de se demander ce qu'il y a de perfectible, et ce qu'il y a, au contraire, d'immuable. Ce qu'il y a d'immuable c'est la constitution de la république; ce qu'il y a de perfectible, c'est l'équilibre des pouvoirs. Eh bien, je suis de ceux qui pensent que le moment n'est pas venu de toucher à cette Constitution; je suis de ceux qui pensent qu'elle a déjà suffisamment prouvé sa valeur en nous protégeant efficacement contre les criminels desseins de ceux qui appelaient la force pour renverser l'édifice élevé par la nécessité publique.

Mais à côté de cette partie que je considère comme immuable, il y en a d'autres qui doivent recevoir et

du temps et de la volonté publique des perfectionnements nécessaires.

On a parlé dernièrement, et je crois qu'on a jeté à
dessein dans le public des inquiétudes que ceux-là
même qui les répandaient ne partageaient pas, — on
a parlé de l'instabilité du pouvoir présidentiel. Il va
être procédé à un renouvellement sénatorial, et c'est là
l'occasion, le prétexte attendu pour répandre encore
l'incertitude et renouveler une manœuvre qui, cependant, n'a pas déjà si bien réussi. On cherche à ébran-
ler l'opinion des électeurs particuliers qui doivent
procéder aux élections des sénateurs en leur disant
que, si leurs votes se dirigeaient dans le sens de
l'affermissement des institutions républicaines, le
magistrat chargé de garder la Constitution et de la
défendre se déroberait à son mandat et laisserait le
siège vide.

Eh bien, Messieurs, il y a dans ces paroles — et je
m'en expliquerai franchement — ou un calcul ou une
défaillance. Si c'est un calcul, il ne peut pas porter,
car la France sait bien qu'avec les mandataires vigilants qu'elle s'est donnés, qu'avec l'organisation de la
majorité parlementaire, qu'avec l'organisation des
conseils généraux, il n'y a absolument rien à craindre
au sujet de la vacance et de la transmission du pouvoir. Et je puis vous dire, croyant être autorisé à le
faire, que si une idée aussi inconstitutionnelle, mais
enfin qui est du domaine du caprice, venait à se produire, il ne s'écoulerait pas un intervalle d'une heure
entre la retraite et le remplacement. (*Très bien! très
bien — Applaudissements.*)

Non, il ne s'écoulerait pas un intervalle considérable, parce que, grâces en soient rendues au désintéressement et à la générosité de ce noble parti républicain, je sais, j'affirme que le successeur serait
désigné et qu'il ne rencontrerait nulle part de com-
pétitions personnelles. (*Nouveaux applaudissements.*)

Si c'était là donc un calcul, je crois en avoir fait justice. S'il s'agissait d'une défaillance, je crois qu'il y a moyen de se convaincre qu'elle ne se produira pas. Elle ne se produira pas parce qu'elle est contraire à ce que nous savons et que l'expérience pèse bien quelque chose. Elle est contraire aussi au devoir : oui, Messieurs, au devoir. Je ne mets rien au-dessus du fonctionnement de la Constitution, et quant un pouvoir — je fais abstraction des personnes — est constitué pour accomplir une tâche, il doit la poursuivre — et ici j'applique l'expression dans son vrai sens — jusqu'au bout. (*Rires et applaudissements.*)

Et savez-vous pourquoi? C'est que, quelle que soit l'opinion que tour à tour, dans le jeu du mécanisme républicain, nous pouvons arriver à professer pour telle ou telle personne, si nous voulons être des hommes de gouvernement, nous devons surtout rapprocher le caractère de la personne du caractère de la fonction ; or, la fonction, le pouvoir est une chose légale, officielle, de laquelle nous avons le droit de nous préoccuper constamment, tandis que la personne est variable, indifférente et secondaire.

C'est pour cela qu'à l'heure où je parle je vois un intérêt, qui ne peut échapper à aucun esprit politique, à ce que la Constitution reçoive sa consécration, à ce que le président exerce son mandat jusqu'à la dernière minute de son pouvoir, parce que je veux voir enfin, dans ce pays, l'autorité gouvernementale suprême, le pouvoir exécutif, après avoir parcouru toute la durée d'une charge légale, passer à un successeur sans émotion et sans trouble public.

Ah! retenez-le, Messieurs, nous n'aurons véritablement fondé la République sur le roc que le jour où nous pourrons répondre victorieusement à tous les fauteurs de restaurations monarchiques qui parlent de stabilité. Depuis un siècle, sauf le cas fortuit de Charles X succédant à Louis XVIII, jamais pouvoir n'a été régulièrement transmis dans ce pays en vertu des lois à un successeur. Eh bien, ce que je veux voir, ce que j'appelle de tous mes vœux, ce à quoi j'adjure tous les bons républicains de consentir, faisant taire momentanément tout mouvement d'impatience, tout ressentiment, et même de légitimes aspirations, c'est le fonctionnement de la Constitution, c'est-à-dire le mécanisme républicain placé au-dessus de toutes les objections et de toutes les controverses, démontrant qu'enfin nous avons trouvé la vraie stabilité, celle qui se fait par la dévolution de la loi. (*Adhésion unanime et bravos.*)

Et quand vous aurez cet argument, quand vous pourrez dire qu'un président de la République mis au pouvoir par vos adversaires, installé par vos ennemis et n'ayant à coup sûr, au fond du cœur, rien de passionné pour nos institutions nouvelles (*On rit*), quand vous pourrez dire que ce président de République a complétement, pacifiquement, légalement, et aux applaudissements de l'opinion, rempli sa charge et qu'à l'expiration de ses pouvoirs la nation s'est trouvée tout naturellement, tout simplement, tout pacifiquement, passer d'un pouvoir présidentiel à un autre pouvoir présidentiel, Messieurs, non seulement pour la France, mais pour le monde entier, vous aurez fait la seule preuve qui existe du mouvement : vous aurez marché. (*Acclamations et longs applaudissements.*)

Ce que je désire, c'est qu'on mette un terme, dans les journaux gouvernementaux comme dans les journaux adverses, à cette polémique illusoire et ridicule qui consiste à rechercher ce qu'il adviendrait si le président de la République se retirait. Je dis, en me résumant, qu'il ne se retirera pas et que nous n'avons aucun intérêt à ce qu'il se retire.

Et maintenant, que devons-nous désirer, mais désirer avec le désir de la foi qui agit et qui ne se lasse pas d'aller et de provoquer au prosélytisme et à la propagande ? Nous devons désirer deux choses : d'abord des élections sénatoriales républicaines ; mais je n'ai pas à m'expliquer ici sur un pareil sujet, car si vous étiez chargés de pourvoir en partie au renouvellement du Sénat, je sais bien dans quelle fraction politique vous feriez vos choix. (*Rires d'approbation et applaudissements.*)

Mais la seconde chose sur laquelle je veux m'appesantir, c'est le dessin, — permettez-moi une expression encore plus familière, — c'est le crayon de ce que j'appellerai la deuxième étape du parti républicain.

Nous en avons déjà fourni une : les troupes, victorieuses, sont arrivées en haut de la position, sans fatigue ; elles sont pleines d'ardeur, elles ne demandent qu'à poursuivre la carrière ; mais n'étendons pas démesurément le champ de nos ambitions : sachons les limiter, c'est le moyen de les satisfaire. Nous allons donc dire en peu de mots ici ce qui, pour moi, n'est la réalisation définitive ni de vos principes, ni des miens, mais l'indication de ce qu'il y a de possible et de réalisable, l'indication de ce qui devrait être le mandat immédiat de ceux qui vont entrer au Sénat et des membres de la Chambre des députés.

Je voudrais donner ces indications, sauf à élever une controverse et une discussion générale ; car je suis, avant tout, un homme de liberté et de discussion, je n'ai la prétention d'imposer mes idées à personne, et qui serais-je pour avoir une semblable ambition et un pareil orgueil ? Mon unique orgueil, ma seule ambition, c'est de porter partout ce que je crois être la vérité et la sagesse et de demander qu'on veuille bien examiner ce que je propose, car je sais qu'entre esprits libres et loyaux c'est de ce choc de la discussion que jaillit la lumière, condition du progrès. (*Très bien! très bien!* — *Vifs et unanimes applaudissements.*)

Eh bien, je voudrais vous dire simplement ce qui,

dans un espace de sept ans, — dans cet espace de vie
soumis à tous les accidents de la destinée humaine, —
me semblerait devoir être touché et modifié, ce qui
me paraît praticable, ce que je crois être la besogne
à réaliser.

Mettons-nous en face de notre situation. Que nous
faut-il ? Ah ! il nous faut toucher à bien des choses,
mais je ne suis pas pour y toucher comme des enfants,
ou comme des violents, ou comme des utopistes. Je
suis l'ennemi de la table rase, je suis aussi l'ennemi
des abus, mais je veux qu'on tienne compte du temps,
de la tradition et même des préjugés, car avant tout
ils existent, ils sont une force, et on doit non pas les
respecter, mais les étudier pour les dissiper, les faire
disparaître, et ce résultat ne peut être obtenu qu'à la
condition d'agir sans passion et sans emportement.

D'abord, nous avons une administration qui est en
train de se refaire, qui s'épure tous les jours. Nous
avons un ministère dont je ne dis que du bien, un
ministère qu'on représente aussi comme très fragile
et très menacé, parce qu'il est, dit-on, très disparate,
et parce qu'il ne serait pas très actif. Je sais bien
quelles vertus on peut souhaiter à un ministère, je ne
suis pas contre le mieux, mais j'ai souvent entendu
dire que le mieux était l'ennemi du bien, et j'attends,
comme tout le monde, qu'il y ait une certaine coïn-
cidence dans l'état de l'opinion pour réclamer les
modifications dont la nécessité est sentie même par les
plus intéressés. Pour moi, je reste, comme je le disais
à Marseille le 14 décembre, un ministériel résolu et
décidé. Mais l'administration devra être complètement républicaine, et elle le sera, parce que je ne
pense pas qu'on soit d'humeur à tolérer bien longtemps en France ce spectacle d'un gouvernement
voulu et acclamé par tout le pays et qui n'est contrarié que par ses fonctionnaires. (*Rires et marques unanimes d'approbation.*)

Cette réforme s'impose tellement que je m'en voudrais de vous faire perdre votre temps et de perdre le mien à vous en entretenir davantage. C'est, à proprement parler, un lieu commun. On n'a qu'à visiter la France pour recueillir partout les mêmes doléances, et il faudra bien qu'on fasse justice à l'unanimité de ces griefs ; non pas que je refuse de reconnaître qu'on a beaucoup fait, mais que voulez-vous? plusieurs réactions se sont accumulées sur nous, et l'on sait que MM. les réactionnaires, qui se disent les hommes les plus désintéressés de la terre (*Rires*), avaient soigneusement accaparé toutes les places, les grandes, les moyennes, les petites, et, de plus, toutes celles qu'on avait créées tout exprès pour ces messieurs, qui forment la cohorte, il faut bien le dire, la plus tenace qu'on ait jamais vue de mémoire administrative. (*Hilarité générale. — Applaudissements.*)

Mais c'est là, permettez-moi de le dire, le côté simple et relativement facile de la politique intérieure. Les autres problèmes, les autres entreprises, les autres réformes sont autrement délicates et complexes, et ils appellent certainement autant de résolution et d'énergie que d'expérience et de science.

Nous avons cinq ou six grandes divisions ou services fondamentaux dans notre belle organisation française, car, je le dis avec d'autant plus de plaisir que j'ai toujours été de cette opinion, j'admire beaucoup l'organisation de notre État français. Je ne suis pas pour les abus de la centralisation, mais je gémis souvent de voir attaquer l'État qui est la France, qui est le suffrage universel lui-même, et de voir fausser les ressorts les plus précieux et les plus utiles de ce mécanisme gouvernemental qui, en somme, ne doit fonctionner que pour le plus grand bien et pour les progrès de la nation. Oui, je suis un défenseur de l'État, et ici je n'emploierai pas le mot centralisation, car le mot a été employé souvent abusivement, je suis un défenseur de la *centralité* nationale, et je ne comprendrais pas qu'on introduisît chez nous ces formes et ces doctrines presque anarchiques, qui supposent des mœurs, des traditions et des origines différentes des nôtres. Je suis pour l'unité, pour la *centralité* française, parce que je suis convaincu que ce qui a contribué le plus, depuis la Convention, à la constitution de la nation française que nous connaissons, doit aussi servir à la maintenir et à la faire progresser dans son intégrité morale, sociale et politique. (*Longs applaudissements.*)

Dans cette conception de l'État, je rencontre d'abord, à l'état d'auxiliaire suprême, de moyen de protection nationale et d'indépendance personnelle pour la France, l'institution qui, aujourd'hui, grâce au législateur et à l'esprit de sacrifice du pays, n'est plus une institution prétorienne et régalienne, mais la fleur et la force même de la France, de la France armée pour sa propre protection. Messieurs, je parle de l'armée que nous a faite le service obligatoire, de l'armée que nous a faite la République. (*Double salve d'applaudissements et acclamations.*)

Cette armée doit être la première préoccupation des hommes politiques du parti républicain. Aussi, vous avez pu voir avec quelle sollicitude, depuis nos désastres, on s'est occupé de ses intérêts moraux comme de ses intérêts matériels, de son relèvement, aussi bien en lui infusant le sang de toutes les générations, sans distinction de classes ni de castes dans la patrie, qu'en se préoccupant de la mettre dans les meilleures conditions de travail, d'instruction et d'expérience stratégique.

Et aujourd'hui que voyons-nous? Un Parlement constamment préoccupé de la situation matérielle du soldat, du recrutement des sous-officiers, de la situation faite par la retraite à ces braves officiers, serviteurs de la patrie, retraite que nous avons trouvée, hélas! si parcimonieuse après quarante ans de service. Nous avons fait quelque chose, mais nous n'avons pas tout fait, et je sais que, dès la rentrée des Chambres, une nouvelle satisfaction sera donnée, au moins pour les officiers inférieurs, de manière que la retenue faite pour la retraite soit compensée par une augmentation de solde, et que le bénéfice de la pension de retraite ne commence pas par un sacrifice. (*Vifs applaudissements.*)

Cette sollicitude ne peut qu'être encouragée par la vue de cette armée renouvelée qui fait l'étonnement des hommes spéciaux, que nous avons saluée et acclamée l'autre jour à Vincennes où apparaissaient pour la première fois nos réservistes, ces hommes sortis de tous les rangs de la société, apportant la vitalité, la jeunesse et la fierté en même temps qu'un sentiment national tout nouveau qui en faisaient véritablement la représentation armée de l'élite de la société française. (*Longue salve d'applaudissements.*)

Ce jour-là, j'ai vu bien des yeux se mouiller de larmes, j'ai recueilli bien des paroles, et j'ai compris qu'il n'y avait pas d'intérêt qui tînt plus puissamment aux entrailles de la nation que l'intérêt de son armée ; car c'est bien l'armée de la France : elle n'est plus commandée ni organisée pour être ce qu'elle était entre des mains scélérates ; elle n'est plus un instrument d'oppression, mais, au contraire, la représentation fidèle de la patrie, et elle ne doit plus servir qu'à son honneur et à son indépendance. (*Applaudissements prolongés.*)

Mais enfin il est bien certain que nous sommes fermement résolus à tenir l'armée au-dessus de l'arène des partis, à l'écart de toute politique ; aussi est-il une chose qui blesse le sentiment et le bon sens publics, c'est que, lorsque nous voulons exclure la politique de l'armée, ce sont précisément les ennemis de nos institutions qui l'y introduisent et la préconisent.

Je serais le premier à blâmer celui qui ferait une propagande passionnée dans l'enceinte de nos casernes ou auprès de nos officiers, et ce qui blesse la conscience nationale, c'est qu'on signale trop souvent des démonstrations émanant de personnages qui devraient peut-être être rentrés dans la retraite ou, au moins, dans l'oubli. (*Très bien! très bien!*)

Il y a des lois sur l'armée; nous demandons qu'elles soient appliquées. Non, nous ne permettrons plus, comme par le passé, la transgression de ces lois, faites dans un moment de patriotisme par l'ancienne Assemblée nationale et qui exigeaient qu'on fît de jeunes chefs, qu'on les fît passer fréquemment dans les corps de troupes afin de leur permettre de se distinguer, de sonder leurs mérites et leurs capacités, comme aussi d'écarter les incapacités et les défaillances. Nous demanderons que ces lois reçoivent leur application. On a beau chercher, on n'explique pas cette violation de la loi, violation non dans la lettre, mais au moins dans son esprit, violation momentanée qui s'appuie sur l'interprétation abusive d'un article de loi, inséré par mégarde, mais violation de l'esprit de la loi sur les grands commandements. On ne peut trouver l'explication de cette violation que dans le désir de faire entrer la politique dans l'armée; mais alors qui donc met la politique dans l'armée?

Il faut que cette situation cesse; il faut qu'il n'y ait d'autre moyen de s'élever dans l'armée que le mérite, et d'autre règle que la raison et l'égalité.

Nous avons aussi une autre question à résoudre, question bien plus délicate à laquelle je ne voudrais toucher que de la façon la plus discrète; mais je ne peux cependant pas me taire devant mon pays, alors que je recueille et que je constate dans trop d'endroits à quel degré l'opinion est excitée contre certains abus ou contre certaines défaillances émanant — je ne voudrais pas me servir d'expressions qui pussent blesser personne — de je ne sais quel esprit de routine, de ce qu'on appelle avec raison le pouvoir judiciaire.

Oui, c'est là un pouvoir auguste, nécessaire, fondamental; je ne voudrais pas qu'on pût altérer, en quoi que ce soit, son prestige ni l'autorité qui lui est due dans la société; mais je fais encore la même réflexion que tout à l'heure : qui donc menace le principe tutélaire de l'indépendance de la justice? Qui donc fait germer, dans certaines consciences loyales, l'esprit de scrupule et de reproche contre cette institution? Qui donc a pu commettre les excès de zèle et montrer les défaillances qu'on relève trop souvent dans son histoire? Que faut-il dire? Il faut dire qu'on est en présence d'une grave et redoutable question, la question de l'inamovibilité de la magistrature.

Je sais tout ce qu'on peut alléguer pour la défense de ce principe tutélaire. Oui, je suis un partisan convaincu de ce principe, mais je demande à m'expliquer.

A coup sûr, je ne voudrais pas d'un juge qui fût révocable à merci, qui fût un instrument dans les mains des gouvernants, qui n'eût d'autres jugements à rendre que des ordres à exécuter. Ce juge me ferait horreur, et il ne soulèverait que mon dégoût et mes protestations.

Ceux qui ont établi le principe de l'inamovibilité l'entendaient d'une manière qui était la vraie, la bonne. L'investiture était donnée par le gouvernement aux détenteurs de la puissance judiciaire chargés de rendre la justice au nom du gouvernement, et alors, pour prévenir le retour des faveurs ou des menaces du pouvoir, on installait le juge sur son siége, on le rendait inamovible à jamais, sauf le cas de forfaiture contre le gouvernement qui l'avait nommé.

L'inamovibilité ainsi comprise offre une triple protection : protection pour l'État, protection pour le citoyen, protection pour le juge. Voilà comment je la comprends et comment je la défends.

Mais quand un corps tout entier est légué par un gouvernement rival, par un gouvernement qui est tombé sous le mépris public ou qui a glissé dans la honte et la boue, par un gouvernement reconnu criminel et corrompu, il n'est pas acceptable, il n'est pas juste qu'un gouvernement sorti de la souveraineté nationale ne puisse pas examiner ce corps et le soumettre à une nouvelle investiture. Ce serait contraire au bon sens de laisser un principe d'hostilité contre le gouvernement établi dans le fondement même de l'institution en question. (*Salve d'applaudissements. — Bravos prolongés.*)

D'ailleurs, il n'y a pas de gouvernement, quel qu'il soit, — et, pour le moment, je ne les juge pas, — qui n'ait senti la profonde nécessité de cette doctrine. Il n'y en a pas qui, en s'installant, n'ait remanié, vérifié et investi à nouveau la magistrature. Eh bien, nous demandons, pour sauver la magistrature, pour sauver ce principe de l'inamovibilité que des excès compromettent, pour arrêter dans des limites raisonnables et politiques la passion publique qui monte, nous demandons, pour faire véritablement une chose juste, légale, nécessaire, que le gouvernement de la République examine la question de savoir s'il n'a pas à prendre les mêmes mesures et la même garantie que tous les gouvernements qui l'ont précédé. (*Double salve d'applaudissements. — Acclamations prolongées.*) Il faudra aussi, sur les traces de l'éminent président du conseil, l'illustre M. Dufaure, rechercher les modifications intérieures qu'on pourra apporter à l'organisation des tribunaux et des cours d'appel. (*Adhésion.*)

Il existe bien d'autres questions. Ce n'est pas nous qui les créons : nous sommes obligés de les recueillir, de les examiner, de les débattre, et, presque toujours celles qui sont le plus difficiles à résoudre sont difficiles, non pas à cause des divergences doctrinales et théoriques, mais seulement parce qu'elles sont enve-

nimées par les passions et l'égoïsme des partis qui les
exploitent.

J'en aborde une qui est grosse de passions et de
véhémence : c'est la question cléricale, c'est la question des rapports de l'Église et de l'État. Voilà, certes,
une immense question, puisqu'elle tient en suspens
toutes les autres, puisque, comme nous l'avons dit —
et nous ne faisons, en cela, qu'être l'écho du monde
entier — c'est là qu'est le principe de l'hostilité
contre la pensée moderne, du conflit que nous avons
à régler.

Que n'a-t-on pas dit à ce sujet? On est descendu
dans le domaine inviolable de nos consciences et on
a voulu interpréter notre politique à la lueur de notre
philosophie. Je n'admets pas plus cette interprétation
que je n'admets que, contre un adversaire politique,
je puisse m'emparer des sentiments intimes de sa
conscience religieuse pour combattre sa thèse politique. Mais j'ai le droit de dénoncer le péril que fait
courir à la société française, telle qu'elle est constituée et telle qu'elle veut l'être, l'accroissement de
l'esprit non seulement clérical, mais vaticanesque,
monastique, congréganiste et syllabiste, qui ne craint
pas de livrer l'esprit humain aux combinaisons les plus
grossières en les masquant sous les combinaisons les
plus subtiles et les plus profondes, les combinaisons
de l'esprit d'ignorance cherchant à s'élever sur la ser-
vitude générale. (*Longues salves d'applaudissements.* —
Bravos et cris répétés de : Vive Gambetta!)

Nous ne pouvons donc nous dispenser de poursuivre
la solution ou, au moins, la préparation de la solution
des rapports de l'Église — je sais bien que, pour être
correct, je devrais dire des Églises — avec l'État;
mais si je ne dis pas des Églises, c'est que, vous l'avez
senti, je vais toujours au plus pressé. Or, il faut rendre justice à l'esprit qui anime les autres Églises, et
s'il y a chez nous un problème clérical, ni les protes-

tants ni les juifs n'y sont pour rien : le conflit est fomenté uniquement par les agents de l'ultramontanisme.

Prenant les choses, non pas au point de vue du sentiment politique, je n'en ai et n'en reconnais à personne le droit, prenant le problème au point de vue gouvernemental, au point de vue public, au point de vue national, examinant les empiétements et les usurpations incessantes de l'esprit clérical servi par ses 400,000 religieux en dehors de son clergé séculier, j'ai le droit de dire, en montrant ces maîtres en l'art de faire des dupes et qui parlent du péril social : Le péril social, le voilà!... (*Salve d'applaudissements. — Marques unanimes d'adhésion.*)

Et savez-vous quelles réflexions m'a depuis longtemps inspirées cet antagonisme? Je vais vous le dire sans vous apprendre rien de nouveau, car je me suis déjà expliqué sur ce point dans une autre enceinte. C'est que cet État français, dont je vous parlais tout à l'heure, on l'a soumis à un siège dans les règles et que chaque jour on fait une brèche dans cet édifice. Hier c'était la main-morte, aujourd'hui c'est l'éducation. En 1849, c'était l'instruction primaire ; en 1850, c'était l'instruction secondaire ; en 1876, c'est l'instruction supérieure. Tantôt c'est l'armée, tantôt c'est l'instruction publique, tantôt c'est le recrutement de nos marins. Partout où peut se glisser l'esprit jésuitique, les cléricaux s'infiltrent et visent bientôt à la domination parce que ce ne sont pas gens à abandonner la tâche. Quand l'orage gronde, ils se font petits, et il y a ceci de particulier dans leur histoire que c'est toujours quand la patrie baisse que le jésuitisme monte! (*Longues et unanimes acclamations. — Bravos prolongés.*)

Eh bien, Messieurs, savez-vous ce que disent les défenseurs de l'ultramontanisme? Ils disent que nous sommes les ennemis de toute religion, de toute indé-

pendance de la conscience, que nous sommes des
persécuteurs, que nous avons soif de faire des martyrs, et si je proteste ici, ce n'est pas sans un sentiment de honte d'avoir à relever de pareilles inepties ;
mais, puisque j'y suis condamné par la bassesse de
mes adversaires, je vais m'y résigner.

Non, nous ne sommes pas les ennemis de la religion, d'aucune religion. Nous sommes, au contraire,
les serviteurs de la liberté de conscience, respectueux
de toutes les opinions religieuses et philosophiques.
Je ne reconnais à personne le droit de choisir, au nom
de l'État, entre un culte et un autre culte, entre deux
formules sur l'origine des mondes ou sur la fin des
êtres. Je ne reconnais à personne le droit de me faire
ma philosophie ou mon idolâtrie : l'une ou l'autre ne
relève que de ma raison ou de ma conscience ; j'ai le
droit de me servir de ma raison et d'en faire un flam-
beau pour me guider après des siècles d'ignorance ou
de me laisser bercer par les mythes des religions en-
fantines. (*Salve d'applaudissements.*)

Après avoir nettement établi mon respect pour les
religions, je tiens encore, pour en finir avec la calomnie (on n'en finira jamais, hélas !), à dire que je professe le plus profond respect pour ceux qui en exercent le ministère. Ils ont des devoirs à remplir envers
leurs semblables, mais ils en ont aussi à remplir envers l'État, et ce que je réclame, c'est l'exécution de
ces devoirs. Je demande qu'on leur applique les lois
existantes, et ici je m'adresse non pas à ce clergé
séculier qui est bien plus opprimé qu'oppresseur, qui
est bien plus appauvri que renté par les communautés
qui l'enserrent et le dominent, et qui, né du peuple,
n'en serait pas l'ennemi s'il était livré à la libre impulsion
de sa conscience, mais à cette milice multicolore sans
patrie... Si, elle a une patrie, mais elle ne repose que
sur la dernière des sept collines de Rome, et encore,
dans Rome, le pouvoir qui y siège la déclare ennemie

irréconciliable, car il faut bien répondre, dans la résidence même du pontife, aux anathèmes qui viennent de lui.

Je dis que le devoir de l'État républicain et démocratique est de respecter les religions et de faire respecter leurs ministres, mais leurs ministres se mouvant dans le cercle de la légalité, et si j'avais à émettre une formule, qu'il est peut-être ambitieux de chercher, mais qui rendrait ma pensée, je dirais que, dans la question des rapports du clergé avec l'État, il faut appliquer les lois, toutes les lois et supprimer les faveurs. (*Oui! très bien! très-bien!* — *Applaudissements.*)

Si vous appliquez les lois, toutes les lois — dont je ne vous ferai pas l'énumération, mais ceux dont je parle les connaissent, — l'ordre rentrerait en France et sans persécution, car, encore une fois, nous ne ferions qu'appliquer les traditions du tiers état français depuis le jour où il a apparu dans notre histoire jusqu'aux dernières lueurs de la République de 1848.

Ce n'est que depuis l'empire, depuis l'alliance monstrueuse entre ceux qui mitraillaient et ceux qui bénissaient les mitrailleurs, que nous avons assisté à de déplorables défaillances et que l'État se trouve sous le joug des cléricaux, alors que ce sont eux qui devraient porter le joug de l'État. (*Adhésion unanime et bravos.*)

Oui, il faut les faire rentrer dans la loi. Il faut surtout, si l'on veut en avoir raison, supprimer les faveurs, car, croyez-le bien, ce sont les complicités de la faveur, des privilèges et des avantages de toute nature qu'ils ont rencontrées pour eux et pour leurs créatures dans les diverses administrations publiques, c'est là ce qui fait la moitié de leur force. Quand ils ne pourront plus compter sur le favoritisme gouvernemental, soyez convaincus que leur clientèle se réduira bien vite, et, comme en somme ils ne vivent que de la crédulité publique, plus de crédit, plus de crédulité. (*Rires et applaudissements.*)

Enfin, il faut les faire rentrer dans le droit commun,
et, pour ne citer qu'un privilège, un seul, mais grave,
pour l'indiquer d'un mot, car je n'ai pas le temps de
m'appesantir sur la question, et l'état de mes forces ne
me le permet pas en ce moment, je dirai qu'une nécessité s'imposera aux législateurs qui voudront véritablement faire du service obligatoire une vérité, c'est
de ne faire de distinction pour personne et d'exiger
que la *vocation* ne se prononce qu'après qu'on a rempli la vraie vocation : le service militaire. (*Salve d'applaudissements.*)

Voilà une indication encore sommaire, mais cependant précise, je le crois, dans cette question si grave
et si délicate.

Mais il y a bien d'autres questions. Il y a cette immense entreprise, si nécessaire, si populaire, si fertile
en résultats, si admirablement reproductrice de tous
les trésors qu'on dépense pour elle : je veux parler de
l'éducation. Il faut que cette question soit la passion
de tous les députés républicains. Il faut que vos sénateurs, que vos députés, que votre pouvoir exécutif,
que tous les rouages de l'État concourent, rivalisent
à faire de ce pays-ci le pays le plus instruit, le plus
éclairé, le plus cultivé, le plus artiste du monde.
(*Bravos et acclamations.*)

Et, pour cela, que faut-il? Il faut refouler l'ennemi,
le cléricalisme, et amener le laïque, le citoyen, le
savant, le Français, dans nos établissements d'instruction, lui élever des écoles, créer des professeurs,
des maîtres, les doter, ne pas craindre la dépense sur
ce chapitre, car c'est une dépense que vous retrouverez dans l'abaissement des sommes que réclame
l'entretien des prisons, dans la valeur de votre armée,
dans la valeur de vos industries, dans l'augmentation
de vos capitaux.

Mais il faut que les méthodes d'instruction soient
changées à la base même de l'enseignement, car il ne

suffit pas d'envoyer les enfants à l'école primaire : il
faut que les méthodes ouvrent la raison et n'y déposent que des choses saines et sûres; il faut trouver le
procédé pour faire tomber, des sources les plus éle-
vées, le rayon prestigieux de la science dans les cer-
velles les plus tendres et y déposer le germe des
progrès de la raison publique. (*Acclamations et bravos.*)

Il faut modifier les méthodes barbares qu'on suit
encore dans les écoles primaires. Il faut y enseigner
les pages de notre histoire, les principes de nos lois
et de nos constitutions. Il faut qu'on y apprenne les
droits et les devoirs de l'homme et du citoyen. Il faut
que l'on mette sous des formules parfaitement com-
préhensibles, les résultats généraux des connaissances humaines. Je ne demande pas qu'on fasse des
savants, mais des hommes sensés et des Français.

Voilà pour l'éducation primaire. Et je parle pour
les deux sexes, car je ne distingue pas entre l'homme
et la femme. Ce sont deux agents dont l'entente est
absolument nécessaire dans la société, et, loin de les
séparer et de leur donner une éducation différente,
donnez-leur les mêmes principes, les mêmes idées,
commencez par unir les esprits si vous voulez rapprocher les cœurs. (*Salve d'applaudissements et bravos
enthousiastes.*)

Quant à l'enseignement secondaire, c'est encore là
une de nos gloires, mais dont bien des rayons commencent à s'éteindre. Là aussi les méthodes sont à
transformer. Je voudrais que cet enseignement secondaire fût de deux ordres. Je voudrais qu'au-dessus
de l'enseignement primaire et avant d'arriver à l'enseignement secondaire, il y eût des écoles profession-
nelles, mais non pas dans le genre de celles qu'on a
créées,—ce seraient ces écoles de métiers, des *mecha-
nic's institutes*, comme on dit ailleurs, dans lesquelles
on donnerait à la fois l'éducation de l'esprit et de la
main, où l'on acquerrait un capital manuel et où se

formeraient des légions d'ouvriers capables de devenir des tâcherons, des entrepreneurs et des capitalistes ; et nous arrivons par là à toucher du doigt que l'éducation est le commencement de la solution des problèmes sociaux qui pèsent sur le monde, solution qui n'appartient à personne, mais qui est parcellaire, quotidienne et qui dépend de la bonne volonté de tous.

De plus, je voudrais diriger cette instruction secondaire de manière que l'État en fût le maître. Je ne voudrais pas de ces institutions dans lesquelles on tronque l'histoire, où l'on fausse l'esprit français, et où l'on prépare des générations hostiles prêtes à se ruer les unes sur les autres. Il faut se donner une éducation française, et des citoyens libres peuvent seuls la donner. (*Explosion d'applaudissements. — Acclamations prolongées.*)

Reste l'enseignement supérieur, l'enseignement de nos Facultés. Vous savez, Messieurs, quelle dernière épreuve a subie notre Université. En disant qu'il est nécessaire que l'Université aussi reçoive des réformes et des perfectionnements, je ne l'en considère pas moins comme l'asile tutélaire de l'esprit moderne, et je demande qu'un gouvernement soucieux de ses droits et de sa mission lui restitue ce qu'on lui a arraché par surprise, la collation des grades et le droit de désigner ceux qui sont ou ne sont pas capables d'enseigner. (*Nouvelles acclamations.*)

Vous voyez, Messieurs, que nous aurons de quoi remplir nos sept années sans aborder d'autres questions.

Et cependant les intérêts matériels doivent nous préoccuper, ces intérêts si importants dans un pays où c'est la richesse agricole et la solidité du crédit qui ont constitué le premier degré de notre réhabilitation et de notre pacifique revanche, dans un pays où, grâce à la force de reproduction nationale, nous avons pour ainsi dire, après quelques semaines données, étonné le monde en étalant aux yeux des étrangers la collection de merveilles la plus surprenante qui soit encore sortie des efforts du génie humain. Oui, dans un pays qui compte près de 24 millions de propriétaires, où tout le monde travaille et où les oisifs sont une minorité telle qu'il n'y a pas à tenir un compte quelconque de leurs prétentions (*Rires*), dans un pays qui est, par excellence, le pays de l'épargne et de la fortune lentement préparée et acquise, il y a des problèmes qui touchent à l'agriculture, au commerce, à l'industrie et qui doivent être la préoccupation constante d'un gouvernement démocratique, car la richesse, c'est l'accumulation des efforts du travail, et qu'est-ce que le gouvernement républicain? c'est le gouvernement des travailleurs. (*Salves d'applaudissements.*)

Eh bien, vous qui souffrez, vous qu'on dirait que la nature a pris à charge de désoler depuis quelques années; vous qui voyez se dessécher dans vos mains le fruit de vos semences et de vos travaux, ce n'est pas devant vous que j'ai besoin de réclamer l'assistance du gouvernement en faveur des populations agricoles pour creuser des canaux, faire des chemins vicinaux et des voies ferrées, tous ces moyens de communication qui multiplient la richesse en la répandant partout. Ce n'est pas à vous que j'ai besoin de dire qu'il est nécessaire d'avoir une politique commerciale reposant sur la liberté qui rapproche les peuples par l'échange des produits et qui ouvre l'ère de la paix et du travail en lui donnant pour base l'harmonie des intérêts du monde.

Il faut considérer comme le maximum de nos ambitions immédiates pendant sept années la solution de tous ces problèmes. Car nous ne nous arrêterons pas ; nous ou nos successeurs, plus heureux ou plus habiles, pousserons plus avant. Quand l'un sera tombé, un autre le remplacera; l'horizon des générations futures s'étendra de plus en plus, pourvu que l'imposture et la trahison ne viennent pas retarder la marche du progrès humain. (*Bravos répétés.*)

En finances, nous recommanderons l'économie la plus sévère ; nous demanderons l'élévation des traitements des employés utiles et des dégrèvements d'impôts, sages, mesurés, proportionnés toujours aux ressources de l'État, mais nous nous orienterons toujours vers la suppression des mauvais impôts. Telle sera notre ligne de conduite. Peut-être ferons-nous peu à la fois, mais nous ferons constamment quelque chose. (*Applaudissements.*) Je puis vous en parler avec assurance, dans cette Chambre des députés dont je fais partie, dans cette commission du budget où je siège. Il n'y a jamais eu l'ombre d'un doute sur la nécessité d'opérer des dégrèvements : c'est pour cela que nous avons toujours cherché à établir devant le pays, de la façon la plus nette, nos opérations financières. La majorité républicaine appelle les controverses, les discussions, parce qu'elle veut la lumière : à la rentrée des Chambres, un débat s'ouvrira qui rappellera une précédente discussion sur la question de l'impôt sur la rente.

Sur ce point j'ai encore le devoir de vous dire mon opinion personnelle. Je n'engage personne, et quels que soient les bruits qu'on répande, quel que soit l'abus qu'on en puisse faire, j'ai le droit d'exprimer ma pensée.

Un jour j'ai lutté contre l'établissement d'un impôt sur la rente. J'ai heurté des opinions reçues, mais je ne voulais rien laisser faire contre la force première qui a permis la reconstitution de toutes nos autres forces, contre le crédit français. La défense de ce crédit a été pour moi un devoir rigoureux, absolu, incessant, et je demande à la démocratie de défendre ce crédit comme elle défendrait le dernier rempart de sa sécurité intérieure ou extérieure, car, ne l'oublions pas, c'est avec ce crédit puissant que nous avons pu restaurer notre frontière mutilée en réparant les brèches faites à notre ceinture de forteresses, reconstituer notre armée en mettant son matériel au niveau de tous les perfectionnements, et nous lancer dans cette entreprise de 5 à 6 milliards de canaux et de chemins de fer. C'est grâce à ce crédit que nous pouvons maintenir l'armée, comme effectif, sur un pied respectable et nécessaire, que nous sommes en mesure de doter les services généraux des postes, des télégraphes et de l'instruction publique.

Toutes ces forces qui, en dehors du crédit français, vous feraient défaut, défendez-les; c'est le point central, et quant à moi, je n'y laisserai pas toucher, malgré les arguments juridiques qui seront invoqués, — quelquefois les sommets du droit sont les sommets de l'injustice, — non, je ne laisserai pas léser, pour faire la conversion de la rente, les porteurs qui sont venus avec confiance à la République en apportant leur argent pour la libération du territoire. Il faut qu'il s'écoule un temps moral et matériel avant de toucher à cette question, afin que l'État ne paraisse pas abuser de ses droits. (*Vifs applaudissements.*)

Donc, en ces matières, sagesse, lenteur, économie, respect scrupuleux des engagements matériels et moraux pris par l'État envers les citoyens.

Je crois, Messieurs, que lorsque vos mandataires auront abordé cette série de problèmes, ils auront rempli une certaine tâche. Je crois aussi que, chemin faisant, la République sera entrée non seulement dans les lois, dans les habitudes et dans les intérêts, mais, permettez-moi de le dire, dans les veines et dans les artères du pays. Elle ne sera plus en question. Le pouvoir sera occupé par l'élu de vos représentants. Ce sera un double verdict, un double jugement qui portera à la présidence de la République le citoyen qui présentera le plus de garanties. Et ici je dois vous faire part d'une réflexion : nos adversaires cherchent tous les jours à créer des candidatures, à forger des candidats, ce sont eux qui y pensent le plus ; cependant, c'est dans nos rangs qu'il est le plus difficile de déterminer les candidats. (*Rires et applaudissements.*)

Alors la France apaisée, sûre d'elle-même, pouvant compter sur le dévouement de tous les siens, occupée uniquement du développement de ses admirables ressources, la France, restaurée, appuyée sur une armée réellement nationale, pourra se présenter au monde, débarrassée de ses adversaires, ayant, je l'espère, par le pardon et la clémence réuni tous ses enfants, et lui dire : Je suis forte, je suis invulnérable parce que je suis libre et pacifique. (*Salve d'applaudissements et longues acclamations. Cris répétés de : Vive la République! Vive Gambetta!*)

DISCOURS

Prononcés les 9, 10 et 11 octobre 1878

A GRENOBLE

Nous empruntons à la *République française* le compte-rendu télégraphique du voyage de M. Gambetta à Grenoble.

« Grenoble, 9 octobre.

« M. Gambetta a été accueilli à la gare de Chambéry aux cris de : « Vive la République ! » Il s'est entretenu avec MM. Parent, député de Chambéry, Horteur, député de Saint-Jean-de-Maurienne, et Paul Fabre, préfet du département. M. Michard, ancien commandant des francs-tireurs des Alpes, lui a été présenté. M. Parent a pris place dans le train, qui est reparti au milieu des acclamations. A Pontcharra, M. Girod, maire de la commune, accompagné des conseillers municipaux et d'un grand nombre d'habitants, a félicité M. Gambetta et l'a remercié au nom de ses administrés des services qu'il rend tous les jours à la République. La fanfare de Pontcharra a joué la *Marseillaise*.

« Le train est entré à deux heures et demie dans la gare de Grenoble. Une immense acclamation s'est élevée. MM. Eymard-Duvernay, sénateur; Anthoard, Bravet, Guillot, Marion, députés; Jay, Calvat, Vogeli, conseillers généraux; Gaché, maire de Grenoble, et les conseillers municipaux s'étaient portés à la rencontre de M. Gambetta. A la sortie de la gare et devant une foule considérable, le maire dit que Grenoble a conservé un souvenir ineffaçable du premier voyage de M. Gambetta. « Vous retrouverez, dit-il, les mêmes républicains qui vous ont serré la main il y a six ans. Ils ont suivi vos sages conseils, et ils se sont toujours trouvés d'accord quand il s'est agi du salut de la République. Votre grande

voix, chère au pays, a toujours été notre guide : les germes
que vous avez semés en Dauphiné ont porté leurs fruits.
Tout le monde prend confiance dans nos institutions, parce
que les hommes que le suffrage universel a investis de son
mandat ont été patients, patriotes avant tout, et n'ont demandé qu'à la loi les réformes nécessaires. Votre présence
parmi nous sera acclamée avec enthousiasme : nos voix
trouveront de l'écho jusqu'au sommet des Alpes. Soyez le
bienvenu. Vive la République ! »

« Le cri de : Vive la République ! est répété à trois reprises
par la foule. M. Gambetta s'avance et serre la main du maire.
De nouvelles acclamations retentissent. Enfin, le silence se
rétablit et M. Gambetta s'exprime à peu près ainsi :

« Mes chers concitoyens, Monsieur le maire, Messieurs
les membres du conseil municipal, en me retrouvant au
milieu de vous après six années, six années si cruellement
remplies par nos épreuves, mais si bien employées par la
sagesse et les efforts du pays, j'éprouve une joie patriotique,
je suis heureux de revoir cette cité qui a tant et de si glorieux souvenirs, et cette population toujours sage au milieu
de ses ardeurs, toujours prête, comme à l'aurore de notre
grande Révolution, à tenir la première place à l'avant-garde.
Je vous remercie, je vous dois de revenir le cœur joyeux,
car, des choses que nous demandions ensemble, que nous
poursuivions à travers les ténèbres et les résistances conju-
rées, une partie est déjà réalisée, une autre le sera dans
quelques mois. Il restera bien des réformes à accomplir;
mais, avec la volonté, la fermeté, la persistance énergique,
et, comme vous l'avez dit tout à l'heure, Monsieur le maire,
par la loi, avec la loi, rien de ce que sollicite les esprits généreux, rien de ce qui est juste n'est impossible à ce grand
peuple de France. »

« Les cris de : Vive Gambetta ! Vive la République ! éclatent de nouveau. Les voitures se mettent en marche au petit
pas et ont peine à se frayer un chemin à travers le foule compacte et empressée. Toutes les maisons sont pavoisées ; les
fenêtres regorgent de spectateurs ; les rues sont décorées
d'arcs de verdure, d'oriflammes et d'inscriptions. Les glacis
des fortifications sont couverts de curieux agitant des chapeaux et des mouchoirs. Les voitures reçoivent une pluie de
fleurs.

« Les voyageurs de commerce de passage à Grenoble envoient une *délégation* à M. Gambetta. Le président de la délégation offre à M. Gambetta un magnifique bouquet et lui exprime les sentiments les plus chaleureux.

« M. Gambetta a répondu en ces termes :

« Messieurs,

« Je ne veux pas vous laisser partir sans vous exprimer toute ma gratitude, non-seulement parce que vous voulez bien me donner un gage de sympathie, mais aussi parce que je veux vous dire quelques mots qui seront un peu étrangers à vos personnes, mais non pas à votre profession.

« Je vous connais depuis bien longtemps les uns et les autres. Je vous ai beaucoup suivis. J'ai été en relation avec un grand nombre d'entre vous et, quand l'occasion s'en présentera, je ne manquerai pas de vous rendre un public hommage.

« Je sais mieux que personne, je crois pouvoir le dire avec quelque autorité, les services rendus par vous à notre cause. Vous êtes tous ou à peu près tous partisans de la forme républicaine. Il y a, je ne l'ignore pas, quelques dissidences, quelques nuances parmi vos camarades, vos compagnons de travail, mais enfin on peut dire, sans crainte de se tromper, que la majorité de vos confrères appartient à la cause de la démocratie sous sa vraie forme, sous sa forme nécessaire : la forme républicaine.

« Vous avez été pour la République, on ne le sait pas assez, les meilleurs messagers de la bonne nouvelle. Vous l'avez fait pénétrer dans les endroits les plus écartés, dans ceux où le journal n'arrivait pas, où la parole des hommes politiques ne pénétrait qu'affaiblie.

« Vous avez été en contact avec un noyau important : les boutiquiers, les marchands, les tâcherons, les petits entrepreneurs, cette sorte d'école des sous-officiers de la grande armée démocratique, qui en forment les cadres et qui, comme dans l'autre armée, lorsqu'ils sont dévoués, assurent toujours la victoire. (*Vive adhésion et applaudissements.*)

« Vous êtes les plus précieux collaborateurs de la démocratie, et je ne peux pas oublier que, moi aussi, on m'a appelé le commis-voyageur de la République. (*Salves d'applaudissemnts et rires.*) Non, Messieurs, je n'ai pas oublié cette parole, et j'ai considéré que ceux qui prétendaient ainsi m'adresser une injure étaient des impuissants et des sots.

« Je vous ai imités. J'ai parcouru la France en portant le germe qui se féconde, qui croît tous les jours, mais pour le développement duquel il faut des collaborateurs. Enfin, vous avez semé, Messieurs. La moisson lève ; nous récolterons tous ensemble. » (*Assentiment unanime et applaudissements.*)

« 10 octobre 1874.

« Deux mille personnes emplissent la salle du théâtre, parmi lesquelles deux cents maires des environs, tous les conseillers municipaux de Grenoble, les députés républicains de l'Isère, de la Drôme, de la Savoie et des Hautes-Alpes.

« A 7 heures et demie, la voiture de M. Gambetta, salué sur son passage depuis l'hôtel par d'enthousiastes acclamations ; arrive au théâtre. Le député de Paris en descend et est introduit dans la réunion par M. Gaché, maire, qu'entourent les conseillers municipaux.

« Dès que M. Gambetta paraît, un cri immense de : « Vive la République ! vive Gambetta ! » s'élève de toutes les parties de la salle. Presque aussitôt le silence se rétablit. M. Gaché se lève et prononce l'allocution suivante :

« Messieurs,

« Les membres du comité qui a organisé cette réunion ont bien voulu m'appeler à la présider. Je les remercie vivement de cet honneur et de l'occasion qu'ils ont ainsi offerte au premier magistrat de la ville de donner la parole à l'un des plus illustres représentants de la nation.

« Monsieur le député,

« Nous venons saluer en vous non-seulement le député éloquent, le président autorisé de la Commission du budget, mais surtout le grand patriote !

« Le Dauphiné, et Grenoble en particulier, n'ont pas oublié les nobles paroles par lesquelles, dans une séance mémorable, vous avez rendu justice à M. Thiers, le libérateur du territoire ; mais nous n'avons pas oublié non plus que si le premier président de la République a délivré la France de la présence de l'étranger, vous, qui fûtes l'âme de la défense nationale, vous avez sauvé l'honneur du pays !

« Les Grenoblois, qui ont encore présente à la mémoire l'invasion de 1815, ont ressenti aussi vivement que leurs concitoyens envahis en 1870 ces douleurs patriotiques.

« Vous avez été notre orgueil et notre consolation dans ces jours néfastes. C'est à ce titre surtout, sans compter tous ceux que vous avez ajoutés depuis à la reconnaissance de vos concitoyens, que je vous souhaite encore une fois la bienvenue, au nom de la ville et du département, dont les élus sont ici, en grande majorité, groupés autour de vous. (Marques d'assentiment et applaudissements.)

« M. Gambetta se lève et prononce le discours suivant :

Mes chers concitoyens,

Les paroles qui viennent de m'être adressées et qui, on a bien voulu le dire, expriment le sentiment sincère de cette démocratie française à laquelle j'ai consacré tous mes efforts, tout ce que je peux avoir d'ardeur et de force au travail, — ces paroles sont pour moi une récompense que je prise bien plus haut que tous les accidents de la fortune ou du pouvoir, et elles m'obligent à vous dire qu'en venant fraternellement au milieu de vous, avec qui je suis en communion de pensée, d'espérance et d'efforts pour le triomphe d'une République véritablement nationale

et française, je savais que cet accueil me serait fait.
Et lorsque je pense que le moment est bon pour
adresser la parole à nos amis des autres départements, que l'heure exige ou des explications ou des
exhortations, c'est presque par un penchant invincible de mon cœur que je me trouve amené dans ce
massif central du Dauphiné, qui est pour moi, au milieu d'autres qualités qui le distinguent, comme le
cœur et le centre même de l'énergie française.

    « Il y a, en effet, ici une démocratie équilibrée,
une démocratie ferme, ardente mais sûre; une
démocratie qui sait distinguer la période de la
discussion de la période de l'action, qu'on est toujours assuré de trouver debout quant il faut être
debout, une démocratie circonspecte et vigilante
quand la situation exige qu'on surveille l'ennemi sans
provoquer de mouvement offensif.

    C'est donc tout naturellement que je vous disais,
en 1872, que nous entrions dans une étape particulière de notre politique; je me faisais alors un plaisir
de choisir Grenoble comme centre d'action, et aujourd'hui je me fais un plaisir nouveau de retrouver
des amis et des compagnons de la première heure et
de leur dire: Nous allons franchir encore un défilé,
nous allons arriver sur un autre plateau; voulez-vous
que je vous fasse connaître les espérances que je con-
çois et les écueils et les périls qu'il s'agit d'éviter?

    Nous voici, en effet, grâce à la résolution et à la
fermeté du gouvernement, à la veille d'un acte décisif,
d'une importance capitale pour toute la France. Le
décret que le cabinet vient de rendre, et qui a l'assentiment de l'opinion publique, nous met à quelques
semaines de cette échéance sur laquelle tous les
partis ont les yeux fixés depuis tantôt trois ans et qui
doit être pour nous la délivrance, et pour nos ennemis — qu'on peut distinguer en deux camps : ceux
qui espèrent encore et ceux qui n'espèrent plus — le

signal de la déroute définitive ou d'une pacification que tout le monde doit désirer. (*Très bien! très bien! — Applaudissements.*)

Après huit ans d'épreuves, après avoir épuisé toutes les formes du sacrifice et du dévouement, après avoir accumulé toutes les preuves de patience et de sagesse, après avoir résisté à toutes les provocations, à celles qui étaient effrontées, comme à celles qui étaient captieuses et perfides, la France a échappé définitivement aux hommes du 24 mai et du 16 mai. Elle espère toucher enfin au terme de cette lutte, aussi stérile que fatigante, qui lui disputait la fondation d'un gouvernement libre, du gouvernement nécessaire à une démocratie majeure, de la République. (*Vive adhésion et applaudissements.*)

Vous connaissez mieux que moi, pour les avoir peut-être supportés de plus près, les excès qui ont marqué ces deux tentatives de retour offensif de l'esprit de l'ancien régime. Aussi ce n'est pas pour vous ramener en arrière, pour exciter à nouveau vos légitimes indignations que je suis ici ; c'est plutôt pour rechercher par quels moyens, par quels actes, d'ici à quelques jours, nous pourrons enfin mettre un terme aux inquiétudes, aux angoisses qui, à certaines heures, prennent la France à la gorge et l'arrêtent au milieu de son travail de perfectionnement et de progrès.

Oui, dans quelques jours, beaucoup des conseils municipaux de France vont se réunir pour faire sortir de leurs rangs un homme auquel ils confieront le pouvoir le plus redoutable, celui de choisir, à un jour donné, l'arbitre, le juge de la situation politique générale. Les élections sénatoriales qui se préparent coïncideront en effet, par la durée du mandat qui sera de neuf ans, avec des échéances que je n'ai pas besoin d'analyser très profondément, soit au point de vue du pouvoir exécutif, soit au point de vue du fonctionnement des pouvoirs électifs eux-mêmes, soit au point

de vue des diverses réformes nécessaires, les unes à
réaliser immédiatement, les autres nécessaires aussi
et à mettre à l'étude tout de suite.

On sent, par conséquent, combien va être grave la
mission que ce délégué sera chargé d'aller remplir au
centre du département. Je voudrais que, d'ici à cette
réunion, tous les membres des conseils municipaux
de France se missent en face de la responsabilité entière des intérêts et de l'avenir de la patrie, car, c'est
eux auxquels sera confié à la fois le soin de son honneur et de sa sécurité.

Il y a des jours où la responsabilité pèse plus lourde
encore sur la tête des mandants que sur celle des
mandataires, c'est lorsque cette responsabilité est
dans le peuple et non pas dans ses élus, et toujours
le peuple lui-même ou ses représentants doivent se
mettre en présence des lourdes responsabilités encou-
rues : après le vote rendu, il n'est plus possible de
ressaisir les conséquences inéluctables qui doivent en
sortir.

Si je ne voulais citer qu'un seul exemple de cette
responsabilité tout entière qui incombe aux commet-
tants, j'évoquerais devant vous le souvenir de ce plébiscite fatal du 8 mai 1870, dont la France a failli
mourir ; je dirais que l'homme investi d'un mandat a
une responsabilité à supporter, mais que d'abord il y
a celle du suffrage universel, du mandant, du pays
lui-même. Eh bien, nous sommes à une de ces
heures solennelles où, comme en mai 1870, on peut
dire au pays: Tu tiens ton sort dans tes mains, et
c'est du choix triennal du Sénat que sortira l'ordre
ou le désordre, la paix ou la guerre à l'intérieur.
(Très bien! très bien! — Applaudissements.)

Et c'est à cela, Messieurs, que doivent servir les
cruelles leçons que nous avons reçues et sous le coup
desquelles nous saignons encore. Il faut que cette
histoire, à la fois si désolante et si rapprochée, nous

avertisse toutes les fois que nous avons un grand acte
à accomplir. Aussi je dis à ces représentants des communes rurales qui sont venus au milieu de nous : Rap-
pelez-vous, rappelez à vos concitoyens, à vos collègues
qu'au mois de mai 1870 on leur disait : Votez ! votez
contre la démocratie, votez contre les libéraux, votez
contre les républicains, votez pour le pouvoir personnel, donnez de pleins pouvoirs à un homme, ne vous
préoccupez pas de la direction des affaires : des esprits plus élevés, plus sûrs, plus compétents que vous,
en ont la charge et le profit ; vous êtes sûrs, en vous
rangeant uniquement du côté du pouvoir personnel,
en faisant taire ces démagogues et ces agitateurs,
d'avoir l'ordre, la paix et le progrès.

Et le peuple s'est abandonné. Il a cru aux calomnies, il a subi la pression. Il a cru, dans sa naïveté,
dans la confiance naturelle que lui inspire un gouvernement quel qu'il soit, parce qu'il est le gouvernement, il a cru qu'on ne pouvait pas le tromper à
ce point. Vous connaissez le réveil. (*Longs applaudissements et bravos.*)

Jamais cette justice sévère qui réside au fond de
toutes les actions individuelles et collectives et qui
sort des résultats de tous les actes humains, jamais
cette Némésis n'est sortie avec une rapidité plus effroyable de l'arrêt que le peuple avait lui-même signé
de sa déchéance, et elle s'est manifestée par l'invasion, par le démembrement, par les lourds impôts
qui nous accablent encore. (*Mouvement.*)

Voilà ce qui se produit quand on s'abandonne,
quand on ne fait pas soi-même ses affaires, quand on
n'a pas conscience de la gravité de son vote.

Aussi faut-il aujourd'hui bien faire comprendre la
gravité du vote à émettre aux délégués sénatoriaux
qui vont sortir du scrutin des 15,000 conseils municipaux convoqués. Il faut leur faire bien sentir qu'ils
sont à une heure, à une époque qui est aussi impor-

tante pour l'ordre intérieur et la stabilité extérieure
que l'était l'époque du plébiscite du mois de mai 1870
pour la paix extérieure et l'intégrité de la France.
(*Assentiment unanime et applaudissements prolongés.*)

Il est certain que si les hommes du 24 mai ont pu
revenir au 16 mai, que s'il y a eu des tentatives véritablement coupables et criminelles contre la volonté
de la majorité de la France solennellement exprimée
aux élections de 1876 ; que si les mêmes hommes, qui
avaient déjà si funestement renversé l'illustre homme
d'État amené par son patriotisme à la République, et
fait succéder à son gouvernement de modération un
gouvernement de vexations et de proscriptions, ont
pu diriger une suprème tentative contre les droits et
la volonté de la nation, — il est certain, dis-je, que
si ces faits ont pu se produire, c'est parce qu'il y avait
au Sénat une majorité de quelques voix guidée par des
factieux et qui, trompée par l'indifférence de quelques
uns, dans un jour d'égarement, dans un jour de défaillance, se trompant peut-être elle-même sur les
conséquences qu'on allait faire sortir de son vote, a
permis qu'on fît d'elle un prétexte, un instrument à
l'aide duquel, pendant sept mois, on a livré la France
à tous les vents du hasard, à toutes les aventures, à
tous les périls, en usurpant légalement, je le veux
bien, mais contre le sentiment public, un pouvoir
qu'on était aussi incapable d'exercer que de rendre
profitable au pays. (*Applaudissements unanimes.*)

Il faut redire au pays, et surtout à ces conseillers
municipaux qui vont choisir leurs délégués : Vous
avez souffert, vous avez passé par des transes horribles, vous avez vu le spectre de la guerre civile à
l'horizon ; vous avez entendu, tous les soirs, des
bruits, des murmures de coups d'État, vous avez
tremblé pour la paix entre les citoyens. Vous vous rappelez toutes ces choses, et cependant toutes ces choses
pourraient recommencer si on avait des élections sé-

natoriales mauvaises, si on avait une majorité incorri-
gible, si on redonnait la direction de cette majorité,
par un accroissement sorti des élections prochaines, à
ces politiques aussi présomptueux qu'impénitents,
que leur parti pourra abandonner, mais qui, eux,
n'abandonneront jamais leur importance, leur fatuité,
l'aveuglement de leur conduite ni le désir de jouer
leur rôle, parce qu'ils n'en ont pas d'autre à jouer.
(*Rires et bravos.*)

Si donc vous voulez éviter ce retour et infliger à ces
hommes la vraie peine politique, vous en avez le moyen :
c'est, par le scrutin, de condamner à la fois leur politique et tous ceux qui l'ont soutenue. Voilà le véritable châtiment, la correction dont on ne revient pas,
la vraie déchéance politique que des hommes politiques puissent infliger.

Je voudrais, Messieurs, que chacun de vous qui a
été ou qui sera délégué ou électeur de délégué se dise
bien que c'est de sa conduite, que c'est du vote qu'il
émettra que sortira l'impossibilité pour le Sénat d'être
un instrument de réaction ou d'oppression. Il n'y
aura plus d'ennemis mortels embusqués dans le Sénat
pour tirer à l'abri sur les défenseurs de la constitution républicaine, si les élections sénatoriales sont
conformes à la volonté nettement exprimée du suffrage
universel, si elles sont conformes à l'intérêt également
bien entendu et de ceux qui se disent conservateurs,
et de ceux qui se disent libéraux ou républicains
démocrates. Si l'on considère les choses au point
de vue seulement de l'intérêt qu'a tout le monde
à la stabilité, il faut voter pour des candidats qui
soient fermement résolus à faire fonctionner la
Constitution dans le sens républicain, dans un esprit
véritablement démocratique ; et il faut exclure des
listes sénatoriales tous ceux qui sont connus pour des
ennemis incorrigibles de la République, tous ceux qui
ont trempé dans cette conspiration à ciel ouvert du

24 mai et du 16 mai; tous ceux qui, soit comme membres sortants du Sénat, soit au dehors, dans le pays, dans des réunions, des comices ou des journaux, ont été les soutiens de cette politique néfaste. Il faut se débarrasser enfin d'hommes qui ont commis des actes dont ils ont vraiment toute la responsabilité. Il faut qu'au premier degré d'élection, dans les conseils municipaux, il y ait une véritable discussion des hommes et des choses.

Je sais bien qu'on a dit ceci : Vous voulez donc que la politique entre dans les conseils municipaux? Certainement, je le veux, et voici pourquoi. Puisque, en 1875, vous avez commis cette inégalité, puisque vous avez exécuté cette surprise de mettre sur la même ligne tous les conseils municipaux de France, quels que soient la population des communes et leur centre d'action, subissez la loi que vous avez faite, et, ayant introduit la politique partout, souffrez qu'on passe au crible, dans ces conseils municipaux, les hommes qui se présenteront comme candidats au Sénat, qu'on leur demande compte de leur passé, de leurs votes et qu'on recherche, non pas ce qu'ils se proposent de faire dans l'avenir, mais ce qu'ils ont fait dans le passé; car, dans l'élection capitale qui va avoir lieu prochainement, il n'y a pas de meilleur critérium pour distinguer le bon candidat que de rechercher dans sa vie, dans son passé, quels ont été ses actes, ses intentions, ses écrits. (*Très bien! très bien! — Applaudissements prolongés.*)

Je suis très partisan, Messieurs, d'une politique de concorde et de conciliation; mais je ne peux pas supporter que, sous prétexte de concorde et de conciliation, il se glisse dans l'État républicain, dans les fonctions républicaines, dans les conseils électifs de la nation, des hommes qui réclament la conciliation pour eux et la refusent aux autres, des hommes qui disent : Il faut que la République soit ouverte à ses

ennemis, qui en chassent les républicains, et qui ne
permettent pas d'y entrer à ses véritables défenseurs,
à ceux qui ont lutté et souffert pour elle. Vous connaissez des exemples: il y en a dans toutes les carrières, dans toutes les fonctions, dans toutes les
branches des services publics, et aujourd'hui encore,
il est malheureusement trop vrai de dire qu'être républicain sous la République, n'est ni un titre ni un
mérite. (*Vive adhésion et applaudissements répétés.*)

Eh bien, il faut que cet état de choses cesse, car
c'est là le mal dont on souffre. Les élections sénatoriales ont cela d'excellent qu'elles touchent aux sommets de la politique, puisqu'elles mettent en question
l'équilibre des pouvoirs, leur exercice et même la
personne qui exercera le pouvoir suprême dans l'État,
puisque ces élections exercent, à un certain moment,
une sorte d'arbitrage sur la marche générale de la politique et sur les traditions de la Chambre des députés.
Mais, d'un autre côté, ces élections nous imposent la
tâche d'expliquer à nos amis des campagnes où sont
l'influence et la puissance administratives et d'où vient
que parfois ils se plaignent de n'être pas en bons
termes avec tel ou tel fonctionnaire, qu'il appartienne
à l'ordre judiciaire, administratif, aux finances, ou
même à ce corps que je voudrais voir rendre à son
véritable rôle de protection et de confiance. — j'entends la gendarmerie qui, malheureusement, par
suite d'abus qui datent de loin, d'instructions mal
faites, de je ne sais quelles susceptibilités hiérar-
chiques mal dirigées, est devenue trop souvent une
cause de zizanies au lieu d'être un corps d'agents
d'ordre, de protection et de sécurité pour tous les citoyens sans distinction de classes ni d'opinions. (*Vifs
applaudissements.*) Je pourrais en dire autant de tous
les représentants, à un degré quelconque, de l'autorité. Je m'applaudis, je me suis toujours réjoui, et je
ne suis pas près de m'en repentir, de voir qu'on a

associé intimement le paysan français au fonctionnement d'une constitution républicaine. J'ai été très
partisan de l'idée qui a fait que dans le plus humble
conseil municipal de France, à de certaines époques,
périodiquement, il serait question des intérêts les
plus élevés de la République. L'examen de ces intérêts,
le choix des hommes, initient les conseillers municipaux à la politique et leur font sentir la dignité, la
responsabilité dont ils sont investis, le poids dont ils
pèsent dans les destinées de la patrie. Cette mission
leur apprend, en même temps, à connaître les hommes
qui sollicitent leurs suffrages et à comprendre la valeur de leur bulletin au jour du vote. Oui, je me suis
applaudi de voir l'élément démocratique, l'élément
rural, l'élément des petits propriétaires, de ceux qui
peinent, qui suent, qui fécondent la terre, l'élément
qui a besoin de travail, de protection, de sécurité et
de véritable tranquillité, — je me suis applaudi de
voir cet élément, par le fonctionnement même de la
Constitution, être le maître de toutes ces choses s'il
voulait faire des choix éclairés et indépendants. (Salve
d'applaudissements et bravos.)

C'est pour cela que je ne laisserai jamais passer
d'élections sénatoriales, pas plus les élections d'aujourd'hui que les élections à venir, tant que je serai
là, sans essayer de consacrer toute l'ardeur de ma
conviction à éclairer l'opinion (Applaudissements), car
je suis tout à fait certain que, le jour où chaque électeur sénatorial connaîtrait véritablement ses intérêts,
ses devoirs et l'étendue de sa responsabilité, il n'y aurait pas de raison ni de bon sens contre la raison et
le bon sens de la France démocratique, qui serait
alors véritablement maîtresse de ses destinées ; et le
jour approche où la démocratie par excellence, la démocratie rurale, ne se trompera plus sur le choix des
hommes. Ce qui l'égare et la déroute, c'est qu'on
sème derrière elle des bruits inquiétants sur telle ou

telle conviction ou sur telle ou telle réputation, c'est
qu'on cherche à la circonvenir ; on emploie la calomnie
et on dit à ces démocrates ruraux : Prenez garde ! la République, c'est le désordre ; elle passera dans les mains
des plus extrêmes, et nous roulerons jusqu'au fond
de l'abîme. Vous avez entendu ces prophètes de malheur. Leurs gémissements vous sont connus. (*Rires.*)
Ils ne rencontrent plus que des incrédules, et les prophètes mêmes commencent à s'essouffler. (*Hilarité
générale.*) Ils cherchent des raisons et ne trouvent que
des phrases ; leur rhétorique ampoulée est celle de
l'Église, qui les inspire et dont elle est aujourd'hui
véritablement l'apanage. (*Salve d'applaudissements.*)

Autrefois on disait à ce paysan que la République
c'était le partage, qu'elle menaçait les propriétaires, qu'elle menaçait la famille. On a renoncé,
depuis tantôt dix ans, à répéter ces mensonges
et ces calomnies. On a senti le ridicule qu'il y avait,
dans un pays qui compte 24 millions de petits
propriétaires, à dire que la propriété pouvait être
mise en péril par un parti qui avait le souci de la
grandeur de la France et de l'ordre. On veut bien aujourd'hui nous faire grâce de ces phrases sur la propriété. On reconnaît que c'est un thème usé.

Quant aux déclamations sur la famille, elles ont
fait aussi leur temps et, franchement, s'il fallait défendre la famille, la lecture des bulletins des tribunaux est trop instructive pour que j'insiste. Je ne re-
chercherai donc pas de quel côté sont ceux qui
attaquent la famille. (*Très bien ! très bien ! — Applaudissements et bravos prolongés.*)

Il reste la religion. C'est le dernier thème, mais,
comme il doit remplacer les deux autres devenus
ridicules et impuissants, on use et on abuse de celui-
ci. (*Rires.*) Ainsi il n'est question que de persécutions
et de martyrs. L'Église, le clergé, le parti clérical se
voient revenus au temps de Dioclétien ; les bêtes, les

lions attendent dans le cirque. (*Hilarité générale.*) Et
ce qu'il y a de bizarre, c'est que ces affolements, ces
plaintes, ces gémissements coïncident avec les entreprises les plus audacieuses, avec les résistances les
plus illégales, avec les usurpations les plus contraires
à tout notre droit français et telles qu'on n'en a jamais
vu dans notre pays. De sorte que ceux-là mêmes qui
crient au martyre en sont arrivés à pouvoir mettre
sous leurs pieds des lois qui sont muettes et que personne, parmi ceux qui sont chargés de les faire respecter, ne vient rappeler à ces intempérants, qui ne
seraient que les pires des comédiens s'ils ne troublaient
profondément les consciences. (*Double salve d'applaudissements et acclamations.*)

Je n'ai pas à vous faire toucher du doigt la grossièreté de ce sophisme qui consiste à confondre la
religion, la liberté de conscience, le droit de penser
et de pratiquer, avec les intérêts et l'esprit de domination d'une caste, d'une secte qui couvre d'un nom
respecté dans toutes les sociétés civilisées les complots
et les machinations les plus oppressives, la conduite
la plus condamnable.

Non, la religion n'est pas en péril, ni la liberté de
conscience : et si, d'un certain côté, on réclame le
droit de libre propagande, si, dans des établissements
de l'État, on se permet d'arborer, en face de la France
de 89, le drapeau de la contre-révolution, si cette
conduite est licite et permise de ce côté-là, on ne
peut pas dire que, de l'autre côté, on obtienne la
même tolérance et la réciprocité. (*Marques unanimes
d'adhésion. — Applaudissements.*)

Je ne me plains pas, d'ailleurs, de ce que nous
ayons pu assister à des actes qui réveilleront certains
indifférents, lesquels ne croient pas assez à cette gan-
grène, à ce péril clérical. (*Explosion d'applaudissements
et acclamations prolongées.*) Ces actes ramèneront forcément l'attention des hommes publics vers la solu-

tion de question instantes, et ils mettront l'opinion dans l'obligation de choisir. Et alors un juste départ se fera vite entre les partisans d'une religion nationale dont les ministres se renferment dans le cercle rigide de leurs attributions, entre ceux qui respectent les hommes voués à l'exercice d'un culte, mais n'en sortant pas, se bornant à leur mission spirituelle et cessant de pousser à la violence par des prédications que tout le monde connaît et que personne ne punit... (*Salve d'applaudissements.*) Le départ, dis-je, se fera vite entre les partisans de ces hommes de paix et les partisans de ceux qui ne craignent pas de transformer ce qui devrait être la chaire d'apaisement en une tribune d'où ils déversent, sans responsabilité pour eux, l'injure, la calomnie et l'outrage sur des hommes qui ont l'adhésion de leurs concitoyens. Qu'on ne crie donc plus à la persécution, que tout rentre dans le droit, et, quand nous aurons obtenu le respect d'une législation qui n'est pas à faire, qui existe, nous constaterons bien vite ce que valent et ce que cachent les déclamations de ce parti qui, bien qu'il multiplie ses manifestations hypocrites, n'en est pas moins un parti antifrançais, car il poursuit toujours le même plan et son mot d'ordre, qu'il ne prend pas chez nous, n'a pas changé : il nous hait, et il ne sert que des desseins qui nous sont hostiles. *Longs applaudissements et bravos prolongés.*)

Il faut donc répéter à l'électeur sénatorial de nos campagnes que ceux-là sont véritablement des artisans de mensonge qui disent que la République, que les pouvoirs républicains sont les ennemis de la religion ; mais il faut lui demander s'il entend être le maître chez lui, dans sa commune, dans son école, dans son chemin vicinal, dans le choix des hommes qui représenteront ses opinions, ses intérêts ; s'il entend que les agents de l'État le respectent et le protègent ; ou s'il veut de la tutelle de la sacristie au lieu d'avoir sa part de gouvernement et de souveraineté dans la commune. Oh! alors vous verrez que cet électeur saura parfaitement faire la distinction entre la religion respectée et respectable et ceux de ses ministres qui la compromettent et l'engagent dans des complicités où elle ne peut évidemment que perdre de son prestige et peut-être de son influence sur les esprits. (*Approbation générale et applaudissements.*)

Et pourquoi est-il vraiment si nécessaire de concentrer, pendant quelques semaines, l'attention des conseils municipaux de France sur ce choix des électeurs sénatoriaux et des sénateurs eux-mêmes? Je veux m'en expliquer très librement.

J'y trouve, Messieurs, un double intérêt: d'abord l'intérêt que j'ai indiqué tout à l'heure, celui du bon fonctionnement de la constitution républicaine, de l'ordre et de la paix; mais j'en trouve un autre; c'est que je suis pénétré — et ici je vous apporte un avis qui est le résultat d'une expérience accomplie sous nos yeux — de la nécessité d'un Sénat républicain. Je suis convaincu que, dans une démocratie comme la nôtre, si riche, mais si ardente, si étendue, si complexe, avec des aspects et des traits si nets, soumise à des conditions, à des milieux si variables, il est nécessaire d'avoir un Sénat républicain qui apporte, dans le fonctionnement des pouvoirs publics, un esprit de tradition et l'autorité de l'expérience dans les matières d'État; un Sénat républicain qui soit une école de gouvernement, un Sénat, en un mot, qui soit l'ami, le conseil et le contrôle de la Chambre des députés. J'entends bien que si c'est un Sénat à tendances factieuses, gouverné par des monarchistes incorrigibles, par des aristocrates, par des petits-maîtres dont la fatuité est sans bornes, par des hommes qui font la théorie d'un Sénat institué uniquement pour contrarier la Chambre des députés, pour entrer en conflit avec elle, — dans ces conditions, le Sénat aura le sort

de tous les obstacles ; il disparaîtra un jour ou l'autre
devant la force supérieure du suffrage universel. (*Vive
approbation. — Applaudissements.*)

Si ceux qui, parmi nos adversaires, prétendent
avoir conservé quelques lueurs de libéralisme et de
sagesse politique avaient bien compris leurs intérêts,
se fussent-ils jamais associés à cette politique de con-
flits et de discordes sans autre résultat possible
qu'une impopularité qui devait rejaillir sur l'institution du Sénat ? Est-il vrai que, s'ils avaient été vraiment dignes du nom de conservateurs qu'ils s'arrogent,
comme tant d'autres, sans le mériter, ils auraient dû
suivre une conduite opposée à celle qu'ils ont tenue
quand on leur a demandé le vote de lois réactionnaires ou le refus de lois votées par la Chambre des
députés dans un esprit de justice ? Auraient-ils dû accepter une politique aussi ouvertement révolutionnaire que celle qui a inspiré le vote de la dissolution ?

Est-il vrai qu'ils auraient dû résister à cette politique dans l'intérêt d'une conception qu'ils invoquent
et au monopole de laquelle ils prétendent depuis
trois quarts de siècle : la constitution d'un régime
politique avec deux Chambres ? Mais les uns, par haine
de la démocratie, ont voté la dissolution sans scru-
pules, les autres par scepticisme, et enfin une troisième catégorie a voté la mort dans l'âme. (*Rires.*)

Eh bien, ce que je redoute, non pas dans l'intérêt
de ces beaux esprits qui nous font si pédantesque-
ment la leçon et savent si peu se conduire eux-mêmes,
mais dans l'intérêt de mon pays et de la cause que
nous servons ensemble, c'est précisément qu'à force
de dénaturer le rôle du Sénat, c'est qu'à force de
substituer l'idée de conflit à l'idée de contrôle, on
ait accumulé contre l'institution une série de préjugés,
d'animosités qui, dépassant la mesure à un jour
donné, pourraient l'emporter et amener une faute
tôt ou tard.

Car, Messieurs, il faut se mettre en face de l'avenir et bien se dire que les institutions valent, non pas par les préambules plus ou moins magnifiques dont on les fait précéder, mais par la manière dont on les entend, dont on les pratique et les fait fonctionner. Je ne connais pas beaucoup d'institutions, même médiocres dans l'esprit de ceux qui les ont créées, qui ne puissent devenir, sous la main d'un parti avisé, d'une démocratie puissante et réglée, de volonté persistante et souple, des armes de protection pour le parti républicain, alors qu'on croyait avoir forgé contre lui peut-être des armes mortelles. (*Vive adhésion. — Applaudissements.*)

Voyez combien de lois l'Assemblée nationale, cette Assemblée introuvable que nous ne reverrons pas, je l'espère... (*Rires approbatifs*) avait accumulées contre le parti républicain. Voyez ce qu'elle pensait avoir tiré de la loi municipale, de la loi sur les conseils généraux, du scrutin d'arrondissement et de l'institution du Sénat lui-même. Voyez comme, sous la force réglée du suffrage universel, sous l'influence d'une politique à la fois hardie et contenue, tout cela s'est transformé et est devenu, au service de la démocratie, autant d'instruments de victoire contre vos adversaires. Car avec quoi les avez-vous battus? Avec les armes forgées par eux-mêmes. (*Salve d'applaudissements.*)

Eh bien, je voudrais que ce Sénat, institué dans une pensée de réaction contre le suffrage universel, contre la volonté nationale, dans une pensée de restriction des pouvoirs législatif et exécutif — je voudrais que ce Sénat se transformât par la seule pénétration de l'esprit démocratique et qu'il devînt, d'une façon permanente et pour ainsi dire perpétuelle, la véritable citadelle de la République, dans laquelle on placerait ses défenseurs les plus énergiques, ses capacités les plus éprouvées, ses renommées les plus

certaines, de façon qu'on s'inclinât devant le Sénat de
la République comme on le faisait devant le Sénat de
Rome. (*Longs applaudissements.*)

Je dis que cette institution ainsi comprise est nécessaire dans une démocratie et surtout une démocratie qui veut être progressive. Ah ! Messieurs, si
nous n'avions combattu que pour établir une forme
de gouvernement, la forme républicaine, notre
rôle serait fini, car ce gouvernement va être définitivement fondé. Le 5 janvier prochain, nous
aurons doublé le cap et franchi le chenal qui nous
sépare encore de l'océan pacifique de la République.
Après cette date, nous pourrions replier les voiles et
rentrer chez nous. Mais nous n'avons pas seulement
voulu fonder une forme de gouvernement. Nous voulons que, sous l'égide de la République, les capacités
de tous les citoyens puissent librement se développer.
Et ce n'est certainement pas à Grenoble, où j'ai constaté l'avènement des nouvelles couches sociales, que
je pourrais dire que notre tâche est terminée. Elle ne
le sera jamais. Après une première couche, une seconde viendra, puis d'autres, car maintenant le travail des peuples consiste à attirer, à faire monter sans
cesse ceux qui sont en bas vers la lumière, le bien-être
et la moralité. (*Salve d'applaudissements et bravos prolongés.*)

Et c'est précisément parce que vous vous êtes fait
à vous-mêmes, démocratie française, un horizon sans
limites de progrès indéfini, parce que vous avez livré
à la curiosité et aux efforts de tous la solution de tous
les problèmes, c'est précisément parce que vous appelez
le concours de toutes les énergies et que vous récla-
mez la collaboration de toutes les capacités, c'est parce
que vous attisez dans tous les cœurs cette légitime
passion sociale, qu'il faut, au centre de la République,
un pouvoir modéré, sage, pondéré, épris de la République, mais ne s'inspirant que de la réalité et des

circonstances qui doivent entourer la réalisation, à heure dite, de tel ou tel projet. Il ne faut pas que ce Sénat soit un obstacle, un mur contre lequel les flots de la République viennent battre. Non ! cela ne préparerait que désastres et écroulements. Il faut que ce soit un guide sympathique, éclairé, sur lequel la France pourra s'appuyer avec confiance puisqu'il sera sorti de ses entrailles, du choix de toutes les communes de France. (*Bravos prolongés.*)

Je ne retire pas la parole que j'ai prononcée le jour où je me suis expliqué sur le Sénat. Je ne parlais pas de l'essai de Sénat oligarchique qu'on tentait de constituer ; j'annonçais ce qui sera une vérité plus tard, à savoir que lorsqu'on aura véritablement rendu au Sénat sa figure nécessaire, son rôle permanent, ses fonctions légitimes, lorsqu'on y aura fait pénétrer l'esprit démocratique, lorsqu'on l'aura constitué, épuré, renouvelé pour donner la vie à ce pouvoir constitutionnel, il sera bien réellement, de par son origine, le grand conseil des communes de France. (*Vifs applaudissements.*)

Eh bien, il dépend des 17,000 électeurs sénatoriaux de nous rapprocher de ce but. Il dépend d'eux, en choisissant avec recueillement, en analysant avec sollicitude, en scrutant avec impartialité les titres de ceux qui viendront solliciter leurs suffrages, il dépend de ces 17,000 électeurs de nous donner à la fois la stabilité immédiate, la sécurité de l'avenir, les moyens de développer encore nos ressources, la possibilité de résoudre de grandes questions et de créer, au sein de la République, un point fixe autour duquel tout sera mouvement et progrès.

Cette adjuration que j'adresse à ceux d'entre vous, Messieurs, qui sont appelés à exercer ce mandat, je l'adresse en même temps à ceux de nos amis qui, sur d'autres points du territoire, sont appelés aussi à déposer leurs bulletins dans l'urne, mais je ne dirais pas

toute ma pensée si je n'ajoutais quelles sont nos espérances, nos certitudes, et aussi pourquoi j'attache
un si grand prix à ce qu'ils multiplient leurs efforts
pour garantir le succès.

En effet, Messieurs, vous savez que j'ai la mauvaise
habitude, avant l'ouverture des périodes électorales,
d'annoncer quels doivent en être les résultats probables. (*Rires d'approbation.*) Il m'est arrivé assez souvent de dire juste. Une certaine fois, cependant, je me
suis trompé, mais il s'est trouvé entre les électeurs et
moi bien des mains interposées qui avaient certainement aidé mes contradicteurs à diminuer le résultat que
j'avais annoncé. (*Hilarité générale et applaudissements.*)

Cela a bien paru le jour où ce même suffrage universel, où ces mêmes électeurs, consultés à nouveau
dans les mêmes circonscriptions, à peine débarrassées
d'ailleurs des fonctionnaires qui avaient procédé aux
précédentes élections, ont rendu un verdict tout à
fait décisif dans le sens des prédictions, des révélations que nous avions faites.

Quelle est l'origine de ces révélations ? Elles pro-
viennent simplement d'études, de statistiques bien
faites, exemptes autant que possible de chances d'erreur, elles sont le résultat d'un travail soutenu. Et
quand nous disons aujourd'hui, par exemple, que sur
84 élections sénatoriales à faire, nous espérons avoir
20 voix de majorité, nous faisons une supposition,
mais j'espère bien qu'elle ne sera pas démentie par
l'évènement. Je dis donc dès à présent que nous avons
une majorité. La question de droit et de fait sera vi-
dée après le 5 janvier, et, à cette date, il faudra que
l'ancienne majorité sénatoriale choisisse : elle devra
abandonner les guides impuissants qui l'ont conduite
à l'erreur et au désastre ou bien persévérer dans une
attitude aussi contraire aux intérêts conservateurs qu'à
ceux de la France elle-même. (*Applaudissements prolongés.*)

J'espère que e plus grand nombre d'entre eux, comprenant que toute résistance est inutile contre le vœu du pays et qu'il n'y a plus à espérer le retour de l'un des divers régimes monarchiques, comprenant encore que, la France ayant fait son choix, personne ne peut avoir la prétention d'avoir raison contre elle, voudront bien incliner leur volonté devant la volonté du pays et accepter sa décision en bons citoyens et en bons Français.

Mais j'estime qu'on les amènerait bien plus difficilement à cette adhésion si, au lieu d'avoir une majorité sénatoriale de vingt voix, nous avions une majorité inférieure.

J'adjure donc les divers délégués sénatoriaux d'obtenir une majorité plus forte que celle que j'ai dite et qui n'est qu'une hypothèse. Il y a toujours à faire un effort supérieur à celui qu'on a fait, et c'est le lendemain de la victoire ou de la défaite qu'on s'en aperçoit et qu'on regrette de n'avoir pas fait tout ce qu'on pouvait faire. Je sais tel département qui, aux dernières élections, l'eût emporté si l'on eût été plus sage, plus habile, plus discipliné, plus uni, si l'on avait subordonné les questions de personnes et de clocher — car il y a aussi des rivalités de commune à commune et de ville à ville — à la question de savoir quel était le candidat républicain qui offrait le plus de chances de succès. Car, dans une élection, quand on a examiné les candidatures, quand on les a critiquées, lorsque l'heure de l'action sonne, il faut n'avoir pas le sentiment des intérêts de la nation pour ne pas se rallier tous sur le choix qui a été fait et pour ne pas accepter la loi de la majorité. (*Applaudissements prolongés.*) J'ai bon espoir que cette conduite sera suivie, car le passé, et un passé des plus récents, nous est un gage de cet esprit croissant de concorde, de sagesse, de modération et de fermeté tout ensemble qui anime les grandes masses du pays, et qui fait que

nos adversaires confondus, que les étrangers émer-
veillés disent : Quelle France nouvelle nous a donc
fait la République ? N'est-il donc pas prodigieux de
voir un pays autrefois si mobile, si léger, si capricieux,
si agité, après être tombé sous les coups de la fortune,
être devenu si modeste, si sage, si modéré, si réglé,
et en même temps le plus moral, entendez-le bien, et
le moins troublé de tous les pays qui occupent aujourd'hui l'attention des hommes ! Oui, c'est prodigieux. Et pourquoi la République, même tourmentée,
que les nécessités ont imposée à nos adversaires, pourquoi cette République, née au milieu des douleurs de
la patrie mutilée, n'aurait-elle pas le bénéfice, aux
yeux mêmes de ceux qui ne pensent pas comme nous,
des sympathies de tous à l'intérieur et de l'estime et
du respect qu'à l'extérieur elle a su attirer de nouveau
sur la France ? (*Double salve d'applaudissements.*)

Ah ! Messieurs, on a quelque droit de dire et de
répéter au pays qui a si courageusement porté le lourd
fardeau dont on a chargé ses épaules, on a le devoir
de répéter bien haut qu'il est désormais en possession
de lui-même et qu'il a, sinon rétabli son ancienne
grandeur, au moins regagné, avec la direction de lui-
même, l'estime et le respect des autres ; que ce respect reposera désormais sur les sacrifices communs
de tous les Français ; qu'ayant introduit l'égalité,
cette passion française, dans le plus précieux, le plus
nécessaire, le plus glorieux des services publics, le
service militaire, il n'y a véritablement aucune espèce
de raison pour en retarder la manifestation et le
triomphe dans tous les ordres, dans toutes les branches
de l'activité nationale. (*Salve d'applaudissements.*) C'est
cet esprit d'égalité, de démocratie, qui assure la sécurité nationale, qui constitue notre armée, et qui fait
que la France, consciente de son droit, respectueuse de
toutes les nécessités, ayant abdiqué l'esprit de vanité et
d'agression, sûre d'elle-même et de sa politique, puis-

qu'elle la dirige toute seule, confiante dans ses
enfants, tous placés sous le même drapeau, peut se
livrer au travail, à la production, à la moralisation
et donner à pleines mains l'éducation à tous ses
enfants, et préparer cette ère — à nos successeurs de
pousser le char plus loin ! — cette ère à laquelle
nous aspirons, cette ère où la République, assurée
de toutes les libertés, laissera à chacun le soin de
diriger ses intérêts et de chercher le bonheur dans
la responsabilité de ses actes. (*Longs applaudissements
et bravos répétés.*)

Mes amis, ce que je viens de vous dire, je vous demande de le commenter, de le répéter autour de
vous, de vous en aller, compagnons et coopérateurs
de ma pensée, à travers vos montagnes, les propager.
Car, quoi qu'on ait dit, nous ne recherchons rien,
rien que le triomphe de nos principes par la persuasion, nous n'attendons rien dans tous les ordres que
de la puissance de la raison. Nous ne voulons rien que
par la loi, œuvre de la majorité ; nous sommes désormais tranquilles sur l'avenir de la République que
nous avons élevée, et enfin soustraite à la direction
de ses ennemis. C'est que, fondée pour la première
fois sur l'adhésion des petits et des moyens, ayant ses
racines dans le sol, n'étant pas un édifice improvisé
qui surgit tout à coup dans la tempête et dont on
n'aperçoit que les lignes de faîte au milieu de l'orage,
elle sera au contraire une construction lentement et
patiemment édifiée, dont les fondements reposent sur
toute la surface de notre territoire et qui sera assez
grande, je le jure, pour contenir, comme dans un
temple national, tous ceux qui sont vraiment dignes
d'être les enfants de la France. (*Triple salve d'applaudissements. — Acclamations prolongées et cris de : Vive
la République ! Vive Gambetta !*)

Grenoble, 11 octobre, 10 heures soir.

« A sept heures précises, M. Gambetta entre dans la salle
du banquet au milieu des acclamations. M. Gaché, maire de
Grenoble, s'assied à sa droite ; M. Anthoard, député, à sa
gauche ; à la table d'honneur prennent place MM. Bravet,
Marion, Guillot, Cyprien Chaix, députés ; MM. Vogeli, conseiller général et rédacteur en chef du *Réveil du Dauphiné*,
et M. Gambetta père. Parmi les convives se trouvent un
grand nombre de maires des communes rurales. Au début
du repas, on apporte un énorme bouquet tricolore avec les
lettres R. F. dessinées en rouge, envoi des dames de Grenoble ;
puis trois autres bouquets venant d'ateliers d'ouvriers peaus-
siers et de gantières.

« M. Anthoard, indisposé, ayant dû se retirer, M. Bravet
prend la présidence. Il lit d'abord les lettres de MM. Brillier
et Eymard-Duvernay, sénateurs, Buyat et Couturier, députés, qui expriment le regret de n'avoir pu assister au banquet. Il porte un toast à la République et à Gambetta, son
illustre défenseur. Je le remercie en votre nom, dit-il, des
services qu'il rend au pays, à la République et à la démocratie. (*Applaudissements unanimes.*)

« M. Gambetta se lève et prononce le discours suivant :

Messieurs,

Permettez-moi de porter deux santés, celle de vos
élus, celle de cette cité si vaillante, si sage, si unie, si
dévouée à la patrie et à la République, de cette ville
qui a été le berceau de la Révolution. Je ne veux pas
faire taire mon cœur, je veux vous dire les sentiments
de gratitude que m'inspire l'accueil si chaleureux que
je reçois. Je sais bien ce qu'il y a au fond de vos acclamations : l'homme s'efface, c'est le serviteur passionné
de la cause démocratique que vous voyez ; c'est la
cause elle-même qui élève l'homme et qui justifie les
paroles trop élogieuses. Et cependant il est bon, fortifiant, salutaire pour nos compagnons de lutte, que le
peuple ait à certaines heures comme un excès de géné-

rosité et de bonté pour ses mandataires. Cela leur
donne la force de mépriser la calomnie; cela les venge
des plus odieuses attaques, auxquelles ils trouvent une
compensation surabondante dans les acclamations du
peuple. Aussi, je mets bien au-dessus de tout la satisfaction que me cause la conviction, la certitude que je
reste toujours en harmonie avec le peuple que je sers.
(*Bravos répétés.*) C'est là que je puise la force qui m'est
nécessaire. C'est à vous qu'en revient légitimement
la meilleure part. C'est vous qui, aux heures sombres
de 1870, m'avez donné la force de ne pas renoncer à la
tâche, de ne pas céder. Si j'ai fermement suivi la
ligne politique que je m'étais tracée, c'est que vos
sympathies me prouvèrent que vous aviez confiance
dans l'homme qui vous parle (*Oui, oui!*), c'est que je
n'ai jamais senti diminuer la confiance que j'ai en
vous. (*Bravos.*)

Avec de pareils motifs de consolation, on peut laisser sans s'émouvoir les écrivassiers publier tout ce
que leur rage impuissante apporte de boue et d'infamie au bout de leur plume. On est soutenu par le
sentiment du devoir démocratique, compris et pratiqué à la lueur de la raison, en tenant compte des
difficultés et des obstacles. Jamais je n'ai fléchi ni ne
fléchirai sur les principes; mais je ne suis pas de ceux
qui compromettraient le succès de leur cause pour
la satisfaction d'inscrire une vaine formule... (*Une
voix : Vive la politique opportuniste!*) Laissons ces mots
vagues, qui n'ont été créés que pour se dispenser d'aborder les difficultés réelles. (*Bravos.*) Faisons comme le
matelot qui a besoin de consulter le ciel pour savoir
de quel côté il doit incliner le gouvernail afin d'arriver sûrement] au port. (*Salves d'applaudissements.*)
Citoyens, je bois au triomphe de la République, au
triomphe de la démocratie sous l'égide du drapeau
national. (*Longs applaudissements. Les cris de : Vive
la République! vive Gambetta! se prolongent dans la rue,*

*et une foule innombrable, précédée de la fanfare jouant
la* Marseillaise, *accompagne M. Gambetta jusqu'à son
hôtel.*)

La Tour-du-Pin, 12 octobre, 9 heures soir.

« Au départ de M. Gambetta de Grenoble, une foule considérable se pressait dans les rues qui conduisent à la gare
et faisait entendre des acclamations enthousiastes sur le passage de la voiture dans laquelle il était accompagné par le
maire de Grenoble et des députés de l'Isère. A la gare, où
l'affluence était énorme, M. Gambetta a adressé quelques
paroles d'adieu :

Citoyens, c'est le cœur plein d'émotion que je quitte
votre courageuse cité. Je vous remercie de votre accueil
si cordial et si fraternel. Je pars réconforté et plus
confiant que jamais dans les destinées de notre République. Tous mes efforts tendront à me montrer digne
de l'estime et de la sympathie que vous m'avez témoi-
gnées. Citoyens, en nous séparant pour quelque temps,
car je reviendrai au milieu de votre vaillante population, poussons ensemble le seul cri qui résume
toutes nos aspirations : *Vive la République!*

« Un immense cri de : « Vive la République ! » sort de toutes
les poitrines et va se répercutant le long de la voie et dans
les rues avoisinantes.

« A Moirans, une députation remet à M. Gambetta un magnifique bouquet et salue le départ de cris de : « Vive la
République ! » Au Grand-Lemps, un incident touchant se
produit. M. Favre, conseiller général et maire de la commune, entouré des conseillers municipaux, présente le vieux
drapeau de 1789, pieusement conservé par des mains républicaines. M. Gambetta salue avec une respectueuse émotion
le drapeau de *la première commune émancipée par la Révolution.* Des cris enthousiastes éclatent; la fanfare joue la
Marseillaise.

« A la Tour-du-Pin, le train est accueilli par de nombreuses
salves d'artillerie. Plus de trois mille personnes accourues

de toutes parts ont envahi les quais de la gare et tous les
alentours. La musique joue la *Marseillaise*; les cris de :
« Vive la République! vive Gambetta! » sortent de toutes
les poitrines. M. Antonin Dubost, maire de la Tour-du-Pin
descend du compartiment où il se trouve avec M. Gambetta,
et, debout sur le quai, lui adresse ces paroles :

« Je vous présente les républicains de notre pays, heureux
de venir vous payer le juste tribut de leur sympathie et de
leur reconnaissance. Je n'ai pas besoin de vous dire ce qu'ils
pensent, vous l'avez entendu durant tout le cours de votre
voyage; mais il m'est permis d'ajouter que les sentiments
qui vous ont été exprimés ailleurs ne sont nulle part res-
sentis plus vivement qu'ici, dans ce foyer de la démocratie
dauphinoise. Cependant au bonheur de vous recevoir se
mêlent de vifs regrets et comme une pointe d'amertume :
vous aviez promis en effet de vous arrêter à la Tour-du-Pin;
des circonstances indépendantes de votre volonté vous en
ont seules empêché. Mais nos amis espèrent que ce n'est que
partie remise et que, dès que vous en trouverez l'occasion,
vous leur consacrerez une partie de votre temps. Cela seul
peut atténuer l'immense déception qu'ils ont éprouvée. C'est
dans ces sentiments qu'ils vous souhaitent la bienvenue et
qu'ils poussent ce cri qui vous va au cœur : Vive la République! »

« M. Gambetta répond :

Mes chers concitoyens, votre maire, qui est mon
ami des premiers jours, mon compagnon et mon collaborateur dévoué, vous a exprimé exactement tout
ce que je ressens. Je regrette bien vivement en effet,
de n'avoir pu vous consacrer quelques heures. Je connais depuis longtemps votre dévouement à la démocratie républicaine, et je saisirai avec empressement
l'occasion de vous voir. Bientôt je reviendrai, votre
maire sera ici, et ensemble nous visiterons votre arrondissement. J'aurai plaisir à vous retrouver tous. D'ici
là la République sera plus fortement assise encore,
vous aurez fait des élections sénatoriales qui l'auront
pour toujours rendue invulnérable. Donc, mes amis,
au revoir!

« Les mêmes acclamations qu'à l'arrivée retentissent au départ. La musique joue le *Chant du Vengeur.*

Gare de Bourgoin, 7 heures soir.

« Malgré la nuit, une réception enthousiaste est faite à M. Gambetta. M. Marion, député, lui présente M. Degramon, maire de Bourgoin, entouré des conseillers municipaux républicains, et M. Pascal, conseiller général. M. Marion adresse à M. Gambetta ces paroles d'adieu :

« Illustre collègue et ami, au moment où vous allez quitter l'Isère, permettez à un de vos humbles collaborateurs de la Défense nationale, au représentant de la Tour-du-Pin, de vous dire adieu, ou plutôt au revoir, au nom des patriotiques populations qui vous ont acclamé sur votre passage. Quand vous reviendrez parmi nous comme vous l'avez promis. ce qui sera bientôt, je l'espère, la République, qui est aujourd'hui déjà, grâce à vous et au suffrage universel, un fait indéniable, indiscutable et surtout indestructible, sera devenue une grande et belle vérité politique et sociale. Au revoir, Gambetta; avant de vous quitter, permettez-moi de vous donner l'accolade fraternelle au nom de tous les républicains dauphinois. (Cris enthousiastes de : *Vive la République! Vive Gambetta!*

« M. Gambetta répond :

Chers concitoyens, je vous remercie de votre accueil si sympathique, car je sais que vous saluez en moi la République que je sers. Au moment de franchir la limite du département de l'Isère, je tiens à vous expliquer tout le bonheur que m'a fait éprouver l'attitude des républicains de ce noble département. Oui, comme l'a dit votre député, après les prochaines élections sénatoriales, la République sera une réalité vivante; elle pourra alors produire tous ses fruits. Je tiens aussi, relevant les paroles de mon ami Marion, à ajouter qu'il n'a pas été, comme il lui plaît de le dire, l'un des plus humbles collaborateurs de la Défense nationale : la vérité est qu'il en a été l'un des meilleurs

et des plus dévoués. Depuis dix ans que je le connais
et qu'il est à mes côtés, je l'ai toujours vu luttant pour
la liberté et pour la République. Dans la dernière
crise, il faisait, je l'affirme, partie de ceux qui étaient
prêts à tout, même à donner leur vie pour le maintien de la République. Chers concitoyens, adieu, ou
plutôt au revoir! (*Acclamations. — Cris de : Vive la
République! Vive Gambetta!*)

DISCOURS

Prononcé le 20 octobre 1878

Conférence de M. Martin Nadaud, député, sur la formation d'écoles
manuelles d'apprentissage au profit de la bibliothèque populaire
du XX⁰ arrondissement)

SOUS LA PRÉSIDENCE DE M. GAMBETTA

AU THÉÂTRE DU CHATEAU-D'EAU

(PARIS)

Messieurs, nous venons poursuivre devant vous
l'œuvre que nous avons entreprise, il y a tantôt trois
ans, de répandre, de fonder, dans les arrondissements
les plus populaires de Paris, des écoles, des bibliothèques accessibles à tous, et dont la composition,
comme personnel et comme matériel, répondît réellement aux besoins et aux exigences de la démocratie
parisienne.

Naturellement, ces œuvres réclament le concours
de tous. Elles naissent dans des conditions modestes;
elles s'alimentent de cotisations prélevées sur les salaires des ouvriers qui habitent les quartiers où elles
sont fondées, et il devient donc, pour ainsi dire, périodiquement nécessaire de faire appel à l'esprit de
solidarité, de fraternité républicaines. Et cet esprit,
on ne l'invoque pas, on n'y fait pas appel en vain, ni
dans la ville de Paris, ni sur les autres points de la
France.

L'an dernier vous avez répondu généreusement à
l'appel qui vous avait été adressé. Aujourd'hui votre

concours et votre assistance paraissent devoir être
aussi sympathiques que fructueux. Seulement nous
avons pensé qu'il ne suffisait pas d'entrer en communion de pensée avec vous, et qu'il était bon de
mettre à profit ces réunions pour aborder l'examen
d'une question spéciale, d'un problème particulier
dont la solution importât aux intérêts que nous défen-
dons en commun.

En effet, à côté de cette constitution d'une dotation
intellectuelle que nous poursuivons comme le véritable instrument pour arriver à la solution des questions si brûlantes et si complexes qui préoccupent la
démocratie française, à côté de cette éducation primaire, secondaire, nécessaire, qui fait que l'intelligence devient le premier des capitaux dans les mains
d'un homme qui a été armé intellectuellement pour
donner l'essor à toutes ses facultés, il y a diverses
parties, divers aspects dont il faut se préoccuper ;
notre ami, le représentant autorisé de ces idées dans
la Chambre, Martin Nadaud, a saisi la Chambre, le
gouvernement, l'opinion, d'une solution latérale de la
plus haute importance; il l'a développée dans des
écrits, dans des rapports qui, je l'espère, recevront
bientôt la sanction des pouvoirs publics. Il n'a pas
pensé pouvoir mieux fortifier la propagande qu'il a
entreprise en faveur de cette solution, qu'en profitant
de votre généreuse assistance pour exposer devant
vous, et par suite devant le pays tout entier, les idées,
les vœux, les projets qui sont impliqués dans l'idée
qu'il a exposée et qui n'est autre que la création, pa-
rallèlement à l'instruction primaire, d'une école,
d'une sorte d'institution mécanique professionnelle,
mais permettant, en même temps, de donner aux enfants, aux jeunes gens, aux adultes, réunis dans ces
écoles spéciales, et quel que soit leur sexe, l'instruction théorique et pratique, de façonner l'esprit et de
dresser la main.

M. Nadaud va expliquer cette idée en la prenant à
ses origines, en faisant connaître les commencements
d'application qui ont eu lieu dans certains pays, et
ses développements seront assurément de nature à
retenir votre attention pendant le temps que votre
bienveillance voudra bien nous accorder. (*Applaudissements.*)

A la suite de la conférence de M. Martin Nadand, M. Gambetta reprend la parole en ces termes :

Messieurs,

Il me reste à vous remercier de la bienveillance
avec laquelle vous avez assisté à ces développements,
du concours que vous nous avez accordé et, avant de
nous séparer, je me permettrai d'ajouter quelques
mots à cette causerie que mon ami Martin Nadaud a
animée à sa manière, avec cette vigueur d'expressions,
cette familiarité de langage, cette vivacité de ton qui
font que, comme on le lui disait et comme il l'a répété lui-même, sa parole peut se permettre bien des
hardiesses qui seraient peut-être dangereuses chez
d'autres. (*Très bien! très bien!*)

En effet, vous venez d'assister, Messieurs, à un des
plus beaux spectacles qu'il soit donné à l'homme de
voir, celui d'un esprit généreux, ardent, emporté par
une idée unique dont il se fait l'apôtre et qu'il cherche
à répandre autour de lui, avec la véhémence qu'il
déployait tout à l'heure, jusqu'à vous dire qu'il sou-
haiterait qu'il y eût des fanatiques pour l'école d'apprentissage.

Eh bien, je ne voudrais pas pousser les choses aussi
loin; je voudrais que nous ne missions de fanatisme
dans rien, je voudrais que la question qu'il a traitée
et développée devant vous fût livrée à la discussion
publique, et certainement les réflexions que vous
remporterez d'ici seront le meilleur de tous les véhi-

cules pour la répandre et pour en saisir la presse et l'opinion.

Mais il ne faudrait pas croire qu'une question est résolue parce qu'elle a été exposée ; elle appelle, elle sollicite l'examen le plus attentif, et il ne faudrait pas la compromettre en voulant trop l'étendre. Ainsi, il est bien certain qu'on ne pourrait pas transporter dans toutes les écoles primaires un appareil comme celui qu'on décrivait tout à l'heure et qu'on voit au boulevard de la Villette ou dans la rue Tournefort. Il est certain que le mouvement que tous veulent donner à la production nationale et à ce génie du goût qui est — on le disait avec orgueil, mais aussi avec justesse — l'apanage de la race française, ne pourrait pas trouver partout le personnel, le matériel et le développement fructueux dont on a parlé ; il est certain également qu'il faut proportionner les efforts aux résultats qu'on attend. (*Très bien ! très bien ! — Bravos.*)

Donc, ce que je tiens à bien marquer, c'est l'utilité de ces conversations familières où l'on jette des idées, où on les livre à la discussion des hommes, sans avoir la prétention de les résoudre dans des formules improvisées. Comme on vous le disait très bien, nous n'attendons rien que de la persuasion, de la raison publique. (*Vive adhésion et applaudissements.*)

On doit remercier des hommes qui se sont formés tout seuls, qui, élevés à la rude école du travail manuel et de l'adversité, comme notre vénérable ami Martin Nadaud, ont pu, quoique en dispute réglée avec les nécessités cruelles de l'existence, se faire à eux-mêmes une éducation sur les problèmes économiques et sociaux et trouver, jusque dans les heures noires et lugubres de l'exil, où il a passé quinze ans de sa vie, l'occasion d'étudier, sur un sol étranger, des institutions, des mœurs, des traditions et des pratiques dont c'est son honneur de vouloir généraliser la connaissance et l'application au milieu de nous. (*Double salve d'applaudissements.*)

Et quand il se laissait aller à l'abondance de son cœur et à un sentiment exagéré de gratitude pour ceux qui sont venus ici l'assister, qui étaient joyeux de le faire, et qui certainement n'avaient pas, dans la question qu'il a développée, des opinions tout à fait identiques à celles qu'il a formulées, — il devait y voir un hommage de reconnaissance pour un homme honoré de la démocratie française, d'autant plus honoré que, livré à toutes les séductions, car il a été aussi en butte à des séductions, alors qu'étant ouvrier il était remarqué et noté dès les premières heures de la République de 1848, toujours il est resté semblable à lui-même, et que, si sa parole est toujours chaude, sa conduite a toujours été réglée, sage et méritante. (*Applaudissements unanimes.*)

Il avait raison, en terminant son allocution, de vous dire qu'avec une démocratie réglée et confiante dans cet arbitrage unique et nécessaire du suffrage universel, ayant déjà conquis la majorité dans le pays, il avait raison de dire qu'avec un instrument pareil on pouvait espérer tous les triomphes, obtenir tous les progrès, pourvu qu'on sût y apporter le sang-froid le calcul et la persévérance. Mais je crois qu'il faisait l'horizon un peu plus sombre qu'il ne m'apparait quand il vous disait : « Avec cette majorité on fondera la République. » Messieurs, la République est fondée ! (*Salve d'applaudissements et acclamations prolongées.*)

Oui, la République est fondée, parce qu'elle repose désormais sur le fond même du pays. Il n'y a pas, en effet, de séparation et d'antagonisme possible ni entre les villes et les campagnes, ni entre ceux qui habitent telle fraction de notre territoire ou telle autre fraction, ni entre ceux qui sont perdus dans les montagnes et ceux qui habitent le bord des fleuves ; que les uns, qui vivent sur les hauteurs, soient soumis à d'autres conditions climatériques ou économiques que ceux qui résident dans la plaine, la France est partout semblable à elle-même. Elle est émancipée, et l'on peut la visiter dans tous les sens : partout, aux champs ou à la ville, on recueille le même cri, on constate la même confiance. Et l'on ne crie pas : Vive la République! comme autrefois, sur un ton de menace ou d'espérance. Non! on y met un ton qui signifie qu'on la tient, qu'elle se porte bien et qu'elle est constituée pour vivre. (*Longs applaudissements. — Vive adhésion.*)

Oui, Messieurs, la République est désormais investie de l'adhésion de la grande majorité, et je salue le jour où ce sera l'unanimité des Français. Et nous y touchons, Messieurs. Dans quelques mois, dans quelques semaines, on franchira l'obstacle opposé, les dernières résistances des anciens partis à l'épanouissement légal, pacifique du triomphe du suffrage universel. (*Bravos et applaudissements.*) Ce jour-là naîtront encore de nouveaux devoirs pour ceux qui sont délégués temporaires, mais responsables du suffrage universel. Ce jour-là, il faudra dire et répéter bien haut quel est le devoir des majorités au pouvoir et le pratiquer constamment. Eh bien, ce devoir des majorités au pouvoir est de deux ordres : défendre l'institution qui leur est confiée et la faire progresser (*Vifs applaudissements*), maintenir la République et la rendre féconde. La République, c'est la forme qui emporte le fond et résout les problèmes qu'elle cache dans ses flancs. La République, c'est la sécurité, c'est l'égide, mais c'est l'égide sous laquelle il faut travailler, il faut produire, il faut éclairer, sous laquelle il faut tous les jours répandre davantage le sentiment du devoir et développer de plus en plus la valeur des individus qui apparaissent tour à tour dans le monde. Car vous le disiez tout à l'heure avec raison, mon cher Nadaud, qui sait quels mérites, quels talents, quels génies inconnus l'ignorance a empêchés de se développer, que l'éducation, l'instruction peuvent saisir et apporter à la lumière? (*Salve d'applaudissements.*)

Messieurs, savez-vous quel est le plus grand péril des sociétés ou des gouvernements qui refusent l'éducation? C'est de se priver, de gaieté de cœur, des merveilles que l'esprit humain peut enfanter. (*Salve d'applaudissements.* — *Bravos répétés.*)

Et c'est pour poursuivre la réalisation de cette tâche qui consiste à répandre l'instruction, à élever de plus en plus les esprits vers la possession d'eux-mêmes, vers la science, vers la vérité, vers l'étude, vers le travail, que nous sommes tous, ici, associés et réunis dans ce principe commun que l'homme ne vaut que par sa science et par sa conscience. (*Longs applaudissements et acclamations.*)

Je vous remercie donc de profiter des occasions qui sont offertes tout ensemble et à votre générosité et à votre bonne foi pour venir à ces réunions de la démocratie parisienne; mais vous savez qu'il n'y a pas de bon culte quand il n'y a pas d'offrandes. (*Rires.*) Je vous serai donc obligé de penser, les uns et les autres, au côté pratique de la question, à nos écoles et à nos bibliothèques, et, quand vous le pourrez, de prendre sur le pécule réservé ou à vos distractions ou à vos plaisirs, une obole pour l'envoyer, indistinctement, à une de ces nombreuses écoles qui sont fondées sur la surface du territoire de Paris.

Cela dit, Messieurs, je vous remercie, je vous salue, et j'espère que si dans l'avenir nous avons encore à faire appel à votre concours, il ne fera pas défaut. (*Marques unanimes d'assentiment et applaudissements.*)

DISCOURS

Prononcé le 22 décembre 1878

(Conférence de M. Eugène Spuller, député, au profit des écoles laïques
du 3ᵉ arrondissement)

SOUS LA PRÉSIDENCE DE M. GAMBETTA

AU THÉATRE DU CHATEAU-D'EAU

(PARIS)

Mesdames, Messieurs,

Avant de donner la parole à mon ami, à votre député du troisième arrondissement, M. Spuller, j'ouvre cette conférence en rappelant son caractère et son but.

Nous n'avons pas voulu terminer cette année, si laborieuse et si pleine à des titres divers, et pendant laquelle, comme toujours, la population de Paris a prodigué les marques de sa générosité et de sa sagesse, sans vous convier à une dernière réunion, dans laquelle, faisant toujours appel à votre inépuisable bonne volonté, nous vous demandons, pour ces écoles libres, gratuites et surtout laïques du troisième arrondissement, votre obole et surtout le concours de vos efforts. Vous nous seconderez, comme vous le faites depuis quelques années déjà, dans cette entreprise modeste, mais inspirée par une pensée élevée, et qui, reposant sur l'initiative des citoyens, servie par l'énergie, la bonne grâce, par la bonne humeur, par cette sympathie de relations qui peut la rendre réellement féconde, arrivera, j'en suis convaincu, à être une institution modèle.

Ce seront nos étrennes, ce sera le Noël de nos écoles, célébré sous l'inspiration de cette pensée, qui correspond très-bien à un sentiment qui se développe de plus en plus dans notre démocratie républicaine, que la vraie religion est celle qui relie les esprits et les cœurs entre eux et qui fonde le respect de la dignité humaine sur la connaissance, toujours plus étendue, des devoirs sociaux et moraux. (*Applaudissements.*)

Je donne la parole à M. Eugène Spuller pour traiter du développement de l'instruction populaire depuis 89, grande date, heureuse date, puisqu'elle marque l'origine de notre révolution politique. (*Nouveaux applaudissements.*)

La conférence de M. Spuller (histoire de l'enseignement primaire en France depuis la Révolution de 1789, tableau de cet enseignement à Paris, en 1878) est reproduite *in extenso* au tome II des *Conférences populaires* (p. 29). M. Spuller termine sa conférence en ces termes :

« Je vais céder la parole à celui qui n'est pas seulement pour moi un chef respecté, mais l'ami le plus tendre et le plus fidèle, à qui je suis uni par les liens les plus intimes de l'esprit et du cœur. Il vous dira que, nés dans vos rangs, nous avons été élevés dans les écoles publiques par les sacrifices de nos parents, que, notre cause étant la vôtre, nous vous promettons fidélité et dévouement. Gardez-nous, dans vos souvenirs et dans celui de vos enfants, confiance et sympathie. Ce sera notre honneur suprême et notre plus belle récompense. » (*Acclamations prolongées.*)

Après une interruption de quelques minutes, M. Gambetta reprend la parole en ces termes :

Vous m'excuserez, n'est-ce pas ? J'éprouve une émotion que je ne peux que difficilement... mais que je dois maîtriser, si je veux exprimer devant vous tout ce que je ressens, tout ce que j'éprouve, après ce que vous avez entendu, après ces appels adressés à vos âmes de Français et de républicains. Oui, il est bien sûr que, quand on tourne les regards vers le passé si douloureux, si accablant, qui a été le passé de la France, on voit tout d'abord que les ombres ont disparu — les crimes eux-mêmes sont oubliés — et l'on salue avec un pieux respect la longue continuité de la patrie à travers les âges, toujours fidèle, toujours semblable dans le fond à elle-même, car la France peut bien, dans les accidents de l'histoire, changer de conducteurs et de guides, être tantôt entraînée dans les voies périlleuses où sa fortune a risqué de se perdre, et tantôt conduite par les plus généreux de ses enfants sur les sommets d'où l'on peut entrevoir, sinon son empire, au moins son rayonnement sur le monde.

Cette patrie si chère, si glorieuse, et parfois si malheureuse, on ne l'évoque jamais en vain, et l'on a raison de l'évoquer surtout au milieu de ces assemblées remplies de femmes, d'enfants, d'époux et de frères, car il n'est pas de pensée plus fortifiante, plus encourageante que celle qui pousse à l'effort incessant, à la longue patience et à la concorde, et qui est le secret de la résurrection de la patrie par l'amour des Français. (*Applaudissements.*)

Mais, Messieurs, ce n'est pas seulement pour s'exalter à ces souvenirs qu'il faut évoquer l'image de la patrie. Il faut se souvenir de notre gloire pour se donner surtout à soi-même un enseignement salutaire, c'est qu'il faut persévérer dans l'effort qu'on a une fois trouvé bon, juste et salutaire. Cet effort, dès le lendemain de nos désastres, il s'est imposé à la bonne volonté de tous sans distinction. On a senti que, dans le monde où la force apparaît si souvent triomphante, elle ne triomphe d'une façon durable que par l'esprit, la science et l'intelligence, et que si la civilisation ne peut pas périr, elle subit, du moins, des temps d'arrêt et des éclipses.

Mais, ne l'oublions pas, on peut triompher de la

force par l'intelligence et la science, par la volonté
aidée de la raison. Aussi, dès le lendemain de nos
malheurs, qu'a-t-on dit partout? Qu'il fallait s'adresser aux jeunes gens, aux enfants ; qu'il fallait s'adresser aux maîtres et pousser les uns dans leurs chaires
et les autres à l'école, et que les casernes ne seraient
véritablement un dépôt et un réservoir de forces qu'à
la condition de recevoir l'élite de la nation ayant fait
un long séjour dans l'école. (*Vifs applaudissements.*)

C'est, Messieurs, ce ressort secret du patriotisme
blessé qui a fait que le culte de l'instruction populaire s'est développé si prodigieusement dans le pays,
et il faut en rendre grâce au sentiment unanime des
partis. Autrefois, Messieurs, on ne réclamait l'instruction que comme un droit et une dette générale de
la société à l'égard des individus, et l'on avait raison,
et il faut persévérer à la réclamer ainsi; mais ce droit
a reçu une nouvelle force des circonstances, et c'est
maintenant aussi au nom du patriotisme qu'on réclame le paiement de cette dette nationale : cette
dette est en train d'être payée. Sur toute la surface
du territoire, la démocratie a choisi des délégués,
des mandataires, aussi bien pour les premiers corps
de l'État que pour les conseils locaux, dont on peut
dire que la passion dominante, que la préoccupation
maîtresse est de créer des méthodes, des maîtres et
des écoles. Aussi, mes chers concitoyens, au moment
où je parle, je suis rassuré sur la conquête définitive
de l'outillage intellectuel et moral. (*Vive approbation.*)
Messieurs, nous nous rencontrons, à la fin d'une
année qui sera suivie de la disparition, sinon des partis, au moins de la puissance des partis rivaux de la
démocratie et de la République. (*Longs applaudissements.*)

Au seuil de l'année qui se lève, je salue en elle l'année
de l'harmonie constitutionnelle, l'année de la légalité
et de la loyauté associées dans les pouvoirs publics. Je

salue, Messieurs, la véritable conservation, celle qui consiste à travailler pour le bien public sous l'égide de la loi et à ne reconnaître d'autre supériorité que celle qui résulte de la vertu, du talent ou d'un service rendu, à ne reconnaître d'autres charges que celles qui sont consenties librement par les élus de la nation, à ne reconnaître d'autre liberté que celle qui profite à tous, à se défaire des chimères, des rêves et des utopies, et à dire de la République : Elle est le droit, rien que le droit, mais tout le droit. (*Applaudissements prolongés. — Mouvement marqué dans l'auditoire.*)

Eh bien, quand nous nous retrouverons l'an prochain, nous aurons, j'en suis convaincu, l'occasion de constater ensemble que la paix sociale s'est affermie, développée. Nous aurons aussi la légitime fierté de constater que toutes ces prédictions périodiques, que ces prophéties à la journée, que ces déclamations, que l'annonce de ces sinistres qui vont fondre sur la société française, ne sont plus que des fantômes et des épouvantails, et que toutes ces manœuvres électorales doivent être reléguées aux gémonies du passé. (*Vive approbation. — Applaudissements.*)

Nous constaterons une fois de plus ce que nous avons vu depuis sept ans sans interruption, c'est que, toutes les fois que la France a été consultée, elle n'a jamais dévié de la ligne de conduite qu'elle avait choisie librement, à la lumière des désastres et de l'invasion. Que veut-elle, cette France que l'on outrage et que l'on calomnie? Elle ne veut que le droit de se gouverner elle-même, ne reconnaissant personne qui puisse être à la fois et plus libre et plus raisonnable dans ses actions, quelle que soit sa fortune, malheureuse ou heureuse, — qu'elle-même. Vive la France ! (*Applaudissements et bravos prolongés. — Cris répétés de : Vive la France! Vive la République!*)

DISCOURS

Prononcé le 24 décembre 1878

AU BANQUET DES VOYAGEURS DE COMMERCE

(PARIS)

Nous empruntons à la *République française* du 15 décembre le compte-rendu suivant :

« Hier a eu lieu, à huit heures, dans la salle des fêtes du Grand-Hôtel, boulevard des Capucines, le banquet offert à M. Gambetta par les voyageurs de commerce. Il n'avait pas été possible de trouver au centre du Paris industriel, commercial et artistique une salle susceptible de contenir un plus grand nombre de souscripteurs. La corporation des voyageurs de commerce était représentée à cette fête fraternelle par cinq cents de ses membres présents à Paris. Les places disponibles ayant été dévolues aux premiers inscrits, le comité d'initiative s'était vu dans la pénible obligation de repousser plus d'un millier de demandes. Cette nécessité, aussitôt comprise, n'a pas enlevé à la manifestation le caractère d'universalité que ses inspirateurs avaient désiré lui imprimer dès le principe.

« Dès sept heures et demie, la grande masse des convives avait été dirigée vers les places à l'avance désignées à chacun par un groupe de commissaires délégués dont l'activité et l'intelligence ont été au-dessus de tout éloge. Nous nous sommes trouvés, pour notre part, au milieu de bien des assemblées, mais nous devons déclarer que jamais nous n'avons vu une pareille discipline alliée à plus de correction et de dignité.

« A huit heures précises, quand la voix de l'un des leurs annonça l'arrivée de l'hôte attendu, tous se levèrent et, qu'on nous permette de le dire, on sentit courir dans tous les rangs un frisson d'une indéfinissable et pénétrante émotion avant que'éclatassent des applaudissements d'une telle spontanéité, d'un tel élan, que celui-là seul à qui ils étaient adressés pourrait, avec toute son éloquence, traduire le courant de sympathique admiration qui s'en dégageait et qu'il a puissamment ressentie. Profondément ému, M. Gambetta a traversé la salle, toutes les mains se tendaient vers lui, et du geste il répondait à toutes.

« Au dessert, M. Murat, président, a porté le toast suivant :

« Messieurs, je dois commencer par saluer celui qui a bien voulu accepter votre fraternelle invitation.

« Salut donc à Gambetta ! car on ne dit plus ni monsieur ni le citoyen Gambetta, mais simplement Gambetta, comme on le fait des noms qui sont devenus un symbole, tout en restant une espérance. (*Vifs applaudissements.*)

« Après ce salut, — qui est aussi un remerciement — vous me permettrez d'envoyer nos sincères regrets à ceux-là, qui, moins heureux que nous, — et malgré leur vif désir de participer à ce banquet, — n'ont pu trouver place dans cette enceinte.

« L'espace nous a limités au chiffre de 520 convives, alors que des milliers de demandes nous sont parvenues, dans des termes si expansifs que je n'oserais point vous les lire en présence de celui qui les a inspirés.

« Je dois adresser de chaleureux, de très chaleureux remerciements à la presse, qui nous a aidés de son précieux et gracieux concours. (*Approbation unanime.*)

« Laissez-moi maintenant remercier personnellement les premiers organisateurs de notre fête de l'honneur qu'ils m'ont fait en m'appelant à présider ce banquet.

« J'ai lieu de croire, Messieurs, qu'en me décernant cette présidence d'un jour vous avez voulu reconnaître en moi un des vôtres, un de vos aînés dans la carrière, un homme qui, comme vous, n'a jamais séparé les intérêts du commerce et de l'industrie des affaires publiques. (*Très bien ! très bien !*)

« Enfin, je tiens à remercier M. Henri Avenel, le promoteur de cette fête et aussi le porte-voix des voyageurs de commerce, de ces ardents pionniers de l'industrie, qui, détachés des mesquines rivalités de parti et de clocher, sont plus à même que d'autres d'apprécier d'où vient la bonne parole, c'est-à-dire celle qui trouve un écho chaleureux et fécond dans le pays. (*Adhésion unanime.*)

« Vous savez que l'on a jeté à la tête de notre illustre convive votre nom de commis-voyageur comme une épithète malsonnante. Il l'a revendiqué pour lui et pour la mission civique et glorieuse qu'il remplit dans notre pays; il a fait de ce qu'on essayait de lui jeter comme une injure un titre superbe dont l'éclat a rejailli sur vous tous. (*Très bien! très bien!* — *Applaudissements.*)

« Mais Gambetta a d'autres droits à nos sympathies, à notre reconnaissance, à notre admiration.

« Après avoir combattu et flétri l'empire, — de sinistre mémoire, — il a déployé une activité, un dévouement infatigable pour soutenir la France désarmée et trahie dans sa lutte contre l'étranger, et, s'il n'a pu empêcher la défaite, il a du moins sauvé l'honneur national! (*Acclamations et bravos prolongés.*)

« Depuis la paix, il a travaillé à fonder la République; après l'avoir fondée, il saura l'affermir et la développer. (*Assentiment.*)

« Vous connaissez sa politique; c'est celle de la nation. Agir sans cesse, agir sans précipitation, mais sans défaillance, agir avec sagesse, avec patience, mais marcher prudemment pour n'avoir pas à reculer; pacifier le pays, unir les forces nationales, qu'une politique astucieuse voulait désunir, et enfin rendre à la France sa grandeur sous le drapeau de la République, voilà la tâche de Gambetta, voilà sa glorieuse mission! (*Vive adhésion.*)

« Je vais tout à l'heure donner la parole à celui que vous êtes avides d'entendre, non pas seulement parce qu'il est l'un de nos plus grands orateurs, mais parce qu'il est celui peut-être dans la voix duquel vibre avec le plus de puissance l'âme renaissante de la patrie!

« Je bois à Gambetta! (*Longs applaudissements et bravos prolongés.*)

« Je donne d'abord la parole à M. Henri Avenel pour porter un toast à M. Gambetta. »

« M. Henri Avenel a pris la parole en ces termes :

« Messieurs et chers collègues, M. Murat, l'honorable conseiller municipal du troisième arrondissement de Paris, qui a bien voulu consentir à présider cette réunion, a droit à toute notre sympathie et à notre reconnaissance. (*Approbation générale.*) Au nom de mes collègues et au mien, je le remercie de tout cœur de ce qu'il fait aujourd'hui pour nous.

« M. Murat, en me donnant la parole, me permet également de remercier M. Gambetta de l'honneur qu'il fait aux voyageurs de commerce en acceptant une place à ce banquet qu'ils lui ont offert. (*Vive adhésion. — Applaudissements.*)

« Notre illustre député avait promis à nos collègues, qui ont été le saluer à Grenoble, de nous revoir. Il tient sa promesse et nous ne l'oublierons jamais. (*Très bien! très bien!*) Ce banquet laissera un souvenir impérissable dans nos esprits, car la présence du grand patriote parmi nous donne un nouveau droit de cité à nos convictions républicaines. (*Approbation unanime et applaudissements.*)

« Aussi, mes chers collègues, de tous les points de la France de toutes les villes où nos collègues sont disséminés, nous avons reçu des dépêches toutes plus cordiales les unes que les autres. Elles nous sont parvenues des villes suivantes :

« Pamiers, Angers, Nevers, Chambéry, Cahors, Perpignan, Uzès, Vesoul, Gien, Langeac, Saint-Quentin, Mamers, Carignan, Lille, Lorient, Le Mans, Saint-Omer, Bouchain, Carcassonne, Limoges, Gap, Troyes, Thiers, Béziers, Marseille, Bordeaux, Vire, Digne, Vienne (Isère), Strasbourg, Nîmes, Cannes, Avignon, Tours, Bar-le-Duc, Brest, Orléans, Charleville, Florence (Italie), Nancy, Figeac.

« De Vienne (Autriche), nous avons reçu la dépêche suivante :

« Union des commis-voyageurs austro-hongrois envoient leurs salutations sincères à leurs confrères de France en les félicitant de l'honneur fait par la présence du grand homme d'État.

« Signé : Auguste Schmann, vice-président. »

« (*Applaudissements prolongés.*)

« Unissons-nous d'abord à nos amis qui ont voulu s'unir eux-mêmes à notre démonstration. Au nom de mes collègues présents, et au nom de mes collègues absents qui n'ont pas le bonheur d'assister à cette fête fraternelle, je propose de porter un toast à celui dont les vertus civiques sont une chère espérance pour l'avenir et un véritable bienfait pour notre France républicaine. » (*Adhésion unanime. — Applaudissements et cris répétés de : Vive la République! Vive Gambetta!*)

« M. Gambetta se lève, et prononce le discours suivant :

Mes chers concitoyens,

Je porte à mon tour la santé de nos absents, de ceux qui ont voulu, comme ils le disent, être invisibles et présents à cette fête, à laquelle je suis venu, soyez-en bien persuadés, à la fois avec l'empressement que l'on met à rencontrer des hommes modestes mais dévoués, serviteurs éclairés d'une politique sage, prudente, mais toujours progressive (*Applaudissements*), et aussi pour mon plaisir personnel, pour vous témoigner une reconnaissance sincère — car, dans la vie publique, quelque indifférence d'ailleurs que l'on professe pour un certain genre d'adversaires, on est exposé à tant de mécomptes que la vraie récompense consiste, non pas, soyez-en sûrs, dans les succès éphémères ni dans les honneurs qui peuvent vous être décernés, mais dans l'estime que l'on sent naître et s'affermir au cœur de ceux pour lesquels seuls on espère vaincre. (*Vive approbation.*)

C'est donc une manifestation d'un certain caractère que je tenais à accomplir en venant au milieu de vous, ne faisant que tenir une promesse que j'avais faite à vos amis, à vos collègues, il y a quelques mois à peine, lors de mon voyage à travers les populations du bassin du Rhône. Ils sont venus avec la bonne humeur, l'entrain, la chaleur d'âme, qui est, je dois le dire, la caractéristique de votre profession, ils sont venus me dire ce qui leur venait à ce moment du cœur; je leur ai répondu avec l'émotion que je ne puis m'empêcher d'éprouver toutes les fois que je constate que mes efforts au service de la démocratie

sont appréciés et estimés. Que voulez-vous ? je ne
veux pas, quelque ambition qu'on me prête, d'autre
distinction ni d'autre récompense. (*Salve d'applaudissements.*)

Je pense, au contraire, — et le milieu, ce me
semble, est bon pour le dire, — je pense que, dans
une société comme la nôtre, on peut servir très-effi-
cacement son pays en restant là où il vous apparaît
que vos aptitudes, vos connaissances et votre action
s'exercent le plus favorablement — il y en a assez qui
ambitionnent de courir ailleurs. — Moi j'estime que
là où est le service à rendre, là est la tâche, là est le
devoir, et il faudrait d'autres injonctions pour me
faire renoncer à ce que je considère comme le mandat
de ma conscience et de mes électeurs. (*Applaudissements.*)

Eh bien, au moment où la France, convoquée dans
ses comices — pas toute la France, malheureusement, mais une bonne partie de la France, une
France qui ne démentira pas les autres portions du
territoire... (*Vive approbation*), — au moment où le
pays va être consulté et où il est permis de dire, à
l'heure qu'il est, que le résultat des élections futures
est acquis..... (*Applaudissements*), j'ai pensé que nous
n'avions pas à nous préoccuper du scrutin du 5 janvier, — car nous pouvons le considérer comme certain !

Nous avons déjà dépassé les espérances que nous
concevions il y a quelques mois et que j'exprimais —
non pour me targuer de faire des prophéties témé-
raires — loin de moi cette pensée ! — mais parce que
je trouve que l'étude, l'examen, l'observation, les
renseignements, enfin ces mille impressions qu'on
recueille et qu'on note sur la vie politique, sur la
marche ascendante d'une opinion dans le pays, sont
autant d'éléments de conviction que l'on doit trans-
mettre à la France et à l'opinion... (*Vive adhésion.*)

J'ai annoncé une majorité de vingt voix. Eh bien, Messieurs, à l'heure présente — et, puisqu'il y a des gens que cela amuse de me traiter de faux prophète, avant la réalisation des évènements, je ne suis pas fâché d'augmenter leur aigreur et leur dépit — je dis que ce n'est pas vingt voix... je vais plus loin, ce ne sera même pas vingt-cinq voix — non, nous aurons encore des surprises !... (*Vifs applaudissements et bravos prolongés.*)

Et qu'est-ce que prouvent ces résultats? Ils prouvent, Messieurs, que, si les épreuves traversées par la France ont été cruelles, imméritées, excessives, elles laisseront du moins derrière elles, comme le feu qui brûle les chairs corrompues, la vigueur, la vitalité et la renaissance. Ils prouvent que ce n'est pas en vain que nous aurons été mis en face du gouffre qui menaçait de nous engloutir. C'est alors que la raison publique s'est affermie, que des habitudes politiques se sont formées, que la concorde a rallié les bons citoyens, que partout les mains loyales se sont rapprochées et étreintes, que la France a parlé et qu'elle s'est débarrassée, que dis-je? qu'elle va définitivement se débarrasser de ceux qui, au mépris de ses volontés répétées, de ses intérêts les plus flagrants, de ses exigences les plus légitimes, de ses droits les plus sacrés, voulaient lui imposer leurs petites personnes et leurs grandes prétentions. (*Double salve d'applaudissements.*)

Oui, Messieurs, la France a compris la scène qui s'est passée ici, au-dessus de nos têtes, il y a seize mois, quand, au mépris du simple bon sens, au mépris du verdict souverain qu'elle venait de rendre quelques mois avant, on a tout à coup mis la main sur tous les ressorts de l'État; quand, sous le couvert de la Constitution républicaine qu'on avait eu tant de peine à arracher aux plus coupables entreprises, on a vu des hommes appartenant à des factions

qui se détestent, se réunir, s'associer, s'abriter sous
la loi et le pavillon national, pour détruire les institutions de la République, pour menacer les volontés
légitimes de la France et pour la précipiter aux ge-
noux d'un maître. Et cela au nom de quoi? Ah ! on
le nie aujourd'hui, on le niera peut-être encore quelque temps, jusqu'à ce que la lumière éclatante qu'on
s'apprête à faire ailleurs vienne jeter ses redoutables
rayons sur la face des conspirateurs; mais, d'instinct,
la nation, qui est conservatrice, elle, de son honneur
et de sa stabilité, la nation ne s'y est pas trompée et,
sous les coups redoublés d'une administration hostile, corrompue et asservie, la France, non pas
écrasée, et puisant en elle-même sa force et son salut,
s'est débarrassée de 'ces coupables et de ces intrigants..... (*Longs applaudissements. — Ici l'orateur est
interrompu pendant quelques minutes par les acclamations; il reprend, après avoir fait signe pour obtenir le
silence.*)

Messieurs, nous ne sommes pas ici pour nous applaudir, mais pour échanger nos idées et nos sentiments. Je vous remercie de vos témoignages de sympathie, mais je vous demande seulement de la
régler, car il faut savoir régler ses sentiments comme
sa raison. (*Approbation unanime.*)

Je disais donc qu'il y a seize mois, cette enceinte,
où vous avez eu l'esprit et l'à-propos de vous réunir
aujourd'hui, était témoin de l'alliance de tous les représentants du pays, décidés à fonder, à maintenir la
République, à la protéger contre toutes les factions,
contre tous les complots.

Le pays a consacré cette union. C'est elle qui a
vaincu, c'est elle encore qui vaincra dans quelques
jours.

Mais, quand cette majorité, fruit naturel de la patience et de la sagesse de la France, sera installée
régulièrement dans les deux grands corps politiques

de la nation, nous nous trouverons, Messieurs, en présence de deux genres de devoir : un devoir pour le gouvernement, un devoir pour la majorité. Sur ces devoirs, je ne dis que deux mots : les uns devront gouverner, les autres devront consolider; les uns devront prendre en mains, résolûment, la défense de l'État républicain, et les autres devront non moins résolûment les assister dans cette défense.

Les uns et les autres, je ne crains pas de le dire, devront être d'humeur, — et c'est ce qui se voit d'ailleurs dans d'autres pays, — à subir les outrages, les injures, les calomnies, toutes les infamies qui roulent à plein torrent dans la presse immonde; oui, ils devront les subir, parce que tous ceux qui ne surnagent pas au-dessus de cette écume ne sont pas faits pour affronter les épreuves de la vie publique.

Mais, à côté de cette licence qu'il faut savoir résolûment tolérer, il en est une autre que l'on ne peut pas, que l'on ne doit pas admettre : c'est l'attaque au suffrage universel, qui est le souverain dans ce pays et la pierre angulaire de notre édifice politique et social, l'attaque à la République, qui est la Constitution et la loi du pays; et surtout, ce qu'il ne faut pas qu'on tolère, ce sont ces appels coupables adressés à l'étranger, non pas que ceux qui présentent la France républicaine comme une cause de désordre et d'inquiétude, comme une source de menaces pour l'ordre extérieur en Europe, le croient ou le pensent, ne le supposez pas, Messieurs : ils sont fixés sur la portée de ces outrages et la valeur de ce raisonnement; mais ils espèrent troubler, qui? Le dehors? Oh! non, le dehors les connaît et les méprise. Mais ils espèrent troubler et agiter au dedans quelques hommes naïfs que des susceptibilités légitimes au sujet de la sûreté du pays et de l'intégrité de la patrie peuvent encore surprendre et égarer. Voilà leur calcul. Ce calcul odieux, Messieurs, il ne faut pas le tolérer sous un gouvernement qui a le sentiment de ses devoirs et qui doit protéger avant tout l'honneur de la nation. (*Salve d'applaudissements.*)

Sauf cette réserve, dans tout le reste il faudra pratiquer la liberté, car c'est l'arme véritable des gouvernements modernes, c'est à la fois le bouclier et l'épée de la République, et les pouvoirs vraiment forts se sont toujours félicités de s'être placés sous sa protection. On a beau annoncer sans cesse au pays la restauration d'un gouvernement dictatorial, le retour de la terreur révolutionnaire, ce sont des déclamations vaines, et la France ne s'y trompe pas. Les électeurs, peu nombreux, je crois, qui lisent les feuilles où sont écrites ces menaces ridicules ne s'y trompent pas davantage. Nous pouvons dédaigner les fureurs épileptiques de cette presse indigne ; elles doivent vous laisser sans inquiétude. Et vous, Messieurs, qui sillonnez la France, vous qui la connaissez dans toutes ses parties, vous qui entrez de commune à commune, et même de hameau à hameau, en conversation quotidienne avec les plus obscurs de nos concitoyens, avec ceux qui sont les plus éloignés des centres de la vie active, vous savez mieux que moi que ces calomnies sont maintenant sans portée et qu'on en rit parce qu'il n'y a plus à s'en indigner. Aussi, Messieurs, c'est vous qui nous avez donné espoir et confiance dans la lutte du 16 mai. A cette époque où les journaux étaient supprimés ou entravés partout, vous étiez les messagers de la bonne nouvelle, les colporteurs de l'énergie dans l'action et de l'espérance en l'avenir ; en même temps que vous faisiez toucher du doigt les dangers d'une politique d'aventures, vous montriez que la France ne faiblirait pas dans la lutte et qu'elle se défendrait elle-même à force de résolution et de volonté. (*Applaudissements prolongés.*)

C'est de cette propagande individuelle, de ce prosélytisme tête à tête, calme, confiant, pacifique, que

j'ai voulu vous remercier. Ce n'est pas une corporation devant laquelle je parle, ce n'est pas à des Français distincts d'autres Français que j'adresse en ce
moment la parole, non, c'est à des jeunes gens, car...
vous êtes presque tous plus jeunes que moi. (*On rit.*)
Messieurs, je suis convaincu que, quelles que soient
votre jeunesse et votre ardeur, mêlés que vous êtes
déjà à la pratique des affaires, vous avez appris et
retenu les dures leçons de l'expérience et de la vie;
vous connaissez la connexité intime, immédiate, instantanée qui existe entre une mauvaise politique et
les crises commerciales, entre une détestable tyrannie
et les désastres généraux, qui, après avoir désolé une
région, s'étendent bientôt au pays tout entier, et qui
accumulent ainsi les sinistres avec plus de rapidité
que les fléaux de la nature. (*Vive sensation.*)

C'est pour cela qu'on redoute tant votre concours,
qu'on redoute tant vos services, qu'on a cherché,
pendant le 16 mai, à restreindre votre liberté d'action, à l'entraver et à vous menacer.

Vous avez fait votre devoir; vous devez en être
satisfaits par la pensée même de l'avoir accompli, et
à la vue des résultats acquis. (*Vive adhésion.*)

Quand vous retournerez au train ordinaire de votre
existence, continuez, persévérez, instruisez-vous pour
instruire les autres, et que toujours vous ayez deux
grandes idées qui vous guident : une pensée politique
très-claire, très-rationnelle, et une pensée écono-
mique, qui en est la conséquence, quand elle ne la
devance pas. (*Très-bien! très-bien!*)

Et si je prends la liberté d'ajouter un conseil, c'est
celui-ci : dites bien, dites-vous les uns aux autres,
répétez à ceux que vous visiterez que ce pays-ci n'a
de ressource, n'a d'avenir qu'à deux conditions :
c'est d'abord qu'il conserve la forme de gouvernement qui est, pour ainsi dire, l'efflorescence naturelle
et nécessaire de la démocratie; et c'est ensuite que

ceux qui veulent fonder ce gouvernement ne se divisent ni ne se désunissent jamais. Les discussions, les controverses sur les questions qui relèvent du jugement propre, du libre arbitre des citoyens, ne peuvent pas entraver les résultats de la politique de la démocratie ; au contraire, la lutte des personnalités, ce serait le désordre, ce serait la ruine. Si vous voulez la stabilité nécessaire à l'État, la stabilité dans les affaires, qui est la mère de la prospérité, levier de l'affranchissement matériel et moral de ces couches profondes qui nous intéressent au-dessus de tout ; si vous voulez tout cela, prêchez l'union, prêchez la discipline, prêchez la concorde ! Et, puisque je suis en train de faire l'énumération des vertus théologales de la démocratie, prêchez aussi la patience !... (*Applaudissements.*) Oh ! non pas cette patience qu'on pourrait confondre avec l'inertie ! Non pas cette patience qui ressemble à l'oisiveté, non pas cette patience qui engendre la désertion des devoirs civiques ; non ! mais cette patience qui calcule, qui conduit, qui réfléchit, qui agit, qui attend le moment favorable (*Très-bien ! très-bien !*), cette patience dont la France a donné l'exemple depuis dix ans ; — car, songez, Messieurs, d'où nous venons ; considérez de quels périls le parti républicain est sorti, à quels foyers de désordre il a échappé, à travers quels ennemis coalisés il a pu porter sa fortune, pensez et réfléchissez... Est-ce que c'est par la division, par l'impatience, par la discorde, est-ce en attaquant de front toutes les questions à la fois que nous avons atteint tant de résultats magnifiques ? Non, c'est en divisant les questions, en les sériant, en marchant prudemment pour mieux connaître l'obstacle, c'est en abordant cet obstacle d'une façon pour ainsi dire rationnelle et scientifique, c'est par une patience méditative, et active que vous êtes parvenus à ces résultats, et il faut y persévérer, parce que ce qui est bon pour vaincre est

encore meilleur pour garder ce que l'on a conquis.
(*Applaudissements prolongés.*)

Et ici je m'adresse à tous ceux que ma parole
pourra atteindre au dehors. Il va être temps d'y
réfléchir définitivement. Dans quelques jours vous
allez avoir la majorité partout, et c'est la responsabilité qui va naître. Vous avez échappé, je l'affirme,
aux périls et aux conspirations ; l'ère des dangers est
close, celle des difficultés va commencer. (*Vive adhésion.*)

On n'entendra plus parler d'un complot, d'une
cabale, d'une intrigue, d'une alliance tenue secrète
et pratiquée tous les jours pour, contre ou avec l'exécutif. Tout cela va disparaître sous le souffle de la
nation, mais, en même temps que le pays, en les brisant, vous a débarrassés de vos liens, en même temps
qu'il a expulsé et chassé de l'arène politique les
traîtres et les indignes qui ont voulu l'asservir, il a
tracé la ligne de conduite à suivre.

Il faudra, dans nos futures réformes, considérer ce
qui est mûr, ce qui est urgent, ce qui doit attendre,
ce qui doit être écarté et ce qui doit être résolûment
condamné. C'est ce qu'il faudra voir virilement, en
face, sans jamais oublier que les partis ne tombent
et ne se perdent que par les fautes qu'ils commettent.
(*Applaudissements prolongés.*)

Donc maintenant, plus de périls, mais des difficultés et la responsabilité tout entière. Eh bien, j'ai
confiance, quant à moi, dans la sagesse affirmée,
démontrée, pratiquée tous les jours par les élus du
suffrage universel ; j'ai confiance dans la pression de
cette opinion publique si sensible et si fine, si juste
et si ardente, sachant se passionner, se modérer et
s'arrêter, et véritablement, quand on l'étudie et
quand on cherche à régler ses pas sur les pas qu'elle
accomplit elle-même, on reconnaît qu'elle est la véritable souveraine dans un gouvernement démocra-

tique et que ce qu'il y a de mieux à faire, c'est de s'en inspirer et de l'écouter.

Si donc vous avez des difficultés, vous avez aussi des ressources, des forces, des auxiliaires, vous avez des trésors de patriotisme et d'intelligence pour terminer enfin l'installation d'une démocratie vraiment libre et instruite aux affaires, dans toutes les affaires. (*Mouvement prolongé.*)

Devant quel auditoire pourrais-je plus librement et, permettez-moi de vous le dire, plus allègrement exposer, je ne dirai pas le programme de la démocratie, vous le connaissez tous, mais les conditions de la démocratie, ses difficultés en même temps que ses moyens d'action, sinon devant ceux qui, sortis du peuple, lui appartenant, le visitant, le pratiquant tous les jours, peuvent être, au point de vue politique, ce qu'est l'instituteur au point de vue de l'éducation nationale ; devant ceux qui peuvent être des agents primaires, des agents initiateurs sur les points du territoire où ne pénètrent pas les journaux, où la voix publique ne se fait pas entendre? Vous me comprenez, Messieurs. Il vous reste, non pas à justifier ces espérances, car vous avez déjà prouvé ce que vous pouvez faire, mais à les couronner, et nous aurons enfin fondé dans ce pays un gouvernement... pour lui et non pas pour les autres. (*Applaudissements unanimes.*)

Oui, pour lui! Et je ne le dis pas à cause des circonstances passagères que nous traversons ; je le dis, parce que tel a toujours été le cri de ma conscience ; et s'il m'est permis de le dire, tel a toujours été le dogme de mon action républicaine : c'est que nous n'avions à nous occuper qu'à faire la République française... Aux autres d'aviser au gouvernement qui leur plaît !

Quant à nous, n'ayant plus désormais le souci de la propagande, mais en ayant l'aversion et l'antipathie, nous sommes maintenant au-dessus du reproche qu'on pouvait nous adresser autrefois. Nous ne voulons pas — permettez-moi ce mot familier — faire l'exportation de nos théories... (*Approbation*); nous avons notre tradition nationale, nous avons une constitution à part, des mœurs à part, une propriété constituée sur des assises immuables et que le monde peut nous envier, — et ce mot n'est pas dans ma bouche une formule banale. Avec cette propriété, ce génie, ce goût, cette aptitude au raffinement en toutes choses, à la grandeur artistique et littéraire, est-ce que nous sommes chargés de penser, d'agir pour le reste du globe ? (*Nouvelle approbation.*)

Faisons donc un gouvernement modèle qui ne ressemble à aucun de ceux qui l'ont précédé, un gouvernement qui soit bien aux Français et rien qu'à eux seuls!

Vive la République française !

(*Salves d'applaudissements et cris répétés de : Vive la République! Vive Gambetta!*)

PLAIDOYER

POUR

M. CHALLEMEL-LACOUR

Prononcé le 8 janvier 1879

devant la dixième Chambre du Tribunal correctionnel de la Seine

---

La *République française* du 1er janvier 1879 avait publié la note suivante :

« Les journaux de la réaction ont mis depuis quelque temps en circulation un récit qui affectait des allures mystérieuses et d'après lequel un sénateur de la gauche, qu'on ne connaît pas, aurait été expulsé d'un cercle de la rive gauche, qu'on ne connaît pas davantage, pour affaire de jeu. Un de ces journaux ayant cru devoir ajouter au piquant de la nouvelle en désignant clairement M. Challemel-Lacour, celui-ci a immédiatement déposé une plainte au parquet de la Seine. »

Nous empruntons à la *République française* du 9 janvier le compte-rendu du procès intenté par M. Challemel-Lacour au journal légitimiste : *la France nouvelle.*

« La dixième chambre du tribunal correctionnel de la Seine, présidée par M. Merlin, a jugé hier (8 janvier) le procès en diffamation et en publication de fausse nouvelle, intenté par le ministère public, sur la plainte de M. Challemel-Lacour, sénateur, à MM. Cognot, gérant de la *France nouvelle*, et Maggiolo, rédacteur en chef du même journal.

« A une heure et demie, M. Gambetta fait son entrée dans la salle, revêtu de la robe qu'il n'a pas portée depuis 1869. M. Challemel-Lacour s'assied au banc de la partie civile. L'affaire est appelée à une heure quarante-cinq minutes.

« Après avoir répondu aux questions d'usage qui lui sont

adressées par M. le président, M. Challemel-Lacour s'exprime en ces termes :

« Si M. le président me le permet, je dirai pourquoi je me suis porté partie civile.

« Il y a, Messieurs, des adversaires et des calomnies contre lesquels il est inutile à un homme de se défendre. J'ai laissé tomber toutes les calomnies depuis huit ans, n'estimant pas qu'une vie qui se passe au grand jour, qui est tout entière consacrée au travail que mon mandat m'impose, pût être troublée par des diffamateurs.

« J'aurais laissé tomber celle-ci comme toutes les autres, bien qu'il soit difficile de dire quelles conséquences, prochaines ou éloignées, peut avoir pour un homme public une diffamation, même la plus absurde, — et celle-là était absurde, car je ne suis d'aucun cercle, je n'ai jamais appartenu à aucun, et je suis connu dans mes relations pour ne jouer jamais, — mais j'ai dû me souvenir que je suis sénateur et que j'avais le devoir de défendre l'honneur du Sénat outragé dans ma personne.

« J'ai pensé, en outre, qu'en me plaçant sous la protection de votre justice, et en vous demandant d'exercer contre une attaque de ce genre toutes les sévérités de la loi, je donnais un exemple qui ne serait peut-être pas inutile à la sécurité de tous. Au surplus, l'autorité qui a pour mission spéciale de protéger la sécurité des citoyens semble en avoir jugé de même, puisqu'elle a cru nécessaire de mettre en mouvement l'action publique.

« Quant au président du Sénat, dans sa vigilance pour tout ce qui touche à la dignité du grand corps à la tête duquel il est placé, il s'était ému des rumeurs qui avaient été mises en circulation et que certains journaux avaient accueillies avant même de savoir à qui l'on en voulait, avant que les bruits répandus eussent pris le caractère de précision qui m'a obligé de recourir à vous, Messieurs. C'est pour cela que j'ai porté plainte et que je me suis porté partie civile. C'est ce que vous expliquera mon avocat Me Gambetta ; mon vaillant, mon courageux ami ne saurait rester indifférent à une cause dans laquelle il a cru apercevoir un intérêt public ; mû, d'ailleurs, par un sentiment de vieille affection dont je suis fier, il m'a offert le secours de sa parole, je l'ai accepté avec empressement, avec reconnaissance, et je pense que tous les journalistes dignes de ce nom, que tous les écrivains qui ont à cœur la dignité de leur profession, que les bons citoyens, que les honnêtes gens, que les amis intelligents et sincères de la liberté m'en donneront leur approbation. »

« M. le président interroge les prévenus.

« M. Maggiolo croit devoir revendiquer l'entière responsabilité des articles incriminés.

Me GAMBETTA. — Messieurs, j'ai pensé, comme vous l'expliquait tout à l'heure mon ami et mon collaborateur M. Challemel-Lacour, qu'il y a des heures pleines de tristesse et d'amertume, mais qui cependant apportent avec elles une certaine consolation, où il est utile et bon de se souvenir que l'on n'a pas cessé d'appartenir à la profession et à l'ordre des avocats et où l'on peut, si éloigné qu'on en soit par ses préoccupations et par le genre de vie auquel on a voué son existence, revêtir cette robe et venir devant vous, avec confiance, soutenir et réclamer son droit. Je désire donc vous présenter ce que je considère, Messieurs, non pas comme un plaidoyer ; je ne viens pas même, comme le disait l'homme éminent qui parlait tout à l'heure, lui apporter le secours d'une parole dont vous avez pu juger qu'il n'avait certes pas besoin ; mais me voici à cette barre entraîné par le sentiment très profond que j'ai que les mœurs publiques ne peuvent pas se passer à un certain moment de la protection de la justice et qu'il y a dans la défense des libertés les plus nécessaires, et notamment de la liberté de la presse, une part qui revient à la magistrature : je veux parler de la protection et des garanties qui doivent être acquises à la vie privée, à l'honneur personnel, à la légitime considération des citoyens et des hommes publics. Car, Messieurs, encore bien que livrés à tous les orages de la vie publique, à toutes les discussions et à toutes les disputes de la politique, ces hommes n'en ont pas moins le droit et le devoir de revendiquer, à leur jour et à leur heure, l'honneur, la probité et la moralité de leur vie.

C'est pour remplir ce devoir, c'est pour exercer ce droit, que je suis à cette barre. J'y suis venu, il faut bien le dire aussi, parce qu'il m'était doux d'assister un ami, celui qui, entre tous, dans les rangs de ce parti qui cessera bientôt, je l'espère, de s'appeler un parti, ce qui est toujours un mot étroit et exclusif, pour s'appeler la France, — celui qui, entre tous, dis-je, dans les rangs de ce parti tient une place qu'il a faite volontairement trop modeste et dont tout le monde connaît et apprécie l'honneur, la vaillance et la parfaite dignité de la vie. Messieurs, on a pu longtemps nous outrager et nous injurier, — et l'on sait si la liste est longue des injures que nous subissons depuis huit ans! — mais ce qu'on peut supporter pour soi-même, il y a des révoltes dans le cœur et des indignations qui ne permettent pas de le subir pour ses amis. Aussi bien d'ailleurs, dans le procès qu'il nous a paru bon d'intenter aujourd'hui, on ne trouve pas seulement une calomnie, une diffamation particulière à l'adresse d'un homme, il y a tout un système qui enfin se révèle, que je tiens à vous dénoncer et dont je veux vous faire voir et toucher tout le mécanisme, afin que vous interveniez avec l'autorité qui vous appartient et que vous disiez s'il est possible de laisser plus longtemps, en ne montrant que de l'indifférence ou en ne faisant que des protestations énervées, un pareil système entre les mains d'inconnus et d'anonymes, — car je connais l'homme qui est devant vous, il revendique une responsabilité, mais je crois qu'il ne me démentira pas quand je dirai qu'il ne la porte pas tout entière, qu'il subit la situation qui lui est faite, et enfin qu'il est, peut-être sans qu'il le sache entièrement, l'agent d'une officine de calomnies que ce procès va révéler au public.

Messieurs, il existe un journal ou plutôt une cor-

respondance qui a pour nom *les Tablettes d'un Spec-*
tateur, et qui s'est fait mettre à l'abri de certaines
responsabilités en invoquant un caractère équivoque.
Cette correspondance lance dans la circulation, avec
une habileté, avec une perfidie que vous apprécierez
tout à l'heure, Messieurs, une rumeur diffamatoire
qui ne blesse personne, qui n'est tout d'abord qu'un
bruit vague, indéfini, sans précision, sans application.

Mais, à côté et au-dessus de cet organe hybride
des initiateurs de la calomnie qu'il s'agit de propager,
il y a une presse active et nombreuse, répartie par
région, qui a pour besogne de recevoir, d'accueillir,
de réchauffer, de développer, de préciser ces germes
de diffamation et de leur donner toute leur nuisance.

Ainsi, on *commence* par dire qu'un scandale s'est
produit dans un cercle de la rive gauche de la Seine,
qu'un sénateur de la gauche a été l'objet d'une mesure d'exclusion pour avoir manqué aux lois de la
délicatesse. Ce premier bruit circule et fait son chemin. La *France nouvelle* arrive alors et prend cette
nouvelle, elle l'apprécie et lui donne toute sa valeur
en servant certains calculs. Messieurs, il faut que je
dise ces choses, et ce point est loin d'être indifférent.
En M. Challemel-Lacour, ce n'est pas le républicain,
l'adversaire politique qu'on a voulu atteindre ce jour-
là. On aurait pu lancer cette nouvelle il y a trois mois,
on aurait pu la lancer dans trois mois : à coup sûr,
elle n'aurait pas eu plus de fondement avant qu'après.
Pourquoi donc l'a-t-on lancée à cette époque précise
de l'année? Pourquoi a-t-on choisi ce moment, et
quelles sont les circonstances au milieu desquelles
cette fausse et absurde nouvelle s'est produite? Je
vais vous le dire.

M. Challemel-Lacour se trouve, au moment précis
où *nous sommes,* dans une situation particulière au
point de vue d'un procès qu'il soutient depuis très-

longtemps déjà contre les revendications d'une con-
grégation religieuse du département du Rhône. Dans
cette affaire, déjà ancienne, et quant aux responsabilités dont il est l'objet à l'heure qu'il est, M. Challemel-Lacour n'a fait que déférer aux ordres du gouvernement dont il était l'agent. A l'occasion de ce procès,
il a supporté pendant longtemps, de la part d'adversaires politiques, toutes sortes de réclamations mal
fondées, d'articulations fausses, de vexations et d'a-
vanies.

Mais enfin il y a toujours un jour pour la justice.
On a commencé par gagner le procès fait à M. Challemel-Lacour, puis on l'a perdu. On l'avait gagné
devant la première juridiction; on l'a perdu, sinon
tout à fait, au moins à moitié, devant une juridiction
supérieure. L'État, lorsqu'il était aux mains des adversaires de M. Challemel-Lacour, avait décliné l'obligation de couvrir celui qui avait été son fonctionnaire et
son agent; l'État ayant changé de mains, cette obligation a été reconnue, et, aujourd'hui, on est devant
la cour de Dijon dans de tout autres conditions pour
soutenir le procès.

Messieurs, c'est le moment précis où nous sommes.
et non pas un autre, que l'officine dont je parlais tout
à l'heure a choisi pour mettre en circulation le bruit
diffamatoire dont nous nous plaignons. Il s'agit d'entretenir certaines causes de défiance et d'hostilité
contre la personne de M. Challemel-Lacour; il s'agit
de maintenir autour de lui une certaine atmosphère
de discrédit; il s'agit surtout, en soulevant une question de moralité et de délicatese, d'infirmer par avance
la valeur des témoignages qui lui seront apportés à
Dijon.

C'est à ce moment précis que la calomnie prend
naissance, c'est à ce moment que la *France nouvelle*
la recueille. Messieurs, certainement ce n'était pas à
l'adresse des lecteurs de Paris, ce n'était pas même

pour les grands journaux de Paris que ce bruit calomnieux était lancé. Non. La *France nouvelle*, — franchement, Messieurs, il n'y a pas à lui souhaiter un long
avenir, si elle se propose d'introduire de pareilles
nouveautés dans nos mœurs publiques, — la *France
nouvelle* a une clientèle particulière, une clientèle
provinciale, elle a des lecteurs spéciaux qui ne sont
pas précisément dans le monde républicain ni libéral,
et l'on espère que cette calomnie, charriée par des
canaux mystérieux qu'on connaît bien et que je ne
veux pas préciser, fera son chemin et qu'elle viendra
jusqu'aux oreilles de ceux de qui l'on veut qu'elle
soit connue à Dijon.

Voilà pourquoi, Messieurs, cette fausse nouvelle a
été mise en circulation à cette époque. Ce n'est pas
tout. M. Challemel-Lacour, à l'Assemblée nationale,
au Sénat, dans la vie publique, dans les lettres, dans
le domaine de la philosophie, a démontré sa supériorité, la haute culture de son esprit et ses aptitudes
variées. Il est l'honneur de notre parti ; il peut compter, Messieurs, sans que personne puisse en être
offensé, parmi les premiers orateurs du Sénat ; comme
il s'est trouvé à la hauteur des plus difficiles et des
plus nobles tâches, on a pensé à lui pour occuper un
poste éminent, et on parle de confier à cet homme
digne entre tous une part de la représentation de la
France au dehors. C'est à ce moment précis, Messieurs, qu'il convient de lancer une de ces infamies
qu'on ne peut pas même discuter, parce que les susceptibilités les plus légitimes révoltent la pudeur de
celui qu'on s'est efforcé d'atteindre, parce qu'il devient
aussi embarrassant de se défendre que de garder le
silence. Car, Messieurs, c'est là l'effet de ce genre de
calomnies particulières qui ne touchent pas aux actes
de la vie publique et parlementaire et qui, par leur
bassesse même, peuvent circuler facilement par l'intermédiaire de toutes les personnes qui en auront eu

de près ou de loin quelque connaissance ; ne suffit-il pas, sans lire la *France nouvelle*, que ceux qui l'ont lue colportent la calomnie, que ceux qui l'ont entendue la propagent, à leur tour, dans des journaux, dans des lettres privées, pour qu'elle passe la frontière et qu'elle aille impressionner les membres du corps diplomatique dans lequel doit entrer M. Challemel-Lacour ? Et, s'il vient à représenter le gouvernement de la France, il se créera autour de lui une sorte de courant d'inquiétude et de malaise. Le soupçon, la défiance, se peignent sur les physionomies ; on regarde l'homme calomnié, on l'observe, mais on s'éloigne de lui, et il ne peut pas même demander des explications publiques : il a été frappé sûrement, mais par derrière...

Messieurs, il est absolument impossible de se soustraire aux conséquences d'une calomnie de ce genre. Faudra-t-il voyager en tenant à la main le jugement que nous allons obtenir ? Ce sont là les vrais coups, perfides et meurtriers, ce sont les coups de la faction qui inspire le journal *la France nouvelle*. On se met à plusieurs pour commanditer la calomnie ; il y a des tontines, en France, pour ce genre d'exploitation ; à Lyon, à Paris, à Marseille et dans d'autres villes des fabriques sont tenues par les Basiles modernes, qui distillent le poison et le venin. Messieurs, ce n'est pas celui-ci qui a fabriqué la calomnie dont nous nous plaignons, ce sont ceux qui se cachent derrière lui.

Voilà la vérité. Il y a sept ans que cela dure ; il y a sept ans que nous méprisons les injures et les outrages ; mais les temps sont changés ; on peut supporter bien des choses quand on est à l'état de lutte et d'opposition ; mais il ne convient pas à ceux qui siègent dans les conseils de la France, qui peuvent être appelés à la représenter, il ne leur convient pas, non pas seulement pour eux, mais pour le pays, en acceptant des fonctions au dehors, d'oublier qu'ils ont le devoir

de garantir leur réputation et leur honneur en poursuivant ces misérables pratiques.

C'est ici que commence votre rôle, Messieurs. Oui,
nous aurions beau ajouter un dédain de plus à nos
dédains, cela ne suffirait plus : nous devons avoir une
autre préoccupation, et ce n'est pas seulement pour
nous et dans notre intérêt personnel que nous parais-
sons ici; c'est pour obéir à un sentiment plus élevé
de la justice. Nous ne pouvons pas confondre la justice politique et la justice qui étend sa protection sur
tous les citoyens. La justice nous doit sa protection,
à nous que l'on outrage et que l'on diffame ; elle ne
la doit pas seulement à nous, mais à tout le monde ;
nous la réclamons comme tout le monde. Car que
va-t-il se passer? Avant peu le parti républicain dont
tous les jours on étend les rangs, dont la sphère d'action s'agrandit incessamment, où les recrues les plus
éminentes et les plus vaillantes entrent librement, —
le parti républicain se confondra avec la nation, et il
arrivera, si vous ne protégez pas efficacement l'honneur et la réputation des personnes, tout le monde se
sentant à la merci du premier venu, de deux choses
l'une : où nous verrons naître des mœurs horribles
qui donneront à chacun de nous la tentation de se
protéger soi-même par la brutalité et la violence, ou
bien nous donnerons le spectacle d'une société où la
loi est devenue impuissante, la magistrature débile en
face des citoyens exaspérés; où les armes remplaceront la raison, où la liberté de discussion, la liberté
de la presse elle-même, qui a des limites nécessaires
dans le respect des personnes, dans l'inviolabilité de
la conscience individuelle, seront sans protection.
Ces limites nécessaires, il n'appartient à personne
autant qu'à vous, Messieurs, de les poser et de les faire
respecter, et si vous ne les posez pas, si vous ne vous
faites pas ici les véritables défenseurs de la presse,
après avoir perdu les mœurs, on perdra la liberté.

C'est pour cette raison qu'il m'a semblé que je ne sortais pas tout à fait de mes habitudes et de mes occupations de tous les jours en venant à cette barre vous demander une répression sévère, en tant que répression civile, car, il faut bien le dire, s'il peut y avoir un encouragement certain aux bassesses, aux infamies, aux outrages de ce qu'on a appelé avec raison la presse immonde, ce serait assurément son impunité.

Vous savez maintenant pourquoi on a, pendant quelques jours, reproduit avec insistance cette calomnie; pourquoi, le troisième jour, on a été jusqu'à nier qu'on ferait un procès; pourquoi, aujourd'hui, on présente des excuses à M. Challemel-Lacour. Oh! Messieurs, c'est bien simple : c'est qu'on s'était habitué à l'impassibilité de M. Challemel-Lacour et de ses amis; c'est qu'on avait compté sur leur indifférence traditionnelle, et c'est ainsi que l'on a cru possible de spéculer encore une fois sur l'impunité ; mais cette spéculation devait avorter, parce que les circonstances dans lesquelles la calomnie s'est produite sont de nature à mettre en évidence la bonne foi et le calcul qui se cachaient derrière la calomnie.

Que vous reste-t-il à faire, Messieurs? A prononcer une condamnation comme on en prononce en cette matière? Devez-vous accorder de ces dommages-intérêts que j'appelle, permettez-moi le mot, insuffisants, pour ne rien dire de plus, car si je voulais dire le mot qui est au fond de ma pensée, je dirais des dommages-intérêts dérisoires? Non, Messieurs, ce n'est pas là ce que vous avez à faire. Ou il faut dire qu'il n'y a pas de répression, ou il faut frapper d'une façon véritablement virile et efficace. Frappez comme frappent les magistrats anglais. Messieurs, si ce pays est entré véritablement en possession, non seulement de la théorie, mais de la pratique de la liberté de la presse, si cette liberté est défendue avec une égale passion

par les hommes qui sont au pouvoir et par l'opposition, par les ministres et par les journalistes; par
ceux qui se plaignent du gouvernement comme par
ceux qui le défendent. c'est que le domaine de la vie
privée, c'est que l'honneur des particuliers a rencontré, non pas dans des peines d'incarcération, non pas
dans des peines purement physiques et corporelles,
mais par la répression pécuniaire, de sérieuses garanties et une véritable sanction. Messieurs, quand on
fait ce métier-là, comme ce n'est pas pour l'honneur,
c'est pour l'argent. Si vous voulez frapper à l'endroit
sensible, mettez à la raison ceux qui s'associent et se
cotisent pour calomnier, à beaux deniers comptant,
la réputation des honnêtes gens. Si vous voulez que
les mœurs ne dégénèrent pas, que la liberté de la
presse ne soit pas flétrie, que, sans distinction de couleur, les luttes, les discussions et les controverses
soient nobles et fécondes, quand vous aurez devant
vous ces hommes, ce n'est pas à Sainte-Pélagie qu'il
faut les envoyer, c'est à la bourse qu'il faut les frapper, car c'est là qu'ils sont sensibles.

Messieurs, je vous demande de constituer un précédent, de créer une nouvelle manière de défendre la
liberté de la presse et l'honneur des individus, parce
que, je le dis et je le répète, si vous n'intervenez pas
dans ce sens, toutes autres répressions seront ineffi-
caces. C'est pour cela que nous demandons dans
nos conclusions, avec la reproduction de votre jugement dans un certain nombre de journaux, nous demandons, non pas pour la forme, non pas en nous
servant d'un chiffre indéterminé ou déterminé à la
légère et sans y avoir réfléchi, nous demandons
10,000 francs de dommages et intérêts. Il ne m'appartient pas de dire ce qui sera fait de cette somme, mais
ce qui m'appartient, c'est d'attirer toute l'attention des
hommes, de former la conviction des juges qui m'é-
coutent sur la nécessité et sur la sagesse d'une répres-

sion dont l'effet sera certain. Soyez bien pénétrés de
cette vérité que l'on ne vous demandera la réparation
de l'honneur et du dommage qui découle de cette
sorte de piraterie et de banditisme par le journalisme,
qu'on ne pourra avoir confiance en vous que lorsque,
ne vous contentant pas de répressions physiques et
corporelles, mais prenant le journal dans ses œuvres
vives — car ce ne sont pas ces hommes que vous
atteindrez, ils sont des agents, des prête-nom, des
hommes à la solde, — vous frapperez l'association
tout entière, et vous arrêterez son œuvre de diffamation. Messieurs, si vous avez confiance dans la sincérité de mes paroles à cette barre, croyez bien que
ce sont les véritables auteurs de la calomnie que vous
atteindrez quand vous frapperez dans leur bourse les
propriétaires du journal.

Je vous demande donc 10,000 francs de dommages
et intérêts. Il s'agit peut-être d'innover dans les habitudes de la magistrature, mais je vous adjure, comme
tout à l'heure, de porter vos regards sur un pays
voisin, de vous inspirer des règles qui y sont suivies,
et d'en faire l'essai à la France. On a essayé des condamnations à huit, dix, quinze jours, un ou deux mois
de prison; ces mesures n'ont pas été efficaces : elles
n'ont pas empêché de gréer des brûlots de presse et
de les jeter dans la circulation. Les armateurs de ces
bateaux-corsaires savent tarifer ce que coûtera un
procès à leur journal; on calcule d'avance, dans ce
monde, ce que vaut la réputation de tel ou tel qu'on
s'apprête à salir. On va plus loin : on fait figurer les
condamnations que l'on encourt aux frais généraux
de cette commandite ignoble, et l'on y comprend
l'indemnité qu'il faudra accorder au gérant. Tous ces
chiffres figurent dans des inventaires déguisés. Eh
bien, Messieurs, c'est au cœur de cette organisation
qu'il faut frapper, et le cœur, c'est l'argent.

Il me reste maintenant à vous mettre sous les yeux

la prose qui est déférée à votre justice. Voici ce qui paraissait dans le numéro du 23 décembre, — je ne commenterai pas, vous jugerez de la moralité de ces articles par le style :

Depuis plusieurs jours, on chuchote, on parle à voix basse dans le monde politique d'une seconde édition, revue et augmentée, de l'affaire Jacotin.

Un autre sénateur, bien plus connu, dont le talent d'écrivain et d'orateur froid et correct est au-dessus de toute contestation, dont la collaboration à un grand journal républicain était bien connue, dont les aptitudes diplomatiques futures ne faisaient pas question dans son parti, aurait, dit-on, été surpris trichant au jeu dans un cercle de la rive gauche.

On comprend ce qu'une telle accusation portée à la légère aurait de grave et d'injuste. Quelques journaux se sont déjà permis de désigner ce personnage, primitivement candidat à une ambassade, pour la légation d'Athènes. Assurément, l'allusion était méchante, et nous la blâmons. Mais un peu de lumière serait nécessaire pour le Sénat et pour le sénateur.

A-t-il été chassé du cercle, convaincu du délit susnommé?

Est-il pour ces faits, appelé devant la justice, comme l'égalité des citoyens devant la loi, inscrite dans la *Déclaration des droits de l'homme* de 89 et dans la Constitution, semblerait l'exiger?

Respectueusement, chapeau bas, nous nous permettons de demander : Combien jusqu'ici avez-vous, parmi nous, trouvé de tricheurs ?

D'autre part on lisait dans les *Tablettes d'un Spectateur* citées par la *France nouvelle*.

Nous avions annoncé qu'un homme qui occupe dans le monde parlementaire et républicain une situation élevée, avait manqué aux lois de l'honneur dans un cercle de la rive gauche; nous apprenons que le parquet, saisi de l'affaire, va ordonner des poursuites contre lui.

Voilà la citation des *Tablettes d'un Spectateur.*

Voici maintenant le commentaire de la *France nouvelle*.

> Réellement il serait temps d'en finir. Oui ou non, est-il
> coupable ?
>
> S'il l'est, qu'attendez-vous pour l'abandonner au sort qu'il
> a mérité ?
>
> S'il ne l'est pas, comment vous, ses amis, ses coréligion-
> naires, ses associés, laissez-vous peser sur lui un soupçon
> colporté de bouche en bouche depuis plus de quinze jours ?
>
> De toutes façons le silence de la *République française* est
> une injustice commise envers lui ou en faveur de lui.

C'est ce silence que j'ai voulu rompre pour ma part
en venant à cette barre ; mais il ne vous échappera
pas que rien n'était plus fidèle que la description que
je faisais tout à l'heure des relations qui existent entre
les *Tablettes d'un Spectateur* et le journal la *France
nouvelle*.

Je passe aux troisième et quatrième articles.

La *Petite République française* a répondu comme il
convenait. Voici maintenant la réplique de la *France
nouvelle :* vous allez voir avec quelle perfidie ces messieurs, après avoir lancé la calomnie, cherchent à
battre en retraite en se ménageant une échappatoire
devant vous :

> La *Petite République française* consacre deux colonnes et
> demie, en tête de sa première page, à injurier la *France nou-
> velle*. Nous ne la suivrons pas sur le terrain des gros mots,
> n'ayant pas un vocabulaire pareil au sien.
>
> Laissant de côté les épithètes grossières et les indignations
> de commande, nous nous bornerons à dire qu'elle fait au-
> jourd'hui une déclaration qui eût été très utile depuis près
> de quinze jours.
>
> Le bruit courait qu'un scandale de jeu était arrivé dans
> un cercle de la rive gauche : un sénateur républicain aurait
> été, disait-on, surpris trichant, et on prononçait partout le
> nom de M. Challemel-Lacour.

Vous remarquerez tout à l'heure qu'on discute, dans le champ de nos adversaires, sur le point de savoir si le premier article désignait bien M. Challemel-Lacour.

Ainsi, on prétend que ces lignes pouvaient s'adresser à un autre que M. Challemel-Lacour :

C'est alors que, sans prononcer un nom, nous avons demandé, comme c'était notre droit, pourquoi les journaux républicains n'opposaient pas un démenti formel à ces rumeurs devenues publiques : on avait même dit que des poursuites étaient commencées.

Loyalement, à deux reprises, nous avons posé cette question : Est-ce vrai? est-ce faux?

Ainsi, tout à coup, ces messieurs sont pris d'un accès de loyauté. Ils publient que, dans un cercle de la rive gauche, un sénateur a été chassé comme escroc et filou, et ils passent leur temps à épuiser leur loyauté à le dire. Le tribunal pensera ce qu'il voudra de cette façon d'entendre la loyauté, mais nous n'avons pas, ces messieurs et nous, la même façon de l'envisager.

Il y a ici quelque chose de bizarre. Ordinairement, lorsqu'on met une calomnie en circulation, on a toujours le soin de chercher un point de départ, un prétexte; il y a comme un support quelconque sur lequel on fait reposer la calomnie. Ainsi, par exemple, on commence par dire : Dans un cercle de la rive gauche une scène s'est produite et on a expulsé quelqu'un. C'est là ce que j'appelle un point de départ. Eh bien! Messieurs, nous avons eu la curiosité d'aller aux informations; nous avons demandé aux personnes dont c'est la fonction de s'enquérir de ces sortes d'affaires de nous dire si, sur la rive gauche, dans les cercles qui ne sont pas très nombreux, il y avait eu un incident de cette nature. On nous a répondu que, dans les deux cercles situés sur la rive gauche, il ne s'était passé aucun fait semblable, que jamais on n'avait entendu dire, d'abord, que M. Challemel-Lacour en fît partie, mais même qu'aucun sénateur de gauche ou de droite eût été l'objet d'une mesure de discipline quelconque.

De sorte que vous avez, Messieurs, à juger une calomnie inventée de toutes pièces et que, pour retourner le proverbe, il n'y a pas l'ombre de feu sous cette fumée.

Le journal n'en reproduit pas moins toutes ces infamies et on y mêle la Déclaration des droits de l'homme et du citoyen, préoccupation bien digne de cette feuille de talons rouges. Mais l'heure arrive où l'on sent que l'indifférence, que le dédain des hommes de la *République française* vont cesser. En effet, la *Petite République française* annonçait que M. Challemel-Lacour allait faire un procès. Alors on s'exprime ainsi :

Nous n'avons encore reçu aucun papier timbré, et cela nous étonnerait d'en recevoir; quel plaisir M. Challemel-Lacour aurait-il à perdre ce procès?

Pensez-vous qu'on puisse pousser plus loin l'impertinence?

Nous ne l'avons pas accusé, nous avons relevé, après d'autres, un bruit public, et nous avons posé, dans la plénitude de notre droit, une question.

Ni les injures de ces gens-là ne nous atteignent, ni leurs menaces ne nous intimident.

Cela durera jusqu'au prochain numéro, car le procès est instant, et voici ce qu'on lit :

Nous devons à nos lecteurs quelques explications sur le procès qui est intenté actuellement à la *France nouvelle*, à la requête de M. Challemel-Lacour, sénateur.

Mercredi dernier, notre gérant, M. Eugène Cognot, a reçu assignation à comparaître devant M. le juge d'instruction Cartier.

Comme avant tout il nous importait que la parfaite bonne foi et la scrupuleuse loyauté de la rédaction ne pussent être l'objet d'un doute, même de la part de nos adversaires, nous avons réclamé de partager la poursuite.

Le parquet nous l'a accordé; nous avons à notre tour comparu devant M. le juge d'instruction.

Nous avons eu l'honneur de lui répéter ce que savent déjà tous ceux qui nous lisent : la *France nouvelle* ne saurait vouloir diffamer personne.

Un bruit plus que fâcheux courait Paris, on attribuait à un sénateur de la gauche un acte indélicat.

On dépeignait ce sénateur, on précisait jusque dans les moindres détails sa figure politique, on le distinguait par son talent; et on insistait surtout sur la proximité de son élévation à un poste diplomatique, de sorte que ce n'était pas ce sénateur de gauche, comme vous le dites *in extremis*, c'était bien M. Challemel-Lacour :

Plusieurs journaux en avaient parlé, aucun des amis politiques du sénateur n'avait, par un démenti, arrêté le chemin que faisait cette calomnie.

Si elle faisait du chemin, elle doit vous en être reconnaissante, car vous êtes le propagateur :

Nous sommes alors intervenus : à deux reprises nous avons réclamé la lumière, dans son intérêt comme dans l'intérêt de la vérité.

Nous n'avons ni nommé ni désigné un adversaire, que nous pourrions combattre avec énergie sur le terrain politique, mais dont rien ne nous autorisait à incriminer l'intégrité privée.

M. Challemel-Lacour, d'ailleurs, il ne nous en coûte pas de le dire, est un républicain d'ancienne date; il n'a jamais varié, il a subi la persécution pour ses opinions; cela nous eût commandé envers lui un certain respect que nous ne refusons jamais à la fidélité, même mal placée.

Il a été victime d'une odieuse calomnie, nous n'en doutons pas, nous tenons à le dire et à le répéter tout haut : il n'est et n'a jamais été un joueur, rien ne saurait permettre à ses ennemis même de le mésestimer.

Eh bien, voilà ce qu'il fallait écrire le premier jour, quand vous lisiez avec tant d'attention les *Tablettes d'un Spectateur*.

Il me paraît bien inutile de continuer plus long-temps ces lectures. Je ne les ai faites que pour obéir aux règles de notre ordre qui exigent que l'on fasse la démonstration, même quand la lumière est déjà faite.

Il me reste à terminer ces explications en vous sup-pliant, Messieurs, de vous mettre, non pas en face des personnes que vous avez devant vous, mais au point de vue de la situation générale des rapports qui existent entre les journaux, les polémistes et les hommes publics, et d'exercer là ce qu'il y a peut-être de plus noble et de plus élevé dans votre fonction de juges, d'intervenir pour agir sur les mœurs publiques, de leur imprimer une direction plus digne, plus juste, plus correcte et, s'il faut tout dire, pour faire vérita-blement un travail de moralisation politique et sociale. A qui nous adresserons-nous lorsque nous penserons avoir le devoir, l'obligation d'arrêter la propagation d'une infamie par la presse? Vous savez bien que, les uns comme les autres, nous ne lisons pas toutes les les feuilles qui paraissent, qu'il y a des contrées qui veulent certains journaux, et d'autres qui veulent certains autres; que le monde particulier auquel s'a-dresse un certain genre de journalisme est un monde où l'on trouve des âmes extrêmement timorées, dé-licates, ombrageuses qui considéreraient presque comme une faute, comme une défaillance de prendre connaissance d'une réfutation qui aurait paru dans un autre journal que le leur, et qui restent ainsi fidèles à l'opinion qui les pervertit à leur insu par une longue et persévérante propagande de la diatribe et de la calomnie. Ces personnes n'accordent ni crédit ni confiance aux réfutations des intéressés; elles s'obstinent, elles s'acharnent à considérer le journal qu'on leur glisse comme une sorte de papier sacré, authentique, contre lequel elles ne peuvent se révolter.

C'est ce monde particulier sur lequel on agit, qu'on entretient et qu'on courbe constamment sous le joug des calomnies gratuites, des invectives et des paroles injurieuses; c'est ce monde que nous voudrions à notre tour visiter. Pouvons-nous le faire s'il n'intervient pas, quand le droit est outragé, quand l'honneur est méconnu, quand nous avons pour nous la loi — s'il n'intervient pas le concours de la magistrature chargée de les faire respecter? Ne pouvons-nous pas vous demander de nous donner, à eux et à nous, à tous, une règle et une protection? De votre côté, pouvez-vous le faire autrement qu'en rendant un jugement qui inaugurera sérieusement, efficacement, la répression des atteintes contre l'honneur des personnes? Messieurs, vous ne pourrez frapper vivement l'opinion, vous ne pourrez déterminer la prudence chez les uns, la confiance chez les autres et la clarté chez tous, qu'en rendant un jugement qui s'élèvera au-dessus des individualités, qui dominera les misères qui s'étalent aujourd'hui devant vous, qui remontera jusqu'aux causes générales, jusqu'aux principes sacrés qu'il s'agit de protéger et de défendre, et qui inaugurera la reprise des anciennes traditions communes à la magistrature et au barreau, et résumées dans l'admirable devise : *Sub lege libertas.*

M. Edmond-Victor Lefranc, substitut du procureur de la République, prononce le réquisitoire. Il déclare qu'après les observations présentées par M. Gambetta à l'appui des conclusions soumises au tribunal, il a peu de chose à ajouter. Il établit que les prévenus ont commis les délits de diffamation et de publication de fausse nouvelle.

Le délit de diffamation résulte de ce fait que la *France*

nouvelle a accusé M. Challemel-Lacour d'avoir triché au jeu.
Or, cette accusation, qui avait pour but de déshonorer
l'homme lui-même, est absolument fausse et ne repose sur
aucun fondement.

M. Maggiolo prétend qu'il n'a pas désigné M. Challemel
et que, par conséquent, il n'y a pas eu diffamation. M. le
substitut cite divers passage des articles de la *France nouvelle* des 20, 30 et 31 décembre, dans lesquels M. Challemel
est suffisamment désigné pour qu'il se prétende diffamé.
D'ailleurs, d'après la jurisprudence même de la cour de
cassation, M. Challemel, par cela seul qu'un soupçon peut
l'atteindre, a le droit de porter plainte.

Les inculpés ont aussi commis le délit de fausse nouvelle
publiée de mauvaise foi, en annonçant dans leur article du
31 décembre que le parquet allait ordonner des poursuites
contre le sénateur de la gauche prévenu d'escroquerie.

Il est certaines calomnies qui trouvent d'autant plus
créance qu'elles sont invraisemblables, et contre lesquelles
on ne peut se défendre, même après la condamnation de
leurs auteurs. Aussi le préjudice causé par ces calomnies est-
il immense, presque irréparable.

M. le substitut requiert contre les prévenus le maximum
de l'amende; en ce qui concerne l'insertion dans les journaux, il s'en rapporte à la sagesse du tribunal; relativement
aux dommages-intérêts, tout en s'associant aux considérations très justes présentées par Me Gambetta sur ce qui se
passe en Angleterre, il pense qu'il ne serait pas conforme à
la loi d'élever le taux de l'amende sous couleur de dommages-intérêts.

Après quelques paroles de M. Maggiolo, Me de Villebois,
avocat du directeur de la *France nouvelle*, affirme que la
loyauté, chez son client, n'existe pas par accès, comme on
le lui a reproché, mais est une fièvre chronique. Il ajoute
qu'aucun jugement ne vaudra, pour M. Challemel-Lacour,
la rectification publiée par la *France nouvelle*. Enfin, il estime
que le tribunal n'a pas de leçons à recevoir des magistrats
anglais.

A trois heures un quart, le tribunal se retire dans la chambre
des délibérations. A quatre heures, il en rapporte un jugement qui condamne Cognot et Maggiolo, chacun à 2,000 francs
d'amende, tous les deux solidairement à 10,000 francs de

dommages-intérêts envers M. Challemel-Lacour, et à l'insertion du jugement dans la *France nouvelle* et dans vingt journaux de Paris ou des départements, au choix du demandeur, avec cette réserve toutefois que le coût de chaque insertion ne devra pas dépasser la somme de 200 francs.

En quittant la salle d'audience, MM. Gambetta et Challemel-Lacour sont l'objet d'une chaleureuse ovation.

APPENDICE

RAPPORT

FAIT AU NOM DE LA COMMISSION CHARGÉE D'EXAMINER
LA PROPOSITION DE LOI
DE MM. ANTONIN PROUST ET GAMBETTA
SUR

LES PENSIONS DE RETRAITE AUX OFFICIERS DE L'ARMÉE

(EXTRAITS)

Messieurs,

Les pouvoirs publics se sont de tout temps préoccupés en France de la nécessité d'assurer une retraite honorable à ceux qui ont consacré dans les rangs de l'armée leur existence à la défense du pays. Mais si l'on excepte l'arrêt du conseil royal du 12 mars 1670, qui assigna une dotation à l'hôtel des Invalides, et l'ordonnance du 25 mars 1776, qui assura des rentes aux sous-officiers et soldats de l'armée de terre admis à la retraite, on est forcé de reconnaître qu'avant les lois des 3 et 22 août 1790, tout était arbitraire en matière d'octroi de pensions militaires.

La faveur présidait presque toujours à la concession des pensions, et pour s'assurer la soumission des pensionnaires, on exigeait le plus souvent que leurs demandes fussent, chaque année, renouvelées et soumises à un nouvel examen.

C'est dans la discussion de la loi du 3 août 1790 que fut posé le véritable principe de la législation en matière de pensions. L'octroi des pensions et particulièrement l'octroi des pensions militaires, dit le rapporteur de cette loi, ne doit pas être considéré comme une libéralité, mais bien comme une dette de l'État.

Comment l'État peut-il s'acquitter de cette dette, sans grever outre mesure les charges du Trésor?

Tel est le problème que depuis 88 ans une législation, fréquemment amendée, a cherché à résoudre.

La loi du 22 août 1790, qui fut la première, proportionna la pension à la solde d'activité. Elle accorda après 30 ans de services le quart du traitement et à 50 ans la totalité du traitement, en limitant le maximum à 10.000 livres. Elle autorisa l'officier qui aurait accompli 30 années de services effectifs à compter pour 18 mois chaque année d'embarquement et pour 2 ans chaque année passée hors d'Europe.

Une loi du 25 décembre de la même année régla d'après les mêmes bases la retraite des sous-officiers et soldats. Mais cette retraite qui devait s'accroître dans les proportions combinées des hautes-payes, des masses d'entretien, et des années de services en sus de 30 ans, des campagnes et des services hors d'Europe, n'eut d'autre limite que la totalité de la solde du pied de paix et des masses d'entretien.

Le taux des pensions pour cause de blessures et d'infirmités contractées au service fut laissé à l'équité et à la munificence du Gouvernement, cette catégorie de pensions étant assimilée aux récompenses nationales.

Telles furent les dispositions par lesquelles l'Assemblée constituante régla la concession des retraites. Mais l'état de guerre étant bientôt devenu permanent, la loi du 6 juin 1793 accorda des pensions de retraite à tous les militaires blessés, et la loi du 9 germinal an III fit compter chaque campagne pour une année de service effectif.

Enfin la nécessité d'exciter l'émulation par des récompenses promptes et exemplaires et la faculté d'accroître sans limite le signe monétaire firent augmenter le chiffre des pensions dans des proportions telles qu'après le discrédit du papier monnaie, deux lois en date des 11 brumaire et 6 germinal an IV fixèrent un taux provisoire par grade effectif.

Devant cette situation, le Directoire pensa qu'il fallait au plus tôt ramener l'ordre dans la législation sur les pensions de retraite de l'armée. Déjà la loi du 14 fructidor an VI avait apporté quelques restrictions à la concession des pensions de veuves et avait suppléé au silence de la législation, en proportionnant le taux de ces pensions au grade et aux années de service du mari.

La loi du 28 fructidor an VII, revenant aux prescriptions de la loi de 1790, ne reconnut le droit à la solde d'ancienneté qu'aux militaires et assimilés ayant 30 années de services effectifs. Elle abaissa le minimun de la pension à 100 francs et fixa le maximum à 6.000 fr. Par son titre III elle détermina, d'une manière précise, la solde de retraite pour cause de blessures ou d'infirmités et en gradua le taux suivant la gravité de la blessure, combinée avec le temps de service. Elle attribua le maximum aux officiers, sous-officiers et soldats amputés de deux membres ou privés de la vue, en augmentant toutefois ce maximum de 50 fr. par an pour les sergents et maréchaux des logis, de 60 fr. pour les caporaux et de 64 fr. pour les soldats. Par son article 54, elle ordonna la conversion en soldes de retraite et la régularisation à un taux qu'elle détermina de toutes les pensions, soldes et demi-soldes accordées pour blessures et infirmités, conformément à la loi du 27 mai 1792. Enfin, elle prescrivit sur les soldes de 900 fr. et au-dessus une retenue de 3 0/0 et sur celles au-dessous de 900 fr. une retenue de 2 0/0 dont elle affecta le produit à payer la subsistance ou solde provisoire, en attendant la solde définitive.

Malgré cette révision des lois antérieures, malgré les réductions qui en étaient résultées, le chiffre des pensions militaires qui était, en 1790, de 13 millions environ, s'élevait en l'an X à plus de 26.000.000. (Exposé des motifs de la loi du 25 germinal an XI. *Moniteur*, an XI, p. 185.)

La loi du 8 floréal an XI vint encore abaisser les tarifs, à cause des charges qu'imposait au Trésor un état de guerre continuel qui plaçait, chaque année, un nombre considérable d'officiers et de soldats dans les conditions exigées pour la retraite exceptionnelle. Cette loi fit descendre le minimum de la pension du soldat à 92 fr. 25 c. pour ancienneté et à 45 francs 62 c. pour blessures. Les réclamations que souleva la loi du 8 floréal an XI déterminèrent le gouvernement, par un arrêté du 25 thermidor, à revenir au tarif de la loi; des décrets spéciaux ne tardèrent pas à accorder aux officiers et soldats des retraites supérieures aux fixations réglementaires.

Ainsi un décret du 16 frimaire an XIV décida que les pensions des veuves des officiers et soldats tués à Austerlitz seraient portées pour la veuve d'un :

Général . . . . à	6.000 fr.
Colonel	2.400
Capitaine	1.200
Lieutenant et sous-lieutenant . .	800
Soldat	200

Les événements de 1814 ayant réduit nos forces militaires, il fallut régler la situation des officiers qui ne pouvaient être maintenus dans les cadres.

S'appuyant sur les bases posées par la loi de 1790, quant à la durée du service, au bénéfice des campagnes, au séjour hors d'Europe, etc., etc., l'ordonnance du 24 août 1814 reproduisit toutes les dispositions éparses dans la législation, en laissant au gouvernement la fixation du taux de la pension pour cause de blessures ou d'infirmités. Mais cette ordonnance admit comme service réel et effectif le temps passé par l'officier en jouissance d'un traitement de non activité.

Une ordonnance du 31 mai 1814 venait en effet de décider :

1° Que les officiers émigrés, rentrés en France qui seraient jugés susceptibles de servir, pourraient être employés titulairement ou, à défaut d'emplois titulaires, être placés à la suite de l'armée ;

2° Que ceux de ces officiers qui remplissaient les conditions exigées pour la retraite par les règlements en vigueur, pourraient obtenir une pension fixée d'après ces règlements et seraient admis à compter comme des années de campagne celles qu'ils avaient passées dans l'émigration ou au service des puissances étrangères.

Par ces dispositions le gouvernement de la Restauration s'obligeait : d'un côté à écarter des pensions et des demisoldes les officiers de l'ancienne armée pour replacer les officiers des armées royales ; de l'autre, en admettant ces derniers à compter les services antérieurs à la Révolution concurremment avec le temps d'émigration et les services rendus aux puissances étrangères sous le bénéfice des campagnes, on ouvrait instantanément la porte à une foule de droits nouveaux.

Cependant on ne pouvait encore, en vertu de cette ordonnance, donner la pension qu'aux officiers qui étaient en mesure d'y prétendre en raison de la durée de leurs services ainsi validés, lorsqu'une nouvelle ordonnance du 1er août 1815 plaça de droit à la retraite :

1° Avec le maximum déterminé par l'ordonnance du 27 août 1814, les officiers généraux dans leur trente-cinquième année de service et leur soixante-cinquième année d'âge les officiers supérieurs âgés de cinquante ans et ayant vingt-cinq années de service; les autres officiers comptant seulement vingt ans de service.

2° Avec la moitié du maximum, ceux qui, ayant plus de vingt ans d'activité, seraient reconnus hors d'état de servir.

Bien que l'article 9 de cette ordonnance en eût réservé l'application aux officiers employés à la date du 1er juillet 1815, elle n'en profita pas moins aux émigrés qui n'avaient pu faire liquider leur retraite d'après les bases de l'ordonnance de 1814.

On se fera une idée du résultat de cette mesure par quelques chiffres relatés dans la discussion du budget de 1817 (MM. Tabarié, commissaire du roi, et général Dambrujat, sous-secrétaire d'État à la guerre, *Moniteur* des 6 et 14 février 1817, pp. 151 et 194). Il résulte de cette discussion que la Commission chargée de réviser les services des émigrés avait examiné, au 1er janvier 1817, les mémoires de 21.000 réclamants, parmi lesquels 2.603 officiers avaient obtenu des pensions ainsi réparties :

Aux émigrés	2.493.364 fr.
Aux royalistes de l'intérieur . . .	215.886
A la maison des rois Louis XVI et Louis XVIII	1.269.238
Total . . .	3.978.488 fr.

La moyenne de ces allocations était donc de 1.528 fr., ce qui, d'après le tarif de la loi de 1814, représentait la pension attribuée au grade de colonel après trente-cinq ans et demi de services. M. de Villèle put dire, par suite, très-justement, dans la séance du 6 février 1817, « qu'un procédé aussi arbitraire était une véritable plaie d'État ».

Dans les deux seules années 1815 et 1816, il fut accordé des pensions de retraite pour . . . . 20.403.792 fr.

Des demi-soldes et traitements de réforme pour. 13.721.870

Soit un accroissement de dépenses de. . 34.125.672 fr.

Au 31 décembre 1817, la rémunération des services militaires se décomposait ainsi :

Pensions de veuves de militaires	2.700.949 fr.
Pensions militaires de retraite inscrites au trésor public, en vertu de la loi du 25 mars précédent.	46.784.628
Demi-soldes et traitements de réforme encore imputés sur le budget de la guerre et dont la conversion partielle en retraite définitive, prescrite par l'article 21 de la loi du 15 mai 1818, ne s'est opérée qu'à partir de 1820.	16.448.475
Total	65.994.052 fr.

Pour remédier à ces abus, une loi du 25 mars 1817 avait prescrit la révision par le ministre des finances des pensions concédées ou à concéder.

Cette loi avait ordonné l'inscription des pensions au Trésor et décidé « qu'aucune pension nouvelle ne pourrait être inscrite au Trésor qu'en vertu d'une ordonnance dans laquelle les motifs et les bases légales en seraient établis et qui serait insérée au *Bulletin des lois.*

Mais bientôt on reconnut que la loi de 1814 ayant fixé à un taux très-faible le minimum de la retraite, il était nécessaire de relever ce minimum.

Une ordonnance du 10 octobre 1820, convertie en loi le 11 avril 1831, modifia donc les tarifs. Il résulta de la loi de 1831 que le *minimum* fut presque doublé, et que la somme à ajouter pour chaque année de service en sus des trente ans fut au contraire abaissée, ce qui ramena le tarif *maximum* à peu près à celui qu'avait fixé la loi de l'an VII.

Les mesures que motivèrent les événements de 1830 (licenciement des gardes royales, réorganisation de l'armée, reconnaissance des pensions accordées pendant les Cent-Jours), accrurent d'environ 7 millions le chiffre normal des concessions pendant les années 1830, 1831, 1832, 1833 et 1834.

Une augmentation d'environ 15.003.000 fr. se produit encore en 1834 et 1835, par suite de l'exécution de l'article 23 de la loi du 19 mai 1834, aux termes duquel les officiers mis en réforme avec ou sans traitement, du 1er avril 1814 au

1er août 1830, et réintégrés dans l'armée, étaient admis à faire valoir, pour la retraite, le temps qu'ils avaient passé en réforme.

A partir de cette époque, la liquidation subordonnée à l'ouverture de crédits d'inscription par l'article 3 de la loi de finances du 17 août 1833, fut contenue dans une stricte limite. D'autre part, tandis que les concessions se maintenaient dans une moyenne de 1.500.000 fr., les extinctions dépassaient 2.000.000 de fr. Malgré l'augmentation des tarifs, le total des pensions inscrites (officiers et soldats) qui était de 44.152.140 francs au 1er janvier 1836, descendit ainsi progressivement à 29.784.090 fr., lorsque intervint la loi du 26 avril 1855, qui instituait la caisse de dotation de l'armée.

Cette loi, par son article 19, augmentait de 165 fr., pour les sous-officiers et soldats, le maximum et le minimum fixés par la loi du 11 avril 1831 et déclarait que le droit à la pension d'ancienneté serait acquis à ces militaires à vingt-cinq ans de service actif. Aux termes de l'article 20, le sur-croît de dépense, en ce qui concernait les militaires des corps qui se recrutaient par la voie des appels, devait être prélevé sur l'actif de la dotation.

La loi du 26 avril 1856 éleva à la moitié du maximum de la pension d'ancienneté du mari la pension des veuves des militaires tués sur le champ de bataille ou morts par suite d'évènements de guerre.

Enfin, la loi du 25 juin 1861 vint augmenter d'un tiers environ les pensions attribuées par la loi de 1831 aux officiers et assimilés de l'armée.

Au 1er janvier 1857, le total des pensions de militaires et de veuves de militaires était de . . . . . 34.770.344 fr.

Au 1er janvier 1870, il s'élevait à. . . . 43.436.713

La suppression de la caisse de la dotation de l'armée qui contribuait pour 6,995.942 fr. et les suites de la guerre de 1870-1871 ont porté au budget de 1872, le chiffre d'inscription des pensions militaires à 63 millions.

Faisons observer ici en passant, au sujet de ce chiffre de 63 millions, que les évaluations budgétaires, auxquelles donne lieu le service des pensions, ne reposent que sur des bases nécessairement vagues.

Il est impossible, en effet, de prévoir, au moment de la préparation du budget, l'importance des rappels d'arrérages auxquelles donneront lieu les pensions à inscrire et les autorisations qui surviendront avant la clôture de l'exercice auquel le budget est destiné. L'intérêt qu'il y a à éviter tout retard que pourrait amener dans le paiement des pensions l'insuffisance de crédits oblige à considérer comme devant être exigés, tous les paiements qui seraient à la rigueur exigibles.

En prenant pour base le montant des pensions en paiement à l'échéance la plus rapprochée de l'époque où le travail s'opère, on y ajoute le reste disponible des crédits d'inscription déjà ouverts et de ceux qui devront être demandés et l'on déduit du total les extinctions probables calculées d'après la moyenne des années précédentes. Le chiffre qui en résulte est donc forcément plus élevé que les besoins réels.

Le montant de la dépense exigible et non pas encore de la dépense réelle, car il y a des arrérages qui ne sont pas réclamés, soit pour cause d'extinctions au cours de l'exercice, soit pour tout autre motif, ne doit être cherché que dans le compte général des finances publié chaque année et qui est établi, non plus sur des hypothèses, mais sur des faits constatés.

Ainsi, dans le compte général, qui se rapporte au budget de 1872, le chiffre de 63 millions se trouve réduit à 51.899.472 fr. 58, et il faut remarquer que cette année-là, fut appliquée la loi du 5 janvier 1872, loi abrogée en 1875, qui permettait aux officiers et assimilés de prendre leur retraite après 25 ans de service effectif au lieu de 30 ans...

PROPOSITION DE LOI.

Économie de la proposition. — Quelle est maintenant, Messieurs, l'économie de la proposition de loi qui est soumise à votre approbation?

Cette proposition de loi, qui avait été déposée par M. Antonin Proust, sur le bureau de la précédente Assemblée, à la date du 2 mars 1877, et qui vous a été présentée, avec de plus amples développements, par MM. Gambetta et Antonin Proust, le 22 janvier 1878, demande qu'en échange d'une retenue sur le traitement d'activité, portée de 2 0/0 à 3 0/0, et en échange d'un service supplémentaire et obligatoire de cinq années dans les rangs de l'armée territoriale, le tarif des pensions d'ancienneté soit modifié dans une proportion qui en élève le *maximum* au chiffre de la solde brute d'activité, et le *minimum* aux deux tiers de cette même solde.

Établissement d'un tarif. — Votre Commission, après s'être rendu compte des conséquences de ce projet, au point de vue des charges qu'il imposerait au Trésor, a décidé de vous proposer une modification, en ce qui touche le relèvement des pensions de retraite qui vous était proposé. Elle a pensé qu'en élevant le chiffre des pensions, dans la proportion indiquée par un tarif, dont elle a fixé les bases et que l'on trouvera plus loin, elle donnait satisfaction aux auteurs de la proposition, en même temps qu'elle faisait peser un poids moins lourd sur le budget de l'État.

L'exposé des motifs de la proposition de loi, déposée sur le bureau de la précédente Assemblée, le 2 mars 1877, et reproduit, le 22 janvier 1878, par MM. Gambetta et Antonin Proust, signale, en effet, la triste situation qui est faite aux officiers retraités, par suite de l'augmentation du prix des choses nécessaires à l'existence.

Le tarif que la Commission propose, sans atteindre dans son *maximum* le chiffre de la solde brute d'activité et dans son *minimum* les deux tiers de cette solde, améliore la retraite dans une proportion dont la Chambre appréciera l'importance, en comparant ses chiffres à ceux qui servent de base aux tarifs de la loi existante, et elle estimera, nous n'en doutons pas, que les proportions en ont été heureusement et sagement établies.

Retenue de 5 0/0. — La Chambre pensera aussi, nous l'espérons, que la retenue de 5 0/0 sur la solde d'activité, qui peut, à l'heure actuelle paraître lourde pour les traitements de la plupart des officiers de l'armée, doit être exigée pour consacrer le principe de l'assimilation des pensions civiles et des pensions militaires. Elle estimera, d'ailleurs, que si l'on tient compte de la nécessité de relever, à bref délai, la solde des officiers de l'armée, en l'unifiant, la nouvelle charge imposée aux officiers par la proposition de loi, sera promptement atténuée par une amélioration, qui ne saurait tarder à être introduite dans l'économie du budget de la guerre, sur l'initiative, déjà sollicitée, du Gouvernement.

Service dans l'armée territoriale. — Quant au service supplémentaire et obligatoire de cinq années, réclamé des officiers retraités, pour fortifier les cadres de l'armée territoriale, c'est là une conception qui permet de dire, laissant de côté toute autre combinaison, que l'État recueillera un avantage inappréciable de l'adoption de la proposition de loi qui est soumise à votre approbation.

Cette disposition ne rajeunit pas seulement les cadres de l'armée active, elle fournit encore, à notre seconde armée, des éléments qui feront en grande partie sa force et qui lui donneront une expérience qu'elle eût vainement cherchée dans la bonne volonté d'officiers moins rompus à la vie militaire.

Abrogation de l'article 1er de la loi du 25 juin 1861. — En établissant le tarif qu'elle soumet à votre approbation, votre Commission a relevé les pensions des généraux de division, des généraux de brigade, ainsi que celles des intendants et inspecteurs du service de santé, qui leur sont assimilés pour la retraite, dérogeant ainsi aux principes admis par la loi du 25 juin 1861.

L'article 1er de la loi du 25 juin 1861 est en effet ainsi conçu :

« Art. 1er. — Les pensions des officiers et des fonctionnaires assimilés de l'armée de terre sont fixées conformément au tarif annexé à la présente loi.

« Toutefois, les pensions des généraux de division et généraux de brigade, ainsi que celles des intendants et inspecteurs du service de santé qui leur sont assimilés pour la retraite ne pourront, en aucun cas, excéder la somme attribuée, selon le grade, aux officiers généraux dans le cadre de réserve. »

Il a paru à votre Commission que le maintien d'une telle disposition, qui aurait pour conséquence, par suite de l'adoption du nouveau tarif, de donner aux généraux de division et de brigade, ainsi qu'aux fonctionnaires assimilés, une retraite moins élevée que celle qui serait attribuée aux officiers d'un grade inférieur, ne pouvait être maintenue.

Votre Commission vous propose donc l'abrogation du second paragraphe de l'article 1er de la loi du 25 juin 1861.

Pensions des veuves et secours aux orphelins. — A côté de la révision des pensions des officiers de l'armée, les auteurs de la proposition de loi du 22 février 1878 avaient prévu une révision des pensions des veuves et des orphelins. Ils demandaient que les droits des veuves et des orphelins fussent fixés ainsi qu'il suit :

1° La moitié du minimum affecté au grade dont le mari était titulaire, si celui-ci mourait sans avoir acquis des droits à la retraite.

2° La moitié de la pension de retraite dont jouissait le mari, si celui-ci mourait en activité ayant acquis des droits à la retraite ou s'il mourait en retraite.

Pour les autres cas, conformément aux lois existantes.

Comment sont réglées les pensions des veuves et des orphelins aux termes des lois existantes?

Les veuves et orphelins des militaires peuvent obtenir pension aux conditions et dans les proportions suivantes :

Les veuves dont les maris sont morts en jouissance de la pension ou en possession des droits à cette pension, pourvu que leur mariage ait été contracté deux ans avant la cessation de l'activité ou du traitement militaire du mari, ou qu'il y ait un ou plusieurs enfants issus du mariage antérieur à cette cessation; celles dont les maris sont morts des suites de maladies contagieuses ou endémiques [1], ou de blessures reçues dans un service commandé, pourvu que le mariage soit antérieur à ces blessures, ont droit à une pension viagère, fixée au quart du maximum de la pension du mari (loi du 11 avril 1831, art. 19 et 22).

La pension est élevée à la moitié de ce maximum pour les veuves des militaires tués sur le champ de bataille ou qui ont péri à l'armée par suite d'évènements de guerre, ou qui sont morts des suites de blessures reçues pendant la guerre, pourvu que le mariage soit antérieur à ces blessures (loi du 26 avril 1856, art. 1er).

Dans tous les cas, le mariage contracté par les militaires en activité de service postérieurement au décret du 16 juin 1808, n'ouvre le droit à pension à la veuve qu'autant qu'il a été autorisé dans les formes prescrites par ce décret (loi du

---

1. Les maladies dites contagieuses ou endémiques, sont assimilées à l'accident grave qui ouvre le droit à la pension. Mais le caractère contagieux d'une maladie ne résulte pas seulement des déclarations de la science : il faut qu'il soit établi, par les mesures que l'administration a cru devoir prendre pour éviter la contagion. (C. F. Arrêt, 19 décembre 1838. Veuve Rosso.)

11 avril 1831, art. 19); c'est-à-dire après que le mariage a été autorisé par le ministre de la guerre.

Le droit à la pension n'existe pas pour la veuve séparée de corps sur la demande de son mari. (Loi du 25 juin 1861, art. 6.)

Les orphelins de militaires obtiennent au lieu et place de leur mère décédée ou déchue de ses droits, un secours égal à la pension que leur mère aurait été susceptible d'obtenir. Ce secours est payé jusqu'à ce que le plus jeune d'entre eux ait atteint l'âge de (21) vingt et un ans accomplis. La part des majeurs est reversible sur les mineurs. (Loi du 11 avril 1831, art. 21.)

Les auteurs de la proposition de loi voulaient modifier cette législation en portant à la moitié le quart du maximum attribué aux veuves et orphelins par les articles 19, 21 et 22 de la loi du 11 avril 1831 aux veuves et orphelins et à côté des catégories existantes, une catégorie nouvelle de pensionnaires en admettant les veuves et les orphelins à jouir d'une pension de la moitié du minimum affecté au grade dont le mari était titulaire, s'il mourait en activité sans avoir acquis de droits à la retraite.

Cette dernière disposition leur avait paru d'autant plus utile à introduire dans la loi sur les pensions militaires, que dans le projet relatif aux pensions des fonctionnaires et employés civils que le Gouvernement a déposé sur le bureau du Sénat, l'article 30 contient une disposition presque analogue, puisque cet article demande que l'on revienne sur la loi du 9 juin 1853 qui n'accordait la pension à la veuve du fonctionnaire dont le mari mourait après avoir été admis à la retraite.

Si le fonctionnaire ou employé, dit cet article 30, meurt en activité de service après deux ans de fonctions et qu'il laisse une veuve et des enfants, le montant de ses comptes de retenues et de subventions est converti en une rente sur l'État au nom de la veuve pour l'usufruit et des enfants pour la nue-propriété.

N'y avait-il pas lieu, en amendant la disposition proposée par les auteurs de la proposition de loi du 22 janvier 1878, de rechercher une assimilation pareille entre les veuves et orphelins des officiers et les veuves et orphelins des fonctionnaires et employés civils placés dans le cas prévu par l'article 30 du projet de loi sur les pensions civiles?

Etait-il excessif, d'autre part, d'élever du quart à la moitié les pensions attribuées par les article 19, 21 et 22 de la loi du 11 avril 1831?. . . . .

Pensions des sous-officiers et soldats. — Les auteurs de la proposition de loi du 22 février 1878 ne se sont pas préoccupés des sous-officiers et soldats, et à ce propos votre Commission vous doit quelques mots d'explication.

Adjudant sous-officier. — D'après la loi existante, voici comment sont réglées les pensions des sous-officiers et soldats.

La pension d'ancienneté de ce grade est acquise à 25 ans de services. Elle est fixée au *minimum* de 565 fr. et s'accroît de 10 fr. pour chaque année en sus de 25 ans, jusqu'à 765 fr. à 45 ans de services. Elle est élevée à 995 fr. dans le cas d'amputation de deux membres ou de perte totale de la vue.

Ces chiffres s'augmentent d'un cinquième après douze ans de grade. (Lois du 11 avril 1831 et du 20 avril 1855.)

La pension de la veuve est fixée à 191 fr., elle est doublée si le mari a été tué à l'ennemi. (Loi du 26 avril 1855.)

Dans la liquidation d'une *pension civile*, les services terminés dans le grade d'adjudant sous-officier ou dans les emplois qui y sont assimilés, ne sont rémunérés qu'à raison d'un trentième par an du *minimum* de 400 fr., affecté à ce grade par la loi du 11 avril 1831. (Loi du 9 juin 1853, art. 8.)

Sergent-major. — La pension d'ancienneté de ce grade est acquise à 25 ans de services. Elle est fixée à 465 fr., et s'accroît de 10 fr., par chaque année au-dessus de 25 ans, jusqu'à 665 fr. à 45 ans de services. Elle s'élève à 865 fr. dans le cas d'amputation de deux membres ou de perte totale de la vue. Ces chiffres s'augmentent d'un 5e après 12 ans de grade. (Lois du 11 avril 1831 et 26 avril 1855.)

La pension de la veuve est de 166 fr. et du double si le mari a été tué à l'ennemi. (Loi du 26 avril 1856.)

Dans la liquidation d'une *pension civile*, les services terminés dans le grade de sergent-major ou dans les emplois assimilés, ne sont rémunérés qu'à raison d'un trentième par an du *minimum* de 300 fr. déterminé par la loi du 11 avril 1831. (Loi du 9 juin 1853, art. 8.)

Caporal. — La pension d'ancienneté de ce grade est acquise à 25 ans de services et est fixé à 415 fr. Elle s'accroît de

7 fr. 80 c. par chaque année en sus de 25 ans jusqu'à 565 fr. à 45 ans de services.

Dans le cas d'amputation de deux membres ou de perte totale de la vue, elle est élevée à 735 fr. Ces chiffres s'accroissent d'un cinquième après 12 ans de grade. (Loi du 11 avril 1831 et 20 avril 1855.)

La pension de la veuve est de 141 fr. et de 242 fr. si le mari a été tué à l'ennemi. (Lois du 11 avril 1831 et 26 avril 1856.)

Dans la liquidation d'une pension civile, les services terminés dans le grade de sergent ou dans les emplois qui y sont assimilés ne sont rémunérés qu'à raison d'un trentième du *minimum* de 250 fr., déterminé par la loi du 11 avril 1831. (Loi du 9 juin 1853, art. 8.)

Sergent et sergent-fourrier. — La pension d'ancienneté de ce grade est acquise à 25 ans de services et est fixée à 383 fr. Elle s'accroît après 25 ans de 6 fr. par an, jusqu'à 505 fr. à 45 ans de services.

Dans le cas d'amputation de deux membres ou de perte totale de la vue, elle est élevée à 657 fr.

Ces chiffres s'augmentent d'un cinquième après 12 ans de grade. (Lois du 11 avril 1831 et 26 avril 1855.)

La pension de la veuve est de 126 fr. et de 252 fr. si le mari a été tué à l'ennemi. (Loi du 26 avril 1856.)

Dans la liquidation d'une *pension civile*, les services terminés dans le grade de caporal ou dans les emplois qui y sont assimilés ne sont rémunérés qu'à raison d'un trentième par an du *minimum* de 220 fr., affecté au grade par la loi du 11 avril 1831. (Loi du 9 juin 1853, art. 8.)

Soldat. — La pension d'ancienneté du soldat est acquise à 25 ans de services et est fixée à 363 fr.; elle s'accroît de 5 fr. par chaque année au-dessus de 25 ans jusqu'à 465 fr. à 45 ans de services. Elle est élevée à 605 fr. dans le cas d'amputation de deux membres ou de perte totale de la vue. (Lois du 11 avril 1831 et 26 avril 1855.)

Pour les gendarmes, ces chiffres s'augmentent d'un cinquième, après 12 ans de services dans la gendarmerie.

La pension de la veuve est de 116 fr. et de 232 fr. si le mari a été tué à l'ennemi. (Loi du 26 avril 1856.)

Dans la liquidation d'une *pension civile*, les services du soldat ne sont rémunérés qu'à raison d'un trentième par an du minimum de 200 fr. déterminé par la loi du 11 avril 1831. (Loi du 9 juin 1853, art. 8.)

Projet de loi Berthaut. — Il est certain que le tarif des pensions des sous-officiers et soldats réclame un relèvement ; mais les auteurs de la proposition de loi du 22 janvier 1878 ont pensé, et la Commission pense comme eux, que le projet de loi déposé par le général Berthaut sur le rengagement des sous-officiers s'étant réservé le soin de déterminer le relèvement des pensions des sous-officiers, la fixation du tarif à établir pour les sous-officiers et les soldats viendra naturellement au moment où ce projet sera mis en discussion.

PROPOSITION DE LOI

DE MM. GAMBETTA ET ANTONIN PROUST

SUR

LES PENSIONS DE RETRAITE DES OFFICIERS DE L'ARMÉE

TABLEAU ANNEXE A L'ARTICLE 2

Tarif des pensions de retraite des

GRADES.	PENSIONS DE RETRAITE POUR ANCIENNETÉ DE SERVICE (Art. 9 de la loi du 11 avril 1878.)			PENSIONS POUR CAUSE DE BLESSURES (Art. 12, 13)	
	Minimum à 30 ans de service effectif.	Accroissement pour chaque année de service effectif au delà de 30 ans, et pour chaque année résultant de la supputation des campagnes.	Maximum à 50 ans de service, campagnes comprises.	Amputation de deux membres ou perte totale de la vue. —— PENSION FIXE, quelle que soit la durée des services 20 0/0 en sus du maximum	Amputation d'un membre ou perte absolue de l'usage de deux membres. —— PENSION FIXE, quelle que soit la durée des services. Maximum.
Général de division..... Intendant général inspecteur.	6.500	175	10.000	12.000	10.000
Général de brigade..... Intendant militaire..... Médecin ou pharmacien inspecteur.	5.800	85	7.500	7.800	7.500
Colonel............. Sous-intendant militaire de 1re classe........ Médecin ou pharmacien principal de 1re classe....	4.500	75	6.000	7.200	6.000
Lieutenant-colonel..... Sous-intendant militaire de 2e classe......... Médecin ou pharmacien principal de 2e classe. Vétérinaire principal de 1re et de 2e classes..... Officier principal d'administ. Interprète principal.... Officier d'administr. greffier principal...........	3.700	65	5.000	6.000	5.000
Chef de bataillon ou d'escadron, major....... Adjoint de 1re classe de l'intendance militaire....	3.000	50	4.000	4.800	4.000

officiers et assimilés de l'armée de terre.

DE RETRAITE, OU INFIRMITÉS GRAVES OU INCURABLES. (14, 15, 16 et 17 de la loi du 11 avril 1831.)				MINIMUM ET MAXIMUM augmenté du cinquième. (Art. 11 et 33 de la loi du 11 avril 1831.)		MAXIMUM dans le cas de cécité complète ou de l'amputation de deux membres (avec le cinquième en sus).	PENSIONS des veuves. Secours annuels des orphelins. Tiers du maximum de la pension d'ancienneté affecté au grade du mari ou du père.
Blessures ou infirmités graves qui occasionnent la perte absolue de l'usage d'un membre, ou qui y sont équivalentes. (Art. 16 de la loi du 11 avril 1831.) PENSION VARIABLE. Minimum augmenté de l'accroissement prévu pour chaque année de service ou de campagne jusqu'au maximum.		Blessures ou infirmités moins graves qui mettent dans l'impossibilité de rester au service avant d'avoir accompli les 30 ans exigés pour le droit à la pension d'ancienneté. (Art. 17 de la loi du 11 avril 1831.) PENSION VARIABLE. Minimum augmenté de l'accroissement prévu pour chaque année de service au delà de 30 ans jusqu'au maximum. (Les services effectifs cumulés avec les campagnes formant 30 ans.)					
Minimum.	Maximum.	Minimum.	Maximum.	Minimum.	Maximum.		
6.500	10.000	6.500	10.000	7.800	12.000	15.000	3.333
4.800	6.500	4.800	6.500	5.670	7.800	9.360	2.167
4.500	6.000	4.500	6.000	5.400	7.200	8.400	2.000
3.400	5.000	3.400	5.000	4.080	6.000	7.200	1.667
3.000	4.000	3.000	4.000	3.600	4.800	5.760	1.333

Tarif des pensions de retraite des

GRADES.	PENSIONS DE RETRAITE POUR ANCIENNETÉ DE SERVICE (Art. 9 de la loi du 11 avril 1878.)			PENSIONS POUR CAUSE DE BLESSURES (Art. 12, 13.)	
	Minimum à 30 ans de service effectif	Accroissement pour chaque année de service effectif au delà de 30 ans, et pour chaque année résultant de la supputation des campagnes.	Maximum à 50 ans de service, campagnes comprises.	Amputation de deux membres ou perte totale de la vue. PENSION FIXE quelle que soit la durée des services. 20 0/0 en sus du maximum	Amputation d'un membre ou perte absolue de l'usage de deux membres. PENSION FIXE quelle que soit la durée des services. Maximum.
Médecin ou pharmacien-major de 1re classe. . . . . Capitaine	3.000	50	4.000	4.800	4.000
Adjoint de 2e classe de l'intendance militaire. . . . Médecin ou pharmacien-major de 2e classe . . . . . Lieutenant.	2.300	50	3.300	3.960	3.300
Médecin ou pharmacien aide-major de 1re classe. . . . Chef de musique après 10 ans de fonctions. . . . . . . Sous-lieutenant.	1.700	40	2.500	3.060	2.550
Médecin ou pharmacien aide-major de 2e classe . . . . Médecin ou pharm. sous-aide. Chef de musique avant 10 ans de fonctions.	1.500	40	2.300	2.520	2.100
Interprète de 1re classe. . . Officier d'administration de 1re classe	3.000	50	4.000	4.800	4.000
Interprète de 2e classe . . . Vétérinaire en 1er . . . . . . Officier d'administr. greffier de 1re classe.	2.500	50	3.500	4.200	3.500
Officier d'administration de 2e classe	2.300	50	3.300	3.960	3.300

officiers et assimilés de l'armée de terre.

DE RETRAITE OU INFIRMITÉS GRAVES OU INCURABLES. (§, 15, 16 et 17 de la loi du 11 avril 1831.)				MAXIMUM ET MINIMUM augmentés du cinquième (Art. 11 et 33 de la loi du 11 avril 1831.)		MAXIMUM dans le cas de cécité complète ou de l'amputation de deux membres (avec le cinquième en sus).	PENSIONS des veuves. Secours annuels des orphelins. Tiers du maximum de la pension d'ancienneté affecté au grade du mari ou du père.
Blessures ou infirmités graves qui occasionnent la perte absolue de l'usage d'un membre, ou qui y sont équivalentes. (Art. 16 de la loi du 11 avril 1831.) PENSION VARIABLE. Minimum augmenté de l'accroissement prévu pour chaque année de service ou de campagne jusqu'au maximum.		Blessures ou infirmités moins graves qui mettent dans l'impossibilité de rester au service avant d'avoir accompli les 30 ans exigés pour le droit à la pension d'ancienneté. (Art. 17 de la loi du 11 avril 1831.) PENSION VARIABLE. Minimum augmenté de l'accroissement prévu pour chaque année de service au delà de 30 ans jusqu'au maximum. (Les services effectifs cumulés avec les campagnes formant 30 ans.)					
Minimum.	Maximum.	Minimum.	Maximum.	Minimum.	Maximum.		
3,000	4,000	3,000	4,000	3,600	4,800	5,760	1,333
2,300	3,300	2,300	3,300	2,760	3,960	4,752	1,100
1,750	2,550	1,750	2,550	2,100	3,060	3,672	850
1,400	2,100	1,400	2,100	1,680	2,520	3,024	700
3,000	4,000	3,000	4,000	3,600	4,800	5,760	1,333
2,500	3,500	2,500	3,500	3,000	4,200	5,040	1,166
2,300	3,300	2,300	3,300	2,760	3,960	4,752	1,100

Tarif des pensions de retraite des

GRADES.	PENSIONS DE RETRAITE POUR ANCIENNETÉ DE SERVICE (Art. 9 de la loi du 11 avril 1831.)			PENSIONS POUR CAUSE DE BLESSURES (Art. 12, 13	
	Minimum à 30 ans de service effectif.	Accroissement pour chaque année de service effectif au delà de 30 ans, et pour chaque année résultant de la supputation des campagnes.	Maximum à 30 ans de service, campagnes comprises.	Amputation de deux membres ou perte totale de la vue. — PENSION FIXE quelle que soit la durée des services, 20 0/0 en sus du maximum.	Amputation d'un membre ou perte absolue de l'usage de deux membres. — PENSION FIXE quelle que soit la durée des services. Maximum.
Garde d'artillerie principal de 1re classe. . . . . . . Contrôleur d'armes principal de 1re classe. . . . . . Adjoint du génie principal de 1re classe. . . . . . Officier d'administr. greffier de 2e classe . . . . . . Vétérinaire en second . . .	2.300	50	3.300	3.960	3 300
Garde d'artillerie principal de 2e classe . . . . . . Contrôleur d'armes principal de 2e classe . . . . . . Adjoint du génie principal de 2e classe. . . . . . Interprète de 3e classe . . . Aide-vétérinaire.	2.100	45	3.000	3.600	3.000
Garde d'artillerie de 1re cl., y compris les maîtres-artificiers. . . . . Contrôleurs d'armes de 1re classe. . . . . Adjoint du génie de 1re classe	1.900	40	2.700	3.240	2.700
Adjudant d'administration en 1er. . . . . Garde d'artillerie de 2e classe Contrôleurs d'armes de 2e cl.	2.750	40	2.550	3.060	2.550

officiers et assimilés de l'armée de terre.

DE RETRAITE OU INFIRMITÉS GRAVES OU INCURABLES. (14, 15, 16 et 17 de la loi du 11 avril 1831.)				MINIMUM ET MAXIMUM augmenté du cinquième. (Art. 11 et 33 de la loi du 11 avril 1831.)		MAXIMUM dans le cas de cécité complète ou de l'amputation de deux membres avec le cinquième en sus.	PENSIONS des veuves. Secours annuels des orphelins. Tiers du maximum de la pension d'ancienneté affectée au grade du mari ou du père.
Blessures ou infirmités graves qui occasionnent la perte absolue de l'usage d'un membre, ou qui y sont équivalentes. Art. 16 de la loi du 11 avril 1831. PENSION VARIABLE. Minimum augmenté de l'accroissement prévu pour chaque année de service ou de campagne jusqu'au maximum.		Blessures ou infirmités moins graves qui mettent dans l'impossibilité de rester au service avant d'avoir accompli les 30 ans exigés pour le droit à la pension d'ancienneté. Art. 17 de la loi du 11 avril 1831. PENSION VARIABLE. Minimum augmenté de l'accroissement prévu pour chaque année de service au delà de 30 ans jusqu'au maximum. (Les services effectifs cumulés avec les campagnes formant 30 ans.)					
Maximum.	Maximum.	Minimum.	Maximum.	Minimum.	Maximum.		
2.300	3.300	2.300	3.300	2.760	3.960	4.752	1.100
2.100	3.000	2.400	3.000	2.520	3.600	4.320	1.000
1.000	2.700	1.900	2.700	2.280	3.240	3.888	900
1.750	2.550	1.750	2.550	2.100	3.060	3.672	850

Tarif des pensions de retraite des

GRADES.	PENSIONS DE RETRAITE POUR ANCIENNETÉ DE SERVICE (Art. 9 de la loi du 11 avril 1831.			PENSIONS POUR CAUSE DE BLESSURES (Art. 12, 13,	
	Minimum à 30 ans de service effectif.	Accroissement pour chaque année de service effectuée au delà de 30 ans, et pour chaque année résultant de la supputation des campagnes.	Minimum à 50 ans de service, campagnes comprises.	Amputation de deux membres ou perte totale de la vue. PENSION FIXE quelle que soit la durée des services. 20 0/0 en sus du maximum	Amputation d'un membre ou perte absolue de l'usage de deux membres. PENSION FIXE quelle que soit la durée des services. Maximum.
Adjoint du génie de 2ᵉ classe. Officier d'administr. greffier de 3ᵉ classe. . . . . . . Officier d'administr. aide-comptable de 1ʳᵉ classe de la justice militaire. . . . Chef ouvrier d'état de l'artillerie, du génie et des équipages militaires . . . Interprète auxiliaire de 1ʳᵉ cl. Adjudant d'administration en second.	2.750	40	2.550	3.060	2.550
Sous-chef ouvrier d'état de l'artillerie, du génie et des équipages militaires . . . Chef artificier. . . . . Interprète auxiliaire de 2ᵉ cl. Aide-vétérinaire stagiaire. . Garde d'artillerie de 3ᵉ classe Contrôleur d'armes de 3ᵉ cl. Adjoint du génie de 3ᵉ classe. Officier d'administr. greffier de 4ᵉ classe. . . . . . . Officier d'administr. comptable de 2ᵉ classe de la justice militaire	1.400	35	2.100	2.520	2.100

officiers et assimilés de l'armée de terre.

DE RETRAITE. OU INFIRMITÉS GRAVES OU INCURABLES. 14, 15, 16 et 17 de la loi du 11 avril 1831.				MINIMUM ET MAXIMUM augmentés du cinquième. (Art. 11 et 23 de la loi du 11 avril 1831.)		MAXIMUM dans le cas de cécité complète ou de l'amputation de deux membres (avec le cinquième en sus).	PENSIONS des veuves. Secours annuels des orphelins. Tiers du maximum de la pension d'ancienneté affectée au grade du mari ou du père.
Blessures ou infirmités graves qui occasionnent la perte absolue de l'usage d'un membre, ou qui y sont équivalentes. (Art. 16 de la loi du 11 avril 1831.) PENSION VARIABLE. Minimum augmenté de l'accroissement prévu pour chaque année de service ou de campagne jusqu'au maximum.		Blessures ou infirmités moins graves qui mettent dans l'impossibilité de rester au service avant d'avoir accompli les 30 ans exigés pour le droit à la pension d'ancienneté. (Art. 17 de la loi du 11 avril 1831.) PENSION VARIABLE. Minimum augmenté de l'accroissement prévu pour chaque année de service au delà de 30 ans jusqu'au maximum. (Les services effectifs cumulés avec les campagnes formant 30 ans.)					
Minimum.	Maximum.	Minimum.	Maximum.	Minimum.	Maximum.		
1.750	2.550	1.750	2.550	2.100	3.060	3.672	850
1.400	2.400	1.400	2.400	1.680	2.520	3.024	700

PROPOSITION DE LOI

AYANT POUR OBJET L'AMÉLIORATION DES

· PENSIONS DE RETRAITE ATTRIBUÉES AUX INSCRITS MARITIMES

PRÉSENTÉE PAR MM. GAMBETTA ET MAURICE ROUVIER,
LE 30 MARS 1878

EXPOSÉ DES MOTIFS

Messieurs,

Comme les marins de l'État, les inscrits maritimes
subissent sur leurs traitements et au profit de la Caisse
des invalides de la marine chargée de pourvoir aux
pensions de retraite, une retenue de trois pour cent.

Mais tandis que les premiers peuvent, par suite du
bénéfice des campagnes, avoir acquis à l'âge de 45 ans
le maximum de la pension, il faut que les seconds,
pour avoir droit au minimum de cette pension, restent
jusqu'à 50 ans à la disposition de l'État, et jusqu'à 60,
s'ils veulent atteindre le maximum.

D'un autre côté, le taux de la pension des inscrits
maritimes, au lieu de se régler, comme celui des marins de l'État, sur le grade qu'ils possèdent, est basé,
quels qu'aient été grades et fonctions remplis dans la
marine marchande, sur le dernier grade dont ils étaient
en possession quand ils ont été libérés du service de
l'État, de telle sorte qu'un officier marinier ayant
exercé les fonctions d'officier depuis le jour où il a
quitté la marine militaire, n'en est pas moins retraité

comme simple matelot, s'il était simple matelot quand il est passé dans l'inscription maritime.

Mais ce n'est pas là seulement que s'arrêtent les désavantages faits aux inscrits maritimes. Si l'on compare les pensions qui leur sont attribuées avec celles des marins de l'État, on est encore plus frappé de l'inégalité avec laquelle ils sont traités. Ainsi quand le matelot de 3e classe de l'État dont la retenue au profit de la Caisse des invalides n'est que de 8 fr. 63 c. par an, reçoit une pension de 365 francs, laquelle peut s'élever jusqu'à 465 francs, l'inscrit maritime du même grade, qui verse à ladite caisse 18 francs par an, n'a droit qu'à une pension de 135 francs ou de 255 francs, s'il a atteint le maximum. Et c'est bien autre chose si le matelot de 3e classe de l'État est devenu officier dans la marine marchande ; bien que la retenue soit opérée sur le chiffre du traitement d'officier, la pension de retraite est toujours de 135 francs, celle d'un simple matelot, et il n'est pas rare de voir des officiers mariniers subissant une retenue de 120 francs par an pendant de longues années, pour n'avoir, à la fin de leur carrière, que 135 francs de retraite.

Le tableau annexé au présent exposé, présente, grade par grade, la solde, la retenue et la pension attribuées aux marins de l'État et aux inscrits maritimes. On peut se convaincre par son examen que ce qui vient d'être dit pour le matelot de 3e classe existe également pour les autres grades, et que, tout en tenant compte de la différence des services rendus à l'État par les inscrits maritimes et les marins militaires, il est équitable de chercher à améliorer, dans de justes limites, la pension de retraite des premiers. De l'avis des gens compétents, on satisferait à cette œuvre de justice en augmentant, pour tous les grades, le taux des pensions *de moitié*, et en faisant remonter le bénéfice de cette mesure au 1er janvier de l'année courante. Le montant des pensions concédées, en 1877,

aux inscrits maritimes ayant été de 330.459 francs
si l'on admet qu'en 1878 la dépense soit la même, le
crédit à accorder devra être de 165,229 fr. 50 c.

En conséquence de ce qui précède, nous avons
l'honneur de vous soumettre la proposition de loi
dont la teneur est la suivante :

PROPOSITION DE LOI

ARTICLE UNIQUE

A dater du 1er janvier 1878, la pension de retraite
des inscrits maritimes est augmentée de moitié pour
tous les grades.

La Caisse des invalides de la marine pourvoira à
cette augmentation de dépense.

RAPPORT

FAIT AU NOM DE LA COMMISSION [1]

CHARGÉE D'EXAMINER LA PROPOSITION DE LOI DE MM. GAMBETTA
ET MAURICE ROUVIER,

AYANT POUR OBJET L'AMÉLIORATION

DES PENSIONS DE RETRAITE ATTRIBUÉES
AUX INSCRITS MARITIMES

Messieurs,

Le 22 juin 1878, vous avez revisé et considérablement augmenté les pensions de l'armée de terre; le 5 août 1879, vous en avez fait autant pour l'armée de mer.

Rien n'était plus urgent; rien non plus de ce que vous avez fait jusqu'ici n'a rencontré une approbation plus générale. Mais votre œuvre est restée incomplète, puisqu'elle n'embrasse pas les *inscrits*, qui forment la réserve permanente de notre marine militaire.

La proposition, que deux de nos honorables collègues, MM. Gambetta et Rouvier, ont eu l'heureuse pensée de déposer le 30 mars 1878 et que vous nous avez chargés d'examiner, vient à propos combler cette lacune.

Il y a plus de deux siècles. Colbert conçut les admirables ordonnances qui forment encore la base de nos institutions maritimes. La population de nos côtes fut soumise à un régime exceptionnel; mais, à côté des charges qu'on lui imposait, on lui constitua des avantages qui devaient en être la compensation.

Aujourd'hui encore, le matelot est à la disposition de

---

1. Cette commission est composée de MM. Desseaux, *président*: Hovius, *secrétaire*; La Vieille, *rapporteur*: Lockroy, Casimir-Perier (Paul). Rouvier. Dréo, Ratier (Morbihan), Daumas. Bethmont, Caduc.

l'État de 18 à 50 ans; il subit sur tous ses salaires une retenue en faveur de la caisse des Invalides; il est soumis, tantôt à la juridiction militaire proprement dite, tantôt à d'autres
juridictions spéciales; aujourd'hui encore, il ne peut s'engager librement; il lui est interdit de s'éloigner sans permis,
et la plus grande partie des actes de sa vie sont soumis au
contrôle incessant du commissaire de l'inscription maritime.

Des diverses compensations qui lui ont été successivement
attribuées, la pension dite *demi-solde* est la principale qui
lui soit restée; celle-là, il est vrai, ne lui a jamais été discutée.

Écrite pour la première fois dans l'édit de 1689, elle a
été confirmée par nombre de dispositions souveraines qu'il
serait superflu de vous rappeler. Enfin, une loi du 13 mai
1791, qui fut précédée d'un rapport de M. Bégouin, député
du Havre, que l'on ne saurait lire encore maintenant sans
émotion, renouvela et consacra, d'une manière définitive,
le droit de nos marins à un secours quand, épuisés par l'âge
et les infirmités, ils sont condamnés au repos. Le département de la marine, nous nous hâtons de le dire, s'est toujours fait une obligation d'améliorer le sort des demi-soldiers, toutes les fois que les circonstances le lui ont permis.
Les ordonnances du 17 septembre 1823, du 24 janvier 1824,
du 12 mars 1826, du 29 juin 1828, du 9 octobre 1837, du
10 mai 1841, du 5 octobre 1844 et du 11 juillet 1856, sont
autant d'étapes qui attestent son active et paternelle sollicitude.

La loi du 28 juin 1862, qui est encore en vigueur et qui
fut votée à l'unanimité par le Corps législatif et le Sénat, a
augmenté, en dernier lieu, de 4/10, les tarifs du 13 mai 1791.
Cette amélioration, notable pour l'époque, a cessé d'être
en rapport avec les nécessités de notre temps. En votant les
lois du 22 juin 1878 et du 5 août 1879, vous avez reconnu
l'élévation toujours croissante des choses de la vie et l'obligation impérieuse, pour le pays, de venir en aide d'une
manière plus efficace à tous les serviteurs de l'État.

Vraie pour les armées de terre et de mer, cette situation
l'est encore davantage pour les *inscrits*, dont l'industrie traverse une crise qui vous préoccupe si profondément, et dont
la demi-solde était restée, malgré les améliorations que

nous venons de rappeler, si inférieure à la pension des marins de l'État.

Le projet que nous avons l'honneur de vous soumettre relève de 50 p. 100 les demi-soldes actuelles; c'est le moins que nous puissions faire, si nous voulons mettre la vieillesse de nos matelots à l'abri de la misère. Cette augmentation correspond d'ailleurs, à peu près, à celle que vous avez votée pour les pensions militaires et laisse subsister encore une supériorité bien marquée en faveur des marins retraités d'après la loi du 5 août 1879.

Il serait impossible d'établir avec une complète exactitude les conséquences financières de notre projet. La vie du marin est soumise à tant de hasards qu'elle déroute la statistique. Mais, en calculant largement, c'est-à-dire en supposant aux demi-soldiers la durée moyenne de vie attribuée aux pensionnaires ordinaires, on arrive à un surcroît de 2 millions 1/2 à peu près au bout de vingt ans. C'est l'estimation la plus approximative que nous ayons pu faire. Les *inscrits* figurent au budget de 1880 pour une somme de 5.370.000 francs, laquelle se trouverait ainsi portée, au bout de la période probable de longévité à 7.870.000 francs, chiffre qu'il faudrait encore accroître d'une autre somme de 500.000 francs représentant la part des veuves et des orphelins.

Nous n'essaierons pas d'atténuer l'importance de ce sacrifice ; mais nos revenus toujours croissants nous permettent de le supporter, et nous n'hésitons pas à penser que vous le ferez sans regret, pour des hommes si dignes de votre bienveillance.

La loi que nous sommes unanimes à vous soumettre n'est guère, dans l'ensemble de ses dispositions, que la reproduction de celle du 28 juin 1862. Cependant, nous y avons introduit quelques améliorations sur lesquelles il est de notre devoir d'appeler votre haute attention.

La *demi-solde* continuera à être acquise après 25 années de navigation, soit pour le compte de l'État, soit sur les bateaux de commerce ; elle ne pourra être réclamée, comme dans le passé, qu'à l'âge de 50 ans, sauf le cas d'infirmités entraînant l'impossibilité du travail. Ici, nous avons cru qu'il était juste d'effacer une exception établie par l'article 4 de la loi précitée de 1862.

D'après cet article, les infirmités contractées au service de l'État sont les seules qui permettent d'obtenir la demi-solde avant 50 ans. Cette restriction nous a paru excessive et faire trop bon marché de certaines infortunes, trop respectables pour être dédaignées.

Comment faire, par exemple, avec quelque justice, une différence entre un homme blessé sur un bâtiment de guerre et un autre estropié en allant porter secours à des naufragés ou en exécutant un ordre dont dépendait le salut de tout un équipage ?

Désormais, si la Chambre partage notre sentiment, pourvu que les infirmités soient la conséquence, régulièrement constatée, du service, elles constitueront le même droit aux intéressés, sans distinction.

L'abus que le législateur a voulu éviter n'est point à redouter, l'administration ayant à sa disposition tous les moyens de s'éclairer et de prononcer en pleine connaissance de cause.

La loi de 1862 n'accorde aux capitaines au long cours et aux maîtres au cabotage le maximum de leur demi-solde que lorsqu'ils réunissent, les premiers 6 années de commandement, et les seconds 12 années. Or, tout le monde le sait, les commandements deviennent de plus en plus rares, non seulement à cause de la détresse de la marine marchande, mais encore par la concurrence que les officiers de vaisseaux font aux officiers de commerce. Maintenir cette clause, ce serait condamner les capitaines au long cours et les maîtres au cabotage à ne jamais dépasser le minimum. Nous vous proposons donc de réduire la durée nécessaire du commandement de moitié, et de la fixer seulement à 8 ans et à 4 ans.

Vous donnerez ainsi satisfaction à l'amendement de nos honorables collègues, MM. Hovius et Durand.

Enfin, appliquant la règle bienveillante consacrée par la loi du 5 août 1879, nous avons porté la pension des veuves du tiers à la moitié du maximum revenant aux maris.

Les secours des orphelins ont été augmentés dans les mêmes proportions.

C'est avec confiance que nous vous présentons cette loi, qui répond à d'incontestables nécessités.

Elle vous vaudra, n'en doutez pas, la reconnaissance de

cette sympathique population qui, tour à tour, sur les navires de commerce et sur les bâtiments de l'État, résume, au plus haut degré, l'abnégation et le courage, et contribue si puissamment à la richesse et à la défense du pays.

PROPOSITION DE LOI

ARTICLE PREMIER.

La pension, dite de *demi-solde,* des marins réunissant 25 ans accomplis, soit de service pour le compte de l'État, soit de navigation sur les bâtiments de commerce est fixée conformément au tarif annexé à la présente loi.

Cette pension ne peut être réclamée par l'ayant droit avant l'âge de 50 ans accomplis, à moins qu'il ne justifie d'infirmités contractées dans la navigation qui le mettent dans l'impossibilité absolue de continuer à naviguer.

ART. 2.

La pension des veuves desdits marins est fixée à la moitié du maximum de la pension attribuée au marin.

ART. 3.

Après le décès de la mère ou lorsqu'elle se trouvera déchue de ses droits à la pension, l'enfant ou les enfants mineurs du marin mort en jouissance de droits à cette demi-solde, reçoivent, quel que soit leur nombre, un secours annuel égal à la pension que la mère aurait obtenue ou aurait été susceptible d'obtenir.

Ce secours est payé jusqu'à ce que le plus jeune d'entre eux ait atteint l'âge de 21 ans accomplis; mais, dans ce cas, la part des majeurs est réversible sur les mineurs.

ART. 4.

Il est alloué auxdits marins, pour chacun de leurs enfants âgés de moins de 10 ans, un supplément annuel déterminé par le tarif ci-joint.

Art. 5.

Les dispositions de la présente loi seront appliquées à toutes les pensions non inscrites avant sa promulgation.

Art. 6.

Sont abrogées toutes les dispositions contraires à la présente loi.

TARIF

DES

PENSIONS DITES DEMI-SOLDES

POUR LES MARINS RÉUNISSANT VINGT-CINQ ANS,
SOIT DE SERVICES POUR LE COMPTE DE L'ÉTAT, SOIT DE NAVIGATION
SUR LES BATIMENTS DE COMMERCE

PAYES ET GRADES COMPRIS DANS CHAQUE CATÉGORIE.		MINIMUM	SUPPLÉMENT		MAXIMUM
			pour 6 ans de services sur les bâtiments de l'État ou aux équipages de la flotte. (Décret du 11 juillet 1836.)	d'invalidité pour 60 ans d'âge ou pour infirmités contractées au service de l'État. (Tarif du 13 mai 1791 et ordonnance du 5 octobre 1844.)	
		fr. c.	fr. c.	fr. c.	fr. c.
Payes	de 25 fr. et au-dessous.	17 »	6 »	9 »	32 »
	de 25 fr. 01 à 40 fr. . .	21 »	6 »	9 »	36 »
	de 40 fr. 01 à 55 fr. . .	27 »	7 »	9 »	43 »
	de 55 fr. 01 à 70 fr. . .	32 »	7 »	9 »	48 »
	de 70 fr. 01 à 85 fr. . .	38 »	8 »	9 »	55 »
	au-dessus de 85 fr. . .	45 »	10 »	12 »	67 »

Capitaines au long cours

ET

Maîtres au cabotage.

		MINIMUM			MAXIMUM
Maîtres au cabotage	n'ayant pas 8 ans de commandement. . . .	38 »	8 »	9 »	55 »
	ayant 8 ans de commandement.	47 »	8 »	12 »	67 »
Capitaines au long cours	n'ayant pas 4 ans de commandement. . . .	47 »	8 »	12 »	57 »
	ayant 4 ans de commandement	65 »	10 »	10 »	80 »

MINIMUM	FIXATIONS MENSUELLES.		MAXIMUM	MOITIÉ du maximum aux veuves et orphelins.	TRAITEMENT pour les enfants au-dessous de 10 ans.	OBSERVATIONS.
	SUPPLÉMENT					
	pour 6 ans de service sur les bâtiments de l'État ou aux équipages de la flotte. (Décret du 11 juillet 1856.)	d'invalidité pour 60 ans d'âge ou pour infirmités contractées au service de l'État. (Tarif du 13 mai 1791 et ordonnance du 5 octobre 1844.)				
fr. c.	fr. c.	fr. c.	fr. c.	fr. c.	fr. c.	
204 »	72 »	108 »	384 »	192 »	24 »	
252 »	72 »	108 »	432 »	216 »	24 »	
324 »	84 »	108 »	516 »	258 »	24 »	
384 »	84 »	108 »	576 »	288 »	24 »	
456 »	96 »	108 »	660 »	330 »	24 »	
540 »	120 »	144 »	804 »	402 »	36 »	
456 »	96 »	108 »	660 »	330 »	24 »	
564 »	96 »	144 »	804 »	402 »	36 »	
564 »	96 »	144 »	804 »	402 »	36 »	
780 »	120 »	168 »	1.068 »	534 »	36 »	

RÉPONSE

AU CORRESPONDANT DU « TIMES » SUR

LE TRAITÉ DE BERLIN

Nous empruntons à la *République française* du 7 juillet 1878 le compte rendu suivant :

« Le correspondant du *Times* écrit à ce journal qu'au cours d'une conversation qu'il eut dernièrement avec M. Gambetta, il lui demanda s'il était réellement l'un des adversaires acharnés du traité de Berlin et s'il désapprouvait l'œuvre du congrès.

« M. Gambetta lui répondit en ces termes :

« Je ne saurais être l'adversaire absolu du traité de Berlin, car, quels que soient ses défauts, il a procuré à l'Europe en général et à la France en particulier ce grand bien auquel nous aspirons tous, la paix. Ce résultat est si considérable qu'il fait disparaître les défauts que l'on peut remarquer dans certaines parties du traité. Ainsi que bien d'autres, j'ai pu regretter certaines concessions qui me paraissent contraires à la base sur laquelle repose le droit international européen. Mais j'avais prévu dès l'abord les difficultés de l'œuvre entreprise par le congrès, et je pensais bien qu'il ne pouvait l'accomplir d'une manière absolument satisfaisante. Je considère toutefois que la Russie a rendu un grand hommage au droit public européen quand elle a consenti, malgré l'état de désunion où se trouvait alors l'Europe, à soumettre l'intégrité du traité de San-Stefano à l'appréciation des puissances.

« Aujourd'hui que la paix est faite et que l'Europe

peut respirer tranquille après avoir éprouvé de si
longues inquiétudes, je pense qu'il serait imprudent,
qu'il serait injuste et regrettable de contester les
avantages résultant des délibérations du congrès. La
France républicaine, qui a démontré à l'Europe combien est pacifique le but qu'elle se propose, a remporté
à Berlin le plus grand succès qu'elle pût désirer ; elle
a contribué, en effet, à cette œuvre de pacification
vers laquelle elle tend et dont elle a besoin. Or, en
admettant même que le congrès de Berlin ne nous ait
donné que la paix, je ne me placerai certainement pas
au nombre de ses adversaires.

« Je n'étudierai pas maintenant en détail l'œuvre
du congrès. Le traité de Berlin soulève bien des questions compliquées qu'on ne peut juger qu'après de
longues réflexions. Mais, considéré dans son ensemble,
je puis affirmer que le traité de Berlin a un résultat
considérable d'où découlent des conséquences impor-
tantes pour mon pays. Il a mis fin, en effet, à l'état
de désunion dans lequel se trouvait l'Europe ; il a mis
fin à cette politique de combinaisons qui poussait
chaque puissance, non pas à suivre la voie où la conduisent ses intérêts naturels, mais à une sorte d'agrégation artificielle où ses intérêts naturels étaient
sacrifiés à des intérêts factices, et où, sous prétexte
d'avoir un but commun, ou se cachait mutuellement
le but véritable auquel on tendait. Le congrès de
Berlin n'a certes pas encore amené le rapprochement
logique des États européens, mais je crois qu'il a porté
un coup fatal à cette agrégation factice à laquelle je
viens de faire allusion, et qu'il a indiqué à chaque
puissance la politique naturelle et logique qu'elle devrait adopter.

« Je n'examinerai pas actuellement la triple alliance
formée en 1873. Je ne prétends pas dire que cette
alliance était exclusivement dirigée contre la France.
Je crois toutefois que, lorsque trois gouvernements

en arrivent à une entente semblable, ceux qui sont
laissés en dehors ont le droit d'affirmer qu'elle n'a
pas été faite en vue de leurs intérêts. La France a donc
le droit de se demander si le congrès de Berlin a laissé
intacte cette triple alliance de 1873, et je pense qu'il
serait difficile de répondre par l'affirmative. La position prise par l'Autriche dans les nouveaux États
slaves, dont on considère à juste titre la Bosnie et
l'Herzégovine comme le centre, fait de cette puissance
tout autre chose qu'une alliée de la Russie.

« En même temps qu'on a placé l'Autriche comme
une sorte de sentinelle à une extrémité des régions
orientales, on a appelé l'Angleterre à monter la garde
à l'autre extrémité. Cette situation parallèle établit
entre l'Autriche et l'Angleterre une communauté d'intérêts qui pousse la première de ces puissances à entrer
franchement dans la voie de sa politique naturelle et
logique et qui, aujourd'hui ou demain, détruira iné-
vitablement l'entente sur laquelle repose la triple
alliance et la privera d'un de ses éléments les plus
importants. Je pense donc que l'on peut affirmer, sans
crainte de se tromper, que le congrès de Berlin a
modifié du tout au tout la base sur laquelle reposait
l'entente de 1873, et j'ajoute que la France a tout lieu
d'applaudir à un changement apporté à une combinaison faite en dehors d'elle, sinon contre elle.

« Le changement qui s'est produit dans la politique
de l'Angleterre est un résultat non moins important
dont la France ne peut que se féliciter. En s'établissant dans l'île de Chypre, dont elle fait une sorte
d'avant-poste, en se déclarant la protectrice des intérêts asiatiques de la Turquie, l'Angleterre a rompu
avec cette politique que je pourrais qualifier d'insu-
laire, pour reprendre ses traditions de politique con-
tinentale. Elle cesse de se poser en simple spectateur
des événements qui se passent en Europe; elle ne
s'isole plus, comme malheureusement elle l'a fait si

longtemps, des combinaisons politiques du continent.

« C'est là, je crois, une circonstance heureuse pour l'Angleterre elle-même. Une nation comme la nation anglaise ne peut, sans être injuste envers elle-même, s'isoler dans une île pour ne s'occuper que de ses intérêts matériels. Il était temps que les événements fissent abandonner à l'Angleterre une semblable politique. L'Europe commençait à la regarder comme étrangère à ses transformations politiques. Il arrive parfois qu'une nation qui se laisse aller à cette sorte d'abandon s'aperçoit trop tard de son erreur et que tous ses efforts sont vains pour recouvrer cette influence sans laquelle les plus grands États ne peuvent subsister. L'Angleterre, au contraire, vient de rentrer d'une façon brillante dans le concert européen. Tout ce qui se passe en Europe l'affecte directement, car elle a des intérêts partout où l'équilibre politique et la civilisation sont en jeu.

« La France a donc toutes les raisons d'accueillir ce changement avec joie. Les choses, en effet, ont repris leurs cours logique et naturel. Les intérêts de la France et de l'Angleterre, les deux pays les plus libéraux, les plus industrieux, les plus producteurs, les plus riches de l'Europe, sont si intimement liés que le retour de l'Angleterre à une politique moins étroite fait sortir en même temps les deux États de l'isolement temporaire dans lequel ils se trouvaient.

« Une alliance franco-russe, reposant sur l'arbitraire, n'est plus possible ; le nouvel état de choses nous pousse naturellement vers une politique de raison, une politique de défense et de bons résultats pour tous, sans danger pour personne. Je ne prétends certes pas dire que nous songions à prendre une attitude quelconque. La France ne songe à rien qui puisse rendre les alliances nécessaires ou même désirables. Je veux dire simplement qu'en raison des changements effectués par le congrès, les intérêts de l'Angleterre et de l'Autriche sont les mêmes en Orient; que les intérêts de l'Angleterre et de la France, identiques déjà dans une certaine mesure, le sont devenus plus encore, et je me félicite, au nom de mon pays, d'un changement que je considère comme très heureux et très rassurant pour tous.

« Je n'entrerai pas plus avant dans l'examen détaillé du traité de Berlin, que je ne pourrais peut-être pas approuver dans toutes ses parties; mais ce que je viens de vous dire suffit pour vous prouver qu'on ne saurait me ranger au nombre des adversaires de l'œuvre du congrès. »

ALLOCUTION

Prononcée le 8 novembre 1878

EN RÉPONSE A LA DÉLÉGATION OUVRIÈRE DE L'AVEYRON

Nous empruntons au *XIXe Siècle* du 9 novembre 1878 le compte rendu suivant :

« M. Joseph Fabre, professeur de philosophie à Paris, se conformant au désir de ses compatriotes, a présenté jeudi, à neuf heures, les délégués ouvriers de l'Aveyron, qui étaient au nombre d'environ soixante, à M. Gambetta, à qui il a adressé une petite allocution dont voici le résumé :

« J'ai l'honneur de vous présenter les délégués ouvriers des cinq arrondissements de l'Aveyron. Ces délégués ouvriers appartiennent à un département où jusqu'ici le cléricalisme et le bonapartisme ont exploité à leur profit les sentiments religieux et conservateurs du grand nombre ; mais ils savent que c'est le rôle des travailleurs des villes d'être les éclaireurs des travailleurs des champs, et ils s'appliquent de plus en plus à multiplier les sociétés d'instruction républicaine dans les campagnes du Rouergue, où l'ignorance a accrédité toute sorte de légendes mensongères sur les hommes et sur les choses de la République.

« Ils ont tenu à vous voir pour se retremper par l'aspect de l'homme d'État qui, par son ardent patriotisme, par son infatigable dévouement à l'éducation graduelle du suffrage universel, par sa prudente habitude de poursuivre toujours ce qui doit être en n'entreprenant chaque jour que ce qui peut être, a mérité la reconnaissance de tous les amis de la dignité, de la liberté et de la sécurité publiques, désormais incompatibles avec tout autre régime que le régime républicain.

« Quoiqu'ils aient à cœur de ne pas tomber dans cette espèce d'idolâtrie politique qui met les hommes avant les

idées, ils vous demandent la permission d'acclamer, à côté
de la République enfin bien vivante, l'homme qui a le plus
contribué à la faire vivre : Vive la République! Vive Gambetta! »

« Après quelques paroles de remerciment, M. Gambetta a
exprimé, dans un beau langage que nous regrettons de ne
pouvoir exactement reproduire, les idées suivantes :

C'est un grand bien que ces délégations d'ouvriers
envoyés des divers points de la France pour visiter la
magnifique Exposition qu'a organisée le gouvernement
républicain, au lendemain même des désastres que
l'empire avait déchaînés sur nous. En visitant la capitale de la France, et en particulier le Champ de Mars,
vous avez vu se révéler à vos yeux le génie même de
la démocratie qui enfin triomphe, vivace et indestructible, sous sa forme naturelle, la République.

Revenus parmi vos compatriotes, vous leur direz
combien est calme ce peuple parisien que dépeignent
si turbulent les partis néfastes qui ne pardonnent pas
à son intelligence politique de les avoir à jamais condamnés; vous leur direz combien sont injustes les
méfiances de ceux qui ont voulu décapiter Paris en
transportant le siège de nos deux grandes Assemblées
à Versailles, où elles sont comme exilées, mais non
heureusement à perpétuité.

Puis, vous aurez bien soin de faire que votre
union fortuite, comme délégués envoyés ensemble à
l'Exposition, devienne le point de départ d'une union
constante entre vous, comme travailleurs, vous communiquant les uns aux autres les résultats de vos
observations, comme patriotes, vous secondant les
uns les autres dans la lutte contre les ennemis de la
République, de plus en plus identifiée avec la patrie.

Ce que nous voulons, en effet, ce n'est pas une
République inféodée à telle ou telle faction, ce n'est pas
une République ou aristocratique, ou bourgeoise, ou
plébéienne, c'est une République vraiment nationale.

Ceux-là sont dupes d'une chimère qui imaginent qu'il est prescrit et qu'il est possible au gouvernement de faire le bonheur de tous. Le gouvernement ne doit strictement à tous qu'une chose : la justice. Chacun s'appartenant, il convient à chacun de se rendre heureux ou malheureux par le bon ou par le mauvais usage de sa liberté. L'État se contente d'assurer également les droits de chacun, du pauvre comme du riche, du petit comme du grand.

Parmi ces droits, il en est un essentiel entre tous, c'est le droit à l'instruction, à l'instruction qui est la protectrice naturelle de la moralité, l'arme capitale dans la lutte de la vie, le préservatif le plus efficace contre la misère. Le devoir absolu des gouvernants est de la répandre partout à pleines mains et de faire que les lumières publiques s'accroissent de plus en plus, en même temps que seront allégées de plus en plus les charges publiques.

Soyez-en sûrs, la République, tout à l'heure définitivement assise, ne manquera pas à sa tâche de grande justicière et de grande éducatrice. Elle rendra de si importants services, elle s'appliquera si bien à être comme l'organisme vivant du droit, qu'elle achèvera de faire la conquête de tous les hommes de bonne foi qui ne sont pas encore convertis à elle. Quant à ses ennemis irréconciliables, je veux dire ces intrigants intéressés qui gagnent trop avec les régimes de privilège pour se réconcilier avec le régime du droit, ils continueront à calomnier la République et les républicains. Mais qu'importe? Laissons les dents de la calomnie se briser contre la pierre. Aux calomniateurs n'opposons qu'une réponse : Faire notre devoir.

Les paroles de M. Gambetta ont été accueillies par des cris répétés de : Vive Gambetta! Vive la République!

LETTRE

AU DIRECTEUR DU « JOURNAL DES DÉBATS »

12 novembre 1878

———

Au cours des vacances parlementaires le Sénat avait perdu trois de ses membres, le général Chareton, M. Renouard et M. Dupanloup, évêque d'Orléans, sénateurs inamovibles. Les gauches du Sénat choisirent MM. de Montalivet, André et le général Gresley pour candidats. Les droites présentèrent une liste de coalition composée de MM. Oscar de Vallée, bonapartiste, d'Haussonville, orléaniste, et Baragnon, légitimiste [1]. Le *Journal des Débats* ayant vivement reproché à M. d'Haussonville son alliance avec un bonapartiste aussi déclaré que M. Oscar de Vallée, M. d'Haussonville adressa à M. Bapst la lettre suivante :

« Monsieur le directeur,

« Je vous reconnais parfaitement le droit de discuter mes opinions et de m'accuser de mobilité, d'inconsistance et de scepticisme. Libre à vous de rappeler la campagne d'opposition irréconciliable que mes amis et moi avons menée contre l'empire. Quels étaient ces amis? Voilà où vous vous trompez étrangement, et c'est mon droit de rectifier vos assertions.

« Pendant toute la durée de l'empire, j'ai eu le bonheur de marcher d'accord avec M. Thiers, avec M. Guizot, avec M. Berryer, M. de Tocqueville, M. de Lanjuinais, etc. Ces

---

1. La liste des droites passa dans la séance du 15 novembre : M. Oscar de Vallée avec 141 voix, M. d'Haussonville avec 138 et M. Numa Baragnon avec 137.
Le général Gresley obtint 131 voix, M. Alfred André 126 et M. de Montalivet 125.

chefs de l'opinion libérale et modérée ont souvent rencontré, dans ce que vous appelez mes salons, M. Bertin et
quelques-uns des plus brillants écrivains des *Débats*; mais
personne n'y a jamais rencontré ni M. Louis Blanc ni
M. Gambetta.

« J'ai l'honneur de vous offrir, Monsieur le directeur,
l'assurance de mes sentiments de considération les plus dis-
gués.

« D'HAUSSONVILLE,

« De l'Académie française. »

Le Journal des Débats répondit :

« La rectification de M. le comte d'Haussonville porte
sur un fait matériel dont l'exactitude ne sera certainement
point contestée par nous après son affirmation. Il est parfaitement certain qu'à l'époque où M. d'Haussonville comptait parmi les chefs les plus ardents de l'opposition, M. Louis
Blanc se tenait en exil à Londres. Quant à M. Gambetta, il
importe peu de savoir s'il a été ou non dans les « salons »
de M. d'Haussonville. Ce qui est sûr, c'est que M. d'Haussonville et M. Gambetta ont fait campagne ensemble et qu'ils
ont eu, au moins deux fois, des rapports personnels : une
première fois, lorsque M. Gambetta a soutenu, sur l'invitation de M. d'Haussonville, la candidature de M. Prévost-
Paradol; une seconde, lorsque M. d'Haussonville a apporté
500 francs à M. Gambetta pour subvenir aux frais d'une
candidature ouvrière dans un quartier de Paris. Ces deux
faits, dont le premier est à l'honneur de l'esprit conservateur de M. Gambetta, et le second à l'honneur de l'esprit
très libéral de M. d'Haussonville, ne sauraient être contestés. Il serait facile de citer d'autres républicains qui ont eu,
à cette époque, au moins des rapports politiques avec le
candidat actuel des droites sénatoriales. La seule différence
entre eux et M. d'Haussonville est qu'ils sont restés ce qu'ils
étaient, et que nous retrouvons aujourd'hui M. d'Haussonville en compagnie de M. Oscar de Vallée. »

M. d'Haussonville adressa aussitôt à M. Bapst une seconde lettre :

« Monsieur le directeur,

« Je n'ai jamais eu l'honneur, quoi que vous en disiez,

d'entretenir des rapports personnels avec M. Gambetta, même à l'occasion de la candidature de M. Prévost-Paradol à Paris. Il la soutenait auprès de ses amis, tandis que je la recommandais aux miens, sans avoir réussi à obtenir du *Journal des Débats* un concours tant soit peu efficace pour l'un de ses rédacteurs trouvé alors trop compromettant. D'entrevue personnelle entre M. Gambetta et moi, il n'y en a jamais eu à cette époque ni depuis. Je n'ai pas davantage porté chez lui le moindre argent pour le succès d'une candidature ouvrière.

« Promoteur de l'Union libérale, j'ai dû avoir pendant l'empire, j'ai eu en effet, et j'ai encore le plaisir d'entretenir aujourd'hui des relations courtoises et même amicales avec beaucoup de républicains ; mais il ne m'a pas été donné d'en avoir aucune avec les personnes que vous avez nommées, et les deux faits que vous citez comme preuves incontestables de mes rapports personnels avec M. Gambetta n'ont jamais eu lieu.

« Veuillez agréer, etc.

« D'HAUSSONVILLE. »

La *République française* du 14 novembre publia l'article suivant :

« M. Gambetta, à raison du caractère particulier de ce débat que son témoignage seul pouvait éclaircir, a cru devoir se départir de son habitude constante de ne point discuter les écrits qui le mettent en scène ; il a adressé au *Journal des Débats* la lettre que voici :

Monsieur le directeur,

Je prends la liberté de relever l'erreur contenue dans la lettre que M. le comte d'Haussonville vient de vous adresser et que plusieurs journaux publient par anticipation.

En 1863, M. Prévost-Paradol posait une candidature libérale dans le quartier des Écoles. Nous étions, à cette époque, un groupe de jeunes gens déjà fort préoccupés de politique et tout disposés à soutenir de nos suffrages et de notre action la politique nettement opposante de ce brillant et noble esprit qu'une heure de faiblesse a enlevé à la France. J'eus l'honneur, à cette occasion, d'entrer en rapports avec M. le comte d'Haussonville, qui paraît l'avoir oublié. Je me permets de lui rappeler trois faits :

1° Nous avons rédigé et signé un appel aux électeurs. J'ai même souvenance d'avoir sollicité et obtenu de M. d'Haussonville la modification d'un passage de cette circulaire, relatif à l'Italie, qui me paraissait devoir soulever les protestations d'un certain nombre de nos amis.

2° Nous avons organisé et tenu ensemble rue Mazarine, une réunion électorale où figurèrent M. Prévost-Paradol, notre candidat, M. d'Haussonville, son parrain, et votre serviteur. Je prononçai là un discours qui, à en juger par la passion qui animait à cette époque les hommes de mon âge, dut être assez vert. J'eus le plaisir de recevoir les félicitations chaleureuses et même les encouragements de M. le comte d'Haussonville.

3° C'est durant cette même période électorale de 1863, et pour subvenir aux frais d'une candidature nettement démocratique dans la 1re circonscription de Paris, que M. d'Haussonville nous versa libéralement une somme de cinq cents francs.

Il est vrai que, depuis lors, je n'ai eu ni l'avantage ni l'honneur de rencontrer M. d'Haussonville, mais je peux vous assurer que le souvenir de ces courtes et significatives relations ne s'est pas affaibli dans mon esprit.

Veuillez agréer, etc.

LÉON GAMBETTA.

Paris, 14 novembre 1878.

L'appel aux électeurs de la 6e circonscription à Paris, dont il est question dans la lettre de M. Gambetta, était conçu dans les termes suivants :

Aux électeurs de la 6ᵉ circonscription de Paris.

Le but du grand acte que nous sommes appelés à accomplir est d'assurer enfin l'établissement de la liberté politique dont la France ne saurait se passer plus longtemps.

C'est dans cette pensée qu'un grand nombre de citoyens habitant cette circonscription et animés d'un sentiment franchement libéral, quoique appartenant à des nuances diverses, se sont réunis pour appuyer la candidature de M. Prévost-Paradol.

Nous recommandons cette candidature parce que M. Prévost-Paradol a mis son incontestable talent au service des grands intérêts de la France, parce qu'il a vaillamment combattu par ses écrits et que, jeune encore, il a déjà souffert pour la liberté.

> Vavin, ancien député et ancien représentant, vice-président du comité polonais. — Ferdinand de Jouvencel, ex-conseiller d'État, ancien député de l'ex-dixième arrondissement. — Ch. Hingray, ancien représentant, ancien colonel de la 10ᵉ légion de la garde nationale. — Ravaillier, conducteur de mécanique. — Le marquis d'Harcourt, ancien pair de France. — Bouchène-Leper, ancien conseiller d'État. — Alexandre Hilliet, typographe. — *Gambetta*, avocat à la cour impériale de Paris. — Le comte d'Haussonville, ancien député. — Albéric de Lagarde, avocat à la cour impériale de Paris, docteur en droit. — Henri Maréchal, typographe. J.-J. Weiss, journaliste. — Th. Tenaille-Saligny, avocat au conseil d'État et à la cour de cassation. — L. Philipponnay, fondeur en caractères. — Chassang, fondeur en caractères. — Emmanuel Durand, étudiant. — Littré, de l'Institut, etc., etc.

CHAMBRE DES DÉPUTÉS

Séance du 18 novembre 1878.

INCIDENT

La discussion de l'élection de M. de Fourtou à Ribérac donna lieu à l'incident suivant (compte-rendu *in extenso* du *Journal officiel*).

M. DE FOURTOU. — Ce n'est donc pas dans ces tristes débats que nous pouvons trouver la solution du problème que je posais tout à l'heure. Aux événements seuls, aux événements qui sont plus forts que nous, il appartient de dire si nous nous trompions, l'année dernière, lorsque nous indiquions à la France les périls vers lesquels elle courait, lorsque nous montrions, au terme de la pente que suivait, avant vous, la Chambre qui vous a précédé, les grands principes sociaux compromis. (*Exclamations ironiques à gauche et au centre.*)

Peut-être, cependant, si je recueille, dans une province de notre Midi, les échos d'une parole aujourd'hui souveraine, ce problème s'éclaire-t-il déjà de quelque lumière.

Quand on déclare la guerre à tous les Français que n'anime pas une vieille foi républicaine...

M. GAMBETTA. — C'est un mensonge, Monsieur! (*Applaudissements à gauche.*)

A droite. — A l'ordre! à l'ordre!

M. LE PRÉSIDENT. — Monsieur Gambetta, vous venez de vous servir d'une expression qu'on ne doit pas prononcer dans cette Chambre. Vous le reconnaîtrez vous-même, et je ne doute pas que vous ne vous empressiez de la retirer.

M. GAMBETTA. — Monsieur le président, je suis prêt à retirer le mot, quand l'homme qui est à la tribune rentrera dans la vérité. (*Nouveaux applaudissements à gauche.*)

Voix diverses à droite. — Comment, « l'homme! » — Quel singulier langage! — A l'ordre! à l'ordre!

M. CUNEO D'ORNANO. — C'est le dictateur de l'incapacité qui dit cela. Il devrait se cacher sous terre !

M. LE PRÉSIDENT. — Messieurs, veuillez faire silence.

Un membre a droite. — Il faut au moins être parlementaire !

M. LE PRÉSIDENT. — Quelle que puissent être la justesse et la vérité de la pensée qu'on exprime, le règlement exige qu'on l'exprime d'une façon parlementaire.

M. GAMBETTA. — Votre observation, à coup sûr, est très fondée, Monsieur le président, et je conviens que je n'ai pas employé un mot parlementaire. Mais quand un homme, qui a la prétention d'être un homme de gouvernement, attribue à ses adversaires politiques la pensée d'exciter à la guerre civile et de repousser (tous ceux qui ne partagent pas sa foi politique, j'ai caractérisé ses paroles en véritable Français.

Pour le règlement, je retire le mot. (*Applaudissements à gauche et au centre.*)

M. DE FOURTOU. — Quand on a écarté de la République tous les nouveaux venus, et par la plus impolitique... (*Interruptions à gauche.*)

M. GAMBETTA. — Et M. le général Gresley! et M. de Montalivet!

Voix à droite. — A l'ordre ! à l'ordre !

M. DE FOURTOU. — Ce sont des accidents.

M. GAMBETTA. — Et quand M. Thiers et M. de Rémusat vous ont appelé aux affaires, étiez-vous un nouveau venu ou étiez-vous secrètement un parjure ? (*Bruit.*)

A la suite de cet incident, la *République française* du 21 novembre publia les procès-verbaux suivants :

« Dans la séance du 18 novembre 1878, M. de Fourtou ayant adressé à M. Gambetta la phrase suivante : « Quand on déclare la guerre à tous les Français que n'anime pas une vieille foi républicaine... », M. Gambetta a répliqué : « C'est un mensonge, Monsieur! »

« Sur l'observation de M. le président de la Chambre, M. Gambetta a, quelques instants après, prononcé ces paroles : « Pour le règlement, je retire ce mot. »

« M. de Fourtou ayant jugé que l'expression offensante n'était pas retirée en ce qui le concerne, a chargé MM. Blin de Bourdon et Robert Mitchell, députés, de demander à M. Gambetta une rétractation ou une réparation par les armes.

« M. Gambetta, de son côté, a prié MM. Allain-Targé et Clémenceau, députés, de se mettre en rapport avec MM. Blin de Bourdon et Robert Mitchell.

« Les quatre témoins se sont réunis.

« Sur la demande de rétractation, MM. Allain-Targé et Clémenceau, ont demandé à MM. Blin de Bourdon et Robert Mitchell s'ils ne jugeaient pas que les deux parties pouvaient s'en tenir honorablement au texte du *Journal officiel*.

« MM. Blin de Bourdon et Robert Mitchell ont déclaré que le texte du *Journal officiel*, dans leur opinion, donnait satisfaction à M. le président de la Chambre et maintenait l'outrage à l'égard de M. de Fourtou.

« Ils ont, en conséquence, demandé que M. Gambetta retirât les mots : « Pour le règlement. »

« MM. Allain-Targé et Clémenceau ont alors déclaré, au nom de M. Gambetta, que M. Gambetta avait, en effet, retiré le mot « mensonge » par déférence pour la Chambre, mais que, devant la demande d'explication de M. de Fourtou, il reprenait ce mot, et qu'il était aux ordres de M. de Fourtou.

« MM. Blin de Bourdon et Robert Mitchell ont, de leur côté, déclaré, au nom de M. de Fourtou, que la distinction établie par M. Gambetta accentuait l'outrage au lieu de l'atténuer.

« Les quatre témoins ont considéré que, dans ces conditions, une rencontre était inévitable. Il a été reconnu, d'un commun accord, que le choix des armes appartenait à M. de Fourtou.

« Les conditions de la rencontre ont été arrêtées comme suit :

« Le duel aura lieu au pistolet de tir rayé, à distance de trente-cinq pas et au commandement; une seule balle sera échangée. En foi de quoi nous avons signé le présent procès-verbal.

Pour M. Gambetta :	Pour M. de Fourtou :
ALLAIN-TARGÉ,	BLIN DE BOURBON,
CLÉMENCEAU.	ROBERT MITCHELL.

Le 20 novembre 1878.

« La rencontre a eu lieu aujourd'hui, 21 novembre, au Plessis-Piquet, conformément aux conditions stipulées ci-dessus. Aucun des deux adversaires n'a été touché.

Pour M. Gambetta :

ALLAIN-TARGÉ.
CLÉMENCEAU.

Pour M. de Fourtou :

BLIN DE BOURDON,
ROBERT MITCHELL.

Dans cette rencontre, M. Gambetta était assisté de M. le docteur Lannelongue, et M. de Fourtou de M. le docteur Thevenet.

TABLE DES MATIÈRES

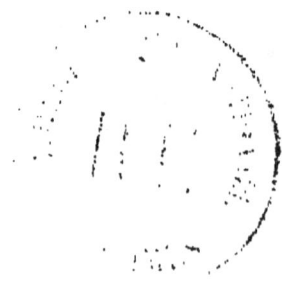

Paris. — Typ. G. Chamerot, 19, rue des Saints-Pères. — 12921.